"十二五"普通高等教育本科国家级规划教材

上海高等教育精品教材

高等学校经济管理类核心课程教材

# 管理沟通

（第6版）

康 青 编著

U0873767

MANAGERIAL COMMUNICATION

中国人民大学出版社

·北京·

**图书在版编目（CIP）数据**

管理沟通 / 康青编著 . -- 6 版 . -- 北京：中国人民大学出版社，2022. 6

高等学校经济管理类核心课程教材

ISBN 978-7-300-30647-6

Ⅰ. ①管… Ⅱ. ①康… Ⅲ. ①管理学－高等学校－教材 Ⅳ. ①C93

中国版本图书馆 CIP 数据核字（2022）第 087583 号

上海高等教育精品教材

“十二五”普通高等教育本科国家级规划教材

高等学校经济管理类核心课程教材

**管理沟通（第 6 版）**

康　青　编著

Guanli Goutong

| | | | |
|---|---|---|---|
| **出版发行** | 中国人民大学出版社 | | |
| **社　　址** | 北京中关村大街 31 号 | **邮政编码** | 100080 |
| **电　　话** | 010－62511242（总编室） | | 010－62511770（质管部） |
| | 010－82501766（邮购部） | | 010－62514148（门市部） |
| | 010－62515195（发行公司） | | 010－62515275（盗版举报） |
| **网　　址** | http://www.crup.com.cn | | |
| **经　　销** | 新华书店 | | |
| **印　　刷** | 涿州市星河印刷有限公司 | **版　　次** | 2006 年 3 月第 1 版 |
| **开　　本** | 787 mm×1092 mm　1/16 | | 2022 年 6 月第 6 版 |
| **印　　张** | 21.25 插页 1 | **印　　次** | 2025 年 5 月第 10 次印刷 |
| **字　　数** | 465 000 | **定　　价** | 49.00 元 |

# 前言 PREFACE

创新工场董事长兼首席执行官李开复博士曾多次给大学生写信，为迷茫的大学生指点迷津。几乎在每一封信中他都谈到了大学生应该具备良好的沟通能力。他说：“表达和沟通的能力是非常重要的。不论你做出了怎样优秀的工作，不会表达，无法让更多的人去理解和分享，那就几乎等于白做。”他在信中列举了许多实例来说明沟通能力对于一名大学生的未来发展是多么重要。例如：“我曾经收到一份很特殊的求职申请书。不同于以往大多数求职者，这位申请人的求职资料中包括自我介绍、他对微软研究院的向往，以及为什么认为自己是合适的人选。此外，还有他已经发表的论文、老师的推荐信和他希望来微软做的课题等。尽管他毕业的学校不是最有名的学校，但他的自我推销奏效了。我从这些材料中看到了他的热情和认真。在我面试他时，他又递交了一份更详细的个人资料。最后，当我问他有没有问题要问我时，他反问我：‘你对我还有没有任何的保留？’当时，我的确对他能否进入新的研究领域有疑虑，于是就进一步问了他一些这方面的问题。他举出了两个很有说服力的例子。最后，我们雇用了这名应聘者。他现在做得非常出色。”

显然，从这个例子可以看出，良好的沟通能力是大学生顺利步入职场的重要助推器。事实上，良好的沟通能力已成为新世纪对人才的基本要求。那么，良好的沟通能力是与生俱来的吗？天性胆怯、不善交流怎么办？

我在一次为本科生讲授“管理沟通”的课堂上，曾经向一位男生提问。没想到那位男生还未回答，脸就涨得通红。课后，那位男生腼腆地走到讲台前。当时我想，也许这位男生会对我说：他平时很内向，尤其是在公众场合不善言语，希望老师不要在课上为难他。然而，出乎我的意料，他诚恳地对我说，正是生性胆小的弱点，往往让他在公众场合不知所措，内心感到很纠结。因此，他十分期待通过修学管理沟通课程，在沟通能力上获得提升，并希望在学习过程中能够获得更多的锻炼机会。面对这样一位求知若渴的学生，面对这样真诚恳切的期待，我十分感动。在接下来的教学过程中——在案例研讨中，在情境模拟中，在课堂互动中，我都能够看见那位男生孜孜不倦的努力和日渐成熟的表现。至今，我还清楚地记得，在“管理沟通”课程期末的演讲考试中，该生以流畅、自信、出色的演讲获得优异成绩，与学期初相比判若两人。后来，那位男生来看望我，并不无自豪地说，他现在已是一家外企人事部门的主管了。他十分怀念在校期间学习管理沟通课程的那段宝贵时光，正是通过学习管理沟通，他获得了自信，增强了沟通能力。

这个例子清楚地告诉我们，对于那些性格内向、不善言表者，其沟通能力可以通过学习和研修加以提升和改善。对于那些已具备较强沟通能力者，通过管理沟通课程的系统学习，其沟通能力将得以倍增和完善。

本教材以基本理论作先导，以案例学习为载体，通过理论与实践的有机交融，帮助读者在系统地学习和掌握理论的基础上，很好地把握管理沟通的真谛。

本教材自 2006 年由中国人民大学出版社出版以来，受到广大师生的喜爱，先后入选普通高等教育“十一五”国家级规划教材、“十二五”普通高等教育本科国家级规划教材，并获评上海高等教育精品教材。现结合近年来的教学实践及读者反馈意见，在第 5 版基础上修订出版《管理沟通》（第 6 版）。修订过程中，坚持以习近平新时代中国特色社会主义思想为指南，坚持贯彻党的二十大精神，坚持贯彻党的教育方针，落实立德树人根本任务，努力使教材的思想性、科学性与实践性有机融合在一起。在保持上一版风格和基本构架的基础上，对所有章节进行了通读，文字表述力求精练，并对部分章节做了适当补充和修改，对部分案例做了更新，使教材体系更为完善、内容更为丰满。其中，主要对第 4 章“组织沟通”、第 6 章“会议沟通”、第 8 章“面谈”和第 17 章“未来组织的管理沟通”等内容进行了充实。更新了第 1 章、第 4 章、第 10 章、第 13 章、第 14 章和第 17 章的案例，例如“任正非与 2020 年金牌员工代表座谈”“星光不问赶路人”“我的梦想 我的选择”“蔚来在产业互联网时代的数字化战略与组织设计”等，以期着力反映新时代发展的主旋律。

此外，本次修订还包括对教辅材料“教师包”的部分更新。“教师包”中配有教学视频及教学目的提示、电子课件（PPT）、案例分析参考答案和课程试题集，供教学参考。可登录中国人民大学出版社网站（http：//www. crup. com. cn）免费下载。

本教材在编撰和修订过程中，一直受到中国人民大学出版社管理分社编辑的热情鼓励和帮助，兄弟院校教师对本教材的完善提出了十分宝贵的意见，华东理工大学教务处对于本教材的修订给予了大力支持，在此谨致谢忱！书中部分案例摘引自一些报刊和网站，由于不便逐一送达谢意，在此一并致谢！书中有些观点是作者在教学科研中的点滴体会，不一定成熟，敬请专家、同人及学生提出宝贵意见。

邮件请发：kangq@ecust. edu. cn。

**康 青**

于上海

目 录 CONTENTS

01
Chapter

# 第 1 章
# 沟通概论

沟通是管理的基础。

——彼得·德鲁克

## 学习目标

1. 明确沟通的定义
2. 正确认识沟通的含义
3. 了解沟通的基本过程、方式和要素
4. 识别沟通的障碍
5. 掌握克服沟通障碍的策略

## 引导案例

### 超飞行时限引发惊魂
——国航客机遭意大利战斗机拦截

一架来自上海的波音 747 民航客机，当地时间 21 日在意大利上空引发恐怖袭击惊魂，意大利空军急派两架 F-16 战斗机升空拦截。有消息说，可能是讯号错误导致了这一误会的发生。时任国航上海基地总经理王杰曾向媒体表示：“没听说出了什么问题，就是上海至米兰的客机有些误点。”

据了解，中国国际航空公司的客机当时正从上海飞往意大利米兰。飞机因为误点，在进入意大利上空时已超过原先许可的飞行时限，但没有通知意大利当局。当地空军因不知情而派出战斗机拦截。

一名意大利空军新闻官说：“两架第五中队 F－16 战斗机接到空军命令，从切塞纳起飞，追查一架未获飞行许可的飞机。”当时这架国航波音 747 民航客机正飞越阿尔卑斯山脉，两架战斗机飞近客机后，证实它是因误点导致许可证过期，便批准它继续飞行，战斗机随即返回基地。

这名新闻官还说：“客机原本获授权要在周四午夜前进入意大利领空，却在 9 小时后才飞越意大利东北部的博尔扎诺，因此受到拦截。事件已被证实纯粹是授权问题。”客机最终在目的地——米兰的马尔彭萨机场安全降落。

但也有消息说，这一误会的发生可能是意方发出的错误讯号所致。

上海浦东国际机场负责人表示：“这属于空中指挥问题，一般遇到这种情况应把客机引到地面再做进一步调查。”

记者 23 日上午就此事件再次致电上海浦东国际机场和华东空管局，有关人士向记者证实，周四下午确实有从上海出发的国航班机起飞时间延误，但他们只确认了此机在中国境内的延误，至于在意大利领空的情况，目前还不甚清楚。另外，截至发稿，记者始终无法与国航上海和北京方面的有关机构联系上。

资料来源：中国客机遭意战机拦截 超飞行时限引发恐怖惊魂．（2004－05－23）．http：//news. sina. com. cn/c/2004－05－23/02372600862s. shtml.

---

分析国航客机遭意大利战斗机拦截事件，不难发现原因有许多，但根本的原因是沟通不畅。其实在日常生活和工作中，由缺乏沟通或沟通失败而引发的事件屡见不鲜。下面再来看一个例子。

在宽敞明亮的机舱内，笑容甜美的空姐小李推着餐车缓缓走来，她一边送餐，一边询问：“先生，您是吃米饭还是吃面？”生性爽直的王先生回答：“吃米饭。”小李接着问邻座的刘先生：“先生，您是要饭还是要面？”刘先生愣了一下，面带愠色大声回答：“要饭！”话音刚落，周围的乘客便哑然失笑：“我们也要饭！”见此情景，小李的脸颊上顿时浮现出羞赧的红晕……

这些例子告诉我们，导致沟通不畅或失败的因素是多方面的，包括文化差异、语义理解差异和沟通方式差异等。

上述例子也向我们提出了几个值得深思的问题：什么是沟通？沟通的基本过程是怎样的？沟通过程究竟涵盖哪些要素？沟通中会遇到哪些障碍？如何进行有效沟通？这些正是本章将要着重讨论的。

## 第 1 节　沟通的定义

> 沟通是人们通过语言和非语言方式传递并理解信息或知识的过程，是人们了解他人思想、情感、见解和价值观的一种双向的互动过程。

沟通是人和人之间进行信息传递的一个过程。在这个过程中，信息发送者和信息接收者都是沟通的主体，信息发送者同时也是信息源。信息沟通可以语言、文字或其他形式为媒介，沟通的内容除了信息传递，也包括情感、思想和观点的交流。

在沟通过程中，心理因素无论是对信息发送者还是对信息接收者都会产生重要影响，而沟通的动机与目的也往往直接影响信息发送者和信息接收者的行为方式。沟通过程可能是顺畅的，也可能会遭遇障碍。这些影响沟通效果的障碍既可能产生于心理因素，也可能产生于不良的沟通环境。

人们对于沟通的理解和认识多种多样，但大多缺乏对沟通含义的完整认识。例如：

- 观点 1：沟通不是太难的事，我们不是每天都在进行沟通吗？
- 观点 2：我告诉他了，所以我已经和他沟通了。
- 观点 3：只有当我想要沟通时，才会有沟通。

这些观点从不同角度反映出对沟通的片面理解。持第一种观点者认为，我们天天都与人打交道，这是家常便饭，难在何处？然而，正是因为把沟通看得过于简单而忽视了其复杂性和难度，在处理沟通问题时容易简单化，不做充分准备，沟通失败也就在所难免。

持第二种观点者认为，只要我告知对方了，就完成了我的沟通任务，至于对方是否理解我的意思，会产生怎样的结果，都与我无关。正是这种观点导致生活、学习和工作中事与愿违的情况时有发生，与此相关的抱怨随处可闻。殊不知沟通并不是单向的，而是双向的。只有当信息接收者正确理解了信息的含义时，才是真正意义上的沟通。

持第三种观点者认为，只要我默不作声，就没在沟通。事实上，我们知道，沟通除了语言的，还有非语言的。当一位演讲者站在台上时，他并不想传递“我感到紧张”这一信息，但观众从他急促地搓着手、眼睛不时地看天花板等紧张的神态中，就能够清晰地获得这一信息。

简单地说，沟通应该涵盖以下五个方面：想说的、实际说的、听到的、理解的和反馈的（见图 1-1）。

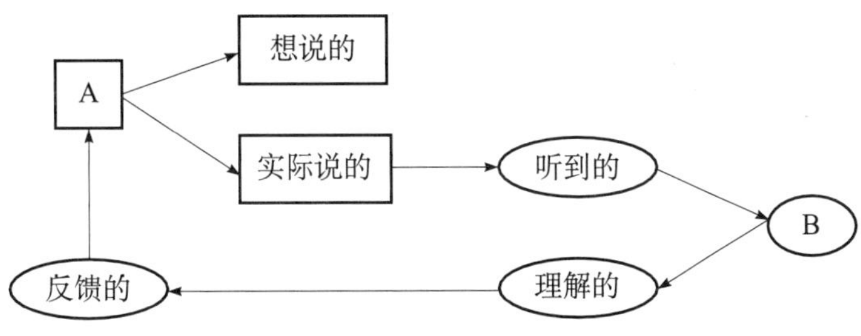


**图 1-1　沟通的内涵**

如图 1-1 所示，A 和 B 分别表示信息发送者和信息接收者，而此处的“说”和“听”具有宽泛的含义，分别指“说、写、做或其他信息传递形式”，以及“听到、看到或接收到的”。事实上，你想说什么与实际说了什么是有差异的。例如，有时人们说自己的表述有些词不达意，就是这种情况。另外，听众听到的与其理解的意思也存在差异，听众会从其自身的角度出发去理解所听到的信息，然后做出反馈。这种差异会从其反馈中表现出来。理想的情况是，听众所反馈的其对该信息的理解恰好是你的初衷或你所期望的，但现实往往会不尽如人意。例如，在某高校召开的校长述职大会上，当各位校长发言完毕，进入大会的第二项议题时，主持人以洪亮的声音说道："我们接下来进入第二项议题，请各位校长下台就座。"话音刚落，会场一片哗然，其中的含义不言自明。这正好说明了"说者无意，听者有心"。因此，沟通并不像我们想象的那样轻而易举，相反，它是一门技巧性很强的学问。只有正确认识沟通，不断加强学习和训练，才能真正领略沟通的真谛。

## 第 2 节　沟通的基本模型

从沟通的定义中可以了解到，沟通过程中涉及沟通主体（信息发送者和信息接收者）和沟通客体（信息）的关系。沟通的起始点是信息发送者，终结点是信息接收者。当终结点上的信息接收者做出反馈时，信息接收者又转变为信息发送者，最初起始点上的信息发送者就成了信息接收者。沟通就是这样一个轮回反复的过程。

如图 1－2 所示，一个完整的沟通过程包括六个环节，即信息源（信息发送者）、编码、渠道、信息接收者、解码、反馈和一个干扰源（噪声）。

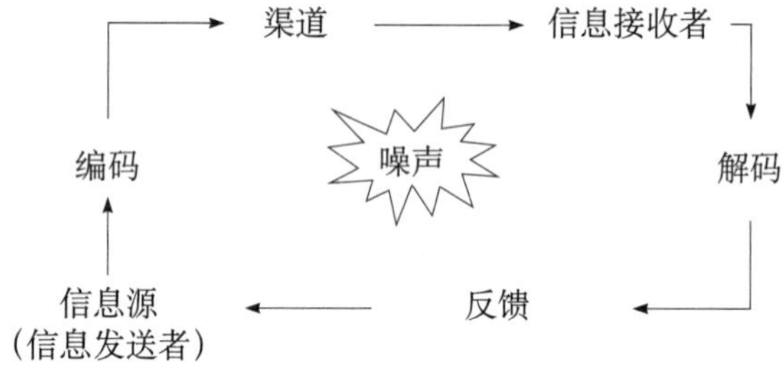


**图 1－2　沟通过程模型**

**1. 信息源**

信息产生于信息发送者，它是由信息发送者经过思考或事先酝酿策划后才进入沟通过程的，是沟通的起始点。

**2. 编码**

将信息以相应的语言、文字、符号、图形或其他形式表达出来的过程就是编码。虽然我们很少能意识到编码过程的存在，但是编码过程的确十分重要。当幼儿牙牙学语时，你会看到幼儿在表达意思的过程中常常表现出努力思索的表情，其实他正在努力选择合适的词语，即编码。通常，信息发送者会根据沟通的实际需要，选择合适的编码形式向信息接收者发出信息，以便其接收和理解。

**3. 渠道**

随着通信工具的不断发展，信息发送的方式越来越多样化。人们除了通过语言进行面对面的直接交流，还可以借助电话、传真、电子邮件和微信等发送信息。在发送信息时，信息发送者不仅要考虑选择合适的方式传递信息，而且要注重选择恰当的时间与合适的环境。

**4. 信息接收者**

信息接收者是信息发送的对象，信息接收者不同的接收方式和态度会直接影响到其对信息的接收效果。常见的接收方式有听觉、视觉、触觉以及其他感觉等活动。如果是面对面的口头交流，那么信息接收者就应该做好倾听者。掌握良好的倾听技巧是有效倾听的基础。积极地倾听有助于有效地接收信息。

**5. 解码**

信息接收者理解所获信息的过程称为解码。信息接收者的文化背景及主观意识对解码过程有显著的影响，这意味着信息发送者所表达的意思并不一定能使信息接收者完全理解。沟通的目的就是要使信息接收者尽可能理解信息发送者真正的意图。信息发送者和信息接收者用同一种语言进行沟通，是正确解码的重要基础。完全理解当然是一种理想状态，因为每个人都拥有自己独特的个性视角，这些个体的差异必然会反映在编码和解码过程中。但是，只要沟通双方以诚相待、精诚合作，沟通就会接近理想状态。

**6. 反馈**

信息接收者对所获信息做出的反应就是反馈。当信息接收者确认信息已收到，并对信息发送者做出反馈，表达自己对所获信息的理解时，沟通过程便形成了一个完整的闭合回路。反馈可以折射出沟通的效果，使信息发送者了解信息是否被接收和正确理解。反馈使人与人之间的沟通成为双向互动的过程。

在沟通过程中，信息接收者应该积极做出反馈；同时，信息发送者也可以主动获取反馈。例如，直接向信息接收者发问，或通过察言观色来捕捉信息接收者对所获信息的反应。

**7. 噪声**

对信息传递过程产生干扰的一切因素都可以称为噪声。噪声对信息传递的干扰会导致信息失真。常见的噪声来自以下方面：

（1）个性差异如性格、受教育程度、气质等。

（2）价值观、伦理道德观、认知水平的差异。

（3）健康状态、情绪波动以及交流环境。

（4）身份地位的差异。

（5）编码与解码所采用的信息代码差异。

（6）信息传递媒介的物理性障碍。

（7）模棱两可的语言。

（8）难以辨认的字迹。

（9）不同的文化背景。

在沟通过程中，噪声是一种干扰源，它可能有意或无意地交织，影响编码或解码的正确性，并导致信息在传递与接收过程中变得模糊和失真，从而影响正常交流与沟通。噪声是妨碍信息沟通的所有因素，贯穿整个沟通过程。因此，为了确保有效沟通，通常要有意识地避开或弱化噪声，或者重复传递信息以强化信息。

应该指出，图 1－2 描述的沟通过程模型只反映有两个人参与的信息交流过程，它是对实际情况的一种抽象，是对人际沟通中最简单、最具代表性的一对一沟通过程的描述。

在管理过程中，沟通常常发生在组织或团队中，需要借助开会、研讨、报告等形式，沟通模式更为复杂，常常表现为一对多或多对多沟通，而且涉及组织网络和系统。由于一对一沟通是所有沟通的基础，因此深入探讨一对一沟通过程模型对于研究管理沟通理论是非常重要的。

## 第 3 节　沟通的要素

从沟通过程模型不难看出，由于一个完整的沟通过程要经过许多环节，并且受到各种噪声的干扰，因此，要实现有效沟通，必须充分考虑以下七个基本要素：信息发送者、听众、目的、信息、渠道、环境及反馈。

**1. 信息发送者**

信息源于信息发送者，信息的可靠性、沟通的有效性与信息发送者的可信度密切相关。一般来讲，影响信息发送者可信度的重要因素有身份地位、良好意愿、专业知识、外表形象及共同的价值观。例如，通过强调自己的头衔、地位或与某个地位更显赫的知名人士联系在一起，有助于提高你的可信度；通过向听众表达良好意愿，并指出听众的利益所在，有助于听众对你产生信任与认同感；显示出自己的专业技术背景，或向听众叙述相关的经历，有助于你在听众中树立起专业或权威的形象；注重外表形象设计与展示，或运用诙谐幽默的语言吸引听众，有助于拉近沟通的距离。应该指出，在沟通的初始阶段就应该注重与听众达成共识，将信息与共同的利益和价值观联系起来，这将大大增强听众对你的信任感，提高你的可信度，从而为有效沟通奠定基础。

**2. 听众**

听众也即信息接收者。为了确保有效沟通，了解你的听众及其需求非常重要。在沟通前应该了解你的听众究竟是哪些人：他们是积极的听众还是被动的听众？是主要听众还是次要听众？另外，还应该了解你的听众的背景材料：他们对于沟通的主题了解多少？他们需要了解哪些新的信息？掌握了这些信息，你就明确了该对听众说些什么，知道在什么情况下可以运用一些专业术语，在什么情况下叙述应该更通俗易懂。此外，听众对你的信息是否感兴趣？感兴趣的程度如何？这些也是你把握沟通过程的风向标。如果听众对沟通主题兴趣浓厚，你就不必费心考虑如何唤起他们的热情与兴趣，可以开门见山、直奔主题。对于那些对沟通主题兴趣不大的听众，你就应该设法激发他们的热情。征求意见并诱导他们参与讨论是激发听众兴趣的有效方法之一。当然，通过强调信息中可能使听众受益的内容，可能会更有效地提升听众的关注度和热情。

**3. 目的**

信息发送者应该明确其信息传递的目的。由于信息传递的目的是基于工作目标及相应举措的，因此，一旦明确了工作目标和相应举措，就应该确定沟通的目的。例如，某空调制造企业销售部门 2022 年度的工作目标是继续保持上一年度的市场份额。销售部经理针对工作目标向各主管提交了一份市场计划，其目的就是希望各主管能够同意并支持这个计划，同时利用会议和演讲等方式，使各地销售代表了解目前的市场形势、企业的工作目标以及相应的营销策略。

**4. 信息**

为了使信息顺畅地传递至听众并使其易于接收，策略性地组织信息模块是至关重要的。从生理角度来看，人们因感受新鲜事物而产生的记忆水平与信息的传递过程密切相关。根据有关记忆曲线的研究（见图 1－3），在信息传递过程的初始阶段及终止阶段，听众的记忆最深刻。

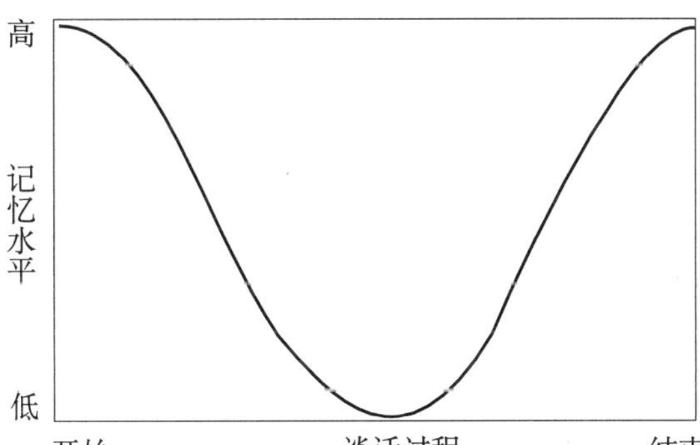


**图 1－3　听众的记忆曲线**

显然，我们不能期待听众对一个长达 1～2 小时的报告会自始至终保持满腔的热情和高度的兴趣。因此，在组织信息内容的时候，应该特别注重开头与结尾，把最重要的内容注入开场白中或融入结尾部分，切忌将主要观点和内容淹没在漫无边际的中间阶段。

至于什么时候应该把重要内容放在开场白阶段，什么时候应该将重要内容置于结尾处，则需要仔细斟酌一番。在开场白阶段采用开门见山、直奔主题的方法具有简明扼要、重点突出、直截了当、节省时间等优点，它有利于听众在接收信息的初始阶段就清楚了解重点和结论，从而便于听众理解和掌握下文。通常，这种方法适用于与那些更关注结论、比较理性的听众沟通。

如果面对那些更关注过程分析或具有排斥心理的听众，就需要采用循序渐进、逐条分析、最后推出结论的方法。采用这种方法虽然可能会增加听众对信息理解的难度，并且很费时，但是有利于缓解具有排斥心理者的抵触情绪，达到激发其兴趣、转变其态度的目的。

**5. 渠道**

沟通渠道通常指的是沟通媒介，信息都是通过一定的媒介来传播的。一般来讲，沟通渠道主要有三种：口头、书面和非语言。随着信息技术的发展，沟通渠道渐趋多样化，出现了电话、传真、电子邮件、电子公告板、电话会议、视频会议等渠道。沟通渠道的多样化给信息传播带来了不可忽视的影响，不同情况应采用不同的沟通渠道。口头沟通渠道主要用于即时互动性沟通，沟通内容具有一定的伸缩性，无须严格记录，沟通形式活泼，富有感情色彩。书面沟通渠道主要用于要求严谨、需要记录备案的沟通。无论是口头沟通还是书面沟通，都可以作为正式或非正式的沟通渠道。正式的沟通渠道主要用于涉及法律问题的谈判、合同契约的签订等情形，如合同、标书、意向书、报告、演讲及新闻发布会等；非正式的沟通渠道主要用于获取新信息、互动性较强的情形，如电子邮件、打电话、讨论会和会谈等。

**6. 环境**

沟通总是在一定的环境中发生的，任何形式的沟通都会受到各种环境因素的影响。如上级与下属的谈话是在上级的办公室还是在厂区的花园里进行，其效果和双方的感受都会不同。从某种意义上讲，沟通的效果与其说是由沟通双方把握的，倒不如说是由环境控制的。

具有不同文化背景的人在进行相互沟通时，文化背景的差异会对沟通过程和沟通效果产生显著的影响。例如，北方人大多生性豪放，交流时喜欢开门见山、直来直去，而南方人在沟通时多倾向于采取迂回策略。人们在社会中所处的不同地位也会对沟通过程和沟通效果产生直接的影响。一般地位高者在沟通过程中显得自信而主动，地位低者则显得卑微而被动。不同的心理对沟通过程和沟通效果的影响更大。在日常生活中我们不难发现，心情好则情绪好，情绪好则说话也觉悦耳。又如，性别和心理上的差异在沟通中也会有所反映：男人显得直率，女人大多委婉。沟通环境对沟通过程和沟通效果的影响也不可忽视，比如，很难想象在闷热的夏天经理们坐在没有空调的房间里无休止地讨论毫无结果的问题。具体而言，沟通环境包括心理背景、物理背景、社会背景和文化背景。

（1）心理背景。心理背景指的是沟通双方在沟通时的情绪和态度，如激动、兴奋、愤怒、热情、冷淡等。

（2）物理背景。物理背景指的是沟通发生的场所，如家里、办公室、学校等。

（3）社会背景。社会背景指的是沟通双方的社会角色关系，涉及对沟通方式的预期。如果双方对沟通方式的预期相符，就能彼此接纳；反之，就无法进行有效沟通。

（4）文化背景。文化背景指的是沟通双方所代表的文化。沟通者长期的文化积淀决定了沟通者较稳定的价值取向、思维模式、心理结构及行为依据。文化背景可以细分为国家的、地区的、行业的、企业的、部门的及个体的。比如在西方国家，重视和强调个人，其沟通方式也是个体取向的，往往直言不讳，对于组织内部的协商一般喜欢通过备忘录、布告等正式的沟通渠道来表明观点和看法。在中国等东方国家，人与人的相互接触相当频繁，而且更多采用的是非正式沟通的方式。

可见，不同的背景对沟通过程和沟通效果会产生不同的影响。

**7. 反馈**

反馈是指给信息发送者的提示，使其了解信息接收者是如何接收并理解信息的，从而使信息发送者根据需要进行调整。

在面对面的沟通中，连续不断的反馈是必要的，因为不论对一个人还是对一群人讲话，都不可能完全了解听众的瞬间反应，如果不断跟踪信息接收者的反应，就能根据所接收到的反馈对所要传递的信息、意向，甚至原先想要达到的目的进行修正。

反馈的形式可以是多样的，包括口头的或书面的、语言的或非语言的、有意的或无意的、直接的或间接的、即刻的或延缓的、内在的或外在的。

反馈从本质上讲分为两种：正反馈和负反馈。信息接收者可能在无意中运用反馈作为影响行为的方法。例如，听众对一位演讲者的反应能在很大程度上影响演讲者的行为。如果演讲者听到喝彩或看到点头示意，就会继续使用当时的沟通方式；反之，如果他得到的反应充斥了嘘声、蹙眉、打哈欠或不专心，而他对这些行为又较为敏感，就会及时修正其沟通方式以符合听众的期望。这就是“在沟通过程中备受关注的是被接收和理解的信息，而非发出的信息”的原因。

禅宗曾提出一个问题：“若林中树倒时无人听见，会有声响吗?”答曰：“没有。”树倒了，确实会产生声波，但除非有人感知到，否则，就是没有声响。

沟通只有在信息接收者感知、理解并做出反馈时，才会真正发生。

## 第4节　沟通的方式

人们会根据不同的沟通目的、听众及沟通内容等，选择不同的方式与他人沟通。沟通方式的选择往往取决于两个方面的因素，即信息发送者对内容控制的程度和听众参与的程度。两者的关系如图1-4所示，图中纵轴代表信息传递者对内容的控制程度，横轴代表听众参与程度。

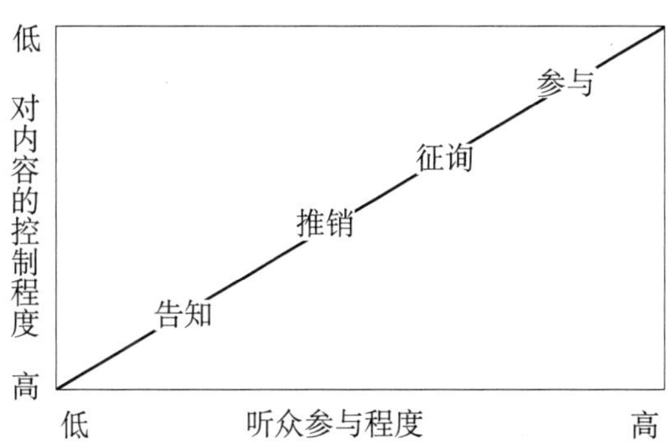


**图1-4　沟通的方式**

**1. 告知**

告知是指听众参与程度低、对内容的控制程度高的方式，如传达有关法律、政策方面的信息，做报告，举办讲座等。

**2. 推销**

推销是指有一定的听众参与程度，对内容的控制带有一定的开放性的方式，如推销产品、提供服务、推销自己、提出建议和观点等。

**3. 征询**

征询是指听众参与程度较高，对内容的控制带有更多的开放性的方式，如咨询会、征求意见会、问卷调查、民意测验等。

**4. 参与**

参与是四种沟通方式中听众参与程度最高、对内容的控制程度最低的一种方式，如团队的头脑风暴、董事会会议等。

很难评定上述各种沟通方式孰优孰劣。沟通方式的选择完全取决于沟通目的、听众和信息内容。有时可以选择单一的方式，有时也可结合多种方式。

如果你希望听众接收你所传递的信息，则可以采用告知或推销的沟通方式，此时，你掌握并控制着足够的信息，在沟通过程中主要听你叙述或解释而不需要听取其他人的意见。当你希望从听众那里了解和获取信息时，则应该运用征询或参与的沟通方式。征询的方式具有一定的合作特征，表现出一定的互动性。参与的沟通方式则具有更明显的合作互动性，如团队头脑风暴式讨论会，此时，你并不掌握足够的信息，而是希望在沟通过程中听取听众的意见，期待他们参与并提供有关信息。

## 第 5 节　沟通中的障碍

在实际生活和工作中，从信息发送者到信息接收者的沟通过程并不都是畅通无阻的，其结果也并不总是如人所愿。上述诸多沟通要素的存在，尤其是各种干扰源的存在，导致沟通过程中会出现各种障碍，以至于沟通失败或无法实现沟通目的。信息沟通中的障碍是指导致信息在传递过程中出现噪声、失真或中止的因素，主要包括如下方面。

**1. 源于信息发送者方面的障碍**

（1）目的不明。信息发送者不清楚自己要说什么，对自己将要传递的信息内容、交流的目的不明确，这是沟通过程中遇到的第一障碍，将导致沟通的其他环节无法正常进行。信息发送者喋喋不休，却不知所云，怎能使听众驻足聆听呢？因此，信息发送者在沟通之前必须明确目的，即“我要通过什么渠道向谁传递什么信息并达到什么目的”。

（2）思路不清。无论是口头演讲还是书面报告，都要求思路清晰，条理分明，使人一目了然，心领神会。若信息发送者口齿不清、语无伦次、闪烁其词或词不达意、文理不通、字迹模糊，都会产生噪声并造成传递失真，使信息接收者无法了解其所要传递的真实信息。

(3) 选择失误。对传递信息的时机把握不准，缺乏审时度势的能力，会大大降低信息交流的价值。若信息沟通渠道选择失误，将导致信息传递受阻，或延误传递的恰当时机；若信息沟通对象选择错误，要么对牛弹琴要么自讨没趣，直接影响信息交流的效果。

(4) 形式不当。使用语言（书面或口头）和非语言（肢体语言，如手势、表情、体态等）表达同样的信息时，一定要相互协调，否则会使人“丈二和尚摸不着头脑”。如果我们要传递一些十万火急的信息，不是采用电话、传真或互联网等现代化的快速方式，而是通过邮寄信件的途径，那么信息接收者收到的信息往往会由于时过境迁而成为一纸空文。

**2. 源于信息接收者方面的障碍**

(1) 过度加工。信息接收者在信息交流过程中，有时会按照自己的主观意愿，对信息进行“过滤”和“加工”。如前面提到的空姐小李想询问刘先生的事情与她实际提出的问题是有出入的。刘先生听到的询问话语与其理解也出现了严重的差异，他把选择性的问题——是要吃米饭还是要吃面——理解成带有偏见意味的问话——要饭（乞讨）吗，于是，从刘先生的回答中透出一丝不快。又如，在组织中，由下属向上级进行的上行沟通中，由于某些下属投其所好，报喜不报忧，因此所传递的信息往往在经过层层“过滤”后或变得支离破碎，或变得完美无缺；由决策层向管理层和执行层进行的下行沟通中，由于经过逐级领会而“添枝加叶”，因此所传递的信息或被断章取义，或面目全非，从而导致信息的模糊或失真。

(2) 知觉偏差。信息接收者的个人特征，诸如个性特点、认知水平、价值标准、权力地位、社会阶层、文化修养、智商、情商等将直接影响到对信息传递者的正确认识。人们在信息交流或人际沟通中，往往习惯于以自己为准则，对不利于自己的信息要么视而不见，要么熟视无睹，甚至颠倒黑白，以达到防御的目的。

(3) 心理障碍。信息接收者在人际沟通或信息交流过程中受到过伤害或有过不快的情感体验，造成“一朝被蛇咬，十年怕井绳”的心理定式，对信息传递者心存疑惑、怀有戒备，或者由于内心恐惧、忐忑不安，会拒绝接收所传递的信息，甚至抵制参与信息交流。

## 第 6 节　有效沟通的策略

虽然在沟通过程中存在各种各样的障碍，但在现实中仍然可以通过主观努力有效地跨越这些障碍。沟通不仅仅是一门科学，更是一门艺术。因此，学习和掌握有效沟通的方法和技巧就显得格外重要。

**1. 使用恰当的沟通节奏**

面对不同的沟通对象，或面临不同的情境，应该采取不同的沟通节奏，这样方能事半功倍，否则可能造成严重的后果。如在一个刚组建的项目团队中，团队成员彼此会小心翼翼，相互独立，若此时采取快速沟通和参与决策的方式，可能会导致失败。一旦一个团队或组织营造了学习的文化氛围，即构建了学习型组织，就可以导入深度会谈、头脑风暴等开放性沟通方式。

**2. 考虑信息接收者的观点和立场**

有效的沟通者必须具有“同理心”，能够感同身受、换位思考，站在信息接收者的立场、以信息接收者的观点和视野来考虑问题。若信息接收者拒绝其观点与意见，那么信息发送者必须耐心、持续地做工作来改变信息接收者的想法，信息发送者甚至可以反思：我的观点是否正确？

**3. 充分利用反馈机制**

在沟通时要避免出现“只传递而没有反馈”的状况。一个完整的沟通过程必须包括信息接收者对信息所做出的反应，只有确认信息接收者接收并理解了信息发送者所发送的信息，沟通才算完整与完成。信息发送者只有通过获得信息接收者的反馈，才能检验沟通是否达到目的。信息发送者可采用提问、倾听、观察、感受等方式来获得信息接收者的反馈。

**4. 以行动强化语言**

中国人历来倡导“言行一致”。用语言说明意图仅仅是沟通的开始。只有将语言转化为行动，才能真正提高沟通的效果，达到沟通的目的。如果说的是一套，做的又是一套，言行不一致，这种所谓的沟通结果是可怕的。在企业中，传达政策、命令、规范之前，管理者最好先确定自己能否身体力行。唯有如此，管理沟通才能在企业内部营造一种良好的相互信任的文化氛围，并使企业的愿景、价值观、使命、战略目标付诸实施。有这样一句话——“说你能做的，做你所说的”，说的正是这个道理。

**5. 避免一味说教**

有效沟通是彼此之间的人际交往与心灵交流。信息发送者一味地为传递信息而传递信息，全然不顾信息接收者的感受和反响，试图用说教的方式与人交往就违背了这个原则。信息发送者越投入，越专注于自己要表达的意思，越会忽略信息接收者暗示的动作或情绪、情感方面的反应，其结果必然是引发信息接收者对其产生反感，进而产生抵触情绪。

## 本章小结

本章着重论述了沟通的基本方面，包括沟通的定义、要素和基本模型，以及沟通的方式等。

虽然本章较全面地介绍了有效沟通的基本原理，但是应该指出，沟通并非易事，没有一种捷径能够使你很快成为一名出色的沟通者。倘若你想成为一名成功的沟通者，不仅需要了解沟通的基本原理和方法，更应积极地参与沟通实践。

首先，应该认识到沟通是双向的。因此，为了使沟通顺畅，给予反馈和获得反馈都是至关重要的。其次，必须明确沟通的目的，即你想传递什么信息，如何传递，同时还应该了解听众是谁，他们对你和你的观点的接受程度如何，会做出何种反应。最后，必须清晰地认识到沟通过程中会遭遇各种障碍，应从思想上给予高度重视，并采用积极的方法加以克服。

沟通的复杂性决定了沟通的难度，因此在沟通中我们总会遇到这样或那样的障碍。但是，只要我们保持积极主动的沟通意识，勇于实践，一定能够不断提升自己的沟通技巧。

## 讨论题

1. 什么是沟通的完整定义？
2. 为什么说沟通是复杂的、困难的？结合实际谈谈你的认识。
3. 噪声如何在整个沟通过程中产生影响？
4. 你认为沟通要素中哪几个方面特别重要？为什么？
5. 列举本章中未论及的障碍，并给出克服这些障碍的方法。

## 管理沟通现状诊断

目标：你是一名出色的管理人员。你知道成功的管理离不开有效的沟通，提高沟通能力的第一步是了解你目前的沟通能力水平。

步骤一：想一想你曾经历的一次工作情境。

步骤二：回答以下有关那次工作情境的问题，并用 7 至 1（程度由强至弱）打分。

1. 我认为我与下属的沟通：

| | 7 | 6 | 5 | 4 | 3 | 2 | 1 | |
|---|---|---|---|---|---|---|---|---|
| 提高了我的可信度和权威性 | | | | | | | | 降低了我的可信度和权威性 |
| 很准确 | | | | | | | | 不准确 |
| 很清楚 | | | | | | | | 不清楚 |
| 解决了而不是产生了更多的问题 | | | | | | | | 产生了而不是解决了更多的问题 |
| 很有效 | | | | | | | | 无效 |
| 有结果 | | | | | | | | 没有结果 |
| 达到了预期的效果 | | | | | | | | 没有达到预期的效果 |
| 显示我是有能力的 | | | | | | | | 证明我能力不足 |
| 令人印象深刻 | | | | | | | | 给人印象不深 |
| 为我树立了正面形象 | | | | | | | | 为我树立了负面形象 |
| 很好 | | | | | | | | 不好 |
| 很熟练 | | | | | | | | 很不熟练 |
| 很放松 | | | | | | | | 很紧张 |
| 能自我激励 | | | | | | | | 不能自我激励 |
| 没让我感到窘迫 | | | | | | | | 使我感到窘迫 |

总分：

2. 我认为我与上级的沟通：

| | 7 | 6 | 5 | 4 | 3 | 2 | 1 | |
|---|---|---|---|---|---|---|---|---|
| 提高了我的可信度和权威性 | | | | | | | | 降低了我的可信度和权威性 |
| 很准确 | | | | | | | | 不准确 |
| 很清楚 | | | | | | | | 不清楚 |
| 解决了而不是产生了更多的问题 | | | | | | | | 产生了而不是解决了更多的问题 |
| 很有效 | | | | | | | | 无效 |
| 有结果 | | | | | | | | 没有结果 |
| 达到了预期的效果 | | | | | | | | 没有达到预期的效果 |
| 令人印象深刻 | | | | | | | | 给人印象不深 |
| 为我树立了正面形象 | | | | | | | | 为我树立了负面形象 |
| 很好 | | | | | | | | 不好 |
| 很熟练 | | | | | | | | 很不熟练 |
| 很放松 | | | | | | | | 很紧张 |
| 能自我激励 | | | | | | | | 不能自我激励 |
| 没让我感到窘迫 | | | | | | | | 使我感到窘迫 |

总分：

3. 我认为我与同级的沟通：

| | 7 | 6 | 5 | 4 | 3 | 2 | 1 | |
|---|---|---|---|---|---|---|---|---|
| 提高了我的可信度和权威性 | | | | | | | | 降低了我的可信度和权威性 |
| 很准确 | | | | | | | | 不准确 |
| 很清楚 | | | | | | | | 不清楚 |
| 解决了而不是产生了更多的问题 | | | | | | | | 产生了而不是解决了更多的问题 |
| 很有效 | | | | | | | | 无效 |
| 有结果 | | | | | | | | 没有结果 |
| 达到了预期的效果 | | | | | | | | 没有达到预期的效果 |
| 令人印象深刻 | | | | | | | | 给人印象不深 |
| 为我树立了正面形象 | | | | | | | | 为我树立了负面形象 |
| 很好 | | | | | | | | 不好 |
| 很熟练 | | | | | | | | 很不熟练 |
| 很放松 | | | | | | | | 很紧张 |
| 能自我激励 | | | | | | | | 不能自我激励 |
| 没让我感到窘迫 | | | | | | | | 使我感到窘迫 |

总分：

步骤三：把你在三个问题上的分数相加，得到总分。如果总分为 15～36 分，说明你是个特别无效的沟通者；如果总分为 37～58 分，说明你是个无效的沟通者；如果总分为 59～80 分，说明你是个有效的沟通者；如果总分等于或超过 81 分，说明你是个十分有效的沟通者。

步骤四：讨论。在教师的指导下，分小组进行讨论，并回答以下问题。

1. 你最有效的沟通方式是什么？你最无效的沟通方式是什么？
2. 作为一个沟通者，你的优势和不足是什么？
3. 如何扬长避短以提高你的沟通技巧？

## 练　习

请回忆在过去的生活、学习或工作中你的一次沟通失败的经历。其中的沟通障碍有哪些？分析那些主要障碍对沟通过程的影响，然后就你当时是如何处理这些障碍的、你现在是如何看待自己当时那种处理方式的，以及你对有效沟通的重要意义的认识，与班上其他同学进行交流。

## 案例分析

### 白银景泰马拉松事件

2021年5月22日，2021年（第四届）黄河石林山地马拉松百公里越野赛暨乡村振兴健康跑在甘肃省白银市景泰县黄河石林大景区举行，比赛期间遭遇突发降温、降水、大风的高影响天气，发生公共安全责任事件，造成21名参赛选手死亡，8人受伤。

**赛事基本情况**

1. 前三届百公里越野赛

黄河石林百公里越野赛是白银市景泰县地方特色体育赛事，2018—2020年，已经举办了三届。第一届于2018年5月20日举办，是中国田径协会认证A类赛事，获评等级赛事“铜牌赛事”“自然生态特色赛事”；第二届于2019年6月8日举办，是中国田径协会认证A类赛事；第三届于2020年9月29日举办，未获得中国田径协会认证。

2. 第四届百公里越野赛

（1）基本情况。第四届包括5公里乡村振兴健康跑、21公里越野赛、100公里越野赛三个组别，其中乡村振兴健康跑参赛1 700人；21公里越野赛报名120人，实际参赛93人；100公里越野赛报名187人，实际参赛172人。本届赛事未向中国田径协会申报认证。

（2）赛事相关单位情况。白银市委办公室、市政府办公室5月19日印发的《2021年（第四届）黄河石林山地马拉松百公里越野赛暨乡村振兴健康跑活动方案》（简称《活动方案》），明确赛事主办单位为白银市委、市政府，承办单位为白银市体育局、景泰县委、景泰县政府，协办单位为白银市委办公室、市政府办公室、市委宣传部、市文广旅局、市公安局、市卫生健康委、市应急局、团市委、市气象局、黄河石林大景区管委会（简称景区管委会）等。

景泰县委办公室、县政府办公室5月13日向白银市委办公室上报了《关于2021年（第四届）黄河石林山地马拉松百公里越野赛暨乡村振兴健康跑实施方案的报告》（简称《实施方案》），成立由景泰县委书记李作璧、县长张文玲任组长，县委副书记周杨，县委常委、宣传部部长、景区管委会主任丁柯涯，县委常委、政法委书记、副县长、县公安局局长李昭军，副县长张文慧任副组长的赛事组委会，下设办公室和会务筹备、赛事竞技、安全保障、医疗保障及疫情防控、食品安全、宣传报道、志愿服务等专项工作组，组委会办公室设在景区管委会，负责赛事的筹备、组织、协调等工作。

赛事执行单位为景区管委会，推广和实际执行单位为景泰黄河石林文化旅游开发有限公司（简称石林公司），运营单位为甘肃晟景体育文化发展有限公司（简称晟景公司）。

（3）百公里越野赛线路及打卡点信息。第四届百公里越野赛线路为：黄河石林景区门口（起点）—豹子沟广场—观景台—常生村—朱家窑—付家岘—金坪村—戚家泉—豹子沟广场（终点），全程 96.07 公里，共设置 9 个打卡点。赛道属于景区周边未经人工硬化的自然山地路线，为砂石、黄土、草地混合路面。

**事件发生经过**

1. 赛事地域天气情况

5 月 22 日，受冷空气影响，我国西北地区大部出现明显降温、降水、大风天气。景泰县最低气温降幅 4～8℃，气温 4～16℃，最大风力 7～8 级，并伴有 0.2～7.2 毫米的降水；最大降温时段 9 至 13 时，大风主要出现在 4 至 19 时，降水主要出现在 11 至 14 时。

5 月 21 日 21 时 50 分，白银市气象台发布了大风蓝色预警信号。21 日 16 时 49 分，景泰县气象台向赛事组委会发布气象信息专报，对黄河石林景区天气进行了预报；当日 22 时 16 分景泰县气象台发布大风蓝色预警信号，并通过 12379 平台、手机短信、工作微信群进行了发布。

此次赛事过程中的气温、降水、平均风力均未达到极端天气事件标准，但对百公里越野赛是一次高影响天气。

2. 赛事前期准备情况

（1）白银市委、市政府。3 月 25 日，市委、市政府在相关工作会议上安排了赛事工作。5 月 19 日，白银市委办公室、市政府办公室印发《活动方案》，明确了赛事组织及线路、工作机构、工作要求等。

（2）景泰县委、县政府。5 月 13 日，景泰县委办公室、县政府办公室向白银市委办公室上报了《实施方案》。5 月 18 日上午，丁柯涯和张文慧在县委党校召开专题会议，安排了赛事筹备工作。

（3）景区管委会。景区管委会安排石林公司对赛事运营工作进行招标。3 月 19 日，石林公司与晟景公司签订了服务合同，约定了赛事活动运营服务项目内容清单，明确了由晟景公司负责赛事特邀人员补助（含安保）、赛事保险、赛事记录、赛事计时、赛道物料、赛道补给等 10 项赛事相关事宜。

3. 时间线

5 月 22 日 9 时，正常开赛，5 公里乡村振兴健康跑于 10 时 30 分左右结束，21 公里越野赛于 12 时 30 分左右结束。

10 时 00 分至 11 时 03 分，172 名百公里越野赛参赛选手全部通过 1 号打卡点。

10 时 42 分至 11 时 46 分，131 名百公里越野赛参赛选手通过 2 号打卡点。

14 时 27 分至 16 时 18 分，4 名百公里越野赛参赛选手通过 3 号打卡点。

11 时 50 分，参赛选手罗词华通过全球定位系统定位设备发出求救信息（未得到回应）。

12 时 03 分，白银蓝天救援队队长张龙接到在赛段现场驻守的 1 号队员张伟报告，称现场风雨太大、自身体力不支，请求撤回，张龙同意其撤回并安排人员支援。

12 时 17 分左右，晟景公司监事张小燕、赛事总监郑世荣及赛事工作微信群先后收到参赛选手、蓝天救援队人员求救信息。

12 时 20 分，张小燕接到有参赛选手退赛的报告后，租用车辆收容赛事现场退赛选手。

12 时 30 分，参赛选手罗元将手机拍摄照片发送至赛事官方微信群，照片中有 10 人在抱团御寒。

12 时 56 分，景泰县 110 指挥中心接到参赛选手黄兴刚的求助报警电话，县公安局指令石林派出所所长罗文波出警前往救援。

13 时 10 分左右，张伟因将防护装备送给参赛选手，出现失温症状不能行动，被赶到的其他救援人员救下。

13 时 56 分，张龙接到张小燕电话，要求上山救援体力不支参赛选手。张龙随即召集所有男队员赶赴事发赛段支援。

14 时 10 分左右，大批参赛选手退赛，赛事被迫中止。赛事组织机构开始实施救援，但未宣布停赛。

4. 应急救援情况

14 时 10 分，接到张小燕报告后，景区管委会副主任罗文涛带领石林公司总经理蒙彭森等人携带保暖物资前往救援，协调救护车及医务人员赶往事发地点。

15 时左右，石林公司、晟景公司人员到达赛段 25 公里附近，发现气象条件恶劣、救援难度大，报告丁柯涯请求增援，沿途将棉衣等保暖物资分发给受伤和返回的参赛选手。此时，景泰县委办公室主任王有余电话询问丁柯涯，核实现场情况后，报告周杨（此时与李作璧同乘一车）。联合调查组认定，此时间为景区管委会向县委、县政府正式上报事件的时间。

15 时 10 分左右，石林公司环卫部部长刘文贵接到常生村村民朱克铭电话报告，称发现有 2 名参赛选手倒地，可能死亡。

15 时 34 分，白银市消防救援支队指挥中心接到群众报警，立即调派景泰县条山消防救援站 2 辆消防车、10 名消防员前往处置；调派白银市西区特勤站 2 辆消防车、15 名消防员前往增援。

15 时 37 分，王有余通知中泉镇党委书记张正祥组织群众就近救援。

16 时 23 分，李作璧电话联络白银市应急局局长胡朝生，请求协调直升机进行救援，但因省公航旅金汇通航公司部署在兰州的直升机已调往青海震区，无法赶赴现场实施救援。

16 时 30 分左右，李作璧、张文玲抵达中泉镇常生村，召开紧急会议，安排部署人员搜救等工作。

16 时 50 分，省应急厅接到胡朝生协调直升机开展救援的请求后，迅速协调省公航旅金汇通航公司，并请求部队调动直升机参与救援，但因气象条件限制未能实施。

17 时，白银市副市长、市公安局局长唐生到达现场组织公安等救援人员开展被困人员搜救、伤员救治工作。

…………

省消防救援总队、省森林消防总队、武警白银支队、西部战区某陆航团等多方开展支援，于 23 日上午 9 时 10 分，最终确认 172 名参赛选手中，151 人被接回或搜救转移至安全地带（8 名伤员在医院接受治疗），21 人遇难。

其间，各救援部门、单位共投入救援人员 1 680 余人（次），救援车辆 200 余台，救援设备 9 000 余件（套）。

5. 善后处置及伤员救治情况

白银市委、市政府成立了由主要负责同志任组长的善后处置工作领导小组，全力做好伤亡人员家属的接待、安抚等善后工作。截至 5 月 25 日，8 名受伤参赛选手中 7 名出院，剩余 1 名因伤势较重，继续在白银市第一人民医院治疗。6 月 4 日，21 名遇难者遗体全部得到妥善安置。

**事件性质和原因分析**

1. 事件性质

这是一起极限运动项目百公里越野赛在强度最高赛段遭遇降温、降水、大风的高影响天气，赛事组织管理不规范、运营执行不专业，导致重大人员伤亡的公共安全责任事件。

2. 直接原因

（1）天气方面。5 月 22 日上午 9 时赛事开始后，大多数参赛选手穿着短袖短裤，未随身携带冲锋衣等保暖装备。上午 10 时 30 分左右，赛事区域开始降水。12 时左右，131 名参赛选手通过 2 号打卡点，进入 2 号打卡点至 4 号打卡点赛段，该赛段全长 14 公里，海拔高度最高为 2 230 米。13 时前后，3 号打卡点附近气温降至 4℃左右，平均风力 6～7 级，最大阵风 8～9 级，伴有累计降水量 3～5 毫米，受大风、降水影响，体感温度下降到−5～−3℃，至 15 时前大部分时段体感温度低于 0℃，参赛选手经历了持续最低体感温度时段，加之野外高原环境和衣着单薄等多种因素，导致部分参赛选手因急性失温死亡。

（2）工作方面。赛事举办机构风险防范意识不强，在赛前收到气象部门气象信息专报和大风蓝色预警后，未采取有效应对措施；未按高海拔赛事标准，将防风保暖装备列入强制装备清单；赛道补给点设置不合理，在最难最险的高海拔赛段（2 230 米）未设置医疗救助和补给点；未采取加强和改善通信条件的措施，导致最危险时刻通信联络不畅。赛事承办执行和运营单位组织、管理、运营水平低，未按规定制定专项应急预案和安保措施，应急救援力量准备严重不足；在收到请求救援、大范围退赛信息后，前期救援统筹不够、组织不力。

3. 间接原因

（1）赛事组织管理不规范。白银市委、市政府和景泰县委、县政府对此次重大活动均未召开专题会议研究；白银市委、市政府作为主办单位，在开赛前 3 天才下发《活动方案》，致使相关部门单位准备不足，未能采取有效落实措施；景泰县委、县政府作为承办单位，《实施方案》只上报未下发，导致部分相关部门职责、任务不清；景区管委会的执行方案照抄照搬，未制定专项应急预案和安保方案；晟景公司组建的赛事运营机构专业人员力量严重不足，11 名工作人员负责 43 项赛事工作，其中最多的 1 人负责 9 项，赛事医疗、安保、志愿者服务 3 个总指挥均由 1 名临时聘用人员担任。赛事组织管理不规范，导致事前风险防范不足，事发后应对处置不力。

（2）安全监管措施不落实。白银市、景泰县体育赛事管理部门未认真落实体育赛事行业安全监管责任，在此类赛事的事前审批取消后，忽视安全监管责任，未落实事中事后监管措施；未主动为赛事的竞赛组织、参赛保障、安全管理等方面提供业务指导、技术支持和咨询服务。市县两级相关职能部门未按照大型群众性活动要求，对赛事执行运营单位制定的安保方案、采取的安保措施等实施有效监管，导致源头隐患和安全风险未得到及时发现和整改。

(3) 救援力量准备不到位。赛事组委会及其办公室和运营单位在《实施方案》和相关预案中，没有做出应急救援力量部署，仅以口头协议的形式调动社会救援力量参与安保和救援工作，应急救援人员、物资准备不足，导致在紧急情况发生后，才增派力量、物资、车辆开展救援。

(4) 安全保障条件不充分。此赛事场地设在黄河石林大景区范围内，已经连续三年举办百公里越野赛，赛道通信、医疗等安全保障设施建设严重滞后的问题一直未得到改善。在已知部分区域（赛道）网络信号存在弱覆盖或无覆盖的情况下，景区管委会未采取改善通信条件的具体措施，未在 3 号打卡点最高处架设对讲机中继信号站，造成求助信息、人员伤亡情况不能及时传递，事发初期救援指挥通信不畅，影响救援效率。医疗急救保障准备不充分，在 3 号打卡点仅有 2 名工作人员，未设置医疗人员和救护设备，未能及时有效实施救援。

**责任认定及处理**

联合调查组查明了赛事筹备、事件经过和现场救援情况，分析了事件原因，认定了事件性质，确定了相关责任单位和责任人在事件中的责任，并依法依纪处理：作为赛事运营单位，晟景公司对事件的发生负有直接责任，已正式批准逮捕公司负责人张小燕等 5 人，由司法机关依法追究其刑事责任。赛事主办方、承办方、协办方、执行运营方 16 家单位及其 27 名相关人员对事件的发生负有责任，应依法依纪予以追责。

资料来源：白银景泰“5·22”黄河石林百公里越野赛公共安全责任事件调查报告.（2021-06-25）. http://www.gansu.gov.cn/gsszf/c100002/c100010/202106/1643566.shtml.

**[思考题]**

1. 白银景泰马拉松事件是一起重大的公共安全责任事件。发生这起事件的主要原因有哪些?

2. 从管理沟通的视角来看，在白银景泰马拉松事件中，相关部门及有关人员在沟通方面存在哪些不足?

3. 白银蓝天救援队队长张龙在接到赛段现场驻守队员张伟的紧急报告后，应该做出哪些必要的反馈?

4. 请对晟景公司的沟通现状做出评价。作为赛事运营单位管理者，应如何通过有效管理沟通去应对赛事中的突发事件?

02
Chapter

# 第2章
# 管理沟通

良好的管理沟通是实现组织目标的基本保障。

——佚名

**学习目标**

1. 了解管理沟通的定义和内容
2. 明确管理职能与沟通的关系
3. 识别管理者的沟通角色
4. 确定管理沟通的作用
5. 识别影响管理沟通的因素
6. 掌握有效管理沟通的策略

## 引导案例

### 邱茹萍的人格魅力

邱茹萍的同事都说她"外柔内刚"，她自己也承认这一点，"常常在我与下属的谈话结束很久以后，他们才开始觉察到我是在责备他们。"

邱茹萍的装束很女性化，说话温柔，语气平和，即使是在批评他人，也从不怒目圆睁。她待人和气，具有一流的倾听技巧。也许正是这种特质打动了员工，他们都很尊重她，说她温柔的外表下蕴藏着坚强的意志。

"有一件事我永远难忘，至今仍历历在目。当时，我必须开除一个员工，她是我最好的朋友，有些事我没有处理好，影响了我们的关系。其实，这对她并没有坏处。后来，她进入另一个行业，做得相当出色。”

邱茹萍在工作中逐渐掌握了处理问题的技巧。她的诀窍是，在用人之前事先做好准备。“当你做计划的时候，就要清楚你需要什么样的人才以及你的要求。除了必需的工作技能，我很看重品质、个性、幽默感和责任感。选人时谨慎些，用起来就轻松多了。”

员工一旦被正式录用，邱茹萍就会提供足够的锻炼机会，随时纠正他们的错误。“我不希望到我第一次考核时，对方对自己的工作还一无所知。”

她待人诚实、坦率，有争执或冲突时马上解决，绝不拖泥带水。但是，她也从不态度强硬，不给对方造成压力。

做了这么多年的主管，邱茹萍总结出三类最难打交道的员工以及与他们友好相处的办法。一是满腹牢骚的员工，“我尽量开导他们，让他们往远处着想，给他们尝试的机会”。二是桀骜不驯的员工，“他们真令人头疼，我曾被他们气得浑身发抖，但我有原则，绝不纵容不讲道理的人。我会让他们知道，在我们这里，只要有道理，什么都可以商量，否则免谈”。三是能力差的员工，“我并不歧视他们，给他们创造增进技艺的机会，并给予指导，通常给半年时间。多数员工进步很快，我继续鼓励他们”。

邱茹萍说，与难打交道的员工即“问题员工”相处的诀窍是主动与他们沟通，深入了解他们。通过不断思考和吸取教训，邱茹萍对待各类员工的技巧日渐成熟，不仅“读人”的本领大增，处理问题的能力也有所增强。“我从不排斥另类，他们虽然与我个性不同，但都有自己的优点。一个多元化的环境就应该有各类人才，创造力才能增强。只要是对公司有用的人，就要充分发挥他们的潜能。”

邱茹萍曾与9位上级共事，他们都是控制型的，但她都能与之和睦相处。这是她的优势，也是她成功的基础。

---

这是一个成功的管理沟通案例。它为我们描述了作为一名管理者的邱茹萍是如何通过有效管理沟通，成功处理与上级和下属的关系的。

生活中处处需要沟通，组织中也不例外。企业的各种经营管理活动必须借助沟通得以展开。组织为达到管理的最终目的，必须依赖各种形式的沟通活动，而这些沟通活动成功与否决定了管理的成败。那么如何理解管理沟通？管理与沟通究竟是什么样的关系？管理者应如何提高管理沟通技能，并借此提升管理的有效性，成为像邱茹萍那样在组织中游刃有余的管理者？这些正是本章所要讨论的。

# 第1节 管理沟通的定义

> 管理沟通是指为实现组织目标而进行的组织内部和组织外部的知识、信息传递和交流活动。

可以看到，管理沟通不同于一般意义上的沟通。换言之，管理沟通是围绕企业经营目标所进行的信息、知识传递和理解的过程，是实现管理目的的媒介，也是企业有效运作的润滑剂。

从本质上讲，管理沟通涵盖组织沟通的方方面面，包括组织内部沟通和组织外部沟通。由于组织目标最终是靠人来实现的，因此，组织中的人际沟通是管理沟通的基础。正如著名管理沟通专家查尔斯·贝克在其《管理沟通——理论与实践的交融》一书中所阐述的，组织中任何形式的沟通都基于个体，作为人际沟通中基本单元的个体则成为管理沟通基础中的基础。

由此可见，管理沟通可以宽泛地包括组织环境下的个体沟通、人际沟通和组织沟通三个方面的内容。个体沟通强调自知之明，培养自我沟通、战胜自我的能力；人际沟通强调掌握人与人之间沟通的技巧，其中包括倾听技巧、非语言沟通技巧、冲突处理技巧、口头沟通技巧、书面沟通技巧、压力沟通技巧和跨文化沟通技巧等；组织沟通则是自我沟通能力和人际沟通技能在组织特定沟通形式中的综合体现，这些特定沟通形式包括纵向沟通、横向沟通、群体和团队沟通、会议沟通、面谈以及危机沟通等。

# 第 2 节　管理与沟通的关系

如前所述，管理与沟通密切相关，即良好的沟通会促进有效的管理，而成功的管理必定要依赖有序的沟通。下面从三个方面来研究管理与沟通的关系：管理职能与沟通、管理角色与沟通、管理者类型与沟通。

## 一、管理职能与沟通

通常，管理职能被传统地划分为以下四大类。

**1. 计划**

计划就是设置目标并确定由起始点到达预期目标的最佳路径的过程。这个过程包含一系列决策，即确定任务，在各种方案中选择未来的行动路径，并确定如何配置现有的资源，如员工、资金、设备、渠道或时间等。

计划是企业有效运作的基础。有效的计划不仅指计划本身，而且包括如何使组织成员充分了解计划，明确组织目标，理解行动方案，否则实施计划、实现目标就无从谈起，再完美的计划也只能成为一纸空文。显然，为了完成计划，实现预设目标，必须依靠有效的管理沟通活动，尤其是与下属的沟通。因此，就计划职能而言，其中所发生的管理沟通基本上包括计划制定之前向下属收集信息、意见和想法，以及计划制定之后向员工传达和布置任务（见表 2-1）。从现代管理的观点来看，上级必须不断对下属授权，让下属更多地参与目标实施的过程和方案的选择。唯有如此，才能增进组织成员上下级间的相互信任，彼此精诚合作，携手努力，实现组织目标。这里，授权、参与都可以从提高沟通效率的角度增加实现目标的机会。从一定意义上讲，沟通就是组织的生命线，它传递着组织的发展方向、期望、过程和目标。

**表2-1 四项管理职能中涉及的沟通类型**

| 计划 | 组织 | 领导 | 控制 |
| --- | --- | --- | --- |
| 阐明目标 | 发布命令 | 授予职权 | 绩效评估 |
| 分担计划 | 分配工作量 | 培训 | 控制生产进度 |
| 实施计划 | 安排职位 | 激励 | 撰写进展报告 |

**2. 组织**

管理者为实现目标而进行资源配置，设立一个正式的权责分明的职位结构或职务结构，这是组织工作的主要职能。换言之，组织工作就是精心策划组织内部的角色结构，并将每一个角色分配给每一位能够胜任的成员。具体来说，在进行组织工作时，管理者设定职位框架，并从权利、责任和要求等方面描述其中每一个角色，同时根据人员特点，进行人员与工作的匹配，使人员之间形成一定的工作关系。因此，组织工作的过程就是全面调动和充分利用人力资源的过程。好的组织工作可以确保人们在完成工作的过程中相互配合并协调一致，更有效、更顺利地完成工作。好的组织工作同时也为领导和激励工作设置了一个宽广的平台，清除了结构上的障碍。组织是一个系统，组织中任何一个部分的变化都会对整个系统产生连带影响。组织成员之间的协调互动过程本质上就是沟通过程。显然，管理沟通又一次为人员与工作的协调一致提供了“润滑剂”。事实上，组织成员之间不可能不进行沟通，即使是沉默，也会传达出一种态度。

**3. 领导**

管理者通过自身的行为对员工施加影响，使其为实现组织目标而努力工作，这是作为领导者的重要职能。作为管理者，既要有权威，又要有对事物发展的前瞻性眼光，同时还要具备一定的感召力。作为领导者，应能引导其追随者同步前进，正确领悟上级管理者的意图或提出的目标，并千方百计努力完成任务。越来越多的研究和实践表明，建立在职位基础上的权威对追随者的行为所施加的影响极为有限，因敬畏而带来的服从是被动的，现代人更愿意追随那些能够满足大家需要、实现共同愿景的领导者。因此，管理者必须借助管理沟通来展示自身的人格魅力、知识才华和远见卓识，淡化地位与权威的作用，唯有如此，才能赢得追随与支持。许多事实表明，卓越的领导者同时必定是出色的管理沟通者。

**4. 控制**

评估和纠正员工行为并促进计划完成的各种活动乃是控制的基本职能。控制是否有效与计划实施的成败密切相关。为了使员工的行为符合计划实施的规范要求，就要对管理加以有效控制，也就是不断地防错、查错与纠错。要根据计划设定规范，定期开展绩效评估，及时发现、纠正并消除偏差，保证行动的方向与质量，最终完成计划。从实质上讲，控制就是不断获得反馈，并根据反馈制定对策，确保计划得以实现的过程。毫无疑问，这个过程也有赖于管理沟通的正常开展。没有有效沟通提供的准确信息，就无法进行有效的监控和及时的纠错，也就不能如期实现预定的目标。

从表 2－1 中不难看出，计划提出管理者追求的目标；组织提供完成这些目标的机构设置、人员配备及个体的责任；领导提供激励员工的氛围，包括员工的自我激励与互动激励；控制对实现目标的进程进行精心评估与校正干预。显然，上述四项职能的执行都与管理沟通密切相关。而且，由于计划、组织、领导和控制等职能是互相关联的，因此四项职能的相互衔接和相互协调也离不开管理沟通。正如著名管理大师彼得·德鲁克所指出的，沟通是管理的一项基本职能。他强调了沟通在所有管理职能中的中心位置。图 2－1 可以比较直观地体现他的这一观点。

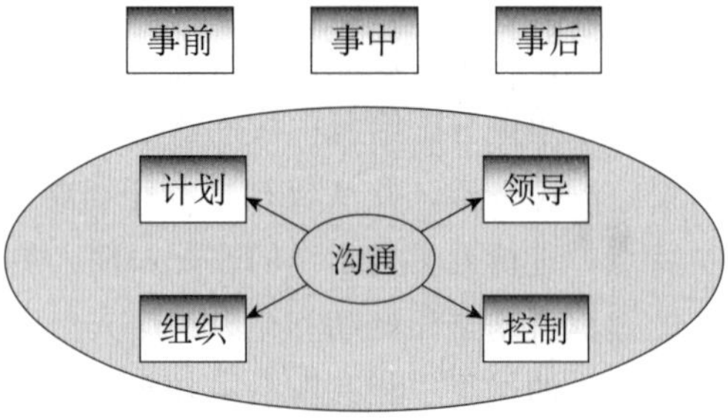


**图 2－1　沟通与管理职能的关联**

## 二、管理角色与沟通

一个组织或其中一个部门的负责人就是不同层面的管理者。管理的职能比较简要地概括了管理工作的职责，但还不足以全面反映管理工作的具体内容和工作特点。当代管理大师亨利·明茨伯格从管理者扮演的角色入手，考察了各项管理工作。他认为，管理者扮演了 10 种类型的管理角色，管理者在扮演不同管理角色时应该意识到，每种角色对如何进行管理沟通都提出了相应的要求。

**1. 挂名领袖**

作为挂名领袖，管理者常常需要出席许多法律性和社交性的活动或仪式。例如，为企业资助的活动剪彩、致辞或代表企业签署法律合同文件等。在扮演挂名领袖的角色时，管理者成为观众瞩目的焦点，其举手投足、一言一行都代表着企业的形象。这种角色对管理者的口头沟通能力和非语言沟通能力都有很高的要求。通常，挂名领袖要通过微笑、颔首致意等肢体语言，以及铿锵有力的声音、言简意赅的表达来显示企业的自信和实力。

**2. 领导者**

作为领导者，管理者主要负责率领和激励下属为实现组织目标而工作。管理者要负责组织人员配备、培训等，并统筹和协调所有下属参与的活动。这个角色要求管理者擅长面谈等口头和非语言沟通形式。当然，领导者可以通过发布倡议书等书面指令等来影响和改变员工的行为，但仅有书面沟通是不够的，优秀的领导者一定要通过口头和肢体语言来激励和鼓舞员工，因为面对面的口头沟通加上相应的肢体语言能够更快、更直接有效地传达管理者的意图。

**3. 联络员**

作为联络员，管理者需要设置不同职能部门以满足企业内部分工的需要、组织和协调各部门的工作。作为联络员的管理者要及时向相关部门提供各种信息，使之相互协调。同时，管理者也要着力拓展和维护与企业发展相关联的外部关系网络，担当企业公共关系负责人的重任。通常，管理者通过召开跨部门的会议来分配和协调各部门的工作，通过与外部联络人洽谈等方式来协调企业与外部环境的沟通活动。显然，作为联络员的管理者必须具备良好的口头和非语言沟通能力，尤其要善于主持会议和与人面谈等。

**4. 监听者**

作为监听者，管理者需要获取各种特定的、即时的信息，以便比较透彻地了解组织内部的经营管理现状以及外部环境，如经常阅读各种报纸杂志、政府报告、财务报表等，并与有关人员如政府官员、客户、骨干员工等保持私人接触。换言之，管理者充当了组织内部、外部信息的神经中枢。这就要求管理者具备良好的书面沟通和口头沟通能力，特别是理解和倾听能力。

**5. 传播者**

作为传播者，管理者需要将与员工工作相关或有助于员工更好地工作的信息传递给有关人员。有些是有关事实的信息，有些则涉及对组织有影响的各种人的不同观点的解释和整合。管理者几乎可以采用所有的沟通形式传播信息，如通过面谈、电话交谈、书面报告、备忘录、书面通知等形式，将相关的信息传递给有关人员。正因为如此，管理者必须懂得如何通过多种途径完成沟通，或针对信息内容选择恰当的沟通方式。

**6. 发言人**

作为发言人，管理者通过董事会、新闻发布会等形式，向外界发布有关组织的计划、政策、行动、结果等信息。这要求管理者掌握和运用正式沟通的技巧，包括书面沟通和口头沟通技巧等。

**7. 企业家**

作为企业家，管理者必须积极探寻组织发展的机会，制定战略与可持续发展的方案，督导决策的执行进程，不断开发新的项目。换言之，管理者要充当企业变革的发起者和设计者。这在一定程度上要求管理者具有良好的人际沟通能力，善于通过与他人沟通来获取信息，帮助决策，同时能与他人就新思想、新发展等观点进行交流。

**8. 危机驾驭者**

作为危机驾驭者，当组织面临重大危机时，管理者负责开展危机公关，采取补救措施，并建立相应的预警系统，防患于未然，消除出现混乱的可能性。主要措施包括召开处理危机的协调会议以及定期检查会议。因此，管理者需要具备娴熟的会议沟通技能。

**9. 资源配置者**

作为资源配置者，管理者负责分配组织的各种资源，如人力、财务、信息和物质资源等，即管理者要负责组织决策和组织实施。例如，编制预算、安排岗位等。在实施资源分配时，通常需要使用书面沟通形式，如批示、指令、授权书、委任状等。

**10. 谈判者**

作为谈判者，管理者在重要的劳资谈判和商务谈判中经常作为组织的代表参与谈判。例如，代表资方与劳方进行合同谈判，或为采购设备、购买专利、引进生产线等与供应商洽谈。这都要求管理者掌握谈判沟通技巧。

上述 10 种管理者角色可以分为三大类，即人际关系角色（包括挂名领袖、领导者、联络员）、信息传播角色（包括监听者、传播者、发言人）和决策制定角色（包括企业家、危机驾驭者、资源配置者和谈判者）。这些角色各有特色，但又密切关联。

由此可见，管理者无论履行什么管理职能，或扮演什么管理者角色，都离不开管理沟通。为了提升管理效率，管理者必须不断与企业内外的人员如上级、下属、政府官员、供应商、经销商、顾客等进行有效的沟通。

## 三、管理者类型与沟通

根据约哈瑞窗的分析维度（见图 2－2），管理者大致可分为四种类型。

**1. 双盲型**

这种类型的特点是既不暴露也不反馈，占据双盲的位置，自我充满焦虑与敌意。这种类型的管理者往往采取专横独断的管理方式，在他所领导的群体、团队或组织中，人际交往效率低，缺乏有效的管理沟通，下属缺乏创造性。

**2. 被动型**

这种类型的特点是仅仅依靠反馈，缺乏自我暴露，是一种“面具式”的沟通。开始，下属与上级互相比较满意，但长此以往，如果上级不愿打开心扉与下属坦诚交流，下属就可能对其产生信任危机。

**3. 强制型**

这种类型的特点是一味以自我暴露取代反馈，认为自我至高无上，他人一无是处。在与员工的沟通中，常常自己滔滔不绝，言过其实，以此巩固自己的地位与威信。由于这种类型的管理者采取的是强制灌输的管理方式，因此下属会对其充满戒心，时常感到忐忑不安，甚至怨愤。

**4. 平衡型**

这种类型的特点是合理使用暴露与反馈，达到最佳沟通状态。这种类型的管理者会自由而适度地暴露自己的情感，及时收集他人的反馈，注重自我与他人的互动，采取平衡有效的管理方式。下属会感到心情舒畅，与上级坦诚交流，其管理效率最高。

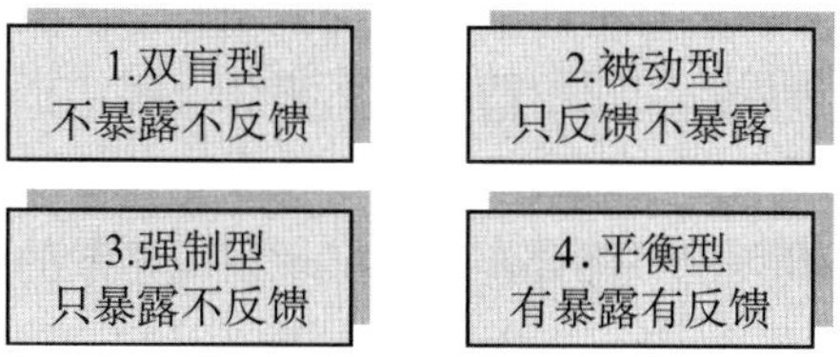


**图 2-2　管理者类型之约哈瑞窗**

# 第 3 节　管理沟通的作用

如果把组织比喻成一个完整的有机体，那么管理沟通就是保持其良性循环的生命血液。构成该有机体的要素包括个体、角色、工作群体、组织和外部环境（见图 2-3）。换言之，处于组织这个系统中的个体会扮演一个个特定的角色，然后由这些扮演相同或不同角色的个体按工作需要组成一个个工作群体，多个工作群体就形成了组织。由于组织不仅需要集聚内部力量，而且需要获得外部力量，实现组织目标，因此组织必须与外部环境建立一种互动、协调的关系。如图 2-3 所示，这些要素是紧密相连的，而连接各要素的正是管理沟通这个组织有机体的生命血液。试想，在这种生命血液循环的过程中，一旦发生故障，或堵塞，或缺损，会导致什么后果？

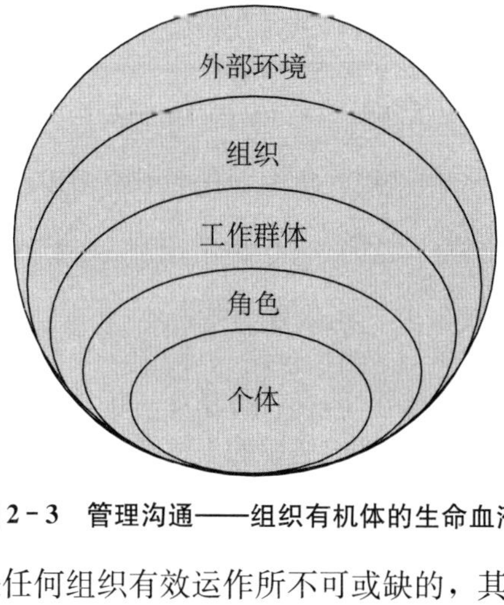


**图 2-3　管理沟通——组织有机体的生命血液**

显然，管理沟通是任何组织有效运作所不可或缺的，其主要作用可归纳为以下三个方面。

**1. 管理沟通是润滑剂**

不同的员工具有不同的个性、价值观、生活经历等，这些个体间的差异必然会导致出现一些矛盾，产生一些冲突。管理沟通可以使员工懂得尊重对方和自己，不仅了解自己的需要和愿望，也能通过换位思考彼此理解，建立信任和融洽的工作关系。

**2. 管理沟通是黏合剂**

管理沟通可以将组织中的个体聚集在一起，将个体与组织黏合在一起，使其在组织的发展蓝图中实现自己的理想，或在构建自身的人生道路上促进组织的发展，同时与其他个体紧密协调合作，在实现组织愿景的努力和工作中，追求个人的理想和人生价值。

**3. 管理沟通是催化剂**

管理沟通可以激发员工的士气，引导员工发挥潜能，施展才华。研究表明，一些规模中等、制度健全的组织，其员工平均只将 15%的潜力施展在工作之中。主要原因是员工不清楚组织的发展目标，也不明白组织的发展目标与个体之间的关系。良好的管理沟通可以通过上级与下属以及员工间的沟通和交流，增进员工对组织发展目标及愿景的了解和理解，从而激发员工内在的潜力和潜能，使大家团结一心，众志成城，实现组织目标。

## 第 4 节　影响管理沟通的主要因素

从本质上讲，管理沟通基于人际沟通。第 1 章描述的沟通基本模型中涉及的基本要素和过程同样也是管理沟通中的基本要素和过程。但是，管理沟通又不同于一般的人际沟通，它具有特殊的影响因素。下面就从组织内部环境、组织外部环境、管理者的管理模式等方面来考察影响管理沟通的主要因素。

### 一、组织内部环境

我们主要从组织结构、组织文化和组织沟通氛围这三个方面讨论组织内部环境对管理沟通的影响。

**1. 组织结构**

组织结构是指一个正式的、有目的地勾画而成的职位结构或职务结构。根据不同的工作需要，进行精心的设计与描述，确定一系列的职务（职位），然后根据这些职务（职位）的要求确定任职的人员，建立人与工作、工作与工作（人与人）的相互关系，这就是组织结构的实质。人们在完成工作的过程中需要根据工作关系相互配合并进行协调，自然离不开管理沟通这一“润滑剂”。但同时组织结构本身又为管理沟通设定了一些必须遵守的规范和工作程序，因此，不同的组织结构会对管理沟通产生不同的影响。

组织结构的形式有很多种，我们在此讨论四种具有代表性的形式：直线职能型、矩阵型、团队型和无边界型。

（1）直线职能型。这是最传统的也最常见的组织结构形式，如图 2－4 所示。直线权力由最高管理者开始，经过中层管理者直至基层管理者和员工。同时，在每个层面上横向展开的是围绕一种专门领域（如营销、财务或生产等）建立的职能部门。每一个职能部门都由一个该领域的管理专家主管。在这种组织结构中，每个管理者在其工作范围内对所有员工拥有直线管理的权力。正是这种上下级权责关系贯穿组织的所有层面，形成了所谓的命令链。在命令链中的每个链环处，拥有直线职权的管理者均有权直接指挥下属的工作。

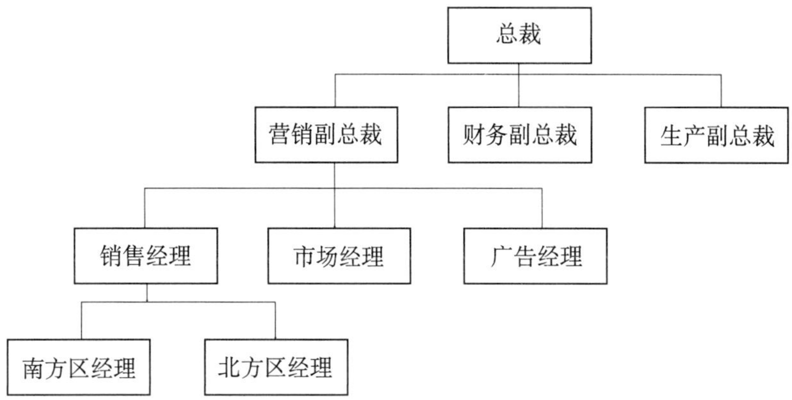


**图 2－4　直线职能型组织结构**

在这种组织结构中，存在明确的正式沟通路径，所有的人都明了组织关系与职责。这种组织结构的弱点是直线管理者必须在特定范围内履行职责。一旦组织的规模扩大，结构变得更复杂，管理者就会发现自己没有足够的时间、技能和方法去进行管理沟通并提高管理效率。同时，不同职能部门之间的矛盾可能会导致整个组织的目标被肢解得支离破碎，从而使总体目标的实现成为泡影。

（2）矩阵型。这种类型的组织采用双重的指令系统去参与复杂的项目，如图 2－5 所示。具有一技之长的成员被临时从组织的各职能部门借调、聚集在一起，他们可能被安排全职或兼职去参与某个项目。矩阵型组织结构创造了双重命令链，超越了传统的命令原则。这种组织结构利用职能部门化来获得专业化经济，同时在这些职能部门中设立项目经理。矩阵中的每个成员必须向两位上级（职能部门的管理者和项目经理）汇报。这种组织结构的最大优点在于既能维护一系列复杂而独立的项目的协调性，又能保持专家聚集在一起所具有的经济性。

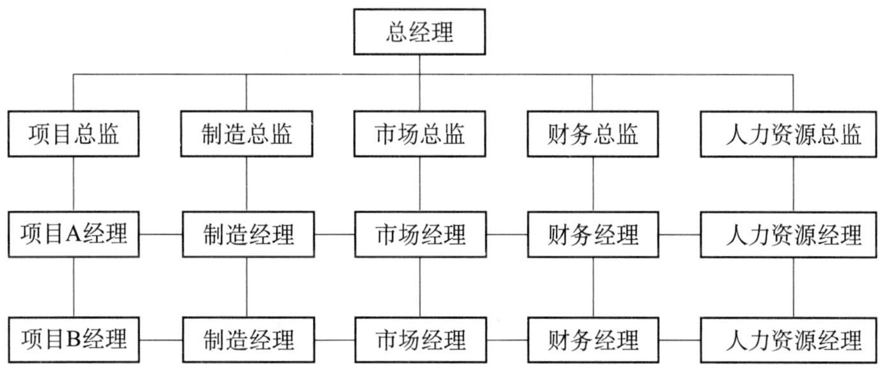


**图 2－5　矩阵型组织结构**

由于矩阵型组织结构会引发新的沟通问题，因此它要求项目经理和部门管理者对共管资源的使用进行调配，并就任务和目标达成一致。显然，矩阵型组织结构对管理沟通提出了更高的要求，也使管理者面临更大的挑战。

（3）团队型。这是由工作团队或工作小组构成的一种组织结构形式（见图 2－6）。团队型组织结构是一种高效的组织结构形式，它缩短甚至消除了从组织最高层延展至最基层的管理职权链，从而减少了传统组织结构中存在于多层级、多部门之间的壁垒和障碍，团队成员可以按照自己的思路设计和实施最优化的方案来实现组织的目标。其运作形式十分精干，灵活机动，反应及应变能力强，团队成员参与程度高。通常，对于大型组织而言，团队型组织结构可作为直线职能型组织结构的一种补充，使组织既具有科层制组织结构的理性与规范性，又拥有工作团队的灵活机动性。显然，在团队型组织结构中，应具有良好的沟通与协调氛围，团队成员必须具备较强的沟通意识以及沟通能力。

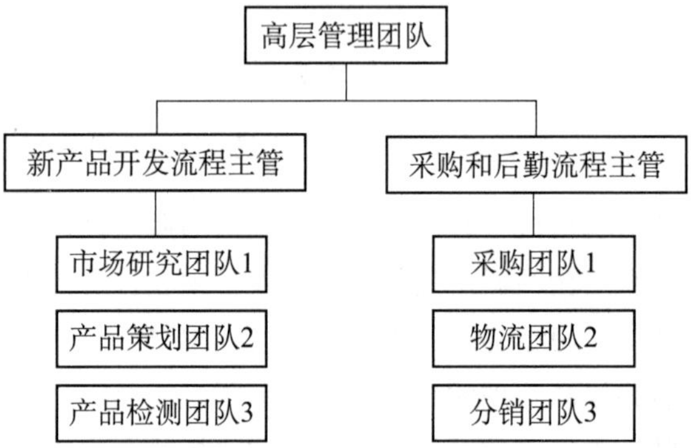


**图 2－6　团队型组织结构**

（4）无边界型。这是一种不受任何预先设定的边界限制的组织结构形式（见图 2－7）。它是由通用电气原首席执行官杰克·韦尔奇首先提出的。这种组织结构既消除了组织内部自身的横向和纵向边界，又打破了组织与客户、供应商以及其他利益相关者群体之间的外部边界，使其运作的各个环节如工程、生产、营销和其他职能部门以及外部相关群体之间没有边界障碍与壁垒，能够自由沟通，由此形成一种具有极高灵活性和快速应对能力的组织形式，如虚拟组织和网络组织（见第 17 章）。虚拟组织通常由少数全职员工作为组织核心成员，根据工作项目实际临时聘用专业人员。在虚拟组织中，虽然管理人员很少，却可以拥有一个广泛的由虚拟的自由职业者组成的全球人才网络。网络组织也是由少数全职员工组成的，它主要从事自身最擅长的工作，并将其他工作外包给那些最善于从事这些工作的组织，即利用外部供应商网络来提供产品或服务。这类组织的无边界特征决定了其对管理沟通有更高的要求与挑战。

在现代企业中，组织结构形式是根据其规模、各自运营特征等需要而确定的。若要克服因企业规模扩张而产生的弊病和混乱状况，就需要有新的组织形式与结构，而新的组织结构又对管理沟通提出了新的命题和新的挑战。根据以人为本的原则和科学高效运作的原理，顺应组织发展和变化，创造出全新的适合新型组织结构

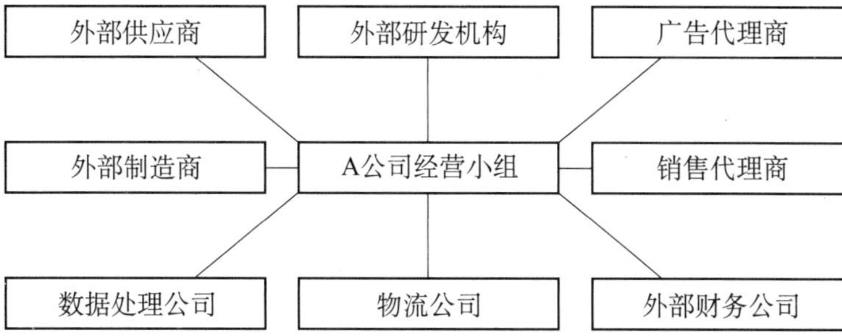


**图 2-7 无边界型组织结构**

的管理沟通方式，是处于转型变革时期的组织必须考虑的问题。

**2. 组织文化**

一般来说，组织是指在共同目标下人员的集合。组织因为人与人之间无意识表现出来的不同交流方式、不同处事风格甚至不同生活习惯而各显不同。例如，与下属谈话或在上级面前表现出的语言和非语言行为；与朋友寒暄或与陌生人打招呼的方式；甚至各自的饮食习惯等。这些无意识的行为方式所表现出来的差异即可显现出不同的文化。通常，人们只有在自己的行为与其他文化下的行为发生冲突时才会意识到自己的文化。当然，组织文化范畴不仅限于此，组织文化是一个组织内共有的理念、信仰、价值观和习惯体系，该体系与正式组织结构相互作用形成行为规范，是用来解决问题以及实现组织目标的行为标准。组织文化统领诸多方面，如组织倡导什么，如何进行资源配置，如何设计组织结构，雇用什么人员，如何进行绩效评估，执行何种薪酬体系等。显然，组织文化将会影响组织成员包括沟通方式在内的未来行为。事实上，当人们刚进入一个新组织时，就会敏感地意识到新的组织文化的差异。不过随着时间的流逝，对这些差异的感受将会日渐淡化，甚至不再被人们意识到。组织规模越大，多重文化存在的可能性就越大。因此，注重组织文化建设，促进跨文化交融，是保持有效管理沟通的基本保障。组织文化的建设与推广离不开管理沟通，管理沟通的开展也与开明、积极、向上的组织文化息息相关。管理沟通是传播与倡导组织文化的重要工具，但是，如果一个组织没有一种良好的学习与合作的文化氛围，管理沟通就难以开展。

**3. 组织沟通氛围**

在任何一个组织中，沟通氛围是最能揭示其组织文化的行为模式，它对组织内部的管理沟通具有深刻影响。组织中的沟通氛围主要包括封闭式沟通氛围和开放式沟通氛围。封闭式沟通氛围即在沟通过程中，人们带着防御意识进行交流，言语间处处表现得谨小慎微。当言者使听者感到不安时，听者就会表现出一种防御或反唇相讥的态度，并极力为自己辩解。在这种封闭式沟通氛围中，沟通容易为情绪所左右，情绪容易使人丧失理性。尤其当遇到威胁时，人们会为了自保而退缩。因而信息常被误读，动机常被歪曲。显然，封闭式沟通氛围会削弱人们的判断力，并使人们总以防御性的警觉意识去寻找周边环境中可能存在潜在危险的蛛丝马迹。对方的语言、手势、眼神、声调甚至是沉默或物理上的距离都会使听者做出不安的解读。

在这种封闭式沟通氛围中，因为人们总担心不期而遇的威胁，组织成员无法进行坦诚、轻松的交流。

在充满开放式沟通氛围的组织中，组织成员受到鼓励，相互之间进行广泛而坦诚的沟通，组织内部从上到下充满包容与激励的气氛，容许出错，鼓励创新，人们可知无不言、言无不尽。组织成员不必担忧因自己说错话而受到惩罚，在陈述自己的观点时感到非常安全，并感受到与大家分享自己的观点而体现自身价值的快乐。在这样的沟通氛围中，人们愿意去尝试新事物，踊跃提出新问题或讨论一些不确定的事物，即便犯错误，也会觉得这是自己学习和提高的机会。显然，开放式沟通氛围有助于在组织内部释放正能量，因为人们不必为了保护自己免受来自内部的威胁而费尽心思去揣摩、耗费精力去回避。

## 二、组织外部环境

组织外部环境通常包括两个层面。第一，具体环境，由顾客、竞争者、供应商、投资与融资机构、行业协会和政府部门等构成；第二，一般环境，由经济、技术、政治、社会、法律、文化和自然资源等要素构成。

外部环境最大的特点是具有不确定性，这种不确定性包括两个方面，即环境的复杂性与环境的多变性。

**1. 复杂性**

环境的复杂性取决于环境的构成要素，它对组织的影响表现在组织结构的复杂性和集权化程度等方面。随着所处的环境日益复杂，组织会设置更多的职位与部门，并且配备更多的管理者来加强和协调组织对外的沟通和工作，导致组织结构越来越复杂，同时组织的集权化程度反而有所下降。

**2. 多变性**

环境的多变性不仅取决于环境中各构成要素是否发生变化，而且与这种变化的可预见性密切相关。若可预见性高，组织可以制定各种规章制度来规范、约束成员的行为；若可预见性低，则要求组织具有弹性机制和柔性管理的模式，以适应不断变化的外部环境。环境的多变性对组织的影响比环境的复杂性更大。

## 三、管理者的管理模式

管理者的管理模式也会对管理沟通产生影响。根据任务的性质，员工完成任务所需要的知识和能力，以及管理者对任务性质、员工所掌握的知识和能力的判断，管理者常采用以下四种管理模式。

**1. 命令型**

假设你必须按时完成一项极其复杂的工作，而下属经验不足，缺乏主动性。由于时间紧迫，此时最适合的方式就是采用命令型的管理模式。当然，你需要向下属做一些必要的解释，但是，切忌陷入过度沟通的陷阱，因为过多的解释可能会浪费时间，降低效率。这时沟通的特点是自上而下。如果采用命令型的管理模式，作为管理者，你要毫不犹豫地将有关决策迅速、准确地传达下去，并督促实施。管理者应目标明确，控制整个进程，并且对最终的结果承担所有责任。

**2. 指导型**

若下属比较主动且具有工作热情与较丰富的经验，可以选择指导型的管理模式。你可以花时间与下属进行沟通，以友好的方式向他们详细说明工作性质，并激励他们努力工作。指导型的管理模式最大的作用是帮助下属热爱其工作。要为提高其能力给予持续的指导，为避免热情下降而多加鼓励和支持。同时，上级有义务帮助员工实现个人愿景，注重对员工的鼓励和赞赏。这时沟通的特点是自上而下为主，其他沟通方式为辅。

这种管理模式的特点是：上级大权在握，但是非常重视收集、分析并整合下属的建议或意见，在此基础上审慎做出决策。采用这种管理模式，管理者必须充分发挥下属的聪明才智，调动下属的积极性，同时又能控制过程与结果。

**3. 支持型**

若下属具有丰富的工作经验，而你与下属的关系又较为密切，此时，最适合的是支持型的管理模式。作为上级，你需要经常对下属良好的工作表现表示赞赏，明确他的绩效，与他一起讨论问题，倾听他的心声，共同进行头脑风暴、寻求改进方案。应该指出，倾力支持的行为对于增进彼此的信任与信心、保持旺盛的工作热情极为有益。这时沟通的特点是自下而上。

支持型的管理模式与上述两种管理模式的不同之处在于权力与责任的转移。下属与上级分担责任，下属视上级为教练，上级基本上以培养下属解决问题的能力为己任，积极倾听，适时提供援助，共同分享成功的喜悦。

**4. 授权型**

如果你与下属的关系非常密切，而且他们能够独立、有效地工作，此时，你就可以放心大胆地让员工自己去做。也就是说，你可以选择授权型的管理模式。对于具有一定成熟度的员工，你应该让他们承担重任，培训其他员工，共同讨论组织愿景，参与上层决策，与其他同事共享成功。

这种管理模式的特点是尊重并欣赏下属的能力与观点，上级应该寻找合适的下属，向他们授权。不仅要给予他们权力，更要给予他们充分的能力培养，即所谓的既授权又灌能。只给予下属权力而不进行能力的培养，其实是一种资源浪费。如果作为管理者，你能真正做到既授权又灌能，那么不仅可以提高管理效率，提升下属的能力，更可以为组织创造人力财富。

## 第5节　有效管理沟通的策略

有效的管理沟通不仅能够促使组织成员就组织愿景达成共识，了解组织成员在物质与精神方面的需求，提升组织管理效能与成员工作效率，促使组织成员积极参与管理，而且能激发全体成员的潜能和团队精神。同样，有效的管理沟通能够鼓励成员发现问题，主动解决问题，快速实现组织目标，进而促进上级与下属之间、部门之间、组织内外人员之间的相互沟通，使组织适应外部环境变化，组织成员形成对变化与风险的正确认知，并做出快速反应。

为了达到有效管理沟通的目的，针对上述影响因素，组织和管理者有必要着眼于以下几个方面。

**1. 重建组织结构**

在激烈的市场竞争中，对于外部环境变化以及内部规模扩张而导致的弊端和混乱状况，传统的组织结构显得无能为力。

管理大师彼得·德鲁克早在 1970 年就指出，知识型组织的思想交流与传播并不遵从等级制的直线型组织结构的渠道，直线型组织结构已经不能适应以知识为背景的组织的需要。因此，为了跟上时代的步伐，在激烈的市场竞争中立于不败之地，组织必须进行结构重组。

**2. 营造新型的组织文化氛围**

随着新技术和新设备的应用，组织的员工队伍结构发生了很大的变化，白领员工的数量已大大超过蓝领员工。广大知识型员工的出现对组织固有的文化提出了挑战，员工的激励与沟通会随着他们的工作性质、技术水平和物质生活条件的变化而发生变化。因此，组织应该营造一种开放式的、学习型的、合作互助式的文化氛围，以满足员工对受尊重和实现自我的需要。

**3. 健全完备、高效的沟通网络**

企业经营的原动力是追求盈利。有效管理是企业不断发展壮大的保证，而有效管理需要完善、高效的沟通网络体系来保障。有太多的因素（如稍纵即逝的信息、突如其来的变化、变幻莫测的环境等）可能会导致企业在一个极其不确定的状况下做出决策。这种不确定性是不可避免的，健全完备、高效的沟通网络可以为应对这种不确定性做好准备，以顺应多变的环境。

**4. 提升管理者自身的管理沟通能力**

具备出色的沟通能力是管理者成功实施管理的关键，所有重要的管理职能的履行均完全依赖于管理者与下属间的有效沟通。这就要求管理者导入新的管理理念，运用新的管理模式，并从以下四个方面随时调整自己的沟通风格。

（1）感同身受：站在员工或他人的立场来考虑问题，具有同理心，即将心比心、换位思考，同时不断降低习惯性防卫意识。

（2）高瞻远瞩：具有前瞻性与创造性，为了提高沟通的有效性不断学习，持续进步。

（3）随机应变：根据不同的沟通情境和沟通对象，采取不同的对策。

（4）自我超越：对自己的沟通风格及行为有清楚的认知，不断反思、评估、调整并超越自我。

只有这样，管理者才能真正从传统的计划与预算、组织与人事以及管理与控制，转向确立企业愿景、开发人力资源和激励员工参与，从“正确地做事”转向

“做正确的事”，从而真正实现有效的管理。

## 本章小结

本章从管理职能、管理角色以及管理者类型三个方面，详细论述了管理与沟通密不可分的关系以及管理沟通的三大作用。同时，本章提出了管理沟通应涵盖组织环境下的个体沟通、人际沟通以及组织沟通等诸多方面的观点，对管理沟通做了明确界定。

此外，本章还从组织内部环境、组织外部环境及管理者的管理模式等视角，分析了影响管理沟通的因素。组织内部环境主要关注组织结构、组织文化和组织沟通氛围，组织外部环境着重强调了其不确定性。然而，由于有效管理沟通在很大程度上取决于管理者本身，因此本章又从管理者的管理模式的角度分析了管理者对管理沟通的影响。最后，本章阐述了有效管理沟通的策略，为管理沟通实践提供了必要的参照框架。

## 讨 论 题

1. 结合实际谈谈管理沟通对组织的重要意义。
2. 从管理职能的角度阐述管理与沟通的关系。
3. 从管理角色的角度阐述管理与沟通的关系。
4. 从管理者类型的角度阐述管理与沟通的关系。
5. 分析影响管理沟通的各种因素，并指出其中哪种因素最关键。
6. 结合实际阐述组织内部环境与管理沟通的关系，并谈谈如何营造开放式沟通氛围。

## 情境模拟

品管部的程先生工作热情和工作效率一直很高，每次都能圆满地完成工作任务，上级对其非常放心，给予很高的评价。上个月上级给他分派了一项新的工作，认为他完全有能力胜任。但是，这次程先生的表现令人失望，上班时经常打私人电话，并且心神不宁，还犯了一些低级错误，影响了工作。

上级请程先生 10 分钟后到他的办公室来谈谈。

**[思考题]**

1. 假如你是程先生的上级，该怎么办？
2. 可以由两名学生分别扮演上级和下属，进行 10 分钟的沟通，然后互换角色。
3. 在情境模拟中，着重观察双方采取了哪种管理模式与沟通风格，并对此做出评价：双方的沟通是否有效？是否有更好的方式？

## 案例分析

### 吉利的变革之路

2012 年 8 月 2 日晚杭州滨江区，李书福穿着白色短袖亮相“网易汽车《发现中国创造》之走进吉利汽车”的席间，看起来状态相当放松。一上桌，他就开始谈论吉利汽车的防爆胎技术和汽车落水帮助逃生技术、吉利的安全碰撞成果，以及在沃尔沃看到的最新安全技术专利。当说起吉利进入《财富》世界500强时，他笑着表示："这不过是一个俱乐部而已。"

2012年吉利以营业收入233.557亿美元（含沃尔沃2011年营业收入）首次进入《财富》世界500强，在车辆与零部件行业排名第31位，总排名从上年的第688位跃升至第475位。吉利汽车售后服务体系日趋完善和进步，成为自主品牌汽车一个标志性的突破。J. D. Power公司2012年中国售后服务满意度指数研究报告显示，大多数自主品牌汽车售后服务排名满意度下降，吉利汽车却逆势上扬，旗下全球鹰、英伦、帝豪分别荣获自主品牌第1名、第2名和第4名，全部超过行业平均水平，甚至超越了一些合资品牌和进口品牌。这表明吉利汽车通过整体转型力的增强，已将重心转移到体系的创新和掌控上，从而推动市场表现上扬。

**吉利5年**

如果用5年一个维度来看一个企业，可以看到吉利2007—2012这5年所做到的：实现了从"造老百姓买得起的好车"到"造最安全、最环保、最节能的好车"的战略转型，这背后是从研发到市场再到销售的体系化打造。另外，吉利完成了3桩海外并购案，其中包括吉利收购沃尔沃100%股权。

同时，从美日、豪情、优利欧"老三样"，发展到自由舰、金刚、远景"新三样"，再发展到如今吉利全球鹰熊猫、吉利帝豪EC7、吉利英伦TX4；C-NCAP碰撞测试得分从吉利自由舰最早的两星发展到现在全球鹰GX7的超五星；产品从卖三四万元上升到突破10万元，吉利汽车常常给人不知不觉中就进步了的感觉，这种一点一滴的进步最终实现了蜕变。

历史总是螺旋式上升、波浪式前进的。在这一轮高峰之前，吉利遭遇过非常严重的低谷。2007年，奇瑞汽车实现了100万辆的突破，比亚迪也成为一股汹涌的力量。吉利却在形势一片大好的情况下出现大幅下滑，滑出国内销量前10的位置。被寄予厚望的远景车型上市并没有受到热捧，爆出很多品质问题。此前，吉利借助低价的差异化竞争策略在中国汽车市场上站稳脚跟，并通过借壳方式于2005年5月在中国香港上市。但随后，低价策略导致的低利润等负面因素开始显现，吉利汽车上市以来股价始终在低位徘徊。2008年10月31日，吉利集团旗下上市公司吉利汽车最低股价更是跌至0.15港元。吉利上下陷入一片紧张情绪，李书福强烈意识到不能再靠低价策略走下去了，这条路走不通。

一番谋划后，2007年5月，吉利汽车借助全新车型远景上市之际，在事业的初创地宁波与全国各地的经销商联合发表了《宁波宣言》，宣布正式开始战略转型之路，首次提出不打价格战，明确企业核心竞争力将从成本领先向成本、技术、品质和服务等全面领先转变。

吉利汽车于2007年12月31日将"老三样"停产，用"新三样"垂直切换。当时"老三样"约占吉利汽车总销量的70%。受产品垂直切换加上2008年金融危机的影响，当年吉利汽车仅同比增长1%。

在一次吉利高层的头脑风暴会上，李书福提出"造最安全、最环保、最节能的好车"。这个理念在内部掀起巨大波澜，高管层提出很多异议，甚至当面指出这是在说大话，会成为行业内的笑柄，因为这个"最"字实在是一个很难达到的高峰。最终经过李书福的分析、鼓舞，在匿名投票的情况下还是通过了这个方案。

事实证明，犯错并不是最可怕的，最可怕的是看到问题却采取鸵鸟战术。承认错误的程度也有深浅，李书福是铁了心想从根本上解决问题。为此，他将原有的设备、模具全部换掉，连厂房都推平了。李书福断了自己的后路，他必须重新开始。

**人和事的匹配**

纵观吉利的成长历史，让人印象极其深刻的一点是：这个平台同时成就了很多人，即那些被李书福信任并且花大力气挖来的人。这个团队目前看起来非常稳固，稳固的基础是相互信任和了解，并不以短时间的成败论英雄。

李书福说："人和人之间是有情感的，而这种情感是如何产生的？这是一个需要研究的问题。"那就是要彼此充分信任、相互尊重。但是，他同时举例说明情感是情感，规则是规则。

吉利内部重要的高管基本分成三类。第一类是跟随李书福十几年，从他做摩托车、建筑材料一路走到吉利汽车，这些人随着吉利的成长而成长。比如，安聪慧 1996 年刚毕业就进入吉利，从基层干到曾担任吉利集团的首席执行官、总裁。刘金良也是李书福在海南相中的一个大学刚毕业不久的酒店门童，1995 年加入吉利，后任吉利集团副总裁、吉利汽车销售公司总经理等。这些人对吉利集团非常了解，和吉利命运与共，是吉利的顶梁柱。他们和李书福的匹配以及本身的进步程度将在很大程度上影响吉利未来能够走多远。

第二类重要人马是来自其他国有汽车企业的管理者，也有来自家电机械行业中著名企业的管理者。其中最为人熟知的是财务融资高手尹大庆，他曾经是仰融从杜邦挖来的财务高管，在吉利各项海外并购项目中起到了关键作用。吉利 2003 年底只有 38 亿元总资产，到了 2010 年 6 月底则有了差不多 360 亿元总资产。这并不是凭空而来的，除了企业自身发展、业务不断扩大，资本平台的构筑和对外融资也起到了很大的作用。也许挖人并不是最困难的事情，最困难的事情是挖到对的人，并让他们发挥自己的长项。

第三类重要的人则是"海归"，最为人所知的是吉利汽车研究院原院长赵福全。随着吉利海外并购行动的开展，更多的"海归"加入吉利。赵福全表示，加盟吉利期间最重要的是打造了一个科学的研发体系。这个体系理顺了产品技术，使其数据化、通用化和标准化，同时让研发从知其然向知其所以然迈进。这也使吉利的产品能够在 C-NCAP 碰撞测试中得到五星十的强大支撑。这批人大多有国际知名企业的从业经验，但是从一个成熟体系到一个需要创新、重新打造的体系并不容易，这个过程中有很多人水土不服。赵福全可能是在自主品牌里成果最显著的"海归"，这来自平台和个人的双重努力。

吉利的梦想需要一群与之共同进步的人员，作为企业家的李书福必须使人与事相匹配。

**赢在体系**

当被记者问及沃尔沃的品牌是否会被吉利的品牌稀释时，李书福坦然表示："这个问题在中国是有可能的，在全球则没有影响，沃尔沃上年在德国有 50%的增长，在日本增长也很快。"李书福认为，品牌的背后是一个系统：供应体系、研发体系、质量管理体系、价值体系等。就像一个人，他是一个什么样的人是由教育背景、工作经历、身体状况等决定的，而不是由名字决定的。这正好说明了李书福对品牌的理解和认识，体系正是 2007 年以来吉利不断重新构建的一个"工程"。

几乎所有企业都在谈体系竞争力，吉利打造的体系最大的竞争力是灵活性和很强的纠错能力。最初由不同基地开发的远景、金刚以及自由舰，虽然都是吉利的产品，但是各自的数模并不相同，以至于彼此之间进行交流还需要“翻译”图纸。2006 年赵福全加盟吉利，从 2007 年开始用一年左右的时间整合技术体系，成立了吉利汽车技术中心。这个技术中心拥有三层次的管理架构。在集团层面上成立了吉利集团技术部，它不做任何具体的设计、研发工作，而是对吉利整个技术体系进行统一的规划、管理、考核、领导。同时把所有研发人员集中到临海吉利汽车研究院，形成吉利汽车研究总院，具体落实集团制定的战略目标，执行所有新车型、新技术的研发工作。各个制造基地设立技术部，行政上归各个基地领导，管理体系上则由集团技术部、技术中心进行统一的业务领导和指导。各个基地的技术部不再从事任何新产品的开发，只对已经开发出来的产品进行技术改进、工艺改良、质量改进。这样就很清晰地制定了战略、落实、产品质量改进三层次的管理分工明确的技术研发体系。

吉利研发体系的构建可以说是吉利构建系统的一个缩影。如果说汽车产品是母鸡下的蛋，那系统好比是一只能下蛋的母鸡。赵福全曾经这样形容打造系统的重要性：一个好的企业就是一个好的体系，而产品仅仅是好体系下产生的副产品，打造好体系才是主业。

吉利在战略执行上的行动力和调度灵活性不仅体现在研发上，同样体现在营销上。2007 年，吉利汽车实施战略转型的一部分内容是在吉利母品牌下建立三大子品牌——帝豪、全球鹰和英伦，并分别成立了三个品牌事业部，各自负责品牌产品在全国的渠道经营。回顾 2007 年的扩张性品牌战略，吉利汽车高层表示，此一时彼一时，不同的发展阶段发展策略自然不同。当时中国汽车业正处于高速增长期，多品牌、多产品有利于抢占不同细分市场，最终实现销量的大幅增长。目前中国汽车市场进入稳步增长或者微增长时代，品牌过多不利于资源合理分配。品牌方面将回归吉利母品牌的价值，更多强调母品牌，旗下三大子品牌将酌情缩减，集中精力实现“品质吉利”的战略转型目标，通过集中资源提高销量。

因此，2012 年 5 月，吉利对营销市场管理模式做了调整和优化。以前吉利销售公司拥有三个品牌事业部——全球鹰品牌事业部、英伦品牌事业部、帝豪品牌事业部，分别负责全国三个品牌经销商的管理工作。变革以后，纵向管理的队伍变成三个团队，纵队变横队。吉利把中国市场分成北区、中区、南区三个大区，原来的三个品牌事业部变成三个区域事业部，分别负责北区、中区、南区市场。这样做是为了更好地整合营销资源，如销量资源、经销商的资源等。

**安全驱动力**

从某种意义上讲，安全技术体系将是吉利汽车站稳市场的重要支撑。吉利拥有专业的碰撞实验场，这在汽车企业内部还很少见，该套体系 3 期投入超过 3 亿元。目前汽车的安全系数可以通过实验进行公开透明的数据化评估。

吉利收购沃尔沃以后，很多人质疑沃尔沃品牌的定位和价值。李书福指出，沃尔沃的品牌价值在于其在安全性上有非常大的优越性。沃尔沃在“安全”上的追求是深入骨髓的，从安全带、安全气囊的发明，到现在很多安全上的专利以及思考是别的品牌所无法企及的。李书福查看沃尔沃最新的技术专利时发现，沃尔沃不仅思考驾驶舱安全性能的问题，还让固定发动机的螺丝螺帽更加智能，以在必要的情况下自动爆破，这样碰撞瞬间发动机能滚到汽车下面，让撞击的损害度降到最低。只有知其然，才能看深一层、领先一步，这是沃尔沃多年的积累，不是其他品牌在短期内所能超越的。

事实上，吉利很早就把品牌价值定位在“安全”上。也正因如此，李书福在 2005 年左右就萌发了收购沃尔沃的念头。2010年成功收购沃尔沃后，吉利汽车的产品结构、产品品质和盈利能力得到快速改善，其中，安全技术体系的建立使吉利汽车的安全性成为自主品牌汽车的一个标杆。

吉利将车型研发和安全碰撞对标结合起来，将品质对标和采购对标结合起来，重视与沃尔沃的安全技术交流，以专业精神实现五星安全造车技术的突破。吉利汽车已有四个车型获五星安全等级，全球鹰GX7还获超五星安全等级，这些车型是吉利汽车在国内外市场的主销车型，优势明显。

**从中国吉利走向全球吉利**

在中国汽车界，吉利不断整合全球资源，把最初在人们眼中并不看好的企业，打造成旗下拥有5大子集团，在全球范围内管理吉利、领克、宝腾、路特斯、沃尔沃等多个汽车品牌，聚焦于未来大交通格局的创新型科技企业集团。

2017年6月23日吉利成功收购马来西亚宝腾汽车49.9%的股份，以及英国豪华跑车品牌路特斯51%的股份。在“一带一路”倡议和“走出去”战略的支持下，吉利在国际化的过程中越来越成熟，逐渐从以资金换技术开始升级到向外输出技术和管理，向世界展示一个全新的吉利。从并购沃尔沃汽车到收购宝腾、路特斯股份，再到参股戴姆勒，吉利的全球化梦想越来越清晰。

2017年11月，吉利控股集团全资收购美国飞行汽车公司Terrafugia；12月吉利控股集团参股沃尔沃集团，成为该公司第一大持股股东，拥有15.6%的投票权。更值得关注的是，2018年2月24日吉利控股集团宣布，已通过旗下海外企业主体收购戴姆勒股份公司9.69%具有表决权的股份，涉及金额高达90亿美元，吉利控股集团也因此成为戴姆勒最大的股东。

资料来源：吉利的革命之路：李书福断后路 赢在体系．(2012-09-07)．http://auto.163.com/12/0907/10/8APUJJA200084TV0.html；杨忠阳．让中国汽车跑遍全球：记吉利控股集团董事长李书福．(2018-12-17)．http://auto.people.com.cn/n1/2018/1217/c1005-30469918.html.

**[思考题]**

1. 李书福是如何从战略的高度认识管理沟通的意义的?
2. 吉利是如何从制度上确保战略管理沟通顺畅以有效落实集团制定的战略目标的?
3. 谈谈作为高层管理沟通形式的高管层头脑风暴的利弊。
4. 在执行力与用人之道的关系上李书福是怎么认识的，又是怎么做的?

03
Chapter

# 第3章 管理沟通的相关理论

管理沟通的真谛在于尊重、理解与包容。

——佚名

## 学习目标

1. 了解管理沟通相关理论的演变和发展
2. 了解古典组织理论的主要内容
3. 了解人际关系理论的主要内容
4. 了解人力资源理论的主要内容
5. 明确各理论之间的主要差异
6. 认识各理论在管理沟通中的作用

## 引导案例

### 李浩的烦恼

新的一天开始了，同事们先后来到办公室，销售部秘书月玲刚刚坐在电脑前，“大销售”李浩也风尘仆仆地赶到了。

“你说，咱们公司那些管行政、财务的人是怎么回事？为这标书拼得你死我活的，我好不容易说服了客户，摆平了招标方，这后院还起火了！”李浩抬高了嗓门说。

“怎么回事儿？”月玲很疑惑。

“昨天我缺一份公司的营业执照复印件，先找行政科，他们说得到财务科去拿。好不容易找到王清岚会计，她说要领导同意，而财务总监又没开手机，这不急死人了吗？”

“几点的事呀？”

“昨晚8点。”

“咳，都下班了，再说，人家也不知道你急着找他呀！”

“这当‘乙方’的真倒霉！既得‘攘外’，又得‘安内’，怎么回到公司就不能做回‘甲方’呢？”（供应商通常在合同中被定义为“乙方”，客户为“甲方”，故销售人员常自嘲为“乙方”。）

“我和那些部门的人吃饭的时候，他们还老说：‘你们销售多好啊，一切资源、投入都是你们优先。我们这些部门累个半死也没人看见，而且谁都能冲着我们喊……’”

---

这是典型的组织跨部门沟通问题。部门之间协调的高昂成本不仅存在于大型组织内，同样也困扰着成长中的中小企业。首先，尽管职能部门各自制定的目标似乎都无懈可击，但它们未能将各自的目标有效地整合在组织目标之下。其次，组织内部资源的紧缺与竞争环境的压力导致各部门之间沟通的代价日益增加。

从人类居住在这个星球上开始，就产生了组织。然而，只要有组织存在，无论其规模大小、性质如何，沟通都是不可或缺的。尽管在诸多管理类书籍中鲜有对管理沟通方面专门的理论或模型的论述，但是有关管理与沟通的思考探索已有相当长的历史。本章试图从这一历史长河中撷取并整理出一些管理沟通的精要观点，通过揭示管理沟通思想的由来和发展，为探讨有关管理沟通的具体内容、强调有效管理沟通的重要性和必要性寻找理论依据。本章将简单介绍的管理沟通相关理论包括古典组织理论、人际关系理论和人力资源理论。

## 第1节　古典组织理论

当代管理沟通理论大多是从工业革命时期开始形成的，这并不是说在蒸汽机、铁路和棉纺机出现之前不存在管理与沟通问题，而是因为现代组织是在机械化大生产和随之产生的官僚体制的基础上发展起来的。所以，我们讲管理沟通理论的发展，就不能不从工业革命和古典组织理论说起。

### 一、工业革命与等级制

我们以工业革命时期作为讨论管理沟通理论的开始，是因为这个时期蓬勃兴起的现代工厂制度引起了社会生产和分配方式的改变，从而改变了人与人之间的相互关系，并形成了组织中更为复杂的社会等级结构。工业革命之前，人们从事的是家庭式生产，主要是为了满足自身的生活需要，人与人之间的关系主要是亲属关系，相互间的沟通比较简单。

随着工厂规模的扩大和生产的程序化，管理和监督众多的工人变得很有必要，于是工厂主或工厂主委派的工头对工人实行严格的控制和监督。劳动分工的出现和等级制的诞生导致了雇主与雇员、上级与下属之间的角色差异，使组织中人与人之间的关系变得十分复杂，极大地影响了管理沟通的方式和形态。

图 3－1、图 3－2 便是典型的基于严格的劳动分工和等级制构建的组织结构。从图 3－1、图 3－2 中可以看出，在这种等级制组织中实行的是单一等级命令链，上级向下属传达命令，下属根据上级的指示采取行动，它是一种自上而下的由管理者主导的组织。其管理沟通模式是被动的、单向的，工人只是被动地接收来自上级的命令和信息，而不会主动思考，不会主动向上级进行反馈。这种组织模式中的管理沟通局限于自上而下的信息传递。

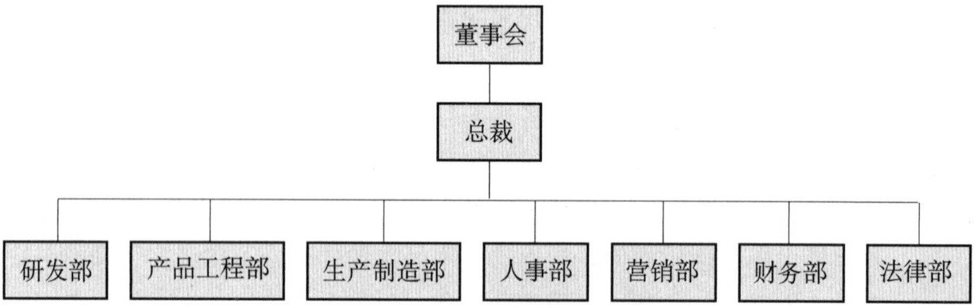


**图 3－1　一个制造企业的组织结构**

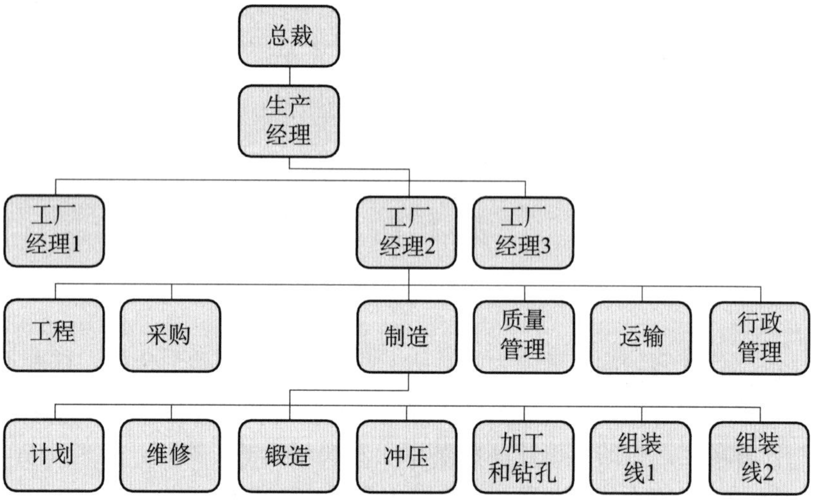


**图 3－2　生产部门的详细结构**

## 二、科学管理理论

1880—1920 年是管理学历史上所称的“科学管理”时期，其主要代表人物是弗雷德里克·泰罗。他为科学管理观的发展做出了巨大贡献，因此被誉为“科学管理之父”。他最著名的贡献莫过于经典之作《科学管理原理》（1911）。泰罗的基本假设是：最佳的管理是一门有赖于明确界定的法则、规章和制度的科学。他基于对时间和动作的研究将工作任务细分为一系列标准动作，按照一个熟练工人完成标准动作所需的时间来确定各个动作的劳动时间，并以此规定产量标准，评价工作绩效，培训工人。通过这种劳动机械化和严格制度化的管理方法，组织的效率得到了极大提高。

但这种方法是以劳动分工和统一命令来维持组织的生产系统的，强调命令和指令，组织中的沟通被视为多余的。

总之，科学管理理论是以控制为导向、以生产为中心的，工人常被当作维持组织这台机器顺利运作的零部件。此外，这种观点还主张管理者与员工之间应该具有根本的区别，即管理者思考，工人干活。在这样的指导思想下，组织缺乏处理突发事件的灵活性，不鼓励创新，工人只是听命接旨的机器。事实上，这样的组织忽视了工人的工作动机、工人对建立工作中的人际关系的需要，以及对动荡的组织环境做出额外努力和灵活反应的需要。因此，一味地通过扩大生产来提高生产效率，只会疏远工人。

古典组织理论学家并不怀疑沟通在组织中的作用，但他们把沟通视作发布命令、协调工作以及让工人顺从的工具。在一个理性化、等级制的组织中，唯一重要的管理沟通类型就是通过合适的渠道发送正确的信息。

尽管泰罗试图强调管理者与员工之间建立合作关系的重要性，但其冷酷无情的理性化科学管理思想在当时并没有对改善管理者与员工的关系做出任何贡献。直到 20 世纪 30 年代，梅奥和巴纳德才真正开始从一个全新的视角来审视组织中管理者与员工的关系。

## 三、官僚制

对于大多数工人而言，20 世纪早期是十分残酷的，大量童工被廉价雇用，工作环境极其恶劣，且没有任何安全保障，工人可能由于性别、种族、宗教和与上级的关系等原因被随意解雇。这种只有利于雇主和管理者的单一主义（particular-ism）的做法无疑引起了工人的强烈不满和反抗，使雇主与工人之间的关系恶化。同时，在当时的一些西方国家中，这种单一主义行为以及工人遭遇的恶劣待遇引发了意识形态的问题，即一方面强调人人自由、人人平等，另一方面广大工人却不得不屈服于得到当地警察和法律部门支持的权威，每天工作长达 12 小时。正是在这两种意识形态相冲突的背景下，官僚制产生了。

关于官僚制组织的特征，马克斯・韦伯是这样描述的：

- 对每个组织成员实行劳动分工，明确权利和责任。
- 将各种职位按权力等级加以组织，形成一个等级链。
- 设定一整套规章制度以约束组织成员的行为。
- 管理者领取固定薪水，但没有企业的财产所有权。
- 人员的选拔基于技术资格，平等对待所有员工。
- 雇佣合同被视为组织成员的终身合同，员工不能被任意不公平地解雇。

马克斯・韦伯认为，由于官僚制消除了个体的感情、情绪和社会关系中的个体因素在组织中的影响，严格按照法律、规章办事，因而是非人性化的、高度理性的。

因此，在管理沟通方面，这种理论方法强调的是对权力和规则的绝对服从，而忽略个体的情感因素。

# 第 2 节　人际关系理论

## 一、历史及文化背景

1929—1933 年的经济大萧条使数百万人陷入生活困境，大量贫困地区的人口尤其是从事农业劳动的人们纷纷涌入城市谋求生计。劳动力过剩导致就业竞争激烈，也让唯利是图的资本家得以肆意压榨工人。与此同时，各工厂纷纷成立工会为劳工争取人身权利，要求改善工作条件并促使资本家重视人际关系，调和劳资双方的矛盾。

第二次世界大战后，军队和私有工厂为劳动者提供了大量的就业机会。同时，军人、工厂管理者以及学者之间的频繁接触增进了相互间的沟通和了解，引发了人际关系运动。组织沟通的研究鼻祖查尔斯·雷丁将这一偶然的组合称为“三方联盟”。他认为，这种联盟不仅为研究人员提供了深入工厂考察劳资双方人际关系的机会，也使军队官员、私有工厂的管理者认识到培养工人对组织的信任感，以及获得新思想以提高管理能力的重要性。

当时的一些学者开始从行为学等角度研究人的行为问题，如人的工作动机、情绪、行为与工作之间的关系等。

## 二、霍桑实验与梅奥的观点

1927 年，梅奥接手了美国西方电气公司在霍桑工厂进行的一系列实验，即著名的霍桑实验。实验结果显示，改善组织内部的人际关系，满足工人作为“社会人”的需要，可以使生产率得到明显提高。人际关系的参与者根据梅奥等人的研究，坚信冲突不是天生的，而是恶劣的管理导致的，并且主张通过改善对人的管理，协调人际关系，以提高企业的生产率。同时，梅奥还认为个体的决策并不完全是理性的，而是会受到情感的影响。因此，管理者需要掌握新的领导能力，即通过与员工沟通了解他们的情感，提高他们的满意度，鼓舞他们的士气，从而提高劳动生产率。

## 三、巴纳德的观点

巴纳德最著名的著作是《经理人的职能》(1938)，他强调合作在组织中的重要性，因为组织本来就是一个协作型系统，同时强调这种合作的关键在于说服个体接受一个共同的目的。他认为管理的主要作用是沟通和劝说，有效的管理者通过鼓励的方法与工人进行沟通，以使其个人目标与组织目标趋于一致。

## 四、由人际关系学说引发的研究

一是领导风格研究。从第二次世界大战结束后到 20 世纪 60 年代，大量的研究开始关注管理（领导力）与生产率之间的关系。研究者将工人绩效低下归咎于无效的管理方式，从而引发了对领导风格的研究。

二是美国俄亥俄州立大学的领导者特征研究。美国俄亥俄州立大学的这项研究旨在将领导者的特征加以归类，以分别找出其对生产率的影响。研究者将领导者特征划分为两个维度：

（1）注重组织——领导者善于运用有效的沟通手段，通过分配任务、确定目标、制定政策措施，将下属的行为纳入预定轨道，以严密的组织和控制来提高工作效率。

（2）关心下属——领导者关注下属的感受、增进相互信任、培养双向沟通，以良好的人际沟通关系来调动员工的积极性。

研究结果显示，注重结构的传统管理技能在提高生产率方面与人际沟通技能同等重要。

此外，美国密歇根大学也开展了相同的研究，并得出了相同的结论。但是，这个时期并没有找到最佳的管理方法。

## 五、赫兹伯格的双因素理论

赫兹伯格提出，人们具有两方面相对独立的需求，即保健因素和激励因素。他把有关企业的政策、管理行为、工作条件、人际关系、地位、安全和生活条件称为保健因素，把工作成就感、工作成绩获得认可、富于挑战性的工作、承担责任较大的工作以及有利于职业生涯发展的工作称为激励因素。他强调增加工资或改善工作条件能够降低不满意度，但未必能够提高满意度；改变工作设计使之更丰富、更有趣、更具挑战性，却能够使员工获得成就感，提高满意度，进而提高生产率。

## 六、菲德勒的权变理论

菲德勒认为不同的领导风格适合不同的情形。他建议：当一个群体对于某个领导者特别怀有好感或特别没有好感时，采用任务导向风格；如果群体的态度居中，则采用人际导向风格。

从总体上说，将人际关系理论运用于管理与生产率关系的研究并没有得出令人满意的结论，反而招致一些批评。其中最严厉的指责莫过于将整个人际关系实践运动抨击为一种“奶牛社会学”，即就像认为吃饱喝足的奶牛能够提供更多的牛奶一样，认为心满意足的工人也会生产出更多的产品。

### 七、西蒙的决策模型

西蒙认为个体在决策过程中很少是完全理性的，人们虽然希望做出最佳决策，但由于各种情形的不确定性，以及人们处理信息的能力有限，因此不可能获得“完全合理”或“最优”的决策方案，只能获得“足够好的”或“满意的”方案。

西蒙认为，任何一个组织的实质都是“一个人类群体当中的信息沟通与相互关系的复杂模式”。管理就是组织通过有效沟通对其每个成员的决策施加影响，从而引导其做出决策。因此，组织应该设置传递决策所需信息的系统，以确保个体决策的合理性。

### 八、制度学派

与西蒙一样，塞尔兹尼克有关组织的观点也是反理性的，然而塞尔兹尼克与西蒙的不同之处在于：西蒙关注组织中的个体决策，而塞尔兹尼克关注整个组织。

塞尔兹尼克的组织制度理论的要点如下：

- 每个组织都区别于其他组织，关注各个组织间的差异十分重要。
- 组织并不只是个体行为的总和，还呈现出其自身的生命特征，单个个体无法对其进行控制。
- 关注组织与环境的关系。随着环境越来越变幻莫测，组织应该关注与外部社会的关系，保持与外部社会的良好关系是组织得以生存的关键。

从管理沟通的视角出发，人际关系理论的贡献在于它对于理性的组织个体模型的批判，并且强调组织应该加强与内部成员及外部社会的沟通。

人际关系理论虽然认识到个体决策在组织中受到了限制，但是未能提出一个理想的解决方案。旨在通过对领导者风格的研究来提高生产率的人际关系运动被认为是不现实的。比如，怎样才能使员工的个人意见在组织决策中得以充分表达，特别是能与上级管理者进行有效沟通呢？尽管如此，对于人际关系、决策制定以及组织与环境的关系等方面的研究，对今天的管理沟通理论和实践仍然有着深远的影响。

## 第 3 节　人力资源理论

20 世纪 50 年代以后，西方国家的产业结构发生了重大调整，制造业的员工不断向服务业转移，蓝领工人的比例明显下降，白领员工的比例大幅上升。尤其是到了 20 世纪 70 年代，随着经济全球化的迅猛发展，国际与国内竞争愈演愈烈，市场压力加大，这些经济因素的改变使美国等西方国家的经济优势受到挑战。西方国家认识到传统的产业关系体系已经不能满足时代的需要，严重制约了企业的发展。为了适应新时代的变化和把握机遇，企业必须增强竞争力。人是组织竞争力的关键，于是人力资源理论应运而生。与此同时，美国等国的政府相继出台了一系列有关工作条件的法规，强调组织中的管理者必须将员工视为企业的重要资源加以珍惜，并且通过与员工的有效沟通，建立相互间的良好关系，从而增加组织的人力资本积累，以提升组织持续发展的竞争力。

人力资源概念即将员工看作组织的资源，强调员工参与决策、参与管理的重要性。这一时期最具影响力的人物及其理论是阿吉里斯的不成熟-成熟理论、马斯洛的需要层次理论、麦格雷戈的 X-Y 理论以及利克特的员工参与理论。

## 一、阿吉里斯的不成熟-成熟理论

阿吉里斯对人的个性与组织的关系问题做过较多的研究。他认为，人是一个发展的有机体，如同婴儿成长为成年人一样，其个性成长是一个从不成熟到成熟，即从被动到主动、从依赖到独立、从有限的行为方式到复杂多样的行为方式、从缺乏自觉到自觉自愿的连续发展过程。在其经典之作《个性与组织》（1957）中，阿吉里斯对传统的组织管理体制和方式进行了猛烈的抨击。他指出，基于统一标准进行管理的模式只会使优秀员工成为白痴，官僚制模式只会挫伤员工的积极性。因此，他竭力主张改革组织设计，以更好地满足个体发展的需要，实现组织目标与个人目标的统一。

## 二、马斯洛的需要层次理论

马斯洛也十分关注组织中个体成长、发展及潜能开发的能力，提出了著名的需要层次理论。他认为，人们只有在首先满足了基本的需要（如生理和安全的需要）之后，才能朝自我实现的方向努力（见图 3－3）。

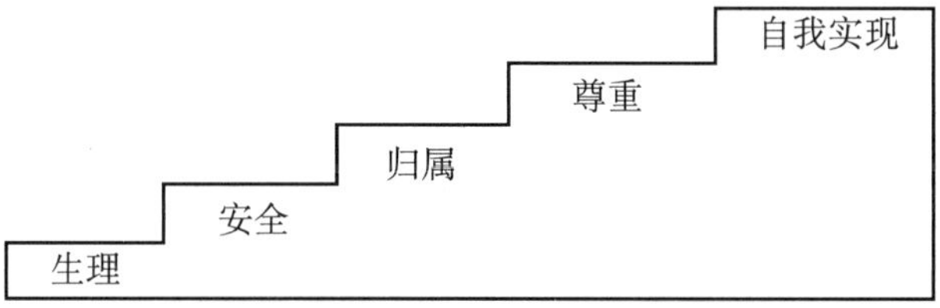


**图 3－3　马斯洛的需要层次理论**

## 三、麦格雷戈的 X-Y 理论

与阿吉里斯一样，麦格雷戈也对古典管理理论进行了批判，提出了 X 理论和 Y 理论。X 理论接近于科学管理理论，认为所有员工都不喜欢工作，除非严加控制，否则他们便会懈怠责任；Y 理论则认为员工具有极强的自我管理、自我控制和创新能力，并将员工视为宝贵的人力资源。麦格雷戈把 X 理论称为控制-官僚型管理风格，把 Y 理论称为参与-促进型管理风格。

麦格雷戈指出，管理者应该改变思维方式和管理方式，相信员工是可以信赖的，是能够自我管理的，并经常与员工进行沟通。管理者还应该在组织中营造这样一种工作环境，即有助于员工的潜能开发，不断激发他们的积极性和创造性。他认为，管理的根本任务就是使员工通过实现组织目标来达到个人目标。

## 四、利克特的员工参与理论

根据员工参与程度，利克特将员工分为四种类型：利用-命令式、温和-命令式、商议式和参与式。利克特强调员工参与决策的重要意义，积极倡导组织中的开放式沟通，并且认为开放式沟通是提高生产率一个最为重要的管理过程。

人力资源理论已广泛应用于企业管理，现在许多企业都将人事部更名为人力资源部，这是将人力作为一种资源看待的体现。更重要的是，在越来越多的企业中，员工受到尊重、珍视，这意味着员工在组织这个环境中拥有更多的可以进行开放式沟通的空间，并有更多参与决策的机会。然而，随着这些空间和机会的增加，员工也要为其行为和决策承担更大的责任。

## 本章小结

从古典组织理论到人力资源理论的整个发展过程，使我们看到了一个关于管理沟通的连续完整的理论体系。

古典组织理论观点认为，正式的层级和沟通应建立在严格的命令链基础上，以确保生产效率和稳定性。因此，个体的需求在很大程度上是被忽视的，管理者与员工的沟通局限于管理者发号施令。

对个体员工处境的关注导致了管理沟通的人际关系理论，有关“即使在经济大萧条的背景下，工人在得到管理者的关注之后也能提高生产效率”的研究在理论上进一步强调了沟通在工作中的重要性。管理沟通的天平开始朝关注个体、创造力和满足个体需求这个方面倾斜。

人力资源理论对人际关系理论起着改良作用，增进了我们对于个体对创造力的需求以及个体与组织之间关系的理解。

在上述理论中，人力资源理论在实践中难度最大、技巧性最强，也最易被误解。但是，这一方法一旦奏效，便能够培养出高满意度和高忠诚度的员工，并有助于建立高效益的组织。

本书以一章的篇幅来回顾并描述管理沟通的相关理论，是因为一切理论都是为了解决实际问题而进行的一系列概括和抽象，它源于实际问题，反过来又可用来解决实际问题。

## 讨论题

1. 组织中管理沟通的思想最早从何而来？
2. 把人当作机器和把人当作一种重要资源进行沟通，有何本质区别？
3. 组织中管理者与员工的关系应建立在怎样的基础上？

4. 人们工作的内在动力是什么？

5. 基于从古典组织理论到人力资源理论的发展，你对管理沟通的真正内涵有何认识？

## 案例分析

### 多头指挥该听谁

康凯珠光材料有限公司副总经理朱杰一进办公室就收到了张先荣的辞职信。短短的两个月内，这已经是颜料部第二个人提出辞职了，朱杰双眉紧锁。眼前的辞职信再一次表明了一个不争的事实：自从颜料部来了新的经理陆伟，这个部门就像中了邪一样，不仅业务员牢骚满腹，而且原来的业务部经理的积极性也似乎降低了不少。难道自己任命新经理的决定真的错了吗？新经理的到来非但没有加强颜料部的营销力量，反而使原本还算稳定的员工队伍变得军心不稳。已经损失了两名骨干员工的颜料部如何才能走出困境呢？

望着窗外飞驰的车流，朱杰的思绪变得越来越纷乱。

**康凯珠光材料有限公司简介**

康凯珠光材料有限公司是专门从事珠光颜料和纳米材料的研究、生产和经营的高新技术企业。公司位于温州经济技术开发区滨海园区，厂区面积36 000平方米，总投资5 000万元。公司具有雄厚的技术力量、先进的生产设备、完善的质量控制体系及高素质的员工，这一切保证了珠光颜料和纳米材料的卓越品质。

康凯珠光材料有限公司历来将产品开发能力视为公司的核心竞争力，现已具备独立研发能力，并首创晶格重整技术。公司已开发出钛晶珠光颜料系列、晶钴珠光颜料系列等新品，还开创性地研发出了导电、导磁、吸收电磁波等功能化产品，这标志着其研发已从单一的追求装饰效果朝功能开发的方向转变。利用表面金属化技术制成的导电珠光粉不但具有较高的导电率，还保持了原有的光学特性。公司既有黑色的导电珠光粉，也有白色和彩色的导电珠光粉，可用于众多要求抗静电和导电的场合。钛晶珠光颜料系列产品具有较强的金属光泽和高饱和度色彩，色相独特，色谱齐全，在某些场合可完全取代金属颜料，并克服了后者易氧化、变色、易燃、易爆等缺点。

随着企业的发展，康凯珠光材料有限公司已经拥有四个生产基地以及一个研究所，并在上海、广州以及西安设有代表处。

**珠光颜料的用途**

人工合成的珠光颜料是根据天然珍珠的结构原理制成的，会产生珍珠一般的柔和珠光效果。它以低折射率的云母晶片为核心，外层包裹具有高折射率的金属氧化物，如二氧化钛、氧化铁等，与天然珍珠由碳酸钙及蛋白质层交替裹覆着一个核心的结构相似，光线通过这些层面产生穿透，经过反射和折射，可以产生类似虹彩的颜色和干扰色。最常见的珠光颜料为银白色，其颜色效果与白珍珠十分接近。控制云母晶片上二氧化钛包覆层的厚度可以获得干扰色的珠光颜料。云母晶片被其他金属氧化物包覆，如三氧化二铬、三氧化二铁等，可以产生金属色泽及其他具有珠光效果的色泽。它是一种无机颜料，可以根据云母片的大小而产生由弱到强的不同珠光效果。它具有良好的加工性能，无毒、耐热，操作简便，附加值高。

珠光颜料几乎可以适应所有天然和合成树脂，能与这些树脂配制成溶剂型、水基型和粉末型的珠光漆，生产出幻彩珠光颜料，用来制成装饰性极强的幻彩系列涂料。幻彩系列涂料主要用于高级家具、室内墙面或墙板的装饰，也可用于轻工产品的装潢。

珠光颜料的应用范围极其广泛，包括化妆品、汽车、印刷制品及油墨、塑料制品、玩具、纺织品、皮革制品、陶瓷、壁纸、人造珠宝等。它能再现自然中珍珠、贝壳、飞禽羽毛、鱼虫鳞片等奇特光泽，塑造产品的高格调形象，因而受到人们的广泛喜爱。

**颜料部的风波**

康凯珠光材料有限公司上海代表处下属的颜料部主要负责珠光颜料的研发及销售。近年来，颜料部的业务发展迅速，珠光颜料的销售量以每年 35%的速度递增。

朱杰 40 岁出头，于 2019 年 8 月进入康凯珠光材料有限公司，任化学试剂产品经理。2020 年 5 月，当康凯珠光材料有限公司在上海设立代表处时，朱杰便被委派到上海主持工作。2021 年 6 月，朱杰在上海成立珠光颜料部应用实验室。2021 年底，由于工作出色，朱杰被提升为康凯珠光材料有限公司副总经理，主要分管华东地区所有业务的发展和规划。

随着业务的不断发展和朱杰职责范围的不断扩大，要他具体地管理各个部门已不太可能。珠光颜料部应用实验室成立后，他按照事先的构想将颜料部根据销售和市场功能一分为二。不久，新的部门经理陆伟走马上任了。陆伟与原来的李文经理共同管理颜料部，但这埋下了隐患。颜料部有四个业务员和两个实验员，突然“空降”了一位新领导者，使他们受到双重领导，一时间气氛陡然紧张。俗话说“新官上任三把火”，由于急于做出一些成绩，在未征得李文的同意和对珠光颜料还不十分熟悉的情况下，陆伟决定开拓塑钢市场，并指派赵春独立开发这一市场。然而，赵春已由李文另行安排任务。由于珠光颜料并不适用于塑钢市场，因此赵春并没有把精力全部投入这个市场。半个月内，陆伟频频给赵春施加压力，这不仅引起了李文的不满，更导致了赵春的辞职。然而，朱杰并没有对此事做出任何表示。在这种情况下，陆伟将矛头指向了另一位业务员张先荣。由于颜料本身的特性，珠光颜料在目前最常见的印刷方式——胶印中无法应用，陆伟却认为这是一个良机。本来主要负责珠光颜料在印刷领域的应用和技术服务的张先荣被委以重任开发这一市场。但是，业务的拓展不可能一蹴而就。一个月后，张先荣无法忍受陆伟和李文同时向他发出不同的指令，愤而提出辞职。

这一次，骨干员工的辞职信引起了朱杰的重视。

桌上的电话铃声将朱杰的思绪拉回了现实，看来是到好好考虑该如何走出这一困境的时候了……

**[思考题]**

1. 朱杰遇到了什么烦心的问题？

2. 颜料部的两位领导者李文与陆伟之间的沟通状况如何？这对于后来部门出现的一系列矛盾有什么影响？

3. 你认为颜料部的新经理陆伟的沟通意识如何？是否应该改进？如何改进？

4. 在多头指挥不知所措的情况下，赵春和张先荣除了辞职，还有其他选择吗？请谈谈他们在沟通方面可以做的努力。

5. 赵春辞职后，作为副总经理的朱杰没有对此做出任何表示，这是否合适？你有什么建议？

04
Chapter

第 4 章

# 组织沟通

过去的领导者是那些懂得如何告诉别人信息的人，而未来的领导者应该是那些懂得如何向别人征求意见的人。

——彼得·德鲁克

## 学习目标

1. 了解组织沟通的含义及类型
2. 明确有效的组织内部沟通的作用
3. 识别纵向、横向沟通中的障碍
4. 掌握组织内部沟通的策略
5. 描绘组织中的正式、非正式沟通网络
6. 确定巧妙利用小道消息的方法
7. 了解组织外部沟通的意义

## 引导案例

### 工作丰富化与员工的“消极怠工”

某健康食品公司是一家中型保健食品企业。最近，总经理庞云一直在为员工的工作积极性低而担忧，因为这导致了包装质量问题。如果质量问题在检查阶段被发现，袋装食品会被送回流水线，否则它们将最终被客户拒绝。在工厂经理的建议下，工厂在重要工段设置了管理监督岗位，由他们进行随机检查，但是这样做不仅增加了成本，而且对降低返回率并没有起到预期的作用。

庞云召集职能部门管理者开会讨论形势及有效对策。工厂经理李松称，一些问题是由策划上的失误引起的，他建议在设计阶段进行检查；人事部门遭到批评，被指责没有精心招聘合适的员工，以致公司面临人员频繁流动及缺勤的问题。策划部门主管周卓认为设计并没有问题，而提高标准意味着要耗费更多的资金。人事部门主管王菲强调，由于劳动力市场上劳动力紧张，因此无法在雇用过程中提出更加严格的要求；包装工作枯燥乏味，期望人们对此类工作产生更大的兴趣也不合理。王菲提出了一些建议，以使员工对其所从事的包装线工作增加兴趣。建议之一就是扩大包装线个人的工作范围，每个工人与工作群体的其他工人一起处理数个操作程序，而不是只做单纯的一项工作。另外，她还建议采取工作轮换方式，以使工人的工作更具挑战性。

庞云对这些建议十分赞赏，并要求立即付诸实施。但是在实施变革的一周内，工人对这些变革表达出许多不满，而且存在消极怠工的状况。工人觉得他们要做更多的事，而工资却没有增加。

总经理和部门主管，包括人事部门主管，都对工人的反应感到吃惊。

---

这个案例揭示了组织沟通中最常见的一种沟通路径：中层管理者→基层管理者→员工的沟通，即纵向沟通。你认为人事部门主管王菲在与员工沟通其建议时出了什么差错？若你是庞云，将采取什么补救方法？或许你对此感到十分困惑。本章有关组织沟通的详细论述将有助于你加深对组织沟通内涵的认识，同时提升你对组织沟通问题的洞悉能力。

# 第 1 节　组织沟通的含义及类型

## 一、组织沟通的含义

组织沟通就是在组织结构环境下知识、信息以及情感的交流过程，它涉及战略控制以及如何在创造力和约束力之间达到一种平衡。

组织沟通具有明确的目的，即影响组织中每个人的行为，使之与实现组织的整体目标相适应，并最终实现组织目标。作为日常管理活动，组织沟通按照预先设定的方式，沿着既定的轨道、方向和顺序进行。

组织沟通往往与组织规模有关，即如果组织规模大，就可能比较规范，沟通过程也就会较长；如果组织规模较小，就可能不那么规范，沟通过程也就会较短。从某种意义上讲，后者的沟通结果容易控制，而前者则不太容易。由于组织沟通是管理的日常功能，因此组织对信息传递者具有一定的约束力。

## 二、组织沟通的类型

组织沟通一般分为两大类：内部沟通和外部沟通。根据不同的沟通路径（见图 4－1）、形式和载体，组织内部沟通又包括纵向沟通、横向沟通和斜向沟通。

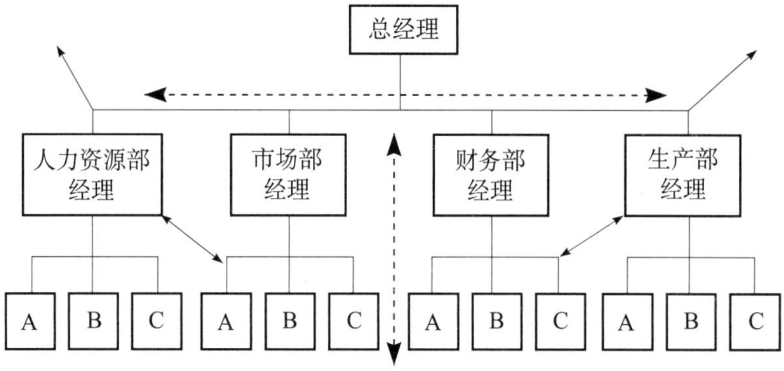


图 4－1　组织沟通路径

如图 4－1 所示，竖线表示的是纵向沟通，其中包括上行沟通和下行沟通两种形式。横线表示的是横向沟通。斜向沟通是沿着组织结构内的斜线进行的沟通，它包括不同部门、不同层级管理者和员工之间的沟通。外部沟通则是沿着组织结构外的斜线进行的沟通，它涵盖了一个组织与其他相关组织的沟通和联系。

**1. 正式沟通和非正式沟通**

正式沟通是通过组织正式结构或层级系统进行的，一般指在组织系统中，依据组织明文规定的原则或规章制度进行的信息传递与交流，如组织内传达文件、召开会议、上下级之间定期交流信息等。非正式沟通则是通过正式系统以外的途径进行的。一般而言，在非正式沟通中，无论是沟通对象、时间还是内容，均存在很大的不确定性和偶然性。

**2. 书面沟通和口头沟通**

书面沟通是通过有形展示、可长期保存并可作为法律依据的书面载体进行的信息传递，多见于正式沟通情境；口头沟通是通过快速传递和即时反馈的口头载体进行的信息传递，多见于非正式沟通情境。

# 第 2 节　纵向沟通

## 一、纵向沟通的定义和下行沟通的目的

纵向沟通指的是沿着组织结构中的直线等级进行的信息传递，包括下行沟通和上行沟通。在纵向沟通中，自上而下进行的下行沟通是主体，而自下而上的上行沟

通则是关键。

从本质上讲，下行沟通就是指上级作为信息发送者与下属进行沟通。传统上，下行沟通一直是组织沟通的主体，企业管理所涉及的各种职能的运作，如计划实施、控制、授权和激励等，基本都依赖下行沟通来实现。下行沟通的目的主要包括：

（1）让员工知晓企业重大活动的情况，如扩大再生产、市场兼并、劳资关系、利润状况、销售状况、市场份额、新产品计划、技术革新等。

（2）突出企业对员工的创造力、努力和忠诚度的重视态度。

（3）探讨员工在企业里的职责、成就和地位。

（4）介绍员工所享受的各种福利待遇。

（5）了解有关社会活动、政府活动和政治事件对企业的影响。

（6）了解企业对社会福利、社会文化发展和教育进步所做出的贡献。

（7）让员工的家属了解企业，致力于营造凝聚力。

（8）让新员工看到企业发展的生动足迹。

（9）让员工了解不同部门的各种活动。

（10）鼓励员工将企业出版物作为各抒己见的论坛。

（11）作为外界了解企业发展的窗口。

显然，下行沟通在组织沟通中起着十分重要的作用。此外，为了达到沟通的目的，还要注重沟通媒介和沟通时机的选择。当有重大事件和重要信息需要让员工知道时，必须采用较为正规的渠道。今天，越来越多的管理者采用相对高效的计算机信息服务体系来协助实施下行沟通。

## 二、下行沟通的主要形式

按沟通的载体进行分类，下行沟通主要有以下三种形式：

（1）书面形式，如指南、声明、企业政策、公告、报告、信函、备忘录等。

（2）面谈形式，如口头指示、谈话、电话指示、广播、各种会议（评估会、信息发布会、咨询会、批评会）、小组演示乃至口口相传的小道消息等。

（3）电子形式，如闭路电视系统新闻广播、电话会议、视频会议、传真、电子邮箱和微信等。

这是一种简单的传统分类方式。另外，根据时间序列对组织下行沟通进行划分，可以得到三类形式（见图 4－2），即按照传递的信息所涵盖的时间跨度、长度来划分，可以得到组织中传递的三类信息，对这三类信息的沟通则形成三种不同的下行沟通。

具体来讲，反映长期（包括过去或将来）的事实、意见、想法或打算，比如企业简介、企业中长期计划、企业多年沿袭的员工福利政策等信息，被视为第一类信息，交流传递此类信息的沟通称为第一类沟通。第一类沟通多采用书面形式，如员工手册、企业白皮书、企业年报等。跨度为几个星期至几个月（不超过一年）、时

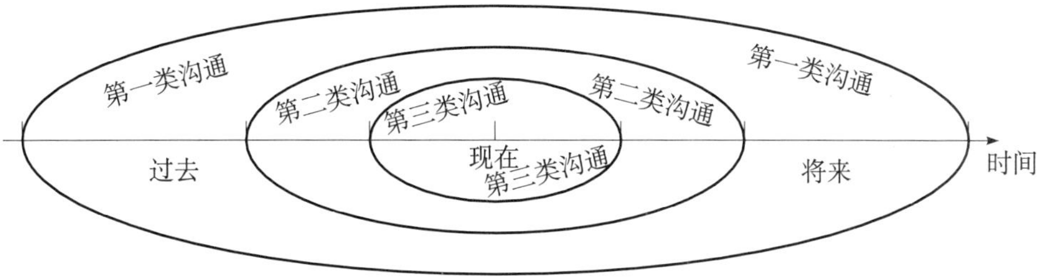


图 4-2　三类下行沟通形式

间概念上包括过去或将来的信息，譬如企业内部近期发生的重大事件、企业每个季度的销售业绩、企业未来半年实施的计划等，被视为第二类信息，传递此类信息的沟通称为第二类沟通。第二类沟通多采用书面形式和会议形式，如企业内部期刊，企业内部通讯，企业全体员工会议，企业中层干部周会、月会等。第三类信息的时间跨度最小，基本上仅涵盖每日例行工作的信息，比如每日工作任务的布置、每日工作情况的反馈、临时出现问题的解决、刚收到的顾客请求现场服务的任务的下达等。这类信息包括组织运作中碰到的由不确定性因素带来的突变和紧急情况，此类信息的一大特点是更新很快，具有很大的不可预测性。第三类信息的沟通形式多为简短的书面和非书面的形式，如口头沟通、电子邮件和备忘录等。

这种分类便于我们理解沟通技巧与沟通形式的关系。一般来讲，对于长期类信息的传播，因为其信息稳定的特性，故对沟通技巧的要求较低；对于短期类信息的传播，因为其不可预测性，故对沟通技巧的要求较高。从管理理论上讲，第三类信息的沟通表现为管理者与下属进行的一对一、面对面的接触，也正是管理者使用和发挥其管理沟通技能最多的地方。下行沟通类型与沟通手段的对应关系可由表 4-1 反映。

表 4-1　下行沟通类型与沟通手段的对应关系

| 下行沟通类型 | 沟通技巧要求、媒介 |
|---|---|
| 第一类沟通：信息跨度大于一年 | 低；书面、会议 |
| 第二类沟通：信息跨度大于一周小于一年 | 中低；书面、会议 |
| 第三类沟通：信息跨度小于一周 | 高；口头、面谈 |

## 三、下行沟通的障碍

下行沟通在组织沟通中扮演着举足轻重的角色，是组织沟通的主体。但组织中下行沟通的现状又是怎样的呢？管理大师彼得·德鲁克曾尖锐地指出："数百年来，管理者只注重向下发号施令，尽管他们表现得十分出色，但这种沟通常常无济于事。究其原因，首先是因为仅仅关注管理者想传达的，所有传达的内容都是指令。"显然，这是一种单向沟通。而且，这种形式的沟通无一例外地将信息接收者即员工视为不犯错误的全能机器人，认为他们不仅完全接收了信息，而且准确无误地理解了下行的信息。单纯采用这种沟通形式的管理者不希望从下属那里得到任何反馈，这时沟通的效果是不尽如人意的。

美国管理协会（AMA）做过一项统计调查，研究上下级对下属特定的工作职责的认识能否达成共识。调查对象是 5 家不同公司中的 58 对上下级员工，调查内容包括工作职责（下属在其职位上应该做的事）、工作要求（该职位所需的技能、背景、经历、正规培训和个性）、未来工作中的变化（可预见的在将来几年中可能发生的工作职责或要求的变化）和工作中的障碍（上级和下属对完成工作的干扰和障碍问题的认识）。

调查结果如表 4-2 所示，从中可以看出，85.1%的上下级对“工作职责”达成一半以上的共识，对“工作要求”达成一半以上共识的上下级减少到 63.7%，仅有 53.3%的上下级对“未来工作中的变化”达成一半以上的共识，而仅有 31.7%的上下级对“工作中的障碍”达成一半以上的共识。

**表 4-2　上级对下属、下属对自己工作认知的调查结果（%）**

| 项目 | 0<br>几乎不同意 | 1<br>同意少于一半的命题 | 2<br>同意几乎一半的命题 | 3<br>同意超过一半的命题 | 4<br>同意几乎全部的命题 |
|---|---|---|---|---|---|
| 工作职责 | 3.3 | 11.6 | 39.1 | 37.8 | 8.2 |
| 工作要求 | 7.0 | 29.3 | 40.9 | 20.5 | 2.3 |
| 未来工作中的变化 | 32.4 | 14.3 | 18.3 | 16.3 | 18.7 |
| 工作中的障碍 | 38.5 | 29.8 | 23.6 | 6.4 | 1.7 |

当下行沟通涉及若干个管理层级时，会引起信息的丢失和扭曲。如图 4-3 所示，信息在下行沟通中运行，如同经过一个漏斗一样，被层层过滤。信息经过 5 层后到达最后一个信息接收者时，只剩下 20%，其余 80%的信息由于这样或那样的原因被过滤或丢失了。

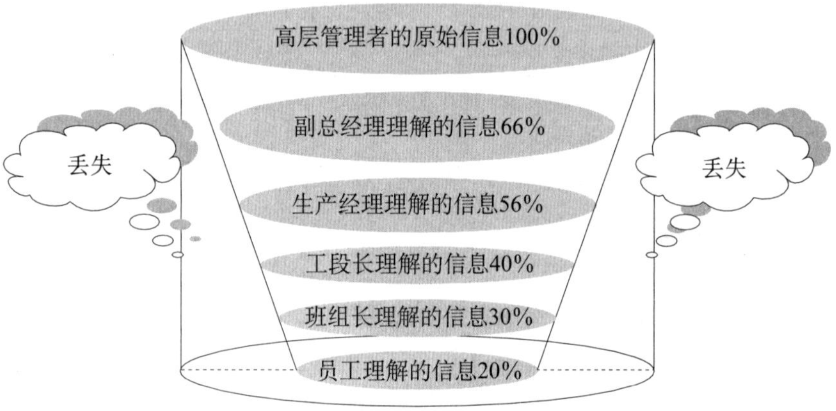


**图 4-3　信息理解漏斗**

由此可见，下行沟通的结果是不尽如人意的。一般情况下，第二类、第三类沟通的效果可以达到预期水平。真正令管理者头痛的下行沟通是第一类沟通，因为这类信息基本上是命令或指示。产生这些问题的原因在于下行沟通中存在以下障碍。

（1）管理者的沟通风格与情境不一致。管理沟通的风格多种多样，如前所述（见第 2 章），通常我们将之分为四类——命令型、指导型、支持型、授权型，而任务的性质因时间要求、复杂程度的不同而表现得不尽相同。如果对一项十分重要而又时间要求紧迫的任务采用支持式沟通，势必不能及时、准确、完全地传递信息，以致任务不能如期完成。

（2）信息接收者沟通技能方面的差异。对员工来讲，沟通技能之一是理解力。但员工在组织内部所处的时间长短不一、员工自身的理解能力不同等因素，造成了员工沟通技能的差异。对一名新员工采用简单的命令式沟通，可能造成员工误解信息或一知半解，导致沟通失效。

（3）沟通各方心理活动的制约。研究表明，下行沟通中容易出现信息膨胀或扭曲。之所以出现信息膨胀，主要是因为信息传递方对沟通效果的顾虑。

（4）不善倾听。普遍的情况是，在组织中员工和管理者都急于表现自己，以达到邀功请赏的目的。于是，更多的人学会了口若悬河，而非侧耳聆听；在他人说话时，听众甚至会粗暴地用毫不相干的话题打断，并发表一通议论。要做一个好的倾听者，首先必须做到自我克制，全神贯注地听。

（5）草率评判。很多时候，信息接收者在与对方交谈时，不是试图理解对方的意思，而是企图进行评判，或进行推论和引申。有时，在没有充分理解信息的情况下就妄下结论，在内心表示赞同或否定。这样的沟通结果可想而知。

（6）编码环节的语言歧义。有这么一个希腊神话：一个人向神许愿，希望长生，却对神说成“不死”。结果，一般人生老病死，他却是“病而不死”，永远也解脱不了。在管理沟通中，类似这种由语言歧义而引起误解和沟通失败的例子比比皆是。

## 四、下行沟通的策略

为了确保下行沟通畅通无阻，管理者有必要掌握一定的沟通策略。下行沟通策略包括以下九个方面的内容。

**1. 制定沟通计划**

为了保证每个管理者及时有效地传递信息，必须制定相应的沟通政策，明确沟通目标。这些政策包括以下内容：

（1）必须将相关事宜及时通知有关方，如员工、客户、供应商、分销商等。

（2）必须将企业计划、指令和目标告知员工。

（3）必须鼓励、培育和建立稳定的双向沟通渠道。

（4）必须就有关重大事件的信息及时与员工沟通。

（5）留出足够的资金和工作时间用于实施企业的沟通政策。

除了上述企业总体沟通政策，还应制定具体的细则来规范具体的沟通活动，如面谈、开会和组织出版物等。

同时，还应该注意：一方面，企业需要通过下行沟通来传递信息；另一方面，并非所有的信息都可以向下传递，有些是有关企业战略发展的机密，有些信息传递的时机还未成熟，没有到可以公开的程度。然而，这并不是说管理者可以因此采取不闻不问的态度。即使在这种情形下，组织管理层也必须表示出对员工关注信息的理解，同时对员工以诚相待。不诚实或操纵信息都可能降低员工的忠诚度。事实上，当管理者还在迟疑，不愿就某事实进行公开说明时，歪曲的事实早已顺着“葡萄藤”散布到企业的各个角落了。

**2. “精兵简政”，减少沟通环节**

复杂的系统和庞大的机构是企业为了应对规模的扩大做出的自然反应，然而，优秀的企业力求用简单的机构和精练的系统来回应扩张发展的策略。许多企业通过分权来抑制企业管理队伍的臃肿，减少整个管理的中间层，并通过建立临时的项目小组或产品小组来防止组织结构的复杂化。因此，提高组织沟通效果的最佳做法是“精兵简政”，用简单的机构和精练的系统来保证沟通的顺利进行。

**3. “去繁从简”，减少沟通任务**

管理者需要有效地控制信息流。对信息流加以有效管理或控制能够极大地提高沟通的效率，具体可以采用以下方法：

（1）例外原则。只有在命令、计划和政策执行过程出现偏差时，才进行沟通。

（2）排队原则。管理者应该按轻重缓急来处理信息沟通，不太重要的会议、约见、信件、电话和报告都可以延后或改期。

（3）关键时间原则。管理者应该在恰当的时间向员工传递信息，比如，不要在 3 个月前将会议通知告知员工，这样会让员工觉得会议不太重要，或者容易忘记。

**4. 引入授权**

下行沟通的一个致命缺点是具有单向性、自上而下，而授权为下行沟通带来了双向交流的可能性。

随着授权对管理工作的重要性日益突出，并越来越多地为管理者所采用，下行沟通又具有了另一项管理职能——授权。这无疑给有点先天不足的单调的下行沟通增添了色彩。授权所能产生的激励作用缓和了下行沟通冷冰冰的纯粹命令的气氛，极大地改善了沟通低效的状态。

**5. 言简意赅，提倡简约的沟通**

沟通中应力求避免含糊其词。除了沟通中的其他因素会引起误解，信息本身也会产生歧义，如果信息本身模糊不清，信息接收者就无法理解并记住信息。为了避免这一点，管理者可以采用简单、直接的措辞，对方易理解的措辞，而非从自己的层面出发进行沟通。

**6. 启用反馈**

可以肯定的是，让下行沟通真正发挥作用的办法不是关闭这条渠道，而是开掘上行沟通的渠道——鼓励信息接收者对信息进行评价，这就是反馈。从理论上讲，实施下行沟通的管理者并不打算让员工对信息进行评价，这种沟通形式本身也没有创造反馈发生的条件。然而，如前所述，信息接收者或多或少会做出一定程度、一定数量的反馈，大多通过信息接收者的面部表情、动作姿态等肢体语言（如听者一脸错愕，听众交头接耳）来表现，可以作为管理者判断沟通信息效果的参考依据，从而在信息没有被错误地执行前及时发现问题并采取补救措施，从一开始就确保执行工作正确到位。

另外，管理者应该尽可能采用面对面沟通的途径。面对面沟通相对于书面沟通在很多方面都表现出优势，尤其在获得反馈方面。

**7. 多介质组合**

减少下行沟通的信息在接收和理解时的丢失或错误，提高下行沟通的效率，最主要、最简单易行的方法是采用多种沟通介质。换言之，通过采用多种沟通介质，达到重复和强调的目的，从而提高沟通的效率，增强沟通的效果。比如，书面请求之后采用备忘录跟进，或者报告之后采用电话跟进。甚至在一个信息沟通过程中也可以采用多种方式。比如在与员工进行口头沟通时，管理者可以在开场白里陈述主要观点，然后举例解释说明该主要观点，最后在结论中重复该观点。

**8. 头脑风暴式会议**

头脑风暴式会议的目的主要是集思广益，激荡大家的脑力，迸射智慧的火花，寻求最佳的解决之道。英特尔公司经常召开头脑风暴式会议，与会者不分职位高低，畅所欲言，针对观点、方法，直言不讳，提出怀疑，直到得出最佳的问题解决方案。

**9. 减少抵触、怨恨的沟通五法则**

在下行沟通中，最令管理者头痛的沟通莫过于向下属传递负面的信息，或者向员工传递一些他们不希望接收的信息。比如手下的员工在工作中出现了差错，按照规章制度必须给予批评，即指出下属行为中不当的表现，有时甚至要训诫下属，以杜绝此类现象。或者是企业出现经济危机，某些岗位的薪酬可能下调，管理者必须向其下属传递该信息等。在进行此类信息沟通时，容易出现的情况是员工产生抵触情绪，或者导致更为严重的后果，即员工对管理者产生怨恨。而且，当信息接收者认为某个信息对个体具有威胁性或与实际情况不相符时，往往会扭曲信息，甚至努力忘却该信息。那么，这时管理者应该怎么办呢？首先，管理者应该正面处理否定和反对意见。其次，选择恰当的沟通时间和介质很重要。同时，沟通的措辞也要经过慎重考虑：太过含蓄，尽管会避免冲突，但或许起不到警戒作用；太过直接，虽然可以引起对方的注意，但也可能制造不必要的矛盾和抵触情绪。

具体来讲，为了在减少抵触和怨恨的同时准确地传递信息，不妨采取下面的策略。

（1）提前掌握事实。在与员工正面交谈之前，要尽可能多地了解事实情况，越具体、越准确，则越有利于面谈。道听途说是十分危险的，也是不明智的。

（2）了解当事人的想法。让员工有时间和机会仔细说明事情的经过是十分有益的，借此可以缓和气氛，或了解当事人对问题的看法，以及他对问题的自我认识。

（3）私下处罚员工。当众批评、指正或训斥是员工难以接受的，此类沟通选择私下场合比较好，但切不可滞后，不要在员工已将此事遗忘之后再提及。

（4）对事不对人。对员工进行批评时，应尽量就事论事，不要涉及其个性，而要说明你对其行为改变的具体期待。如果不注意措辞而伤及员工的自尊心，就为以后的有效沟通设置了障碍，埋下了隐患。

（5）不要意气用事。人们在怒不可遏时很少能保持理智、公正和客观，因此，在正面接触员工之前，一定要头脑冷静、心平气和。当然，如果员工处于发怒状态，马上批评训斥也是不合适的。

## 五、上行沟通的目的

从本质上讲，上行沟通就是下属主动作为信息发送者而上级作为信息接收者的沟通。

上行沟通的目的就是开辟一条让管理者听取员工意见、想法和建议的渠道。同时，上行沟通可以达到有效管理的目的。上级管理部门特别需要了解生产的业绩、市场营销信息、财务数据，以及基层员工在做什么、在想什么，因此，客观地传递信息至关重要。

上行沟通的目的主要包括：

（1）为员工提供参与管理的机会。

（2）减少员工因不能理解所下达的信息而造成的失误。

（3）营造民主式管理文化，提高组织的创新能力。

（4）缓解工作压力。

显然，这些积极的动机使上行沟通比下行沟通更具优势。然而，多年来一直困扰着管理者的一个问题是：如何创造成功、有效的上行沟通。虽然有很多途径，诸如意见箱、小组会议、反馈表等，但这些途径真正发挥作用的关键在于建立上下级之间良好的信任关系。显然，完成这项任务是颇费力气和时间的。从本质上讲，上下级之间的信任关系是很脆弱的，无论这些关系具体表现在总经理与其他高层管理者之间、中层管理者与本部门的员工之间，还是高层管理者与一般员工之间，培养、建立相互之间的信任都需要长期的努力，而偶尔一次无意的破坏却可能导致通过长时间努力才建立的信任顷刻间化为乌有。

有效的上行沟通与组织环境、组织氛围直接相关。在参与式管理和民主式管理的组织中通常会设置专门的上行沟通渠道，让高层能够听到来自基层的声音。

## 六、上行沟通的主要形式

各类组织中上行沟通的形式主要包括以下几种。

**1. 意见反馈系统**

意见箱是最常见的保障上行沟通的途径之一。设置意见箱的最初动机是提高产品的质量、提高生产效率，管理者相信一线员工对此有独到且有效的见解。渐渐地，收集生产建议的意见箱演变成了收集员工反馈的渠道。至此，倾听员工心声的上行渠道渐具雏形。为了鼓励那些敢于提出创新见解的人不断开动脑筋，让组织分享群众无穷的智慧，还可设立相应的激励机制。当然，真正奖励员工的其实不仅是奖金，还有员工得到的心理上的回馈——参与感、成就感。

一个好的建议必然带来皆大欢喜的结局，但倘若建议被否决，就难免会产生问题，员工可能会心存怨恨，士气受挫。另外一个可能的问题是，提出好建议的员工可能受到其上级的排挤，双方关系可能出现危机。

虽然问题不可避免，但大多数实践证明，管理者认为上行沟通利大于弊，很有必要建立这么一个渠道。

**2. 员工座谈会**

每个部门选派若干名代表与各部门领导者、高层领导者一起召开员工座谈会，也是一种效果颇佳的上行沟通途径。在座谈会上，员工可以就自己部门存在的某些问题畅所欲言，提出意见和建议。这种座谈会应定期举行，比如每个月一次或每季度一次。同时，为确保座谈会的气氛轻松、愉快，与会者畅所欲言，要注意以下几点：

（1）最好在一种非正式的气氛下举行会议，因此，应选在工作时间之余，并辅以茶点、饮料。

（2）由一个能说会道、会活跃气氛的人主持会议，以起到调节气氛的作用。

（3）虽然会议并不限制员工就何种问题发表意见，但仍有必要引导员工就某些话题展开讨论，以激励士气，并避免会议变成恶意的声讨会。

**3. 巡视员制度**

巡视员的概念源于瑞典，在那里，公民可以向国家公务员提出调查有关政府机构的官僚主义的申诉。当今，在许多组织中也设置了类似的职位，专司调查员工所关心的问题，然后向上级或管理层汇报。

## 七、上行沟通的障碍

导致上行沟通障碍的原因可能是多方面的，主要如下。

**1. 封闭式企业文化**

虽然管理界一直以来积极倡导参与式和民主式管理，但一家管理咨询公司的调查结果显示，一般企业中多数员工是没有机会发出大量信息的。

**2. 内部沟通机制不健全**

员工发出的信息要么需费很大的周折才能到达上级管理者，要么石沉大海、无声无息。

**3. 信息失真**

管理者由于官僚作风，片面相信一些经过精心设计、不符合实际情况的信息。

此外，下行沟通中的六个障碍也时常会出现在上行沟通中。

## 八、上行沟通的策略

上行沟通的策略主要包括以下两个方面。

**1. 建立信任**

从组织行为学角度看，连接员工和管理者的是权力和责任；从沟通的角度看，维系员工和管理者关系的是信任。

从本质上看，信任是主体对客体未来采取行动的能力的正面预期。换言之，如果上级对下属充满信任，表示他对下属下一步将采取的行动很有把握。然而，信任是双向的，不会从天而降，管理者必须投入时间、精力和资源建立信任。

**2. 采用走动管理，鼓励非正式的上行沟通**

从不离开办公室一步、仅依赖正式沟通渠道的管理者得到的可能是失真的信息。为了避免这种状况的发生，主管人员需要通过非正式沟通弥补正式沟通的不足。

试问，如果管理者不离开自己的办公室，如何获得关于员工和工作的真正信息？如何在第一时间获得企业经营的动态信息？又如何赢得员工对自己的信任？使上行沟通有效的第一步是：走出办公室，深入员工的工作场所，缩短与员工的物理距离，从而减少心理差距。因此，管理者需要偶尔走出办公室，到员工工作的场所察访员工的工作状况。

彼得斯和沃特曼在对经营卓越的企业的研究中，介绍了美国航空公司的管理者实行的“走动管理”。在惠普公司中也存在相似的做法，称为“巡回管理”。这种做法的目的是通过漫步整个车间来拓宽非正式沟通渠道。然而，《财富》杂志对世界 500 强企业的首席执行官所做的调查表明，低层级的员工与首席执行官相处的时间少得可怜。

走动管理比其他正式沟通方式更加有利于企业文化的建设，有利于传达企业的价值观。各层级的管理者都应积极行动，通过四处走走，经常出现在员工的工作场所，与员工进行正式或非正式的交流，建立比较融洽的氛围，提高员工对管理者的信任度，最终帮助员工更好地完成工作。

走动管理鼓励根据企业经营管理的特点，在任何时间采用任何形式的非正式沟通方式。下面是一些开放式上行沟通的有效方式：

（1）共同进餐。很多企业有自己的食堂或餐厅，这就天然地为管理者走近员工提供了一个好途径。许多国际知名企业的总裁或首席执行官总是定期去企业餐厅用餐，随意与员工、经理、秘书坐在一起，进行聊天式谈话。其实，很久以来，领导们去全球各地的分支机构视察，都要安排与部门经理和其他管理者共进午餐或晚餐。将这种传统引入本地区、本部门的管理，对提高企业整体沟通效果具有积极的作用。

（2）四处走动。除了固定的用餐时间，管理者增加与员工接触的另一个好主意是：有时不通过秘书而是自己将备忘录或文件交给下属。许多员工可以趁此机会与管理者谈及一些潜在问题或想法。

（3）深入工作现场。真正与员工打成一片的方法是深入工作现场。总裁或总经理可以经常随机地出现在工作现场，有时甚至在晚班或周末时间去工作现场看看。一方面，管理者可以在工作现场解决一些问题，可能正赶上员工遇到难题，不能通过正式渠道解决；也可能赶上员工有个好主意，但苦于不知道该向谁汇报。另一方面，通过深入工作现场这种形式，管理者还可以获得许多员工临时想起、事后可能忘记提交的好的建议和想法，以及其他员工不愿意花费力气通过正式渠道提交的意见或建议。

# 第 3 节　横向沟通

## 一、横向沟通的定义和作用

横向沟通指的是沿着组织结构中的横线进行的信息传递（见图 4－1），它包括同一层级的管理者或员工进行的跨部门、跨职能沟通。与纵向沟通的实质性区别是：横向沟通中不存在上下级关系，沟通双方均为同一层级的同事。

进行横向沟通是为了增强部门间的合作，减少部门间的摩擦，最终实现组织的总体目标，这对组织的整体利益具有重要的作用。从理论上讲，一个组织是一个有机的整体，每个部门都是整个组织大系统中相互影响、相互依存的子系统，协调各个子系统之间的关系是为了更好地创造整体效益。组织中的各部门不是一个个孤立作战的个体，而是作为整体的一部分而存在的。认识到这一点，就能清楚各个部门有效合作的必要性以及分享信息的需要。横向沟通正是为了满足不同部门间的信息共享而产生的。

因此，横向沟通担当了组织内部同一层级成员沟通的重任。随着组织结构趋于扁平化，这种跨职能、跨部门的沟通正受到绝大多数组织的关注，因为它已成为组织成功的关键。

概括地说，横向沟通具有以下主要作用。

**1. 确保组织总目标的实现**

基于劳动分工原理诞生的部门化便于组织提高劳动生产率，进行有效管理，但部门化势必导致员工在追求提高实际工作中的效率、力求完成本职工作的同时，忽略组织全局的整体利益。横向沟通可以增加对其他部门的了解，便于本部门从宏观层面上认识本职工作，并自觉与其他相关部门协同，最终实现组织的总体目标。

**2. 弥补纵向沟通的不足**

无论组织多么努力地创建沟通渠道，由于沟通场合、时间、形式等因素的限制，误解、信息遗漏、信息不解等情况仍不可避免。从某种程度上讲，员工间相互传递信息，其沟通氛围比纵向沟通更轻松，有利于员工达成共识。因此，横向沟通无疑可以起到相互确认信息、强化纵向沟通信息的作用。

## 二、横向沟通的类型和形式

根据沟通涉及的主体是否来自同一部门，横向沟通可以分为同一部门内的横向沟通和不同部门间的横向沟通两种。前者可分为部门内管理者之间的沟通以及部门内员工之间的沟通，后者又可分为不同部门管理者之间的沟通以及不同部门员工之间的沟通。

根据沟通主体是否来自同一管理层级，横向沟通又可分为同一层级成员之间的横向沟通，以及处于不同层级、没有隶属关系的成员之间的交叉沟通。

简单地说，横向沟通包括：部门内管理者之间的沟通；部门内员工之间的沟通；一部门员工与其他部门员工之间的沟通；一部门管理者与其他部门管理者之间的沟通。

不同类型的横向沟通采用的沟通形式不同。不同部门管理者之间的横向沟通通常采用会议、备忘录、报告等沟通形式，其中会议是最常用的沟通形式。这种跨部门会议根据目的不同，可分为决策性会议、咨询性会议和信息传递性会议。

部门内员工的横向沟通则更多地采用面谈、备忘录等沟通形式。由于沟通双方相互熟知，并且有相同的业务背景，此类沟通的效果通常比较理想。对于一部门员工与其他部门员工间的沟通，面谈、信函和备忘录等可能更适用。

## 三、横向沟通的障碍

正如本章引导案例中所描述的，横向沟通的现状也是令人担忧的。当每个部门经理置身于触手可及的四墙之内时，仿佛置身于戒备森严的城堡之中，坚硬冰冷的四壁把组织部门割裂开来，阻断了相互的视线，使管理者认识不到沟通的必要性，有时甚至会引起误解和冲突。因此，横向沟通成为组织沟通中最难以控制、效果最不理想的沟通渠道。从表面上看，这种沟通的组织管理压力最小，没有一个部门的人会认为有必要去了解其他部门正在发生的事情，然而事实并非如此。

横向沟通大多表现为跨部门沟通。部门之间的沟通主要是由部门经理或主要负责人实施的。但糟糕的是，每个经理几乎每天都在为办公桌上堆积如山的文件、批示等着过目而发愁，他们或奔波于若干个会议之间，或忙于向上级汇报进展，或正在向下属布置任务、解答疑难问题。而且，现在这种窘迫的状况并没有因为现代通信工具的出现和普及而有所好转，相反，现代通信工具制造了更大的麻烦，正因为它十分快捷，所以信箱里的邮件以更大的规模向管理者压来，高新技术使生成信息、传递信息的速度加快。

不存在直线权力关系的跨部门成员之间的沟通是否会理想一些呢？从理论上讲，他们之间不存在等级权力关系，这种沟通应该很容易进行，但事实是，不同部门员工之间、管理者之间的沟通状况也不理想。正因为没有权力关系的约束，在许多场合沟通双方相互间不能很好地配合，而是采取“事不关己，高高挂起”的态度，沟通不畅的情况时有发生。

现在，许多企业将生产部门放在市郊乡村，而将市场营销部门置于市中心商业区。对于跨国公司来讲，这种公司某些部门与其他部门在地理位置上存在空间距离的问题更加突出。由于面对面的机会比较少，横向沟通变得更加困难，横向沟通的效果更难控制。

归纳起来，横向沟通的障碍包括以下几个方面。

**1. 部门的本位主义和员工的短视倾向**

工作业绩评估体系的存在是造成部门本位主义泛滥、部门员工趋于短视行为的主要原因。对每个部门经理来讲，为获得晋升和嘉奖机会，往往会不自觉地维护本部门的利益，强调本部门的业绩，而不是从企业、本部门、其他部门三个角度立体地看待本部门在整个企业中的地位，以及相应的利益。

**2. "一叶障目"，对企业组织结构抱有偏见**

有些部门对其他部门先入为主的偏见会影响部门沟通的顺利进行。例如，营销部门认为本部门天生比其他部门重要。这种认为组织部门有贵贱等级之分的偏见，显然会降低正常横向沟通的效果。

**3. 个性冲突**

造成跨部门经理间的沟通失败或低效的另一个主要原因是沟通各方性格以及思维方式、习惯的冲突。每个人因为其独特的工作领域、成长经历和生活体验，会形成独特的思维方式和沟通方式。如果缺乏对沟通对象特定沟通方式的了解，就会导致沟通失败。

**4. 猜疑、威胁和恐惧**

缺乏信任的后果不一定是猜疑和恐惧，但引发猜疑、威胁和恐惧的原因一定是缺乏信任。过去经历的负面沟通会使人产生猜疑心理或感觉到威胁。当然，这也与沟通双方的个人性格有关。

## 四、横向沟通的策略

对横向沟通中出现的问题和存在的障碍，可以采取以下策略加以克服。

**1. 树立内部顾客的理念**

内部顾客的理念认为，工作服务的下一个环节就是本职工作的顾客，要用对待外部顾客、最终顾客的态度、思想和热情为内部顾客服务。

**2. 倾听而不是叙述**

在横向交流中，每个部门的参与者最常见的就是描述本部门的困难和麻烦，同时指责其他部门如何不合拍、不协同，却很少花时间倾听。当沟通的各方仅仅关注如何强调本部门、本岗位遇到的阻碍和困难时，就不会去倾听他人的发言。

**3. 换位思考**

试着站在他人的立场和角度，设身处地替他人着想，并理解他人的看法，是很有益的。跳出自我的圈子，进入他人的心境，未必是同意他人，但能理解他人看待事实和认识事物的方式，这样才能找到合适的沟通方式并取得效果。倘若能与他人一起感受、一起思维，则会有更大的收获。

**4. 选择正确的沟通方式**

如前所述，横向沟通由于沟通目的的不同而有所不同，因此需要对症下药。对于决策性会议，与会者应少而精，减少因人多导致的意见纷杂，以提高集中度。对于咨询性会议，其目的就是集思广益，开展头脑风暴，因此应该增加与会人数，拓展与会者的社交范围，以扩大覆盖面。对于告知性会议，只要让所有需要知晓信息者接收到信息即可，同时要注意反馈，以确保信息接收者准确无误地理解信息。

**5. 设立沟通官员**

针对横向沟通中经常出现的互相推诿、讨论裹足不前的现象，我们认为应该设立专门的部门或职位，负责召集和协调部门或员工间的沟通，这尤其适合跨部门沟通的需求。沟通官员负责定期召开促进部门间沟通的会议，或要求各部门的员工定期相互提交报告，从而让不同部门的员工了解各自正在进行的活动，并鼓励提出具有建设性的建议。

有意思的是，在日本企业的管理工作中很注重不同部门人员的接触和沟通，每个工人定期参加某个小组，讨论与工作相关的事宜。这种小组是跨部门的，小组会议召开的目的主要是增强员工间的沟通，而非解决问题或制定计划。在会议上，一个员工可能会谈及他所在部门正在研制的新产品，一个员工可能会谈及他的本职工作，而另一个员工可能会介绍他们部门正在采用的新的计划表。这种性质的会议无疑可以帮助员工拓展其对工作的认知，给他们带来更多本职工作以外但同时又与工作相关的知识，其结果是将组织有机地结合成一个整体。

上述纵向沟通和横向沟通是组织沟通中最常见的方式。另外，组织中还有一种很常见的沟通方式，即组织中的沟通网络。

# 第 4 节　组织中的沟通网络

组织中的沟通网络是组织内成员之间交流信息的真实模式。组织中的沟通网络分为正式沟通网络和非正式沟通网络。正式沟通网络通过组织正式结构或层级系统运行，并包含于纵向沟通与横向沟通之中；非正式沟通网络则通过正式系统以外的途径来运行。

## 一、正式沟通网络及其特点

正式沟通一般指在组织系统内，依据组织明文规定的原则进行的信息传递与交流。正式沟通网络主要有以下五种形态（见图 4－4）。

**1. 链式沟通网络**

链式沟通网络是一种平行网络形态，其中居于两端的人只能与内侧的一个成员联系，网络中的其他人则可分别与其他两个人沟通信息。在一个组织系统中，它相当于一个纵向沟通网络，具有五个层级，信息可自上而下或自下而上逐级传递。此

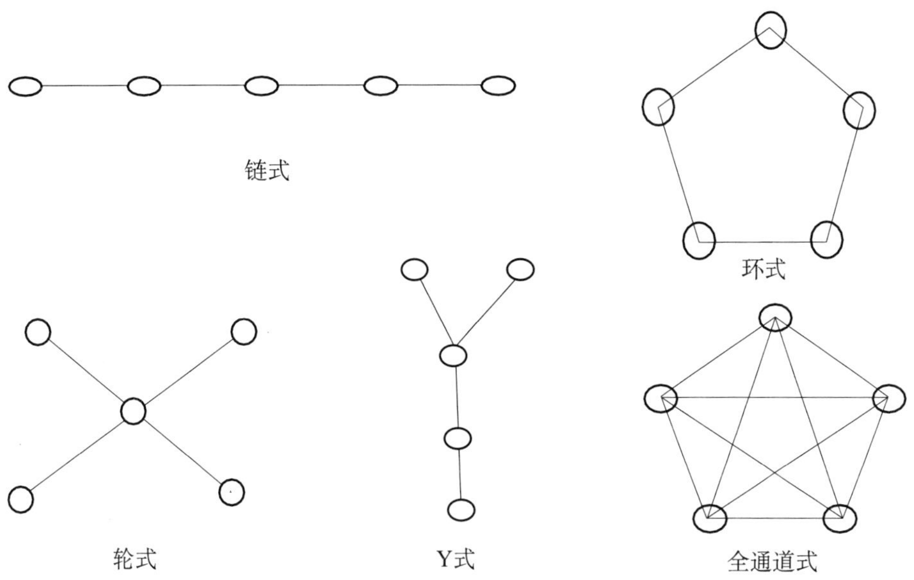


**图 4-4　五种沟通网络形态**

外，这种网络还可以表示组织中主管人员和下属之间的组织关系，属于控制型结构。在管理中，如果组织系统过于庞大，需要实行授权管理，链式沟通网络是一种行之有效的方法。

**2. 环式沟通网络**

环式沟通网络可以看成是链式形态的一个封闭式控制结构，表示五个人之间依次联络和沟通的关系。其中，每个人都可以同时与两侧的人沟通信息。在这种网络中，组织成员具有比较一致的满意度，士气高昂，但集中化程度和领导者预测程度都较低。如果在组织中需要营造一种高昂的士气来实现组织目标，环式沟通网络是一种行之有效的方法。

**3. 轮式沟通网络**

轮式沟通网络从本质上讲是一种纵向沟通网络形态，其中只有一个成员位于沟通的中心，成为沟通的媒介，即各种信息的汇集点与传递中心。在组织中，这种网络大体相当于一个主管领导直接管理几个部门的权威控制系统。这种网络属于控制型结构，集中化程度高，解决问题速度快；但沟通的渠道很有限，组织成员的满意度较低，士气比较低落。轮式沟通网络是加强组织控制、争时间、抢速度的一种行之有效的方法。如果组织接受紧急任务，要求进行严密控制，则可采用轮式沟通网络。

**4. Y 式沟通网络**

Y 式沟通网络也属于一种纵向沟通网络形态，其中只有一个成员位于沟通网络的中心，成为沟通的媒介。在组织中，这种网络大体相当于从上层领导到中层机构，再到基层主管部门，最后到基层工作单位的四级纵向系统，它适用于企业规模较大而管理水平不高的大中型企业。这种网络集中化程度高，解决问题速度快，组织中领导者预测程度高；除中心人员外，组织成员的满意度较低。这种网络适用于主管人员在工作任务十分繁重时既需要有人选择信息，提供决策依据，以节省时间，又需要对组织实行有效的控制的情况。但这种网络容易导致信息曲解或失真，影响组织成员的士气，降低组织工作效率。

**5. 全通道式沟通网络**

全通道式沟通网络是一种开放型沟通网络形态，它在数字化建设程度较高的团队组织中广为应用。处于这种网络中的每个成员之间都保持一定的联系，彼此了解。这种网络集中化程度低，沟通渠道多，组织成员的满意度较高且差异小，士气高昂，合作气氛浓厚。这种网络有利于增强组织合作精神，特别适用于集中解决研发过程中遇到的复杂问题。学习型组织及自治型团队常常采用这种网络。但是，由于这种网络沟通渠道太多，易造成混乱，且费时，在某种程度上会影响工作效率。

这五种沟通网络形态的比较如表4-3所示。

**表4-3　五种沟通网络形态的比较**

| 项目 | 链式 | 环式 | 轮式 | Y式 | 全通道式 |
|---|---|---|---|---|---|
| 开放程度 | 适中 | 适中 | 低 | 低 | 高 |
| 信息传递速度 | 适中 | 慢 | 快 | 快 | 快 |
| 信息精确度 | 适中 | 低 | 高 | 低 | 较高 |
| 控制力 | 较强 | 弱 | 强 | 强 | 弱 |
| 员工满意度 | 适中 | 高 | 低 | 低 | 高 |

## 二、非正式沟通网络及其特点

尽管正式沟通网络在组织中占据重要地位，但它并不是组织沟通形式的全部，组织内的非正式沟通网络也起着不容忽视的作用。非正式沟通与正式沟通的不同之处在于，其沟通目的、对象、形式、时间及内容等都是未经计划或难以预料的。

组织中非正式沟通网络的形成涉及各种因素，但组织的工作性质是构成非正式沟通网络的主要因素，即从事相同工作或工作上有关联的人们倾向于组成同一群体。非正式沟通网络具有以下共同特点：

（1）不受管理层控制。

（2）被大多数员工视为可信的。

（3）信息传播迅速。

（4）关系到人们的切身利益。

非正式沟通不是根据组织结构、按组织规定程序进行的，其沟通途径繁多，且无固定形式。因此，非正式沟通网络也因其无规律性而被形象地比喻为“葡萄藤”（见图4-5）。正是由于非正式沟通网络这一特点，它才能够及时、快捷地获得一般正式沟通渠道难以提供的“小道消息”。

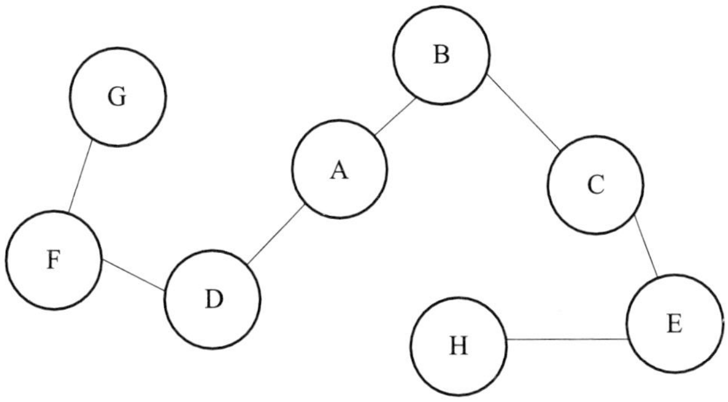


**图4－5　非正式沟通网络的葡萄藤形态**

小道消息或办公室传闻是非正式沟通网络的重要组成部分，这是因为小道消息的传播有助于缓解员工的焦虑情绪，传达员工潜在的愿望和期待。当组织成员无法从正式渠道获得他们渴望的信息，或者由于对与自己切身利益有关的组织重大事件（例如，结构重组，高层领导者人事变动，人员、工资福利调整等）不知情而感到茫然时，就会求助于非正式渠道。但是，如果组织成员的焦虑或期望得不到及时的缓解或满足，那么，小道消息便会失控而四处蔓延，谣言四起，从而导致组织中人心涣散，缺乏凝聚力，成员士气低落。

因此，在非正式沟通网络客观存在的情况下，组织各级管理者应该将小道消息的范围和影响限定在一定区域内，并使消极影响减少到最低限度。下面是管理者可采取的几项措施：

（1）公布进行重大决策的时间安排。

（2）公开解释那些看起来不一致或隐秘的决策行为。

（3）对目前的决策和未来的计划，在强调其积极一面的同时，也指出其不利的一面。

（4）公开讨论事情可能的最差结果，减少由猜测引起的焦虑。

在上海康桥的均瑶基地食堂里，你会看到这样一块小黑板，上面写着正在公司流传的小道消息，后面是公司管理层或员工的答复和想法。小道消息一旦公开，对组织的负面影响就会大大降低，公司的领导者就能察觉到并及时处理，透明的组织文化使大家可以畅所欲言。

公司领导者十分重视小道消息，努力使小道消息明朗化。对不同的小道消息，依事情的轻重缓急，分别由不同层级的管理者进行解释。一些比较大的小道消息，诸如与谣言有关的重大人事任免、兼并重组等，甚至会由董事长亲自向大家做解释；一些比较小的，就由基层经理来澄清。

均瑶集团由于倡导透明、平等的企业文化，在消除小道消息对企业产生的负面影响方面下了很大的功夫，也找到了一些很好的办法。

# 第 5 节　组织的外部沟通

组织外部沟通构成了组织有机的外部社会关系（见图 4－6），它与组织内部沟通紧密相连。如果我们将组织的外部社会关系加以扩展，不难看出，一个企业要生存和发展，离不开与外界的沟通和联系，只有与组织外部其他相关组织如顾客、股东、社区及媒体等进行相互沟通与信息交流，才能树立良好的企业形象。组织外部沟通不仅有助于企业获得充分的外部支持，提高经济效益，而且是企业回馈社会的重要途径。

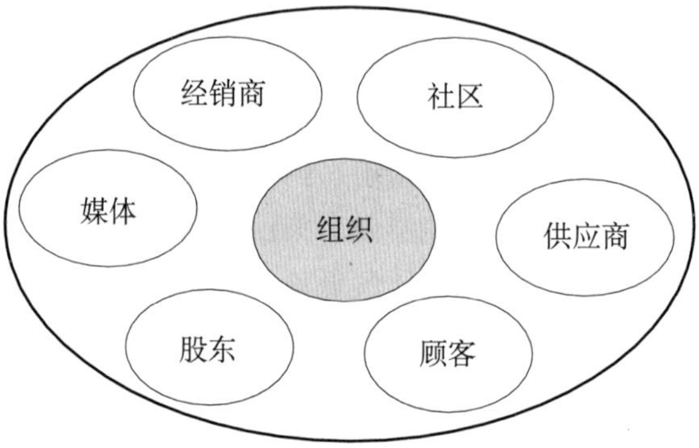


**图 4－6　组织的外部社会**

## 一、与上下游企业的沟通

企业的生产营运环节一定存在原材料的采购与产品的销售，必然涉及上下游企业，即供应商和经销商。供应商和经销商作为企业外部的其他相关组织，处于与顾客同等重要的地位。“服务第一，顾客至上”是许多企业的座右铭，它反映了当今企业竞争的焦点是顾客满意度。一件合格商品的形成要经过许多环节，也可能要由多家企业提供零部件，最后才能组装为成品送达消费者手中。因此，“消费者满意”远不是某一家企业单独能做到的，“顾客至上”已成为每一家企业至高无上的宗旨和信条。这里的“顾客”不仅指终端产品的消费者，而且指每一家相关企业。试想，如果供应商不能及时地提供质量合格的原材料，企业怎能维持正常生产？如果经销商不能充分发挥其在企业与顾客之间的桥梁作用，再精致的产品也只能积压在仓库里。显然，企业与原材料供应商、产品经销商保持良好的关系和企业在消费者心目中保持良好的形象同等重要。如果说让顾客满意是企业存在的意义，让供应商、经销商满意则是让顾客满意的一个重要环节。

在与上下游企业沟通时必须遵循顾客至上、合作双赢的原则，将本企业与上下游企业看作利益共同体。可以建立通信网络，互派人员参与彼此的重大决策，深入对方工作实际了解需要，发现问题并提出对策，从而加强上下游企业之间的沟通。

## 二、与顾客的沟通

研究表明，人们在消费商品的同时也会有意或无意地向周围的人直接或间接地传递市场信息。商家如果赢得了一名顾客，就相当于赢得了一批顾客，因为这位顾客会免费向300个人做正面宣传；反之，则会向300个人做反面宣传。顾客是企业最重要的外部公众，以优质的产品和服务赢得顾客的满意是企业生存和发展的基础，也是企业价值得以体现的根本所在。

通常，顾客与企业之间的联系主要是通过企业提供的产品或服务进行的。毫无疑问，产品和服务是反映企业形象的重要载体。为了满足顾客日益增长的需求，企业必须通过各种渠道保持与顾客沟通，了解他们的需求。例如，顾客问卷调查是企业与顾客沟通的一种基本方式，通过调查了解顾客需求的现状及趋势，采取相应的措施，以达到提高顾客满意度的目标。与顾客直接接触，倾听顾客的意见，不仅是留住顾客的良方，而且是企业不断创新的源泉。微笑服务、人性化服务等都可以创造企业与顾客沟通的奇迹。例如，产品销售没几天，咨询服务电话就打到用户家中；产品运行中出现故障，服务人员上门检修；时逢服务质量月，邀请参加顾客联谊会……凡此种种，都有助于巩固企业与顾客之间的关系，疏通企业与顾客之间的交流渠道，在顾客中树立企业的信誉。

## 三、与股东的沟通

股东是企业的特殊公众。与股东沟通的目的主要是获得广大股东的信赖与支持，股东的信赖与支持表现为企业期望的行为——购买或持有企业的股票，使企业获得强有力的资金支持。

企业可以通过中报、年报、股东大会等形式，向股东通报企业的有关近况，树立股东对企业投资的信心。

当企业暂时遇到困难时，与股东的良好沟通有助于企业走出困境。

## 四、与社区的沟通

企业不是建立在真空之中的，而总是与周边环境发生各种联系，社区是企业最直接的外部环境。社区的许多工作都是公益性的，需要资金支持，更需要全社会的支持。企业管理者应该本着相互依赖、同舟共济的理念，主动保持与社区的沟通，积极参加社区讨论，赞助慈善活动，组织志愿者活动等，这样可以帮助企业从社区中获得资源和支持，使社区成为塑造企业形象的可靠依托。

## 五、与媒体的沟通

媒体是企业与一般公众进行沟通的最广泛、最有效的沟通渠道之一。媒体是一把双刃剑：当它对企业做正面宣传时，无异于做一次免费的广告；当它对企业做负面报道时，就如同雪上加霜。面对媒体，一方面，企业应遵循诚信为本、顾客至上的原则，遵守商业伦理；另一方面，企业应尊重媒体，以人为本，配合媒体，满足社会民众的知情期望。现在，许多企业已经认识到媒体、舆论的重要性，纷纷由企业的高层管理者面对面回答记者提出的问题，这样不仅增强了信息的权威性，同时也能使媒体产生受尊重的感觉，最终有利于企业树立良好的公众形象。尤其是在企业遭遇危机时，与媒体保持良好的沟通是化解危机、渡过难关的重要途径。

## 本章小结

本章首先从组织内部沟通的角度着重讨论了纵向沟通、横向沟通的目的和主要形式，分析了纵向沟通和横向沟通的障碍，并提出了有效克服这些障碍的策略。同时，本章强调了随着组织结构趋于扁平化，横向沟通在当今组织内部沟通中越来越受关注，有效横向沟通的重要性也日益凸显。此外，本章还讨论了组织中的沟通网络，分析了正式沟通网络和非正式沟通网络的形态和特点，探讨了小道消息的利弊，并提出应如何有效利用这一普遍存在于各类组织中的非正式沟通网络，营造一种开放、和谐的组织氛围。最后，本章讨论了组织外部沟通的重要性，以及在与外部社会的沟通中应掌握的策略。

## 讨论题

1. 组织沟通包括哪些类型？
2. 纵向沟通存在哪些障碍？如何克服？
3. 如何避免横向沟通中的本位主义思想？
4. 如何看待小道消息？
5. 结合实际讨论组织内外部有效沟通的作用。

## 情境模拟

越级报告的实质是组织成员未依正式沟通的渠道，逐级向上级领导者表达意见或传递信息，而是越过直属上级秘密地找到更高层级领导者，以口头或书面的形式进行上行沟通。越级报告存在于所有组织之中，它具有上行沟通的功能，但如未能妥善、恰当地管理与规范，这种行为对于人力资源管理具有一定程度的破坏力，将危害领导程序、激励方案及沟通机制，以致影响员工对企业的向心力与凝聚力，并对工作士气造成明显的冲击。

乔忠由于工作调动，被安排到一个新部门担任部门经理。他踌躇满志，决心团结大家干出一番成绩来。在他的领导下，部门全体成员行动一致，短时间内部门工作有了明显的起色，树立了很好的部门形象。乔经理为这一切感到欣慰，但有一个现象让他有点纳闷，那就是副经理的越级报告行为。乔经理多次与他主动沟通以使他俩之间的沟通畅通，但似乎无济于事，这位副经理仍然我行我素。乔经理很想知道他的上级是如何看待这种频繁的越级报告行为的。副经理的越级报告最近几个月似乎多了起来，这不，今天又这么做了。

［思考题］

假设你是这位上级，你将如何处理？

步骤一：该练习由三人组成，其中一人扮演上级，一人扮演副经理，还有一人扮演观察者。

步骤二：由上级与副经理的扮演者进行情境模拟，观察者在一边观察并做必要的记录。

步骤三：观察者对其他两位组员的表演，尤其是上级对越级报告行为的态度和处理方法做出评价，并在班上进行交流。

## 案例分析

### 任正非与 2020 年金牌员工代表座谈

日期：2021 年 5 月 8 日。

地点：华为公司总部。

出席人员：华为总裁任正非，以及来自总公司人力资源管理部、集团财经、运营商业务部、制造部、2012 实验室、供应链管理部、云计算部、消费者业务部、ICT 战略与市场部、质量与流程 IT 管理部、全球采购认证管理部等多部门 2020 年金牌员工代表。

任正非：探索人类的历史，我们会发现每个人都会犯错误，没有错误、完全纯洁的人其实就是“瓷器”，一砸就碎，人往往是在与错误斗争的过程中不断前进的。你们被评为金牌员工，但不要背上金牌员工的“包袱”，回家把金牌交给家人挂起来，自己把它忘掉，继续奋斗，别认为自己和别人不一样。

我认为，人生应该是一步一步踏踏实实前进的，不要好高骛远，别给自己设定过高的目标，可能努力也达不到，一生都在失败。《铃儿响叮当》的词曲作者皮尔彭特，他给自己设定的目标过高，奋斗一生都没有实现，87 岁还一事无成。后来他出去过圣诞节，坐在雪橇上随口哼了一首歌，这首歌却成为脍炙人口的歌曲。所以，大家不要认为自己是接班人，从而背上一个沉重的包袱。放下金牌员工的包袱，只管努力前进，很多东西就是自然而然的事。

程（人力资源管理部）：我现在负责公司人才堤坝项目，是一名职场老兵，但也是一位华为新人。我加入华为只有两年，是在“5・16”前两个月加入的，在危急时刻加入公司奋斗，我觉得非常荣幸。

任正非：我要祝贺你，才入职两年就获评金牌员工，真了不起！

你们最主要的任务是将外部经验带入华为，对“游击队”进行整改，让我们逐步转为“正规军”。华为这 30 多年摸着石头过河，建立了自己的体系。虽然我们在向“猫”学习，但其实学得还不像，至少我们还不会“上树”，现在你们带来了职业经验，就要教我们“老虎”怎么上树。这样三五年以后，我们度过困难时期，才会有更强大的战略地位。

华为像蛭形轮虫一样是单基因文化，需要多基因的冲突、多基因的融合产生突变。这些突变有利于潜力的爆发。

冯（集团财经）：我一进公司就去了海外，在尼日利亚常驻了八年，今年刚回国参加财经首席财务官战略预备队培训。请问任总对首席财务官工作有什么指导要求？

任正非：你是在拉各斯吗？那是一个非常漂亮的地方。

现在我们的海外政策是垂直提拔，来自国内外财经、审计等专业的优秀毕业生，大多数都到海外从担任项目财务经理开始，熟悉公司的业务，滚一身泥巴，再洗个热水澡，从外行变成内行。我们搞财务的人不能只会“拨拨算盘”，一定要懂业务，不懂业务是会计，懂得业务才是财经。我们让一批有真才实学的人在实践中滚一滚、爬一爬，他们将来才有机会担负重任。不是任命了再学，而是充满电，时刻准备着。如果认为自己能做小项目的首席财务官了，那你敢不敢去做小项目的首席执行官？一个项目首席执行官比首席财务官的工作要复杂很多。首先，首席执行官要做计划，如果机器设备都不熟悉，怎么能做出计划？其次，如果没有实践过，连工时定额都不清楚，怎么能做出预算？明白了计划、预算、核算，能做首席财务官了，那能不能做概算？如果这几种都不是很清楚，那上升通道就窄了。洗过这些澡，你的能力就大大提升了。

我们在海外贯彻“蒙哥马利计划”，让优秀人员可以走垂直提拔的道路，现在公司组建的新部门、新公司的大多数骨干都是在海外选调的。比如，走了一个地区部总裁，就要提几个补充上来，补充上来的人的位置又要补充，一连串地提拔，这样给年轻人一个垂直上升的空间。一些胸怀大志、有潜力的年轻人应尽早去海外。

有人会有疑问：“目前海外市场不如国内，为什么海外的待遇比国内好呢？”这就是鼓励青年人去。也有人误解“去艰苦的国家就要过艰苦的生活”，这是不正确的。比如，我们的南苏丹代表处，三名中方员工有两栋大别墅，篮球场、游泳池、电影院、音乐厅、咖啡厅等全都配备，我们还要加快海外环境改善的落地。公司规定，艰苦国家的生活标准要达到瑞士富人的生活标准，工作环境要达到欧洲标准，把员工的生活和工作全分开。海外的生活环境和工作环境都要达到一定的高标准，艰苦奋斗是指精神上的，我们要倡导和营造一个有品质的环境，让海外员工的生活和工作更加舒适、开放和高效。

为什么我们要鼓励员工走向最艰苦的地方？不仅是思想意志的锻炼，而且是业务的需要。因为公司很快就要云化，云化以后，只要那边有一个“前站”，我们的“云”就能到那里去，我们就能走出国门。所以，我们要继续加强对海外员工的关怀、对艰苦地区工作员工的关怀。关怀主要是解决两个问题：一是物质条件；二是思想与业务的培养和晋升机会。

为什么黄埔军校门口的对联写着“升官发财请往他处”，而我们在非洲的口号是“升官发财请到非洲来”？因为黄埔军校是在解构一个社会，它本身不能创造财富，所以要求学员具有使命感、奋斗精神，而且没有物质激励，想要升官发财就不要去了。我们现在是在建设一个“新社会”，为社会创造财富，也造福自己，同时有足够的资金，为什么不允许有志青年“升官发财”呢？而且国内条件这么好，对比之下，应改善国外艰苦地区员工和家属的安全与生活保障。我们的优秀青年不仅要有使命感，也要获得合理报酬。我们经常强调“雷锋精神”，但我们不是按雷锋精神来进行价值分配，而是实行按劳取酬。我们只是强调精神上要“雷锋”，分配上按贡献取酬。当然，现在的评价并不是完全公正的，但我们逐步会走向公正，希望更多人在各类岗位上做出自己的贡献。

裴（运营商业务部）：我是全球技术服务部（GTS）的一名老兵，在公司奋战 16 年，当过项目经理，也就是您刚提到的小项目的首席执行官。我刚从菲律宾回来，您对我们的工作有什么指示？

任正非：你既然做过小项目的首席执行官，将来应该是还想往上走一点的，那你能不能去做大项目的首席财务官，做审计？你要具备这些能力。我们一直强调，公司要有一部分人永远做专业的工作，逐渐往上走，为公司做出贡献；干部要熟悉多个领域，否则决策的时候可能会犯错误。

吴（制造部）：我来自制造部，是做精密光器件的员工。“5・16”以后，器件这块也在快速发展，任总用“浆糊”这个大智慧把员工黏在一起，我们则是用胶水把一个个小透镜粘好，当然我们的要求是纳米级、微米级的，希望任总能来现场给我们更多指导。

任正非：技术领域分为科学、技术和工程。科学只能被发现，因为它是客观规律，不是可以创造的；技术是创新，汽车就是一个技术，但是可以有多种汽车；工程是追求精益求精的领域。这三者不要混淆，它们是三种不同的路线，对应三种不同的考核方法。

科学领域不要怕犯错误。我讲过：科学史上，有一种生存了8 000万年的蛭形轮虫，经历了地球上诸多灾难，它还活着，为什么？多少科学家研究了数十年，有的科学家因找不到雄性蛭形轮虫而懊恼，实际上他已经走到诺贝尔奖的边上了，最后由比利时一位女科学家发现它是单性繁殖。单性繁殖的基因链若有病变、有问题，遗传下去不就灭绝了吗？科学家发现蛭形轮虫的基因链会断裂，又会重新整合，这不就是两条基因链融合产生突变，在优选吗？所以它们历经8 000万年、诸多灾难，还是存活了下来。华为文化就是一条单基因链，必须有冲突来促变，心声社区、遍地的咖啡馆、行政管理团队（AT）成员的任职年限、专家委员会的任期制、董事会/监事会的任期制等，都是在改变单基因遗传，防止熵增、沉淀、内卷化。

工程领域要精益求精，这不叫内卷。内卷是发生在不应该进行精益求精的地方。科学是犯大量错误以后才能有所发现，技术创新也会有大量失败，但是工程，比如一座大桥的建设不是可以随便创新的。你们做光相关的器件，也要走这个路线，扎扎实实，精益求精。

樊（2012实验室）：刚才您提到科学家，请问公司是如何定位科学家的？

任正非：科学家、技术专家还有工程专家，在公司里其实没有严格的界限，这是一个概念性的问题。大家不要背上这个包袱，去想哪些是科学家、哪些是技术专家……我们都是概念性的泛指，对员工没有进行区分。社会上可能比较严格，要对应社会地位和国家待遇，在定位上有严格的标准。我们是自己给自己“煮饭”，只是分饭的代码，不要太计较，也不要太横向比较，只需紧紧盯着自己的奋斗目标和周边的协作需求队伍。

陈（供应链管理部）：我来自供应链，有幸参与这两年供应链的一些会战。未来供应链业务越来越复杂，越来越艰难，您认为在供应链这一块的专业能力有哪些需要提升？我们的方向在哪？

任正非：供应链虽然复杂，但也是有机会的，因为并不是只有我们公司复杂、别人不复杂。我们这么大的公司，如果很简单地做出来东西，还卖这么高的价格，那肯定是不合理的。所以，我们不怕复杂，要面对现实解决问题，然后创造价值。有机会学一些系统工程学、统筹学、控制论等，这会有益于你的进步。较简单的就是华罗庚的“优选法”“统筹学”。

邓（云计算部）：我现在做鲲鹏相关的业务，请问您对鲲鹏有什么指导意见？

任正非：要坚定不移地做下去。不可能做到半途就不做了，那样的话会害了多少合作伙伴。

徐（消费者业务部）：我来自平板与PC PDU，由于受到制裁，我们的业务非常困难，未来我们是不是要坚定国产化的方向往下走？

任正非：中国是不是全球的一部分？是。所以我们坚持全球化也就包含国产化，我们不可能走向封闭，必须走向开放。我们仍然要坚持向美国学习，因为它拥有百年的积累和灵活的机制，在科学、技术上还是比我们强很多。我经常看到网民问，陈平讲的美国和任正非讲的美国，是同一个美国吗？陈平讲的是社会问题，我讲的是科学、教育和技术问题，角度不一样，说的是同一个美国。社会问题太复杂，让政治家去解释；科学是真理，只有一个答案，科教比较单纯，这方面美国是强大的，它百年的基础是比较牢实的。我们不能因美国打压我们，就认为它不是老师，就不向它学习，这样会走向自闭。

杨（ICT 战略与市场部）：我在湘钢项目里待了一年多。我们的 5GtoB 已经进入不少行业，但目前在整个行业咨询和顶层设计上，我们缺乏这方面的能力。煤矿行业已经成立了军团，请问在其他行业我们是怎么考虑的？

任正非：任何新技术的成长都需要一个很漫长的过程，5G 不是万能的，发展也需要一个过程。从信息产业来看，每一个新技术出现后大概需要 10 年才能发育成熟，这已经比工业革命时期的速度快很多了，火车从发明到规模化使用，就经历了几十年的时间。工业革命 60 年一个台阶，信息革命基本是 10 年一个台阶，我们现在刚刚进入这个市场，它的应用价值还有待于未来的体现，短时间还没有那么快能体现出来。

巫（质量与流程 IT 管理部）：我来自流程 IT，以前一直服务于公司内部，现在我们也组建了军团想要走出去，请问任总对这块有什么期望？

任正非：现在还是先老老实实服务好内部。比如内部 ID，如果不是强力推动，都不能够统一，每登录一个内部平台，都需要重新输入一次 ID 信息。内部 ID 的统一都如此艰难，想走出去，走到哪里去？支持我们自己内部发展的 IT 还有很多问题没有解决，为什么要走出去？所以，虽然流程 IT 在网络安全性方面做得不错，但我们现在还是要先把内部问题解决好，这是主要目标，再考虑如何走出去，不要盲目地走出去。

韩（云计算部）：我来自数据存储。过去工业社会流动的血液是石油，未来信息社会流动的血液是数据，而存储是数据最底下的基石，您对存储这块怎么看？

任正非：我认为，未来数据会越来越大，困难会越来越多。但中间件的协调性方面，在华为还是一个弱项，水平还很低，目前我们的中央处理器（CPU）平均利用率只有 15%，有没有能力把 CPU 的利用率提高到 35%呢？这样客户不需要多花钱，就多增加一倍的能力。我们的算力是走集群计算的道路，提高每个计算单元的作用是非常重要的任务。因此，必须有好的中间件。

大家应该向小鸟学习，鸟妈妈含着虫子飞回鸟窝，那么多小鸟张着嘴，嗷嗷待哺，它怎么知道哪一只喂过，哪一只没有喂过呢？这就需要调度好。你们的数据调度软件，像鸟妈妈一样就能做好了。我们协调的中间件做好了，每个 CPU 得到均匀的数据，而且提高 35%，这样不需要增加投资，客户就能解决问题，那怎么会不满意呢？但事实上，目前我们还做不到。

华为有一个最大的缺点，即都要用最好的东西做最好的事情。比如，买菜大妈使用的存储系统需要最好的吗？需要用石英玻璃来制作吗？都不需要。可能买完菜，收完钱，数据就不要了。那我们的存储有没有分类，对不同的客户采用不同的方式，来降低客户的负担？对于我在云的讲话纪要，徐直军加了一句话——“极简的架构，极低的成本”，我再加一句话——极简的组织架构，极简可靠合理的流程，干部、专家的考核极简化，否则我们就不能生存。面对社会的竞争，若我们不能改变自己，它就会来改变我们的命运。

耿（运营商业务部）：我来自运营商业务部，过去一年我们主要做数字化工具来支撑业务连续性管理（BCM）业务的运行。在运营商领域的数字化拓展能力上，您有什么指示和要求？

任正非：我们还是要加强基础建设，因为华为从“游击队”转化到“地方部队”，现在还没有成为“正规军”。你看正规军的组织能力有多强！但我们还不够，主要体现在：第一，开发工具没有统一；第二，代码仓没有统一。以前研发大多数是“诸侯”，有些高级干部是“土包子”，自己不懂技术、没有能力，还按照自己的“土包子”方法，每家都开发自家的工具，每家都有自己的代码仓，这样开发出来的工具就不统一。就像我前面说的，统一内部ID都如此困难，如果不是强力让几个部门联合起来，那公司现在还是“游击队”一样松散的组织。

以前的老师傅会说：“一要手艺巧；二要工具妙。”华为在工具问题上的重视程度不够，我们要统一“诸侯”。现在公司文件已有要求，所有干部都要通过资格考试，如果不具备资格，就要换岗。去年软件系统的干部下台率好像是69%，并不是说都辞职了，而是转到别的岗位上去。

李（全球采购认证管理部）：我来自生产采购认证部。现在国际环境变化很大，我们与国外供应商接触有很大阻碍，并且越来越难了，您有什么建议？

任正非：首先要好好合作，诚心诚意与别人合作。工作本来就很难，没有困难，凭什么你们要拿这么高的工资？有困难，别人做不了，我们做得了，说明了我们的价值。

人类社会没有哪一步的前进是容易的。我建议大家看一看《觉醒年代》，在中国共产党成立初期，李大钊、陈独秀为了推动革命，脱下长衫，走入工农，到工厂去教工人识字，提高大家的文化水平，传播革命道理。百年来我们走过了多少曲折！这么重要的电视剧，大家一定要看。

资料来源：任总与2020年金牌员工代表座谈会上的讲话．(2021-06-26). https://xinsheng.huawei.com/cn/index.php?app=forum&mod=Detail&act=index&id=5896887=1.

［思考题］

1. 本案例反映出怎样的组织沟通形式？请结合本章的学习，对华为此次座谈会的有效性做出评价。

2. 请结合案例，对任正非的管理沟通意识和管理沟通能力做出评价。

3. 谈谈座谈会揭示了华为怎样的沟通氛围，这样的沟通氛围对于激励优秀员工努力创新、再创佳绩会起到怎样的作用。

4. 结合案例学习，谈谈你对有效组织沟通对于企业可持续发展的意义。

05

Chapter

第 5 章

# 群体、团队沟通

一个篱笆三个桩，一个好汉三个帮。

——中国谚语

## 学习目标

1. 明确组织中群体沟通与团队沟通的差异
2. 了解群体的种类
3. 明确群体沟通的要素
4. 了解团队的种类
5. 了解团队沟通的要素
6. 识别成功团队的特征

## 引导案例

### 王海波的困惑

王海波的公司正在进行一次大的变革行动，包括通过一个员工授权计划来发展自主式管理团队。过去王海波一直是一个按旧式管理风格做事的中层管理者，现在则已成为一个帮助团队发展的促进者。

王海波支持变革并致力于变革的实施，但是，最近他遇到了一个有关授权的问题，即如何运用策略处理团队提出的不适合实施的建议而又不挫伤团队成员的积极性，更不会阻碍他们在将来贡献更多的新主张。简而言之，虽然所有提交给他的建议都是团队成员怀着热情提出的，但并非所有的建议都是可行的。王海波不希望被员工认为是一个拒绝变革的人，但又不希望为了取悦他们而简单地不参与决策，这使问题变得更加复杂了。在变革以前，他一直是一个很称职的、员工赞赏的管理者，但他现在发现，要维持这样一个好管理者的形象是多么不容易。

他意识到了这个问题的存在，思考着三种并不理想的做法：可以批准团队的建议，即使他感觉这不是个好建议，但是这样就违反了对组织负责的道德规范；可以忽略团队的任何一个他认为不可靠的建议，这样，他对团队的行为就有悖于支持和鼓励组织变革的原则；也可以反对团队的建议，这样就会被员工简单地认为他是一个墨守成规的人。

王海波应该怎么做？你认为王海波还有什么其他选择？

---

随着学习型、知识型组织理念和实践的兴起，各种以任务或项目为中心的团队应运而生，而且这种团队工作方式已经成为企业和其他组织赖以生存和发展的一种必要手段。

团队的出现对管理者提出了更高的要求，他们需要摒弃原有的管理风格，去适应新的管理模式。团队管理者的能力决定了团队工作的有效性。换言之，团队的管理者必须重视、理解、创造一种良好的团队沟通氛围。因此，管理者必须扮演好自己的角色，其中的沟通技巧是至关重要的。上述案例表明，由于王海波的公司正处于变革时期，他所面临的问题与抉择正是新的团队管理模式对团队沟通提出的新要求和新挑战。

## 第1节　群体与团队的区别

在我们开始讨论群体沟通与团队沟通之前，有必要明确群体是有别于团队的。根据团队咨询专家丹尼斯·金劳的观点，群体与团队在功能和性质上是完全不同的。

群体是指处于同一地方的一群人，团队的含义则比群体丰富。为了更清晰地了解群体与团队的区别，可以从群体和团队中成员之间的关系、成员的工作流程以及成员聚集在一起的目的这三个方面来加以考察。

（1）成员之间的关系是指成员之间相互交往、相互影响、分享合作、相互依赖的程度。

（2）成员的工作流程是指成员之间沟通、协作、组织、领导、支持、开发、分析、思考和创造的情况。

（3）成员聚集在一起的目的是指成员之间的目标、愿景、任务、活动和结果的关联性。

群体的类型形形色色，聚集程度有浅有深，目标多种多样，有的可能是为了某个倡议，有的可能是为了共同的志趣爱好，有的则可能只是为了聚在一起娱乐或聊天。

团队不仅是一群人，而且是一群具有共同目标的人。他们为了完成某项特定任务，需要共同承担领导职能，并互相协作。

图 5-1 和图 5-2 简化了群体沟通与团队沟通的差异性描述，使两者之间的区别更为直观。图 5-1 揭示了群体沟通的特点，在这个模型中，我们假设了一个自发组成的三人登山小组。他们为了各自的目的走到一起，只是因为兴趣相同。这个小组是随意组成的，并没有明确的任务。他们会进行沟通以适应环境，但彼此之间不承担任何责任。

图 5-2 揭示了团队沟通的特点。在这个模型中，我们假设了一个任务导向的三人小组。每个成员均为一个共同的目标保持一种相互协作的工作关系，他们都是某个领域的专家，通过不断互相配合、互相帮助以融合产生巨大能量。为了达到团队目标，团队中的每个人都承担领导团队的责任。

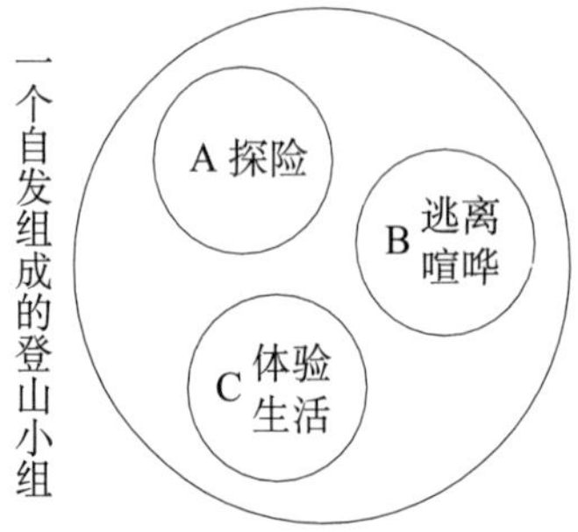


图 5-1　一个三人组成的群体沟通模式

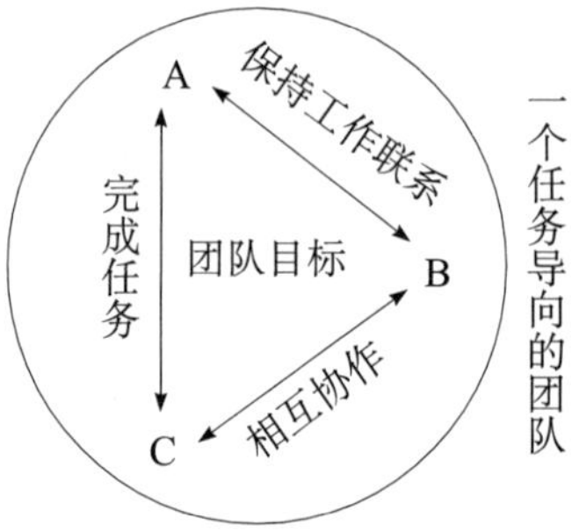


图 5-2　一个三人组成的团队沟通模式

总之，群体成员往往有各自的目标，只是比较被动地接受任务，而且对组织并不具有强烈的归属感。

正如盖伊·拉姆斯登和唐纳德·拉姆斯登所概括的，团队始于群体，但团队能够达到更高的质量水平。

# 第 2 节　群体沟通

## 一、群体沟通的定义

> 群体沟通指的是组织中两个或两个以上相互作用、相互依赖的个体，为了达到基于其各自目的的群体特定目标而组成集合体，并在此集合体中进行交流的过程。

群体有正式与非正式之分。正式群体是由组织创立的工作群体，有明确的工作任务和工作分工。在正式群体中，个体应从事的工作均由组织目标规定，并直接指向组织目标。

与正式群体相比，非正式群体则具有社会属性，它是为满足人们的社会交往需要而在工作环境中出现的一种自发形式，如足球迷、歌迷等。非正式群体往往在友谊和共同爱好的基础上产生。

## 二、群体的种类

群体大致可分为以下三类。

**1. 结构型群体**

在组织形成初期，首先出现的群体是高级管理层，它是由组织的建立者和愿意为组织的成长做贡献的人组成的。如果组织能成功地协调运转，就会有越来越多的人加入这个组织，从事不同的工作，从而形成不同的部门，产生不同的岗位，这里形成的部门就是第二个层面出现的群体。如果组织继续发展，部门之下又会划分若干个工作小组处理具体不同的工作，这些工作小组就是第三个层面出现的群体。这就是结构型群体产生的过程。

**2. 协调型群体**

任务小组是最常见的以协调为目的的群体。在企业中，任务小组是由不同部门的员工组成的，其目的是协调各部门，提高企业整体效率，以解决某个特定的具体问题。现在组织中也出现了一些非正式的群体，由各部门员工自愿参加，定期或不定期聚会，讨论与工作相关的问题。还有一些群体是为了缩短产品周期而诞生的。以前企业中出现过诸如难题攻关小组的群体，帮助企业攻克难题，提高生产效率，从而促进企业的发展。

**3. 决策型群体**

企业董事会是一个特殊的群体，也是一个最强有力的群体，其目的是为企业的发展做决策。董事会成员是由企业所有者选出的为企业发展勾画蓝图的人。他们大多受过良好教育，有从商、参政的背景，因此可以在事前预测可能出现的问题。这个群体的成员拥有很大的权力，可以聘请和解雇企业的高层管理者。

## 三、群体的形成与发展

群体的形成与发展一般有五个阶段：

第一阶段为区分群体的类型并形成群体。

第二阶段为群体按步骤发展，同时群体的发展受到群体的结构、规模、规范和凝聚力的影响。

第三阶段为群体成熟阶段，能够形成群体决策，并与其他群体相互作用。

第四阶段为衰老阶段，并出现明显的消极特征。

第五阶段为死亡阶段，群体成员的目标差异破坏了共同的规范，导致群体解体。

群体的各发展阶段揭示了群体沟通及群体成员的不同特征（见图 5－3）。

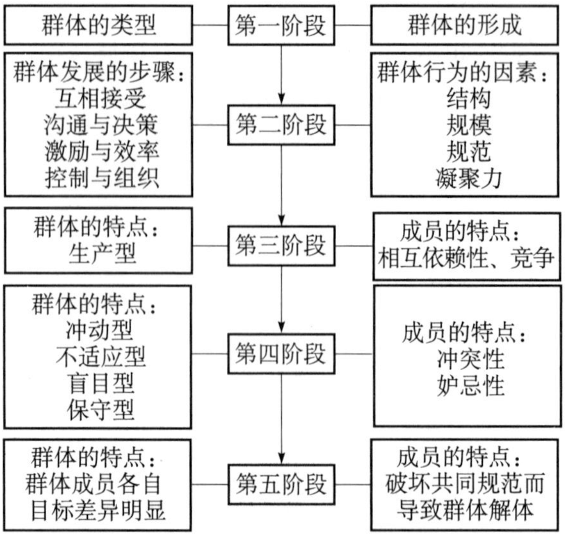


**图 5-3 群体发展的生命周期**

## 四、影响群体凝聚力的因素

凝聚力是一个群体对其成员所具有的吸引力，代表了一个群体及其成员对某个个体的吸引力。凝聚力具有可循环性，一个群体一旦具备了凝聚力，就能得到许多它所需要的结果，反过来又使凝聚力得到加强。

一个具有凝聚力的群体，其成员和群体相互间有更高的忠诚度。显然，凝聚力的大小将对个体成员是否遵从群体决策产生直接影响。在具有高凝聚力的群体当中，成员之间一般乐于互相交往、互相关心、互相帮助。尽管高凝聚力群体确实倾向于制定期望每个成员都遵守的严格规范，但与那些低凝聚力的群体相比，其成员更勇于发表不同意见。总体而言，影响群体凝聚力的因素包括：

（1）领导的要求与压力。

（2）成员的共性。

（3）群体的规模。

（4）信息沟通的程度。

（5）群体与外部的关系。

（6）成员对群体的依赖性。

（7）群体的地位。

（8）目标的实现。

## 五、影响群体士气的因素

士气涉及个体为某种目的而工作的愿望，以及对工作其他方面和工作环境的满意度，有时会与凝聚力相混淆。影响群体士气的因素包括：

（1）对组织目标的认同。

（2）是否有合理的经济报酬。

（3）对工作的满足感。

（4）是否具备优秀的管理者。

（5）是否有同事间的和睦关系。

（6）是否有良好的意见沟通机制。

（7）奖励方式是否得当。

（8）是否有良好的工作心理环境。

## 六、群体沟通中成员的角色

在群体沟通中，成员的角色大致包括三种类型：工作维护性角色、组织维护性角色、自我维护性角色。

**1. 工作维护性角色**

这类角色主要注重工作完成的状况，并总结出已经取得的进步。例如，对工作完成情况的总结者和评估者，以及工作发起者，他们通常是首先提出新的建议并鼓动其他成员一起实施的人。

**2. 组织维护性角色**

承担维护组织的角色，他们的任务就是协调矛盾，缓和冲突，营造宽松气氛。例如，在紧张的气氛中讲一个笑话，当组织内出现不一致意见时进行调解和妥协处理。

**3. 自我维护性角色**

这类角色具有消极作用，他们常常是群体中的控制者和组织内不受欢迎的角色。这样的角色可能高高在上，十分武断，不让其他人有发言的机会；也可能游手好闲，经常以消极闲散的态度对待工作，并影响他人，使群体低效率运作。

## 七、群体沟通的要点

**1. 遵守准则**

准则就是群体中各成员都应该自觉遵守的规定，它有利于步调一致，统一行动，有效快速地处理问题。例如，小组要开会，小组成员应该准时参加，这里说的“准时”就是日常工作中一个基本的组织行为准则。在对待冲突时，有的企业支持大家说出不同的意见，承认并积极面对冲突，在每一次成员面对冲突时，都要求把问题放在桌面上，面对面地辩论，这也是一个准则。由此可见，准则是与组织的文化融合在一起的。组织的价值观影响群体的准则，而群体的准则又会影响成员的行为方式，这正是组织内部群体的沟通。上级鼓励和支持的价值观最终会在员工的行为中得到体现。

**2. 制定决策**

在决策制定的过程中最能体现群体的沟通。群体参与决策的人数越多，信息量越大，考虑问题就可能越周全；决策得到越多人的支持，也就越容易得到贯彻。决策的制定分为四个阶段。

（1）群体的定位。比如，对于刚形成的群体，首先，应确定其性质：属于临时组建的，还是需要维持较长时间的。其次，明确群体召开会议的目的、需要从事的工作以及完成任务的性质。通过群体会议，成员之间可以增进了解，为今后的共事打好基础。

（2）群体的冲突。群体成员在明确了任务之后，就要着手讨论如何采取有效的步骤和方法去完成任务。在这个阶段，既有许多新的主意提出来，又有很多意见被否定，或者被修改，也有可能被废弃。总而言之，成员在世界观、处事风格、个性等方面的差异开始显现，因此在此阶段极易产生冲突。

（3）群体决策的产生。经过群体的冲突阶段之后，群体在许多问题上开始达成共识。当然，这需要经历一个相当艰难的过程，有时甚至是一个漫长的过程，它需要一些成员在某些问题上做出妥协。有时，群体成员既想说服对方改变主意，又不愿意伤害对方的自尊。如果在此过程中相互缺乏信任，或者在思想意识和观念上差异太大，群体就有可能解体，或者有一些成员要求退出。与此同时，决策的实施也很重要，必须有一些规范进行一定的约束。

（4）群体意识的增强。群体成员通过上述三个阶段的信息交流和互动，增进了彼此的了解和认识，并且逐渐形成了群体意识。这个阶段的群体显示出一种合作的氛围，大家会共同回顾决策过程中的各阶段，确认有关方案或最后报告的内容，为其他与完成任务有关的事项做准备。可见，群体成员之间需要通过不断的沟通和更多的群体实践活动来增加归属感和情感，从而确保群体持久、有效地运作。

**3. 群体决策中的障碍及策略**

在制定群体决策的过程中，由于参与决策制定的人较多，有一些成员在思想上有压力，不敢当众说出自己的看法，因此这样做出的决策会有较大的风险。

有时，决策的评判标准取决于其是否为群体所接受，却没有考虑其是不是最佳解决方案，实际上，这是一种从众心理在作祟。以下建议有助于克服这种心理障碍。

（1）作为领导者，应该鼓励参与者说出不同意见甚至反对意见。

（2）每个参与者都应该以客观的态度来面对问题、解决问题，不要冲动，更不要受情感波动的影响。

（3）有意识地让多个群体解决同样的问题，可能得出不同的决策以供优选。

（4）让群体成员与局外人商讨以期得到他们的反馈。

（5）邀请外部专家加入以获得他们的建议。

（6）指定群体内某位成员在制定决策的过程中鼓励其他成员说出自己的意见。

（7）把整个群体分成若干个小组商量同样的问题，最后把结果返回以供参考。

（8）当对一些问题的认识达成初步一致意见后，再次召开会议，让成员提出他们的疑问和关心的问题。

# 第 3 节 团队沟通

## 一、团队沟通的定义

团队沟通是指两名或两名以上的能够共同承担领导职能的成员为了完成预先设定的共同目标，在特定的环境中相互交流、相互促进的过程。

团队的一切活动都与沟通过程相互作用。任何事物的产生都有它的发展过程。团队之所以成为当今最受关注的组织形式，一是源于霍桑实验的研究结果，二是源于欧洲学者对于自治性群体的实验结论。有关霍桑实验，在第 3 章中已有介绍。欧洲学者的研究涉及一个十分著名的矿工实验，它证明了沟通对于优化社会系统和技术系统的作用。下面简单介绍一下这个实验。

在矿场上，矿工一起工作，互相帮助且经常调换工作。学者清楚地观察到，一旦矿工对于他们的工作拥有更多的自主权，就会表现出更高的生产效率和工作满意度。学者的研究同时证明，员工参与管理的程度越高，他们对市场变化的反应就越敏感。这种对外界变化快速反应的能力是大型组织很难具备的。

团队方式已在组织中频繁运用。实践证明，团队是一种有效的组织形式。传统的组织模式效率低下，而且对快速变化的市场缺乏敏感性。以团队为单位的运作形式十分精干，灵活机动，适应能力强，反应及应变能力强，员工参与度高的管理团队或自主式管理的团队已经开始取代传统的层级组织。

## 二、团队的类型及其特征

在组织中采用团队工作方式已不是什么新鲜事，组织经常建立特别小组或临时小组以满足特殊需要或处理具体事务，许多组织把这种特别小组作为对特殊环境做出快速反应的方式。突发事件、自然灾害、技术创新或经济环境的不断改变要求组织的日常运作做出相应的变化，因此组织可以根据外部环境的变化建立特别小组，以监测运作的情况。

组织中最常见的团队工作方式有两大类：项目团队和工作团队。它们又可细分为以完成各种任务为目的的工作小组（见表 5-1）。

**表 5-1 团队的类型及其特征**

| 类型 | 特征 |
|---|---|
| 项目团队 | |
| 产品开发小组 | 不同背景的成员为设计开发新产品或提供新服务而组成的团队，持续时间较长 |

续表

| 类型 | 特征 |
|---|---|
| 特别小组 | 应对某些特殊变化或突发事件的团队，持续时间较短 |
| 全面质量管理工作组 | 实施全面质量管理的团队，持续时间较长 |
| 跨职能工作组 | 融合多种知识的团队，团队成员均在不同领域接受过交叉培训，持续时间较长 |
| 工作团队 | |
| 自治工作组 | 由各类专家组成，进行自我管理，即制定目标、工作、评价成果，持续时间较长 |

**1. 项目团队**

顾名思义，项目团队是为了完成一些特定的项目、产品或服务而组建的。通常，项目团队可分为三种：开发型、解决问题型和功能型。

（1）开发型。这种类型的项目团队是由一起设计、开发某种新产品或服务的人组成的，如产品开发小组等。

（2）解决问题型。这种类型的项目团队旨在处理一个特殊的事件或解决一个问题，如特别小组、全面质量管理工作组等。

（3）功能型。这种类型的项目团队是跨职能运行的，团队成员需要对两个上级负责，即成员所属职能部门的上级领导者以及该项目团队的管理者，如跨职能工作组。

项目团队中管理者的任务是管理各职能部门交界的空白处，也就是要做好协调管理工作，确保项目顺利进行，使顾客满意。

**2. 工作团队**

工作团队是由对为顾客（包括内部和外部）提供产品或服务的整个工作过程或部分工作过程负责的一群人组成的。工作团队中最重要的问题就是授权。为了使工作团队更机动、更有效地工作，管理层必须向工作团队授权。如果要求一群人在一起工作解决问题，这些人却无权决定实施自己谋划的方案，这样的工作团队就是毫无意义的。

按照实际授权的程度，工作团队又可分为三种：最低授权型、中等授权型和高度授权型。

（1）最低授权型。在这种类型中，团队成员主要负责诸如召集会议、安排工作日程等工作。

（2）中等授权型。在这种类型中，随着授权的增加，团队成员开始承担改进工作过程、挑选新成员、竞选团队领导者以及做出财务决策等方面的责任。

（3）高度授权型。这种类型的工作团队属于自主式领导或自主管理团队，如自治工作组。除了负责上述所有工作，团队成员还承担绩效评估、奖惩执行及薪酬管理等方面的责任。

## 三、团队沟通的要素

团队沟通的要素包括规范的制定、成员的角色和领导者的素质。

**1. 规范的制定**

在团队中需要制定规范以约束成员的个体行为。沟通与法则之间是相互约束的关系，法则为团队确立了一定的秩序，在团队沟通中，许多秩序来自规范。

规范是在团队中发展起来的，包括行为、思想和感觉。在团队内部，规范的形成与延续需要团队成员的默契与相互认同。

在小组的每月例会上，老王向组长汇报了 3 月的项目执行情况，老王的话音刚落，刚加入小组的大学生小李就接上话茬说："这个月的项目执行情况本应更好，如果……"小李说完后，会场一片寂静，平时热烈的气氛不见了。这是怎么回事？坐在一起的小刘悄悄对他说："这里发言要一个个轮着来，主任讲完了，该轮到副主任，不要抢先……"

这个例子表明，不成文的规范很容易被违反，一旦发生这种情况，其他成员就会以不同的方式对"违规者"施加压力，迫使其遵守。因此，团队内的沟通有时会显得很微妙。

通常，以下几种方式有助于"校正"违规者的行为：

（1）让时间来"校正"，潜移默化。

（2）以幽默轻松的方式提醒。

（3）调侃嘲笑违规行为。

（4）严肃劝说。

（5）孤立或排斥违规者。

**2. 成员的角色**

每个团队均由若干成员组成，这些成员从团队成立之后到团队解体之前都扮演着不同的角色。根据团队成员扮演的角色对团队工作所起的作用，可将角色分成两大类：积极的角色和消极的角色。

（1）积极的角色。包括：

1）领导者——善于确定团队的目标，并激励下属完成任务的成员。

2）谋略者——善于为团队工作出谋划策的成员。他们为解决团队存在和遇到的问题提出改进和处理的新建议和新方法。

3）信息员——善于为团队工作提供信息、数据及事实依据或证据的成员。

4）协调员——善于协调团队活动的成员。他们通过积极有效的沟通妥善解决团队成员之间的矛盾和冲突，缓解团队成员的工作压力，并且整合团队中的不同思想和建议。

5）评估者——善于对方案和计划做出分析的成员。

6）激励者——善于增强团队凝聚力、提高团队成员士气的成员。

7）追随者——善于认真负责地实施计划的成员。

8）旁观者——善于以局外人的眼光对团队工作做出评价，并提出建设性意见和建议的成员。

（2）消极的角色。包括：

1）绊脚石——固执己见、唱对台戏的成员。

2）自我标榜者——好自吹自擂、夸大其词的成员。

3）支配者——试图操纵团队、干扰他人工作以提高自己地位的成员。

4）逃避者——与他人保持距离、对工作消极应付的成员。

在一个团队中，可能数名成员扮演同一个角色，也有可能一名成员扮演多个角色。另外，这种角色是动态的，往往会因团队领导者的不同风格，团队工作的目的、性质、结果以及工作环境的变化而变化。

**3. 领导者的素质**

沟通能力能够充分反映一个人是否具备领导潜质。领导者的素质包括胜任能力、值得他人信赖的能力、适应环境的能力、把握方向的能力以及敬业精神。

（1）胜任能力。在一个团队中，技术卓越超群者不一定具备领导能力，只有那些善于在事前做好充分准备而成功完成任务的人，即具有超前意识的人，才真正具备领导者的素质。

（2）值得他人信赖的能力。一般而言，可信度是通过以下方面体现的：一个人自身的能力、客观公正的态度、令人信赖的品质、与团队保持一致的目标、充沛的精力；此外，人们往往还会依据地位、级别、年龄、性别、影响力等因素来判断一个人的可信度。

（3）适应环境的能力。一位成功的团队领导者必须随时调整其行为来适应团队的目标、价值观、特有的风格以及在具体情形下团队成员的需求，只有具备适应环境的能力的领导者才是称职的。

（4）把握方向的能力。坚持道德标准的领导者能够在团队中营造一种平等、公正的沟通氛围，不会将自己的意志凌驾于他人之上，同时还可以积极地影响团队成员，从而确保团队沿着正确、健康的方向前进。

（5）敬业精神。领导者必须对自己的能力充满信心，全身心投入团队运作的各过程，并且勇于承担团队所赋予的使命。

我参加过一次人事考察，考察对象是两个工作业绩非常出色的青年干部。平心而论，两个人的学历和工作能力不相上下。这可难坏了我们考察组的同志，但是组织要求很明确，只能在两者中间选一人。在考察会上，最后有个人说："我谈一点，在年终的总结和评先荐优时，每当谈到部门取得的成绩和荣誉时，第一个考察对象总是以'我们'做主语，把集体的智慧和力量放在首位，很谦逊地把成绩和荣誉归功于集体，从不突出自己的成绩和力量，但是第二个考察对象无论何时总是以'我'做主语，他能力和业绩确实很强，同时处处突出个人，把自己放在显要位置。"

最终，经过组织研究决定，第一个人被提拔为分公司负责人。组长在总体评价一栏中写道："尽管'我们'和'我'只有一字之差，但反映出了两种迥然不同的处事态度。一个把自我置于集体之下的人，拥有的不但是一种谦逊的胸怀，而且是一种庄重的责任，这种责任是人生的稀有矿藏，却常常让人生因此而圆满，不断走向成功。”

资料来源：马国福．一字之差．饲料博览（企业管理版），2007（10）：67.

## 四、不同团队发展阶段的团队沟通

团队的形成和发展大致可分为四个阶段：初创阶段、初见成效阶段、持续发展阶段和成熟阶段。

有些团队在第二阶段会止步不前，这种团队由于无法达到组织创建团队时的目的而出现功能失调。同样，即使是成熟的团队也会停滞不前，因拒绝接受新思想、新观点而背离原定的团队目标。

**1. 初创阶段**

这一时期的团队沟通表现为谨慎相处型，本章引导案例中王海波表现出的就是这一时期的心态。由于团队刚形成，缺乏稳定性，这样的团队尚未确立统一的愿景，缺乏运作规范，领导职责不明确。从本质上讲，新形成的团队缺少组织文化，所以成员缺乏对团队的认同。

这个阶段的团队成员或者表现出谨小慎微，即通过评价其他成员的态度和能力来决定自己该怎样做，他们对团队的归属是暂时性的；或者表现出很强的个人主义意识或对其他组织而非本团队的忠诚。这个阶段团队工作的效率很低，因为成员之间需要时间相互适应。

**2. 初见成效阶段**

这一时期的团队沟通表现为相互竞争型。一旦确立了统一愿景，团队便开始完成组织所分派的任务。在这一阶段，尽管团队成员提出了有关团队使命、目标、运作规范及领导者等问题，但团队本身依然只是名义上的，因为尚未形成团队文化，其成员还是没有明确的团队意识，但是这一阶段相对于上一阶段多了一些活力和协调。这个阶段处于初创阶段与持续发展阶段之间，团队成员或者为了其在组织中的地位或影响力而相互竞争，或者对组织中的事情更加漠不关心。成员之间可能会相互竞争，在目标和主导性问题上发生争执，并且想方设法争取领导权。与此同时，团队成员对彼此的知识和技术能力开始有所认识。

由于团队成员的经历不同，团队从初创阶段发展到这一阶段的时间长短也不相同。如果团队中的相当一部分人过去曾在一个紧密协作的团队中工作，这一过程可能会短一些；如果团队是由那些第一次参加团队的人员组成的，而且领导者试图将一个处于僵局的团队改变成一个具有统一目标的团队，则可能需要更长的时间。然而，有些团队在这一阶段可能会陷入困境，无法在操作程序和优先权的问题上达成共识，甚至有时连应对常规问题都会存在困难，更不用说如何面对那些新的难题了。

另外，由于团队成员存在个性差异，在团队工作过程中，一些成员的性格显得与其他人格格不入。在这个阶段陷入困境的团队很可能从初见成效转变为功能失调。

**3. 持续发展阶段**

这一时期的团队沟通表现为和谐融洽型。当团队经历过竞争阶段之后，建立起了大家认可的正式或非正式的团队运作规则和工作程序，团队成员之间的合作显得比竞争更重要，他们能够像一个整体一样发挥作用。尽管成员在有关新方法或职位认定等问题上仍会存在分歧，但是这一阶段的团队成员对不一致持开放态度，认为团队中的每个成员都可以发表不同的观点，提出不同的意见。

**4. 成熟阶段**

这一时期的团队沟通表现为协作进取型。进入成熟期的团队能够紧密协调地合作，因为团队成员已将团队文化完全消化吸收，进而融合为自我意识的一部分。他们了解团队对每个成员的期望，因此会将时间和精力花在实质性问题而非一些程序性问题上。和谐的团队通常为自己制定很高的标准，因为成员了解自己的能力，并且相信每个人都能够履行自己的职责。团队成员以自己是团队的一员而自豪，也以自己能为团队的成功做出贡献而感到骄傲。

处在成熟阶段的团队一方面更具协调感，另一方面也存在变得僵滞的危险。由于团队成员都了解各自的观点和办事方式，因此会变得自以为是，做事很容易想当然而不是深思熟虑。集体的意见代替了团队讨论中有建设性的观点，这样就会轻易地抹杀掉个体的特性和建设性意见。如果团队进入这一阶段，就再也不会去寻找或接受新的观点和思维方式，容易形成团队的官僚主义。团队中成员的关系既是一种协调性极强的沟通渠道，又是团队自身健康运作的束缚绳索，使其无法为组织创新和提高组织效率发挥应有的作用。

# 第 4 节　团队决策

团队是为完成某项特定任务而创建的。这样的任务往往难度较大，时间紧迫，而且团队会遇到各种困难和问题，这就意味着团队成员需要针对这些困难和问题，不断加以分析、做出决策并有效解决，最终完成任务。可以说，决策构成了团队的关键任务。

## 一、团队决策的类型

组建团队的目的是进行决策分析，并解决问题。工程队、项目组、委员会等团队便是发挥这种功能的典型例子。

一般而言，团队决策的类型有以下六种。

**1. 沉默型**

在这种类型中，团队中某人提出的想法或建议，不经过团队成员的共同讨论就被放弃。这种类型的团队缺乏沟通，属于无效团队。

**2. 权威型**

在这种类型中，由领导者一人做决策，团队成员也可能参与讨论、分享信息、提出想法，但不参与决策。这种类型的团队缺乏民主的决策机制，沟通不畅，属于无创造力团队。

**3. 合伙型**

在这种类型中，团队中的少数实力人物结成一派，当他们提出某个观点或发表意见时，虽然不少人会持不同意见，但没有人愿意打破这种表面一致的局面。这种类型的团队缺乏民主氛围，属于孤立型团队。

**4. 少数服从多数型**

在这种类型中，当一个问题提出后，经过共同沟通和讨论，形成一个方案或建议，在此基础上，大家投票表决，最后根据票数的多少来决定是否采纳该方案或建议。这是一种广泛采用的团队决策方法。这种类型的团队有利于营造和谐气氛，属于比较民主的团队。当然，如果出现“真理掌握在少数人手里”的情况，这种方式也可能会产生消极的影响。

**5. 比较一致型**

在这种类型中，在一个建议达成共识的过程中，对于某些决议或方案，即使有人持不同或相反意见，他也会从团队的整体利益出发采取保留意见，与团队其他成员达成一致。这种类型的团队鼓励参与，培养民主集中意识，属于趋同型团队。

**6. 完全一致型**

在这种类型中，一个观点或建议一经提出，便得到团队成员的普遍认同和采纳。这种类型的团队建立在相互高度信任和支持的基础上，属于高效的团队。

上述六种类型中，前四种尽管会快速做出决策，但是或多或少会挫伤团队中持不同意见者的积极性，从而影响他们在团队中的作用，使他们渐渐远离团队。后两种是建立在充分沟通基础上的决策类型，尽管既耗时又费力，却是团队高效运作的实际体现。

## 二、团队决策的方法

团队决策的方法可以是多种多样的，甚至在决策过程中也常常会发生变化。组织中的团队决策通常采用以下几种方法。

**1. 议会讨论法**

议会讨论法源于英国议会的相关法律，至今已有700多年的历史。具体程序如下：首先由某个团队成员以动议的形式就某个建议或提议进行陈述，然后由大家共同展开辩论、修改、完善，最后投票表决。虽然这种方法既烦琐又耗时，但它确保了多数人参与、充分沟通以及发表各自见解和投票的权利。议会讨论法最适用于议会及各类正式商务会议。

**2. 冥想法**

这种方法是根据人们通常解决问题的逻辑顺序提出的。具体程序如下：

（1）界定问题。

（2）分析相关数据或信息。

（3）提出可行性方案。

（4）权衡各种方案的利弊。

（5）实施最佳方案。

**3. 头脑风暴法**

这是开发团队创意最常用的方法之一，由美国人最早提出。这种方法的主要目的是鼓励团队成员畅所欲言，从而集思广益、引发创意。采用头脑风暴法需要遵循以下原则：

（1）杜绝批评和嘲讽。

（2）鼓励随心所欲、自由畅想。

（3）欢迎献计献策，多多益善。

（4）寻求最佳方案。

有必要指出，这种决策过程的前提是团队中的每个成员都自觉遵守游戏规则，或者有人充当协调员来维护这些游戏规则。

**4. 德尔菲法**

这种方法是由兰德公司（美国联邦政府的一个智囊团）于 20 世纪四五十年代发明的。它主要借助监督小组和解答小组之间的有效互动，收集专家意见。其具体程序如下：

（1）监督小组首先就某一个问题设计出一套问卷，然后由解答小组做出应答。解答小组的成员可以是某一领域或多个领域的专家，也可以是普通人，其具体构成取决于问卷的目的。它在一定程度上反映出解答小组成员的知识面和判断力，因此，选择合适的人参与解答小组是成功实施德尔菲法的重要前提。

（2）解答小组成员在互不联络的情况下，单独完成问卷。换言之，解答小组只是个名义上的小组。

（3）当解答小组完成问卷之后，监督小组将答卷进行汇总，然后将数据、资料反馈给解答小组。同时，为进一步了解小组中意见相同和分歧的情况，再提供一份问卷让解答小组完成。这一程序有时可能需要重复多次，当然问卷需要不断修改以适合具体情况。这样多次反馈并用统计方法对数据信息进行处理，其结果比较客观。

（4）监督小组最后就问卷结果写出分析报告，供决策者使用。

## 三、团队决策的技巧

最糟的决策技巧莫过于让那些首先或最后发言、嗓门最大或讲得最多的人主宰最终的决策。采用投票的方法很快捷，但少数人会不乐意，甚至会拒绝实施多数人同意的计划。达成共识需要时间，但可以加快实施的进程。

团队决策中有以下两种常用技巧。

**1. 标准议程七步法**

（1）了解团队必须完成的任务、采取的方式，明确截止日期，确定现有资源。

（2）识别问题，明确错在哪里、团队需要解决的问题是什么。

（3）收集信息，团队成员分享这些信息并认真考察每条信息。

（4）制定标准，明确理想的解决办法应包括哪些方面，哪些办法可以被纳入预案中，可能阻碍解决方案实施的法律、金融、伦理道德及其他方面的限制有哪些。

（5）形成预案，集思广益，为下一步工作做准备。

（6）根据有关标准检测各个方案。

（7）挑选最佳解决方案。

**2. 点式计划法**

点式计划法可以帮助大型团队尽快确定工作重心。它遵循以下步骤：

（1）团队成员集思广益，并将各自的观点记录在纸上，张贴在墙上。

（2）每位成员获得分别代表重要和次要的两条不同颜色的胶条纸带，上面分别贴有 2～3 个即时贴小圆点和小方点。

（3）成员走向张贴在墙上的写有个人意见的纸张，根据自己的判断决定为哪些观点加贴重要记号或次要记号。

（4）成员可以在一个观点前加贴一个记号，也可以根据要求加贴多个记号。

（5）这些小圆点和小方点使团队公认的工作重心即刻凸显（见图 5－4）。

| | | |
|---|---|---|
| □ | 团队规范手册 | ○○○○○ |
| □□ | 团队健康计划 | ○○○○○○○○ |
| □ | 撰写工作说明书 | |
| | 收集更多的营销资料 | ○○○ |
| □ | 增加保险险种 | ○○ |
| □□ | 研发新产品 | ○○○○○○○○ |

○ 重要　　□ 次要

**图 5－4　点式计划法**

## 第 5 节　成功团队的特征

成功的团队必定是高效的，它具有以下特征：

（1）团队中所有成员明确团队目标，并能全身心投入。

（2）团队成员具有强烈的归属感和责任感。

（3）团队成员注重沟通，肝胆相照，共同努力。

（4）团队成员积极参与决策，为提供有效的问题解决方案献计献策。

（5）团队成员坦然接受批评，欢迎不同的声音。
（6）一旦做出决策，团队成员会全力以赴予以实施。
（7）团队的人员构成具有灵活性，根据任务的需要可随时增减。
（8）团队成员关注客户，注重与外界进行有效沟通。

## 本章小结

团队源于群体，但比群体更高效。本章从群体与团队的种类及其形成、发展和决策过程等不同侧面，分别对群体沟通和团队沟通的要素进行了阐述，指出了群体与团队在沟通目的上的本质差异，即群体沟通是为了达到基于各自目的的群体特定目标，团队沟通则是为了实现预先设定的共同目标。此外，本章对于群体沟通与团队沟通存在的障碍也做了细致的分析，并提出了相应的对策。总之，团队已成为 21 世纪企业的主要组织形式。一个成功的团队一定是一个和谐的团队，其内部沟通顺畅，目标明确，绩效显著。

## 讨论题

1. 举例说明群体与团队的差异。
2. 你认为团队成员应扮演好怎样的角色？
3. 领导者的素质对团队绩效的影响如何？
4. 为何在团队发展的第二个阶段团队成员的有效沟通尤为重要？
5. 观察某团队做决策的全过程。描述影响该团队工作效率的沟通行为以及所采用的决策方法。

## 情境模拟

参与一个由不同角色组成的五人小组以完成一项特殊任务。

步骤一：分析该小组成员之间的沟通经历，并思考以下问题。

1. 小组领导者是谁？是如何产生的？
2. 每位成员对小组的贡献及各自的作用如何？
3. 小组一开始是如何做计划的？后来是如何调整的？小组成员的认同度如何？
4. 小组做决策的模式是怎样的？你认为有何待改进之处？
5. 小组成员在沟通中存在哪些障碍和问题？是如何解决的？你认为这些障碍和问题对完成小组任务有多大的影响？
6. 对合作满意度和完成任务情况，你做何评价？

步骤二：将你的分析和评价以口头形式与其他同学交流，或者以书面的形式在班上传阅，然后进行进一步的讨论，并针对需要改进的方面集思广益，最后给出解决方案。

## 团队游戏

目的：亮出团队成员的观点，集思广益。

概述：借助角色转换，鼓励团队成员在审视重要问题的时候提出自己的观点，越多越好。

参与者：致力于解决问题的团队成员。

必需品：白纸、卡片、即时贴、厚纸板、剪刀、彩色记号笔等，舒适的会议室、简报室，中央有会议桌和纸板架。

步骤一：设计转盘。

在转盘的中央写上需要解决的问题，根据参与者的人数将转盘分割成相等的几块，在转盘的每一块上写上团队成员的名字，在卡片上写上与问题密切相关的人员的名字，把卡片放在转盘的周围。

步骤二：游戏开始。

每当转盘转一格时，每个人的名字会停在相关人员旁边。每个团队成员必须扮演相关人员的角色并亮出观点。角色的观点可能是针对问题本身（用黑色记号笔），也可能是针对解决问题的思路（用蓝色记号笔）。此游戏不允许弃权。

步骤三：探讨观点。

进展到某种程度，大家会发现每个观点都有了完整的描述。现在，大家可以一起从不同的角度，探讨整个问题。

步骤四：团队整合。

时间：30 分钟左右。

工具：头脑风暴法与鱼骨图。

## 案例分析

### 如何走出沟通困境

2021 年 12 月 31 日，又值元旦佳节，公司像往常一样，提前一小时下班。新达电子（上海）有限公司（简称新达上海公司）只剩下常务副总经理王克临一人，对于上任近一年的王克临来说，过去的一年是忙忙碌碌的一年，此刻有种格外清静的感觉。他习惯性地点上一支烟，坐在沙发上静静地反思这一年来的成败得失。回想一年中所发生的变化，王克临感慨万分，亦喜亦忧……

**背景**

新达公司是一家 20 世纪 90 年代末发展起来的综合性公司，2006 年在深圳设有两家合资企业，主要生产外销玩具电子乐器，如电子琴、电子鼓、电子吉他等。新达公司主要负责外销及产品开发，同时向其他电子琴厂家出售电子琴专用集成电路。新达公司决策层考虑到合资企业在管理方面和经营决策方面的局限性，从长远利益出发，决定在深圳建立一家全资子公司——新达电子（深圳）有限公司，主要从事产品的制造生产；同时于 2017 年 9 月在上海建立了全资子公司新达上海公司，充分利用上海的人才优势，全力开发新一代电子乐器产品。

新达上海公司发展初期只设了一个工程开发部，由华东理工大学 1 名工商管理硕士任主管，原新达公司上海办事处主任吴立明任常务副总经理，新达公司董事长兼任总经理。公司日常管理由常务副总经理吴立明全权负责，所有管理本地化。至 2018 年底，新达上海公司共有 9 名员工。初期的主要任务有两个：一是电子琴产品开发及钢琴教学软件开发；二是无成电路客户技术服务。2019 年 10 月，由于新达上海公司规模日益壮大，原来的办公场所已显得太过拥挤，新达公司考虑到未来的发展趋势，经过讨论决定在交通便利的地铁沿线租一层办公楼。经过装修之后，当年底即迁往新址。这时，新达上海公司已有 14 名员工，组织结构也进行了调整，正式任命王克临为工程开发部经理，同时成立音乐开发部。在产品开发方面，由于吴立明对技术管理不熟悉，有关产品开发方面的工作由工程开发部王克临全权管理。

随着企业的发展，组织规模不断扩大，至 2020 年底员工已达 20 名，新达上海公司已度过奋发向上的创业期，渐渐进入平稳发展期。2015 年初，新达公司决策层宣布，常务副总经理吴立明退休，工程开发部王克临接任常务副总经理之职。新达公司董事会认为，新达上海公司的主要业务是技术管理，从王克临在技术管理方面已有的表现来看，他应该可以胜任。

**王克临其人**

王克临是新达上海公司首批员工之一，性格略为内向，为人正直，具有良好的人际关系和沟通能力。在产品开发方面，他技术功底好，而且组织领导能力强。他负责开发了新达上海公司创建以来的大部分电子琴新产品，多次获得新达公司董事长特别嘉奖。在任工程开发部经理期间，王克临建立了一套当时比较适用的管理措施。例如，在新产品开发管理方面，基于产品立项、可行性论证、开发预算直到产品检验全过程，建立了一套比较系统的规范管理制度；在项目管理方面，主要采用目标管理方法。另外，在部门内部建立周末例会制度，鼓励员工进行技术交流，形成了良好的技术互助的学习氛围，也为同事之间的沟通交流创造了机会。此外，他还经常组织专题技术培训，例如高级程序员资格培训、音乐乐理培训、产品设计规则培训等。在上班时间，王克临对下属严格要求，但在工作之余，他经常组织和参与一些娱乐活动，如聚餐、打篮球、唱卡拉 OK 等，从而增进了与大家的友谊。

王克临深知自己的性格特点，明白自己可能是一位优秀的部门主管和技术人才，但要成为一位优秀的副总经理，还要不断学习。他深知所肩负的任务不单是简单地面对一台电脑、一堆技术文件，更重要的是面对最为复杂、最难把握的人。

**初露端倪的危机**

表面上看，一年来公司各方面都完成了年初新达公司董事会的任务要求：在人才培养方面，招聘培养了 14 名新员工，这些人大部分已成为各部门的中坚力量；在技术管理方面，成功推行了 ISO 9001 标准，建立了比较规范的产品开发质量保证体系。新成立的产品设计中心运作良好，同时培养出一批骨干工程师，建立了比较广泛的客户渠道。但是，每当想起一年来的恩怨是非，王克临就会愁肠满腹，对未来充满忧虑……

事实上，音乐部一直以来大事没有，小事不断。下属工作主动性差、工作能力欠佳。2021 年 12 月初，音乐部主任张继元向王克临提交了一份辞职报告：“本人管理水平有限，无法正常行使主管权力，虽然自己多方面努力，但是深感力不从心，而且精神压力很大……”

张继元是新达上海公司的元老，对电子乐器的音乐研究颇有造诣，与王克临原先是产品开发的老搭档，配合默契，也是新达公司的音乐权威。他工作兢兢业业，事无巨细，事必躬亲。音乐部有 6 名员工，除了张继元，其他几位关系良好，经常联合起来对付张继元。部门经常有一些不愉快的事情发生，劳动纪律散漫，张继元对此毫无办法，满腹怨言。2018 年前，音乐部最多时有 3 个人，后来增加了 3 名音乐人员。由于专业的特殊性，这些人思维活跃，容易感情用事，对其管理的难度也较技术工程师高。由于人员快速增长，项目任务不断增多，张继元疲于应付，压力确实很大。王克临深知，如果张继元离开，公司将损失巨大。同时，在音乐部的其他人中也没有一个人适合这个位置。经过几轮长谈，张继元表示愿意留下，并提出："如果我继续做部门经理，必须辞退陆婷，这样我就有信心管好其他人员；否则，我就做个普通的音乐工程师，主管之职还望另请高明。"张继元补充道："部门内部的矛盾焦点是陆婷，她仗着自己是公司的老员工，有过一些成绩，又有后台，经常带头破坏劳动纪律，根本不把我放在眼里，新来人员也都学她的样，跟在后面起哄，在任务安排和过程监督时经常无理取闹，我实在受不了。"

音乐部其他人却反映，其实大家都比较尊重张继元，有时跟他开个玩笑，他却会当真。有时几个人一起讨论问题，他会怀疑大家在闲聊。在音乐制作方面一般没有绝对的好坏标准，每个人都有自己的做法，可张继元非要大家按他的偏好和要求去做，这样就免不了发生一些争论。王克临明白张继元的沟通协调能力较差，而其下属已形成一个非正式的小团体，小道消息满天飞，对整个公司的管理已形成威胁。面对迅速膨胀的人才队伍，如何才能找到解决问题的切入点以摆脱困境呢？

王克临上任之后，提拔原工程开发部副经理马德海为正职。马德海也是新达上海公司的元老，技术创新欲望强，技术水平在进公司后大有长进，乐于助人，人际关系也不错。马德海的管理模式基于 Y 理论，认为每位工程师都会像他一样自觉工作。因而，他很少与下属主动沟通，通常只有当下属遇到问题或困难找他时，才进行一些礼节性的沟通。在与那些性格内向的员工交流时，常常发生一些不愉快的争论。这样就导致下属各自为政、关系淡漠、互不来往，以至于在项目管理上经常出现漏洞。王克临早就发现了这些问题，多次劝说马德海改进工作方法，但是情况似乎没有任何好转。

另外，新达上海公司从外部聘请了一位高级工程师葛志毅担任工程开发部副主任，分管新产品设计中心。由于自身具有较强的技术基础及技术管理经验，葛志毅很快适应了这一角色。葛志毅的管理风格比较接近王克临，注重目标管理和过程控制。由于葛志毅和马德海两位管理人员在资历背景以及管理风格上的差异，两人在关系处理上也显得比较微妙。鉴于马德海的个性特点，两人之间很少沟通。两人的管理风格差异也导致各自下属之间的工作作风和工作节奏出现差异，有时也会出现一些矛盾和冲突。

2021 年上半年，新达上海公司新招了 14 名员工充实各部门的技术力量。这些新员工大部分工作不满一年或是应届大学生。他们聪明，有事业心，思维活跃。新达上海公司在一年中投入了大量精力来培养这批员工，创造了一种积极向上、互相促进、共同发展的工作环境，以使每个人都有机会发挥个人才能。在短短一年时间里，大部分已成为骨干技术力量。王克临发现，这批新员工虽然在技术上长进很快，但在其他方面似乎还有很大的欠缺。有些人好高骛远，缺乏工作主动性和责任感，存在各种各样的空想。工作稍有成绩就要求提高待遇，难以正确平衡个人工作绩效和待遇之间的关系，稳定性比较差。王克临思忖：如何才能激发他们的工作积极性，促进员工队伍的相对稳定和成长？

王克临深深感到，虽然因为公司长期以来良好的业绩和相对平稳的发展态势而未出现什么严重后果，但公司若想要有更长远的发展，追求更高的目标，必须妥善解决管理上的混乱局面和因人事关系复杂而带来的冲突。

夜色渐深，时钟已指向 9 点，烟灰缸里堆满了烟头。面对这一大堆问题，王克临心中似乎已有了解决方案……

**[思考题]**

1. 副总经理王克临所领导的工程开发部面临怎样的沟通问题？

2. 音乐部主任张继元的沟通协调能力如何？他为什么要提出辞职？王克临挽留时张继元提出了什么要求？合理吗？

3. 工程开发部主任马德海与副主任葛志毅之间的沟通状态如何？如何改善？

4. 请就如何改善团队沟通氛围、增强组织竞争力谈谈你的想法。

06

Chapter

第6章

# 会议沟通

不开空话连篇的会，不发离题万里的议论。

——邓小平

## 学习目标

1. 明确会议的目的与类型
2. 了解组织会议的基本步骤
3. 认识会议中的角色及其职责
4. 明确影响会议的因素
5. 掌握有效会议的策略

## 引导案例

### 一次常规会议

程强，立昌农机制造有限公司市场部经理，正驱车前往公司设在市郊的总部。他望着窗外田野美丽的风光，遐想着公司的销售前景。上周末，程强请求他的老板——公司总经理吴莉召开会议，讨论公司下一年度的销售目标。当他步入会议室时，会议正要开始。其他与会者有生产部经理严力臣、仓储控制主管路遥、人事部经理王贤石。

程强首先发言，回顾了市场销售的近况："我刚参加完年度销售总结会，发现去年我们丧失了比预料的还要多的市场，主要原因是工厂出现了延期交货的问题。同时我们也进行了下一年度的销售预测，认为下一年度的销售量可达到11万台。我们认为这个数字是现实的，如果做得好，还有望突破这个目标。”

严力臣打断道：“程强，你是在开玩笑吧？就在 3 个月前，同样在这间办公室，我记得你对下一年度销售量做出的预测是 10 万台。现在，你却将预测提高了 10%。面对一个不断移动的目标靶，试问我们如何去做生产计划？”

吴莉插话说：“老严，我理解，你的担心是有道理的。但是，我们必须面对不断变化的市场做出相应的调整。现在刚到 9 月，我们还未对下一年度制定生产计划，只是在讨论计划。我想利用这个最新数据，尽快制定下一年度的综合生产计划。”

程强补充道：“最近，我们与许多老顾客接触，得悉他们不断抱怨在旺季出现的交货滞后现象。有些人甚至威胁，如果明年还得不到好的服务，他们将不再订购我们的产品。我想，我们应该生产出足够多的产品，而且是适销对路的产品。”

路遥表示忧虑道：“我们必须降低生产成本。去年，我们的库存太多，占用了不少资金。鉴于我们高达 30%的库存成本率，我认为明年不能再维持如此高的库存量。”

王贤石接着说：“若降低库存成本，采用跟踪需求的综合生产计划方案，则意味着雇员数逐月发生波动，这样会引起雇用和解雇成本上升。目前，我们招进一个人的成本是 800 元，而解雇一个人的成本是 1 500 元。”

严力臣又担心地表示：“为了实现这个较高的销售目标，我们不得不增加晚班，采用两班制，因为依靠现有的一班制，即使满负荷生产也无法达到这个预期目标。我想，在做出决策增雇一班人马之前，有必要弄清这个销售预测目标是否可行。”

在大家你一言我一语的发言中，不知不觉已到了午餐时间。吴莉总结道：“老严，请根据最新的预测数据拟定一个综合生产计划，我不想在下一个旺季到来时，看到公司重蹈今年的覆辙。”

会议暂告结束，大家去用餐。

---

会议在管理工作中起着十分重要的作用，它是决策的重要方式，也是沟通信息的主要手段。企业为了开展必要的商务活动，经常会召开各种类型的会议。有关资料表明，一些管理者用于参加各种会议的时间占其工作总时间的 1/3。由此可见，会议开得成功与否直接关系到企业管理效能的高低。然而，目前会议却存在许多问题，或者过于频繁，或者过于冗长，或者流于形式，既浪费了宝贵的时间，又达不到预期的目的。那么，怎样才能使会议变得有效呢？这正是本章将要讨论的内容。

## 第 1 节　会议的目的与类型

会议沟通是群体或组织中相互交流意见的一种形式，是一种常见的群体活动。

根据不同的目的和要求，会议既可以被看作一个集思广益的过程，也可以被当作一种信息传递的方式。会议可以将许多人聚集在一起，就某些问题相互交流思想并提出相应的对策。会议也是组织上行沟通的途径之一，管理者可以借助开会的机会听取下属的意见和建议。

## 一、会议的目的

现代企业强调给员工提供更多的参与机会，鼓励管理者与员工一起做决策，以创造更加和谐的工作氛围。成功的会议是达到管理沟通目的最有效的途径之一。会议的目的大致包括如下几个方面。

**1. 交流信息**

通过会议，管理者可以将有关政策和指示传达给员工。同时，管理者也可以从与会者那里及时得到反馈和获得其他方面的信息。

**2. 给予指导**

企业通过把员工组织起来进行培训，提高他们工作所需的技能，使他们更好地适应工作环境。

**3. 解决问题**

会议可以帮助澄清误会，处理各种冲突，并利用与会者的知识和技巧来解决问题。

**4. 做出决策**

会议可以帮助营造民主的气氛，给管理者和员工提供共同参与和共同讨论的机会，最终做出正确决策。

一个有效的会议应该能使与会者心情舒畅并积极参与，让大家通过有效的方式得以沟通，从而获取有用的信息或达成一致的合作协议。

## 二、会议的类型

无论是企业还是其他各类组织，经常会举行各种各样的会议。按照会议目的分类，会议主要有以下几种。

**1. 谈判**

这类会议的目的是解决双方在利益上的冲突，常采取双向互动式的讨论方法，力求达成一致的意见。

**2. 通知**

这类会议的目的是传播信息，其传播方式通常为单向式。一般不鼓励讨论，否则会影响信息的传播。

**3. 解决问题**

这类会议的目的在于利用团队的创造力来解决问题。通常，要将待解决的问题摆在桌面上，与会者应提出解决的方法。在这类会议上，人们都会为探求解决方案而努力，不会停留在对过去状态的讨论之中。

**4. 决策**

这类会议的目的是在不同方案中权衡利弊，做出抉择。与会者不仅要参与讨论和决策，还要遵守会议的决议，即便自己持不同观点。

**5. 交流**

这类会议的目的在于集思广益，常采取头脑风暴法，即安排 5～7 人，每一位与会者都可以发表自己对问题的看法，并从他人的发言中得到启发，激发灵感，产生创意。这类会议鼓励讨论和提问。

## 第 2 节　会议的组织

会议的成功取决于会议的组织。因此，为了使会议有成效，必须做好以下三个阶段的工作：会前准备、会议进程的控制以及会后工作。

### 一、会前准备

**1. 明确会议的必要性**

会议的组织工作常常从分析会议的主题和必要性着手。就设定的议题而言，若不经多方讨论协商便不能解决问题，就有必要召开会议；若通过其他方式能使问题更有效地得到解决，就尽量不要开会。

**2. 确定会议的目标**

一般来说，企业中常见的会议主题有两类：讨论工作中出现的问题，或者分析将来工作中可能会遇到的问题。一旦明确了会议的主题和必要性，就应当设置一个具体的目标，如达成协议或通过策划方案等。

**3. 拟定会议议程**

明确会议主题和目标后，就可以决定会议议程，即按会上将要讨论的问题的重要性和类别依次排序，并限定各项内容商议的时间。通常，会议议程应包括会议日期、时间、地点、议题及参加对象等。一次会议讨论的问题不宜太多，讨论时间也不宜太长，因为在有限的时间里讨论太多的问题常常解决不了问题。

**4. 准备会议文件**

为了顺利地召开会议，会前应收集和整理与议题相关的信息。如果有必要，应装订成册。如果内容太多，可以要点摘录的形式准备会议文件。

**5. 分发预阅资料**

会前先将会议议程和整理好的文件分发给与会者，使大家对将要讨论的问题事先有所准备。

**6. 确定会议主持人**

会议的成败在很大程度上取决于会议主持人的能力高低。一位优秀的会议主持人不仅要主持会议，而且要以政治家、鼓动者、调解方或仲裁人的角色参与会议。作为会议主持人，他应具有敏捷的思辨能力，沉着自信，表达能力强，富有幽默感，并且有较强的领导能力。一般情况下，会议主持人常由群体中职位高的管理者担任。高层管理者作为会议主持人，在会上常常能显示出领导的气度，但有时不利于活跃会议气氛。因此，可以尝试选择群体中具有相当知识和经验的人来担任会议主持人，或者采用现在比较流行的做法——让秘书担任会议主持人，或者由与会者轮流担任会议主持人。

**7. 确定与会者**

根据会议主题，通常选择那些对会议内容比较了解并与其工作相关的人员参加会议，不要因为害怕伤害某些人的感情而邀请不相干的人参加会议。另外，还要依具体情况限定与会者的人数，因为参加会议的人越多，就意味着不能发挥作用的人越多。

**8. 预订会议场所**

影响会议场所选择的因素有很多，具体选择何地应该视会议的性质而定。如果是仪式性会议，可以在自己单位的会议室或宾馆的大会议厅举行；如果是决策性会议，可以安排在一个能够促进真正沟通意见的环境中举行。另外，会议地点应事先确定好，还要事先列好相应的清单并在会前进行核实。清单内容包括：

（1）会议室是否预订好？是否有足够的座位？

（2）视听器材（如投影仪、多媒体播放机、麦克风等）是否准备就绪？

（3）分发的材料是否准备充足？

（4）茶歇时的供应（如茶水、水果和点心等）是否准备好？

（5）是否备好记录本、纸张、铅笔和席卡等？

会场布置应根据会议的目的、会议的性质及与会者人数而定，常见的有六种类型，如图6－1所示。

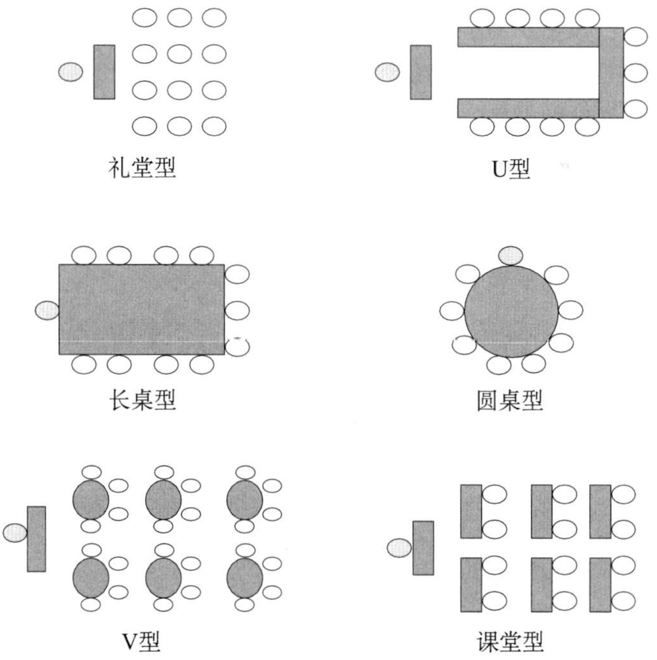


**图6－1　会议布局类型图**

**9. 补充最新信息**

在正式开会之际，查看一下是否有最新信息。如果有，可以在会上向大家简要地通报一下。

## 二、会议进程的控制

会议的顺利进行，很大程度上有赖于主持人对会议的节奏和方向的把握。具体来说，控制会议进程大致可以按以下步骤进行：

（1）宣布会议的主题和目的。

（2）根据会议议程顺序提出每个议题，然后征求有关与会者的意见。

（3）给每个人表述自己意见的机会。

（4）控制讨论进程。如果发现讨论与议题无关或深入不必要的细节，应该及时引导到议题本身。

（5）如果会上出现各种不同的见解，主持人应该根据自己的理解将各种观点加以概括。

（6）遵守预定的时间安排，不要拖延。

（7）在每个问题讨论结束后加以概括，以便达成共识或做出决策。

（8）在会议结束时，对已取得的结果进行概括。部分问题如确有必要进一步讨论，可以再安排下一次会议。

（9）确定下一次会议的议题和时间。

## 三、会后工作

会议结束后，会议组织者还需做以下工作：

（1）为了贯彻会议精神，执行会议决议，可将会议记录或会议简报下发至与会者及其他有关人员。会议记录应该准确无误，会议中所形成的决议要突出承担任务的责任人姓名、时间及验收标准，并明确下一次会议的日期和时间。

（2）根据会议精神，对执行工作进行监督和检查。

# 第 3 节　会议议程

会议议程是所有会议的重要组成部分，它能够使会议目标一目了然。这里主要讨论会议议程的设计原则和会议议程的设计步骤两个方面。

## 一、会议议程的设计原则

会议议程的设计应遵循以下原则。

**1. 明确议题**

会议议程应该明确需要讨论的议题以及这些议题的顺序。与会者可以提前递交潜在的议题，以便在会上讨论。

**2. 确定主次**

会议议程设计的另一个要点是正确评价在有限的时间内可以达到某个目标的能

力。作为一般原则，例行公事的内容放在议程一开始，然后再安排事务中的新问题。当议程中包括一些比较简短或紧迫的内容时，先安排它们，余下的会议时间专注于比较费时的事项。

**3. 注重实效**

需要指出的是，不要将议程安排得满满的，以免造成超时，进而降低效率（如仓促决策），因为到该结束时，与会者可能会准备离开。

**4. 适时调整**

在实际的会议过程中，会议的领导者还应该根据具体情况对议程做适当调整。

**5. 提供背景资料**

会议议程还应该包括在会前向与会者提供所需的背景资料，以便他们做好充分准备，了解各自在会议上的角色。

## 二、会议议程的设计步骤

（1）突出问题，即根据实际情况列出重要的问题。

（2）提出新议题，即通过预测目前的发展状况和与会者的联系，提出管理活动或工作中的新议题。

（3）选择重要议题，即针对诸多需要考虑的议题，确定最主要和最紧迫的事项。

（4）分清土次顺序，即将例行项目放在开始，按逻辑关系或难度大小排列关键议题。

（5）确定时间，即根据可用时间和与会者情况安排项目。

（6）表明顺序，即对议程中的每个议题用数字排序。

（7）结束议程，即提出下一次会议的细节，并在议程结尾处明确下　次会议的日程。

图 6-2 是一个会议议程的实例。

**生物燃烧发电项目组**

**会议议程**

会议时间：上午 10：30—11：30，会议地点：第一会议室

1. 进度安排与决定（20 分钟）

讨论：（1）各子项目组工作近况介绍。

（2）着重通报项目进展中存在的问题。

措施：

2. 确定向电网送电的日期（15 分钟）

讨论：并入电网期间各部门相互协同的预案。

措施：

3. 高热卡植物推广种植及收购政策（20 分钟）

讨论：（1）确保生物燃料供给的两个预案。

（2）高热卡植物种植技术的培训及财务预算。

措施：

4. 下一次会议安排（2 分钟）

日期：__________　时间：__________　地点：__________

**图 6-2　会议议程实例**

# 第 4 节　会议记录

## 一、会议记录的内容

在考虑会议程序时，会议记录常常被忽视。实际上，一份完整的会议记录资料对于会后执行会议决议、检查会议效果，甚至下一次会议的召开都起着至关重要的作用。正式的会议记录应该包括下列基本要素：

（1）会议名称。

（2）日期。

（3）起止时间。

（4）地点。

（5）主办者。

（6）出席人员。

（7）缺席人员。

（8）会议主席致开幕词并宣布会议议程。

（9）会议过程。

（10）会议决议。

（11）下一次会议的时间及地点。

## 二、会议记录的注意点

通常，会议记录的任务由会议秘书承担。会议记录并非易事，要做好这项工作必须注意以下几点：

（1）充分了解会议主题、目的及议程。

（2）可以采用手工方式记录，也可以采用录音、照相或摄影方式记录。

（3）记录时要紧跟会议进程。

（4）及时确认要点，澄清含混不清的观点。

（5）避免夹杂自己的主观意见。

（6）会后应校对记录并及时打印。

# 第 5 节　会议中的角色

开会原本是为了节省时间而进行的一项活动，结果却往往浪费了时间。这究竟是什么原因呢？研究表明，会议的有效性在很大程度上取决于会议中的角色。一个正式会议中的角色一般包括会议主持人、其他与会者和会议秘书或记录员。要使会议取得成功，会议中各角色同心协力是很重要的。

## 一、会议主持人

可以说，对会议影响最大的就是会议主持人。会议主持人的作用包括三个方面：一是引导；二是激励；三是控制。其主要职责如下。

**1. 会前**

明确会议的目的，起草议程，决定参加会议的人员、会议举行的时间和地点，以及准备分发的材料。

**2. 会议期间**

营造合适的氛围，宣布会议开始，控制会议进程，鼓励与会者发言，做出决策，确认行动和职责，以及宣布会议结束。

**3. 会后**

重新检查会议记录，评估会议成果以及使所有成员都明确会议结果。

不论开会的原因是什么，营造一种适宜的、开放的、宽松的氛围对于主持人来说都是非常重要的，因为这样的氛围能够确保每个人都有一种轻松的心情，使所有与会者能够积极参与并各抒己见。

## 二、其他与会者

参加会议的成员都有责任使会议取得成功。对于所有成员来说，明确会议目的、议程以及自己与其他人在这次会议中的角色是很重要的。与会者应该努力做到以下几点。

**1. 会前**

了解会议议程并阅读有关资料，明确会议的主题和目的，确认在会议讨论内容中有哪些项目与自己有关，并对这些相关内容有所考虑，确定应该持什么观点、用什么材料作为论据来支持这些观点。另外，要明确会议时间和地点。

**2. 会议期间**

注意倾听他人的观点，积极参与会谈，并且对所讨论的问题充满兴趣。对涉及自己工作的决策、行动计划，应该做好详细记录。

**3. 会后**

全力贯彻会议精神，完成会议期间分配的任务。

每个与会者都应积极发言，提出自己的想法，找出最好的解决问题的方案。如果一次会议的内容中包含多个不同领域的问题，很有可能你会因为曾参与其中某一问题的讨论而对这次会议失去兴趣。不过，应该尽量对整个会议保持足够的兴趣，因为我们经常会发现，各种能力综合起来可以产生一个更好的创意。

如果会议主持人无法控制会议的局面，那么其中一名与会者应能机智地使会议正常推进。当然，最坏的可能是会议主持人彻底失去了对整个会场的控制。这时，应该有一名与会者站出来主持会议，使会场秩序得以恢复。

## 三、会议秘书或记录员

会议秘书或记录员的作用很重要，因为他直接对会议主持人负责。其主要职责如下。

**1. 会前**

应详细检查会议的地点、时间，通知与会者，以及分发必要的背景资料。

**2. 会议期间**

记录会议开始时间、参加人数、会议内容以及报告人和会议结束时间。

**3. 会后**

撰写会议纪要，核对必要的事实和数据，与会议主持人协商以及分发会议纪要。

表 6－1 列出了上述各类会议与会者的职责。

**表 6－1　会议与会者的职责**

| 会前 | 会议期间 | 会后 |
|---|---|---|
| **会议主持人**<br>1. 提出并了解计划讨论的项目<br>2. 批准议程草案<br>3. 将会议的目的、时间和地点告知与会者，可能的话还要告知会议议程<br>4. 确保会场的合理布置 | 1. 准时开始<br>2. 阐明主题<br>3. 控制会议进程<br>4. 有效决策 | 1. 审核会议秘书或记录员准备的会议纪要<br>2. 会后监控 |
| **其他与会者**<br>1. 告知会议秘书/主持人需要列入议程的事项<br>2. 阅读所有会议文件<br>3. 如果合适，准备自己的支持性材料<br>4. 向会议秘书说明需要纠正的议题 | 1. 准时出席<br>2. 按照会议要求发言<br>3. 记录会议决议及需要采取的行动 | 1. 阅读、审核会议纪要<br>2. 执行行动计划<br>3. 必要时汇报执行情况 |
| **会议秘书或记录员**<br>1. 从以前的记录中或新的信息源收集资料<br>2. 起草会议议程，将议题按主次顺序安排并获得会议主持人或有关方的批准<br>3. 发送会议通知和议程 | 1. 提前到达会场<br>2. 做好一切准备<br>3. 提供所有的必要文件<br>4. 记录会议进程<br>5. 明确讨论目的<br>6. 记录会议决策<br>7. 协助会议主持人 | 1. 整理记录并准备会议纪要<br>2. 向会议主持人递交会议纪要<br>3. 向与会者分发会议纪要 |

说明：如果没有指定的会议秘书，会议主持人要确保有人承担会议秘书所应做的工作。

# 第 6 节　与会者的座次

会议前应该明确出席会议成员的座次，必要时应事先做好与会者的席卡，按照职位高低以及其他不同身份排好座次。图 6－3 是几种常见的会场座次排序形式，其中黑圆点表示会议主持人，S 表示会议秘书，×表示主席台就座的其他与会者。

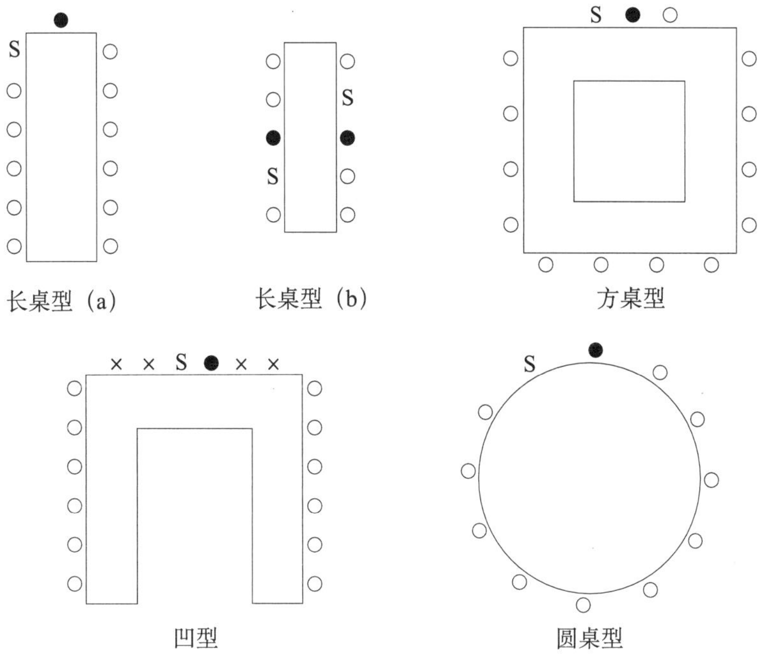


**图 6－3　与会者的座次排列方式**

# 第 7 节　有效会议的组织

## 一、会议效果的影响因素

虽然在许多组织中会议是必需的，而且运用广泛，但这并不意味着所有会议都能达到预期的目的，会议受挫是常有的事。我们常常会听到对会议的这样或那样的抱怨，这往往是因为会议主持人没有很好地控制会议进程，或者与会者没有明确会议的目的。影响会议效果的因素是多方面的，归纳起来有以下几点。

**1. 会议目的不明确**

由于事先准备工作没有做好，与会者不清楚会议的议题，致使讨论漫无边际。

**2. 会议持续太久**

原本只需花半小时就可交代的事，非要开上一小时的会，而本该开一小时的会，却要花上两小时，致使与会者过于疲倦。

**3. 简单问题复杂化**

一个很简单的问题，原本三言两语就可解决，却要与会者反反复复地讨论，结果不仅花费了大量的时间，而且往往使问题变得复杂，引起许多不必要的矛盾。

**4. 发言者过于健谈**

一些发言者一有机会就滔滔不绝，不仅占用其他与会者发言的机会和时间，也会影响会议的沟通氛围，致使多数与会者生厌。

从 2007 年 1 月 1 日起，欧盟轮值主席国由德国担任，为期半年。为此，兢兢业业的德国人为欧盟委员会修订了一份新的内部规定。

由于欧盟委员会的会议冗长，各国外交官经常要在一个大厅里耗上数小时，甚至一整天。那些年纪较大的外交官往往熬不住，不得不趴在桌子上小睡片刻。为此，德国人在规定中要求："代表在参加会议期间可以睡觉，条件是不要打呼噜。同时，这些代表身边的副职必须保持清醒。"

虽然这一规定十分人性化，却也让外交官尴尬，不过绝大多数要求还是符合实际的。比如，内部规定第一条：不要把纯信息性的问题摆到议事日程上，这些是您副手的工作；第二条：回避其他委员会已经讨论过的、众所周知的问题和情况；第三条：如果几位代表就某一问题意见一致，为了节省时间请推选一人发言；等等。

资料来源：[转贴] 一个专题：稿子抄袭与会议睡觉．(2009-07-06). http://blog.vsharing.com/lunawang/A921651.html.

## 二、组织有效会议的策略

有时开会是一种既耗时费力又令人疲倦的活动，因此，若要提高会议的效率，掌握一套行之有效的组织策略显得尤为重要。

**1. 不搞形式主义**

只有在需要多方协商或有较多信息需要在一定范围内迅速传达的情况下，才召开会议。许多企业一般每周或每两周召开一次例行会议。有规律的员工会议可以使部门员工感到一种较强的内聚力，有助于员工为实现部门的目标而努力工作，但是并不需要在每周或每月的例会上都进行"回顾"。

**2. 明确会议的目的和目标**

用书面的形式将会议的目的和目标记录下来。多数情况下，会议的目的包括"讨论"或"以备评估"等，目标的范围比较具体，如"购买 A 品牌产品还是 B 品牌产品"或"是否需支出 10 万元装修办公室"。

**3. 提前分发会议备忘录**

在会议召开之前，应以备忘录的形式提前通知与会者，以便他们有充足的准备时间。备忘录的内容包括日期、时间、地点、与会者名单、主要议题等，这些议题都应在送呈的议事日程中体现出来。

**4. 选择合适的与会者**

主要邀请那些能够起到积极作用的人参加会议，尽量不要邀请那些优柔寡断、缺乏主见的人。

**5. 控制好会议进程**

按照议事议程上的安排按时召开和结束会议。

**6. 分发会议纪要**

在会议结束后24小时之内将会议纪要分发下去。会议纪要应该列出所做出的决策以及要求采取的主要措施的具体日期和具体负责人。

## 第8节 视频会议

视频会议是通过网络通信技术召开的虚拟会议，使身处各地的组织成员在网络上共聚一堂，通过视频的方式交流信息，支持人们远程实时交流与共享信息、协同工作。视频会议极大地方便了协作成员之间进行真实直观的交流，为远程办公和学习与研讨带来了诸多便利。

**1. 视频会议系统**

(1) 基于硬件的视频会议系统：通过专门的视频设备来实现远程信息交换。该系统操作简单，便于维护，视频效果好，但对网络的要求比较高，需要专线来保证，因而系统的购置价格会比较高。

(2) 基于软件的视频会议系统：通过软件来实现硬件的功能，即主要借助于高性能的计算机来实现硬件解码功能，可利用现有的计算机设备下载和安装相关的视频会议软件，不必专门购置。

(3) 网络视频会议系统：可利用互联网实现远程信息交换，如腾讯视频会议平台和ZOOM云会议平台等。该系统具有很强的数据共享和协同办公功能，对网络的要求较低，但视频效果一般。

**2. 视频会议注意事项**

随着信息技术的快速发展，视频系统越来越广泛地应用于远程会议、异地面试或远程培训等。由于涉及设备调试、人员组织等问题，在召开或参加视频会议时，应该做好相关的准备。就召开会议而言，在会前准备、会议进程的控制及会后工作等方面，无论是传统的面对面会议还是远程的视频会议，其基本要求是相同的。但在举行视频会议的时候，由于与会者并不在同一会场，为了会议顺利召开，应提出一些新的要求。现以位于两地的合作伙伴之间的视频会议为例，强调以下注意事项：

(1) 明确会议目的。会前，参会双方可通过电话或电子邮件等方式进行沟通，决定就哪些共同关心的问题在视频会议上商讨，即双方都要明确此次视频会议的目的。

(2) 确定会议时间。召开视频会议尤其要求准时，与会者应同时出现在视频中，双方的视频系统必须同时在线。如果参会双方地处不同的国家，在商定会议的时间时应注意日期和时差。

(3) 确定会议主持人。确定合适的会议主持人是确保会议顺利召开的关键。在合作伙伴之间，通常由双方事先协商确定会议主持人。在确定会议主持人的同时，参会双方还应确定一名会议召集人负责各自的会场组织与协调。

(4) 提前调试视频系统。为了使视频会议如期顺利召开，参会双方应约定时间在会议召开之前同时调试好视频系统，以确保视频系统工作正常，同时还要确保会场灯光明亮。应该指出，在视频会议系统调试期间，在场人员应注意不要随意闲聊，因为这些言行举止可能会被系统传播出去。

(5) 注意非语言暗示。

1) 参会时要注意服饰着装。衣着的颜色对屏幕的显示效果影响较大，所以与会者在参加视频会议时应注重选择合适的衣着色调。例如，白色服装反光太强，脸庞会显得较黑；而黑色的服装会反衬脸庞过于亮白。因此，参加视频会议时，与会者应该避免穿白色或黑色上装。此外，服装上的条纹或格子花纹在屏幕上会让人眼花缭乱。那些易反光的首饰，如项链、耳环或胸针等，会分散人们的注意力。凡此种种都应该回避。通常，与会者以穿浅灰、蓝色上装为宜。这里要特别指出的是，会场内一定要保持光线充足，否则屏幕中的会场画面会显得昏暗。

2) 行为举止要规范。在传统普通的会议过程中，也许人们不会特别关注你的行为举止，但在视频会议中，如果摄像头正对着你，你的一切行为举止都会凸显在屏幕中，包括一些下意识的动作都会一览无余。因此，在参加视频会议时，你要注意规范自己的行为举止，不要随意抚弄头发或抓耳挠腮甚至把玩手机等。要时刻意识到，摄像头一直对着你呢！这些不专心或不雅的动作可能被屏幕放大而影响你的形象（有关非语言暗示解析的深入讨论详见第12章）。

(6) 要习惯面对摄像头讲话。通常，人们习惯于面对面交流，但有不少人并不习惯面对摄像头讲话，这就如同有些人不习惯对着录音电话讲话一样。在参加视频会议时，应该学会习惯面对摄像头讲话。只有当你面对摄像头时，屏幕上的你才会使对方有面对面交流的感觉。尤其是当你谈到一些双方都十分关注的问题时，面对摄像头讲话会更令人信服。如果你只是注意与同一会场内的与会者保持目光接触和对话，而忽视了面向摄像头，另一会场的与会者看到的屏幕中的你就好像只是在与其他人讲话，这时他会感觉自己就像一个电视机前的旁观者。

(7) 视频设备技术人员应实时在场。通常，视频设备在会前调试正常后一般不会出现问题，但在会议期间可能会出现一些突发故障，如音响出现啸叫、图像出现雪花闪烁等，这时就需要技术人员在场及时处理。

## 本章小结

一个有效的会议实际上就是一个论坛。那些知识渊博的学者、专家聚集在一起，通过这种开放的、相互沟通的方式来解决组织问题。在这个论坛上，合作的意愿得以进一步发展。一个有效的会议实际上也是一个群体聚会，在这个聚会里，群体的智慧发生碰撞，进而达成共识、形成决议、提出方案。

一个会议的成功取决于会议主持人、其他与会者以及会议秘书或记录员的共同努力，其中以会议主持人最为重要。视频会议这种新型的会议形式越来越受到各类组织的青睐，对于所有与会者都是一种新的挑战。

此外，无论哪种形式的会议，会前做好充分的筹备工作，会议过程中掌控好时间，以及会后做好落实与检查，始终是提升会议有效性的重要保障。

## 讨论题

1. 一般来讲，会议应包括哪几个步骤？
2. 试述会议中各角色的作用。
3. 会议主持人的职责包括哪些？
4. 为什么会议秘书或记录员很重要？
5. 结合实际列举影响视频会议效果的因素。
6. 使会议卓有成效的策略是什么？

## 练　习

请你联系实际分别描述和评价两个会议，一个是你认为有效的，另一个是你认为无效的，并填写表6-2。分析是什么原因导致这两个会议产生了截然不同的效果，然后与小组的其他成员分享你在会议工作中的经验和感受。

**表6-2　描述和评价**

| |
|---|
| 有效会议的描述和评价： |
| 无效会议的描述和评价： |

## 情境模拟

作为会议主持人，你将如何处理以下困境？为什么？

1. 小张喜欢拖拖拉拉，开会总是迟到。
2. 小王在会上默不作声。
3. 小李和老陆在会上争执起来。
4. 在讨论中，与会者缺乏参与意识。
5. 大家讨论得很热烈，但在会议结束时，五个议题只完成了两个。

## 案例分析

### 发货为何推迟了

2021年6月21日（周一）上午10：00，上海诺凯有限公司办公大楼三楼会议室。

每周一次的工作例会正在进行之中。当物流采购部经理陈丽红谈到一个大的出口订单将在下周一装集装箱时，工厂厂长钟海彪皱了一下眉头："等一下，陈经理，这个订单国外不是催得很急吗？为何要到下周才装箱？""生产配制部要到本周四才能完成订单的生产，所以安排在下周。""这是怎么回事？王经理，请你解释一下。"说着，钟海彪将目光对准了坐在对面的生产配制部经理王亚龙。王亚龙愣了一下，随即将求助的目光飘向坐在侧旁的配制值班长吴亮。“是这样的，钟厂长，我来解释一下，”吴亮接过话题，“车间已经在满负荷运转。按照您的意见，从上周开始车间已开始三班倒。但是连着上了几个夜班，工人总要休息一下吧。况且其他几个国内订单也很急，车间实在抽不出人手。”“可这个订单两个月前就定下了。”陈丽红发话了。“但订单上只说在 4 月底发货，又没确定具体的装箱时间。再说，如果不是一种进口原料订货迟了，晚了两个星期，这个订单早就完成了。”吴亮嘟哝了几句。这时，会议室内一片寂静，大家都不说话了，因为两周前的工作例会上，因为这件事陈丽红受到了钟海彪的严厉批评。

**诺凯公司简介**

诺凯公司成立于 1746 年，总部位于瑞士巴塞尔，以染料生产起家，在 19 世纪末开始生产化工、医药、农业以及营养品方面的产品。经过多年的发展，现已成为世界著名的医药、营养品以及兽药生产商。

诺凯公司与中国的合作可以追溯至百余年前，早在 19 世纪 80 年代诺凯公司就开始在中国销售染料。不过，诺凯公司在中国市场的真正发展始于 20 世纪 80 年代，当时，诺凯公司主要业务部门迅速进入中国市场，并积极寻求在中国投资建厂。迄今，诺凯公司在中国建有 8 家企业，总投资额超过 1.3 亿美元，员工约 1 400 人。诺凯公司的座右铭是：以人为本，诚信为基；追求卓越，不断创新。

**上海诺凯有限公司**

上海诺凯有限公司是由瑞士跨国集团诺凯公司于 1990 年和上海清源实业总公司共同出资兴建的合资企业，是中国目前较大的一家保健品专业生产厂，总投资额 5 000 万瑞士法郎。公司总部设在上海市中心，所属工厂位于奉贤区，紧靠杭州湾，占地面积 39 000 平方米，于 1994 年正式投产。公司引进了整套先进设备与技术，生产和配制各种产品，同时对国外进口产品进行分装。上海诺凯有限公司是国内首批通过《兽药生产质量管理规范》审核的兽药生产企业，这意味着公司的产品质量绝对可靠。公司的产品严格遵守世界级产品质量标准，不仅在国内销售，还返销瑞士，并出口东南亚、非洲以及欧洲大陆。

**工厂和计划协调会**

上海诺凯有限公司的工厂共有 6 个部门：生产配制部、工程维修部、物流采购部、环保动力部、质控质检部和安全保卫部。生产配制部又分为合成车间和配制车间两大块，合成产品的年度生产计划在年前由瑞士总部讨论决定，因为 90% 的合成产品将返销瑞士总部；配制产品的生产计划则由每个月的计划协调会决定。公司 2021 年的目标是国内销售额达到 4 500 万元人民币，比 2020 年增长 30%，任务非常艰巨。年初工厂也相应定下了 2021 年的考核目标：国内订单的发货及时率达到 95% 以上，国外订单的发货及时率达到 90% 以上。公司的计划协调会由以下人员组成：工厂厂长、财务部经理、销售部经理（销售部经理若出差，则由其秘书代表）、生产配制部经理、物流采购部经理、计划员、国外订单收单员。起初，配制值班长也参加这个会议，后来为了提高会议效率、节约成本，就由生产配制部经理全权代表。会议主要根据销售部提出的下个月销售预测以及国外订单的接收情况，讨论配制车间下个月每周的生产计划和原料采购计划。

王亚龙是 2021 年 1 月新上任的生产配制部经理，他已在公司工作了 8 年，最初也是在生产配制部工作，3 年前被提拔为安全保卫部经理。因为上一任生产配制部经理跳槽到另一家合资单位当厂长，公司管委会讨论后决定，不再从外面另招，而从公司内部提拔，所以王亚龙又重新回到了生产配制部。他对合成车间比较熟悉，对配制车间比较生疏。因此配制车间的管理工作主要由配制值班长吴亮负责，包括配制产品的每周生产安排。吴亮安排生产已有三四年的经验，基本上没出过差错，对此，王亚龙也很放心。近几个月来，生产情况一直很稳定，王亚龙也开始在上班的时候忙里偷闲炒股票。

4月的生产计划公布时，吴亮就去找过王亚龙。他认为计划协调会讨论的4月的每周计划安排得不合理。4月的第一周要生产3种产品。其中，A产品需要7个人，B产品需要6个人，C产品需要6个人，而且这19个人在这周必须满负荷工作才能完成生产任务，但配制车间现有员工一共才15个人！在下一周，除了这些产品，还要加上D产品！不过，之后两周相对就很空闲。吴亮又特别提到，要是进口原料及时到位，C产品早在1个月前就可以生产，那时生产任务并不紧张。计划协调会完全没有考虑到其后的影响，仍然按照原先的设想安排计划。

想到这个计划协调会，吴亮就有满腹的牢骚。他觉得会议制定的配制产品生产计划太“详细”，实际生产很难同步完成。计划员是物流采购部的，不了解配制车间的情况，他基本上按照销售预测加上主观判断来安排每周的生产计划。生产计划一部分是在完成已确认的订单，一部分是在完成销售预测，一部分是在完成安全库存。实际情况是销售预测的准确率在60%以下。吴亮也向生产配制部经理建议：计划协调会的重点应放在确定配制车间下个月的大概计划、已确认订单的发货日期、告知可能短缺的产品，然后根据车间的实际情况组织生产。

王亚龙对吴亮表示理解和支持，说会进一步向工厂厂长反映，但目前没有办法，必须按照计划执行。实际上，4月第一周，销售部就发出紧急订单：国内市场急需D产品，要求工厂立即发货。因此，吴亮就组织人员提前生产D产品，而把月底发货的C产品推迟了，结果就发生了本案例开头的那一幕。

在会议即将结束的时候，钟海彪发表了几点意见：

第一，生产计划是经过计划协调会讨论决定的，生产配制部必须按照计划执行。若发现问题，应及时向上反映，不得随意更改计划。

第二，计划员应经常下车间询问生产的实际情况，并根据销售情况及时更改生产计划；在计划协调会举行之前，计划员应先与配制值班长讨论下个月每周的计划安排。

第三，物流采购部应把已确认订单的发货日期及时告知生产配制部。

第四，计划员应把前几年的销售预测与实际发货做比较，计算出预测的准确率，并把结果告知销售部，提请他们注意提高预测的准确率。

第五，从其他部门抽出一些人支援生产，必须保证这个订单在本周五装箱。

[思考题]

1. 由厂长钟海彪主持召开的这次计划协调会主要解决什么问题?

2. 你认为作为会议主持人，厂长钟海彪主持和控制会议的能力如何？他在会议中的作用如何?

3. 基于生产配制部王亚龙在计划协调会上的表现，你认为会前他应做哪些准备?

4. 配制值班长吴亮在会上的参与意识如何？需要改进的方面有哪些?

5. 请就如何开好部门协调会谈谈你的想法。

07
Chapter

# 第7章 危机沟通

精诚所加，金石为亏。

——汉·王充《论衡·感虚篇》

**学习目标**

1. 识别危机的特征
2. 了解危机沟通的类型
3. 描述危机沟通的模型
4. 认识危机沟通的障碍
5. 掌握危机沟通的策略

## 引导案例

### 达芬奇家具危机情况介绍会

2011年7月10日，声称产于意大利的家具奢侈品牌达芬奇家具，被曝出其产品是国产，一时间成为人们关注的焦点。为应对这一重大的危机事件，7月13日，达芬奇家具召开了媒体新闻发布会。

达芬奇家具的首席执行官兼总裁潘庄秀华女士在发布会上发言如下：

“第一，我感谢央视的报道及媒体的监督，使达芬奇更广泛地面对消费者，督促我们可以做得更符合消费者的要求。我们今天非常高兴有机会与你们分享达芬奇家具的运营以及我们所代理品牌的情况。过去几天，央视及各地媒体对于达芬奇的业务、运营极为关注，提出了一些问题。因此，我希望通过今天这样一个机会向北京以及各地的媒体尽可能全面地介绍情况。不仅由我来做总体介绍，接下来我也会请有关厂商做具体介绍。

第二，我想让所有的媒体更加了解达芬奇是高品质家具品牌的代理商，我们所代理的品牌有意大利的品牌，如这次风头最劲的Capelletti和Riva等，恕我不能将所有的品牌都一一介绍。达芬奇也代理了无数美国品牌，其中包括好莱坞（Hollywood）这个刚兴起的品牌。我早上还跟该公司沟通，希望好莱坞能够在中国越卖越好。美国的品牌里面今天在场的代表有Joel，他现在不只是好莱坞的总裁（总设计师），也刚开始负责Theodore品牌的整体风格设计和市场开拓。在与它们的合作之中，我们及时向它们反馈中国客户的审美和习惯，使它们能够不断在家具品质设计方面贴近中国客户的要求。

第三，媒体报道的一个核心是达芬奇所代理的意大利家具的产地问题。在此，我向今天出席的所有媒体确认，达芬奇所有代理的意大利品牌，均在意大利生产，均为原装进口。同时，我们所代理的美国家具品牌，包括好莱坞，都是全球采购，成品产地包括越南、菲律宾、印度、印度尼西亚以及中国等。大家都知道，美国品牌不只是家具，有好多都不是百分之百在美国生产的，这正是美国品牌的优点。它们只想把质量做好、设计做好，不一定一味地要在美国生产，这也正是达芬奇非常重视的一个企业理念。我们一直都是这样与客户沟通的，达芬奇代理的意大利品牌均是在意大利生产的，如果是美国品牌并不排除会是中国制造。我们和销售员，以及达芬奇的支持顾客群体，一直都是这样沟通的。

第四，媒体报道的Capelletti质量问题，由于今天有Capelletti公司负责人出席，会由他直接发言。

第五，达芬奇在中国市场的成功，离不开政府的支持和指导，最近由于媒体的相关报道，各地各级政府部门对于达芬奇的运营给予了极高的关注，分别派人到达芬奇各地门店了解情况，我们一如既往地全面配合。我们从内心感激政府的关心与指导，我们也期待着听取各方面的反馈与意见，进一步提高我们的运营水平。

借此机会，我坦诚地对各位说，我们也意识到代理品牌较多，因此实际上从今年初开始就有很多美国品牌和意大利品牌，包括代表意大利的Asnaghi常驻中国，给予我们的员工正确的指导，客户如果有疑问它们会给予帮助。美国品牌好莱坞以及Theodore也会从2011年开始派人常驻中国。

在此，我借此机会再次感谢媒体朋友，谢谢大家！”

在之后的记者提问环节，潘庄秀华面对许多质疑没有正面回答，却诉说起了自己的创业史。“可能大家觉得我在讲什么东西，讲得乱七八糟，你们不想听这些东西。为什么我要从达芬奇2001年到北京开始说，实际上我这几天也有很大的压力。在这里，可能大家觉得我讲的很多话是为了让大家同情我，不是的，我是让大家知道事实，我是一个企业家，但我也是有血有肉的人。所以刚才我做了非常不应该做的事情，我向这位记者道歉，向各家媒体道歉，也希望大家谅解我。虽然我希望勇敢地面对，但我也是一个女人，也有压力。”

该新闻发布会被很多业内人士评价为一场失败的发布会。

资料来源：潘庄秀华诉说发家史 达芬奇承认部分家居为国产．(2011-07-14). http://www.chinanews.com.cn/cj/2011/07-14/318095/shtml.

市场经济的竞争性使每个企业都在生与死、兴与衰的风浪中前行。无论企业规模大小，事关企业生存的大大小小的危机都可能会在不经意间出现在眼前。身处其中的每个人每时每刻都会不同程度地感受到危机的压力。个人是否有足够的勇气与能力直面危机，化解困境，直接影响到自己的职业生涯；企业对周围环境的适应性以及对危机的应变能力，将决定企业的生存。如何在竞争中变“求生存”为“谋发展”，化危机为机遇，这是对企业及其管理者的严峻考验。因此，作为组织成员，尤其是组织中掌握着主要决策权的管理者，了解危机的特点、形成和发展过程，提高危机预测能力，掌握危机沟通策略，显得尤为重要。

在上述案例中，达芬奇家具的潘庄秀华女士在发布会上的发言没有直面公众所关注的问题，留给公众的印象是避实就虚、缺乏诚意。显然，这是一个不成功的危机沟通案例。实践表明，有效的危机沟通能使企业转危为安；反之，缺乏危机沟通意识和能力，就会使危机不断加深，甚至最终断送企业的前程。面对危机，企业应该如何迅速应对？在危机沟通中，如何面对媒体？如何化危机为机遇？管理者如何进行有效的危机管理，如何增强自我危机沟通意识和能力？本章将围绕这一系列问题展开讨论。

## 第 1 节　危机的特征

企业在发展过程中会遇到各种各样的危机，归纳起来，主要包括七个方面，如表 7－1 所示。

**表 7－1　企业重大危机的类型**

| | |
|---|---|
| 经济方面 | 劳动力缺乏，市场动荡，股价大幅下跌，主营业务收入下降 |
| 信息方面 | 商业机密泄露，信息错误，电脑记录出错，主要客户、供应商等信息丢失 |
| 物质因素方面 | 主要设备、原材料供应链断裂，主要设备、主要工具遭损毁，主要车间遭破坏，工厂停产 |
| 人力资源方面 | 管理层成员辞职，关键技术人才流失，旷工，消极怠工，故意破坏，工伤事故 |
| 声誉方面 | 诽谤，谣言，管理层丑闻，企业声誉受损，企业标识受损 |
| 行为方面 | 产品伤人事件，绑架人质，恐怖事件，工作场所暴力 |
| 自然灾害方面 | 地震，火灾，洪水，台风，泥石流 |

从上述危机的类型来看，其表现形式不尽相同。但是，就不同危机本身所具有的特征而言，它们具有一定的共性。

**1. 突发性**

突发性是危机最显著的特征之一，它出乎意料，令人猝不及防。在危机发生前，人们对它几乎没有丝毫的察觉；当危机突然来临时，人们所熟悉和习惯的生活与工作秩序会被打乱。突然出现在人们面前的是一个完全不熟悉的环境，一切都显得混乱不堪，令人惊讶。通常，危机中的混乱局面会使人们的既得利益部分或全部丧失，因此，人们会有一种强烈的恢复原来状态的心理。

**2. 破坏性**

由于危机具有突发性，常常是在人们没有任何戒备的情况下突然出现的，因此具有破坏性。危机造成的破坏可能是有形的，也可能是无形的。这种破坏可能是厂房设备以及原材料的损失，或资金的流失，甚至人员的伤亡，有时危机还会损害企业形象并造成不可估量的巨大损失。

**3. 不确定性**

正是由于危机具有突发性，人们不知道它会在何时发生，也很难预测危机发生的概率，只能依据以往的经验做出预测，而预测经常会发生错误，因此，危机的发生具有很大的不确定性。危机发生之时，也是新事物孕育或形成之机。人们对新事物的认识不够，按照以往的经验和统计规律去判断危机常常不准确，容易出现偏差，不利于进行危机管理。另外，危机的发展也有很大的不确定性。由于危机的发展常常是出人意料的，因此，为了有效控制和处理危机，在处理危机过程中要密切关注危机的发展。

**4. 紧迫性**

危机的突发性决定了它的紧迫性，这种紧迫性表现在危机发展得非常迅速。而且，随着危机的蔓延和发展，危机造成的损失会越来越大。因此，对危机的反应越迅速，处理危机的决策越正确，损失就越小。在面临危机时，一定要有强烈的紧迫意识，要抓住时机，因势利导，牢牢把握控制危机的主动权。

**5. 信息不充分**

在突如其来的危机中，所有秩序都被打乱了，原有的沟通渠道会断裂，使信息无法有效地传递。例如，当遭遇严重的地震灾害时，绝大部分通信设施遭到毁坏，灾区内部的信息交流、灾区与外部的联络无法有效进行，人们很难了解灾情，也就不能采取有效的行动。另外，在危机中，人们会因为过度紧张而对客观情况反应失真或夸大危机的细微之处，导致危机管理者获得的往往是错综复杂而又真伪参半的信息。在这种状态下，有利于危机管理的信息非常缺乏。

**6. 资源严重匮乏**

由于危机会突然降临，因此用于解决危机的资源就显得十分匮乏。一方面，日常消耗的资源在危机中可能遭到破坏，用于应急的备用资源或者遭受破坏，或者离危机现场很远，远水解不了近渴；另一方面，在危机中人们对资源的需求量非常大，资源的消耗速度也非常快。

在危机中，组织的正常运转停顿了，获取资金的渠道也中断了。在面临危机时积极自救，需要动用以前积累的资金，因此，组织的资金资源就显得非常紧张。

当然，在危机处理中，人力资源是最紧缺的。那些未受过训练的人在危机中会惊慌失措，无法冷静地参与解决危机；而训练有素者毕竟是有限的。当危机的规模较大时，更会感到人手不够。

**7. 挑战性**

每一个危机事件都是独一无二的，也就是说，无法完全参照从他人或先前的危机中总结出的具体经验教训来处理新出现的危机。因此，每次危机出现时，无论对企业还是对企业的管理者，都是莫大的挑战。作为现代组织管理者，不仅需要具有前瞻性，还必须具有极强的判断能力、应变能力、沟通能力、决策能力和果断处理危机的能力。

**8. 情绪失控**

当危机发生时，它会在组织内部成员中以及组织外部社会中引起恐慌、悲哀或愤怒等情绪，这些情绪往往会导致事态恶化。所以，在做应对危机的准备时，就应充分考虑到危机对组织成员和公众的情绪有何影响，一旦危机发生，应以行之有效的措施进行及时有效的沟通，以缓解并消除这种情绪。

**9. 舆论关注**

正是由于危机具有突发性、不确定性、严重危害性等特征，危机注定要受到社会的瞩目、舆论的关注。当一个企业面临严重危机时，各种媒体对它的反应不仅仅是一种被动的纪实报道，有时甚至会操纵舆论导向，影响危机的蔓延方向。因此，面临危机要注重舆论导向，要有计划地引导舆论朝有利于化解危机的方向发展。

## 第 2 节　危机形成和发展的四个阶段

根据美国危机管理专家伊恩·米特罗夫（Ian Mitroff）的观点，在危机真正爆发之前，所有的危机都会发出早期预警信号。从危机沟通的视角来看，危机的形成和发展包括以下四个阶段。

**1. 危机爆发前**

这是在危机发生之前的有所感应的阶段。事实上，所有的危机在真正降临之前，都会发出一系列预警信号。如果能在这个阶段及时、准确地捕捉到这些信号，对其加以详细分析并采取相应的有效措施，就能成功地避免许多危机的发生，或者在危机不可避免地爆发时及时、有效地应对，从而减少损失。

**2. 危机爆发初**

这是指危机开始造成可感知的损失的阶段。在危机爆发时，危机的征兆会不断显现。如果管理者对于这些征兆具有一定的敏感度，并给予充分的重视，及时采取适当、有效的措施，就能够将可以避免的危机消灭在萌芽期，使无法避免的危机来临时所造成的损失降至最低。

**3. 危机爆发中**

在这个阶段，危机造成的破坏十分明显，对组织及个人造成持续的、无可挽回的损害，危机的九大特征表现得尤为突出。如果管理者能够正视危机，采取必要的措施，就能阻止危机继续蔓延，避免危机所可能导致的连锁反应，防止危机造成更大的损失。

**4. 危机爆发后**

这个阶段不再表现为明显的、能感知的实际破坏，而是表现为逐渐潜行而至的危机所导致的后遗症，包括对企业的形象、信誉、销售业绩以及个人声誉和心理造成的负面影响等。在这个阶段，管理者的主要任务就是采取积极有效的措施，尽快减少或消除危机导致的影响，使个体和组织早日恢复元气。

# 第 3 节　危机沟通的类型

总体而言，危机沟通是指个体或组织为了防止危机的发生、减轻危机造成的破坏或尽快从危机中得到恢复而进行的沟通过程。危机沟通是处理潜在的危机或已发生的危机的有效途径。

从表 7－1 不难看出，危机沟通不仅涉及组织内部沟通（包括管理者和员工之间的沟通），而且涉及组织外部沟通（包括与媒体、政府部门、社区、公众等方方面面的沟通）。

事实上，沟通是管理的一项基本职能，缺乏良好的沟通，任何管理行为都无法有效地实施。尤其在危机预防和危机处理的管理工作中，不仅需要组织成员之间的有效沟通与团结合作，更需要组织与外部社会的有效沟通，从而化解困境，共渡难关。

如图 7－1 所示，根据危机形成和发展的不同阶段，危机沟通可分为危机爆发前的沟通、危机爆发初至危机爆发中的沟通和危机爆发后的沟通三种。

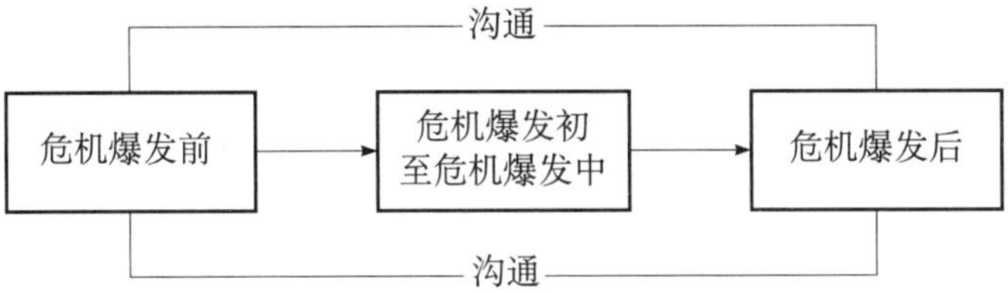


**图 7－1　危机沟通模型**

## 一、危机爆发前的沟通

危机爆发前的沟通是指在危机爆发之前进行的沟通。这一阶段的广泛沟通有利于及时发现危机爆发的隐患，从而为提前寻找有效处理危机的方法赢得时间，或者避免危机的发生。

危机爆发前的沟通大致包括两方面的内容，即危机调查和危机预测。

**1. 危机调查**

开展危机调查就是通过民意测验、问卷调查、形象调研及交叉审计等方法，与组织内部和外部进行广泛的沟通，了解企业的处境和现状。危机调查需要解答以下问题：

（1）组织内部。

1）阻碍当前组织发展的瓶颈是什么？

2）存在什么主要问题？问题能否解决？假如解决不了，是否会成为隐患？一旦危机发生，组织是否具有处理危机的能力？

3）组织成员是否具有较强的危机意识？他们对危机可能造成的损害和破坏的承受能力如何？

4）与媒体的关系如何？平时是否保持经常的沟通？一旦危机发生，将如何与媒体合作？

5）平时组织与顾客的关系如何？组织在公众中的形象如何？

6）一旦危机发生，会对组织的形象、信誉、品牌营运和销售额以及员工利益造成多大的影响？

（2）组织外部。

1）媒体会如何报道？会基于事实介绍还是会大肆炒作？

2）政府部门会干预吗？会如何干预？会造成怎样的结果？

3）供应商和销售商会有什么反应？

4）顾客及社会公众如何看待这次危机？会做出什么反应？

**2. 危机预测**

通过各种危机调查方法，可以收集到大量的资料和信息。危机预测就是将这些尚显凌乱的资料和信息加以整理，然后进行详细的分析，根据所得出的分析结果做出科学的预测以确定危机爆发的可能性，并为有效避免或处理危机做好思想上和措施上的充分准备。危机预测方法有许多种，这里介绍一种直观简便的坐标图示法。

坐标图示法建立在一定的假设基础上，根据所假设的状况测定危机影响值。测定危机影响值是将危机影响具体化的一种方法。危机影响值是在没有外界干扰的情况下，对危机发生后所产生的损害做出的评估。危机影响值的大小通常可以通过调研对象对设定的若干指标在危机发生时可能产生的影响所做出的主观评估以 0～10 表示，如表 7－2 所示。

**表 7－2　危机影响评估调研**

| 假设性问题 | 危机影响值<br>（0，1，2，…，10） | 危机发生概率<br>（0，0.1，0.2，…，1） |
| --- | --- | --- |
| 劳动力缺乏 | | |
| 股价大幅下跌 | | |
| 商业机密泄露 | | |
| 主要原材料供应链断裂 | | |
| 管理层丑闻 | | |

续表

| 假设性问题 | 危机影响值（0，1，2，…，10） | 危机发生概率（0，0.1，0.2，…，1） |
|---|---|---|
| 关键技术人才流失 | | |
| 故意破坏 | | |
| 工伤事故 | | |
| 谣言、诽谤导致企业声誉受损 | | |
| 产品伤人事件 | | |
| 恐怖事件 | | |
| 自然灾害 | | |

可以设定一些能够比较全面地反映危机影响的指标，让调研对象给这些假设性问题打分。危机造成的影响越大，则危机影响值越高，最大值为 10，最小值为 0。在做危机预测时，还要考虑危机发生概率。对危机发生概率，设法将“不太可能”“绝不可能”“绝对会”等加以量化，采用数字表示潜在危机发生的概率。如果危机产生的可能性很小，则危机发生概率也很小，最小值为 0，表示不可能发生；最大值为 1，表示一定会发生，如表 7－2 所示。

在完成危机影响评估调研数据采集工作后，再以危机发生概率为横坐标，以危机影响值为纵坐标，绘制危机预测坐标图（见图 7－2）。它包括四个区域（象限），其中第Ⅰ区域表示危机发生的可能性大，危机造成的影响也大；第Ⅲ区域表示危机不容易发生，且造成的影响不大。

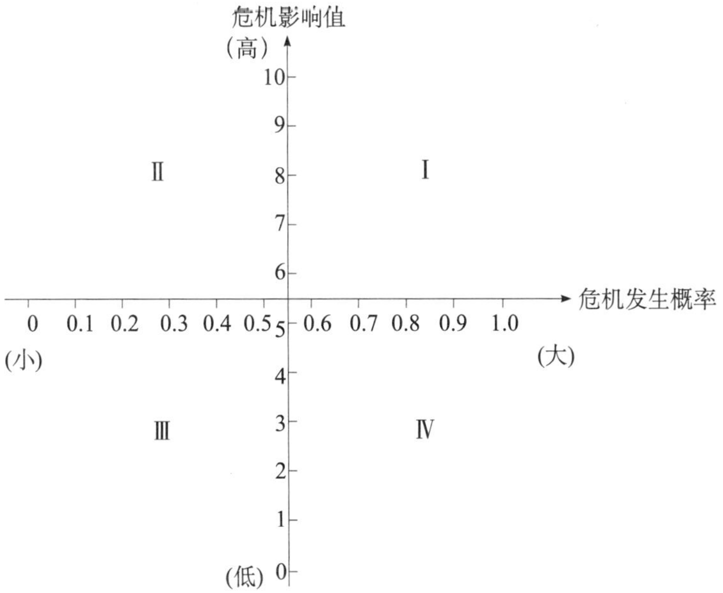


**图 7－2　危机预测坐标图**

利用危机预测坐标图，可以直观地看到危机爆发的可能性和影响强度。如果发现潜在的危机进入第Ⅰ区域，就需要引起高度重视并立即研究应对危机的措施，制定实施方案，直至摆脱危机。

应该指出，在确定潜在危机爆发的可能性和影响强度后，组织还需要判断哪些是最有可能受到危机影响的重要方面，并予以重点关注。

毫无疑问，如果能够预测危机爆发的可能性和影响强度，就可帮助组织事先做好人力、财力上的准备，并在时间上赢得主动权。组织可以为处理潜在危机在资金方面及早做出预算，在组织内外部沟通方面及时确定目标，制定沟通计划。

## 二、危机爆发初至危机爆发中的沟通

危机爆发初至危机爆发中的沟通是指危机爆发初期及危机发展过程中的沟通。在危机爆发前制定危机的沟通目标和计划固然重要，有助于企业及其管理者在危机爆发时从一个较高的起点展开工作，但它毕竟是建立在假设、预测的基础之上的。危机爆发时的实际情况与事先的假设情形往往存在一定的差异，因此，在危机爆发初期及危机发展过程中要及时启动危机应急预案，并根据实际情况对危机应急预案适当修正。在这一阶段危机处理的有效性取决于组织管理者能否进行及时有效的沟通。危机爆发初至危机爆发中的沟通步骤如下。

**1. 控制局势**

无论发生了什么危机，管理者都应尽快控制局势。控制局势就是保证组织有秩序地应对危机，及时弄清问题的真正症结，并设定可度量的沟通目标。要做到这一点，从理论上讲，组织中的每个人都应该知道当有事发生时要找谁，但在大公司要做到这一点并不容易。因此，组织应该利用现有或届时建立的沟通部门，保证信息畅通，以便随时将危机的最新进展反映给相关部门，从而有效地控制局势。

**2. 界定问题**

当问题发生时，要迅速查出原因，并及时与公众进行沟通。同时要严肃处理相关责任人，及时做出反应，表现出拯救危机的决心。

在处理危机时，应立即组建危机处理小组，迅速调查情况、制定计划以控制事态的发展。应该在周密调查的基础上，对危机的状况做一个全面的分析：危机爆发的主要原因是什么？危机发展的状况及趋势如何？受影响的公众有哪些，他们希望通过什么方式解决危机？在弄清楚这些问题的基础上明确沟通目的，制定沟通方案。

**3. 收集信息**

即便事先有所准备，当危机来袭时，人们也会发现许多新问题。为了正确应对危机，管理者应尽可能多地收集信息，以了解危机出现的真正原因，为化解危机提供决策依据，为危机沟通提供信息支持。

**4. 设立危机应急中心**

面临危机，管理者在努力收集和汇总各方面信息的同时，还应该立即建立危机应急中心并使之有效运转。在危机期间，危机应急中心也是所有沟通活动的公共平台。应该指出，即使在危机期间，也应该尽量给媒体提供一个方便的工作场所和必要的通信设施，如上网服务、计算机、电话服务等。此外，危机应急中心还应该指定一名发言人，负责对外沟通联络。发言人可以是企业的首席执行官、首席运营官，也可以是运营经理、产品经理、工程师、公关部长、法律顾问等。

**5. 及时沟通**

为了有效控制危机局面，组织需要与媒体、内部员工、外部利益相关者以及社会公众沟通，应该积极主动发布信息，引导舆论，稳定公众情绪，为化解危机创造良好的条件。尤其是在危机给生命及财产造成了威胁的情况下，管理者应当努力通过各种渠道，特别是借助媒体向公众传播正面客观的信息，减少危机给人们带来的恐惧情绪，以及由恐慌带来的损害。特别需要指出的是，在危机沟通过程中，企业应当选择优秀的内部公关人员站在沟通的最前沿，以团结协作、友善诚恳的态度面对舆论和公众。

## 三、危机爆发后的沟通

危机爆发后的沟通是指在危机过后所进行的沟通。危机解决并不意味着沟通结束，实际上，大量的沟通工作才刚刚开始。这是因为在危机发生时以及危机发展过程中，由于各种事件的突发性，各种处理方法和沟通努力都处于一种应急的状态，没有也不可能进行周密的思考，难免有疏漏和引起误解之处，而且沟通的方法和效果未必持久。所以，危机过后，组织管理者还需付出大量的沟通努力来弥补信息的不足，避免误解，巩固前期的成果，以将危机造成的负面影响降至最低。组织及其管理者在这个阶段的沟通努力应包括如下内容。

**1. 与受危机影响的各方进行沟通**

虽然通过媒体向外发布危机相关信息速度快、面大、量广，但是与组织内部的员工、管理者、保安人员和接待人员保持直接沟通更为重要。这有助于与媒体保持更密切、更直接的接触。与此同时，也应当与组织外部利益相关者保持有效沟通。这些利益相关者包括除员工外的其他几种重要群体，如顾客、股东、社区、供应商、紧急救援机构、专家和政府官员等。应采用一切可能的方法和途径与受危机影响的各方进行沟通，如电子邮件、语音信箱、短信、传真、卫星转播和在线服务等。

**2. 保持运营状态**

对于负责处理危机事件的管理者而言，危机当前，应对危机、处理危机乃头等大事。但是对其他管理者来说，尽管危机出现了，经营活动仍然必须正常进行。当然，作为经营活动的组织者，在努力维持和恢复正常的运作秩序的同时，还应考虑危机对企业的其他经营活动是否会有影响。例如，企业的产品信誉是否会受到危机的影响？销售渠道是否畅通？产量是否需要做调整？以前的广告是否需要继续发布？诸如此类的问题都需做周全考虑。

**3. 制定计划以避免危机重来**

前车之覆，后车之鉴。当危机来临时，一方面要由应急中心妥善处理危机，另一方面要由负责沟通的部门在企业主管领导者的协调下，制定周密的计划和对策，以防止危险再次降临。经历过磨难会让人更具有危机意识，遭遇危机也许是使组织走向成熟的一次契机！因此，要把握时机，抓住机遇，及时总结经验，积极展开有效沟通，防止危机重来。

## 第 4 节　危机沟通中的障碍

危机沟通是处理危机、预防新危机的积极有效的手段。然而，危机爆发前到危机爆发后的沟通过程并不是一种理想的有效沟通过程，同时组织文化和成员的危机认知差异以及组织外部社会等因素的存在，导致危机沟通不畅，或未能达到沟通目的和预期效果。导致危机沟通失败的障碍大致可以归纳如下。

**1. 缺乏危机沟通意识**

在危机爆发前，一些企业管理者过于自信地认为，企业正处于上升趋势，危机不会降临到自己头上，他们往往被眼前的成就蒙住了双眼。在他们看来，危机是发生在其他企业的事，自己无须预测危机，更没有必要做任何危机爆发前的沟通准备。因此，一旦危机发生，他们就会措手不及，不知该与谁沟通、如何沟通。

**2. 封闭式组织文化**

组织文化是组织在长期发展中形成的，是组织成员共同的价值观和行为准则。在封闭式组织文化中，组织内部缺乏有效的纵向和横向沟通，组织外部缺乏与利益相关者和其他相关组织或机构的沟通。所以一旦危机发生，组织内部就会一片混乱，气氛紧张，人心涣散；组织外部则会谣言四起，各种压力纷至沓来，使事态进一步恶化。

**3. 缺乏预警系统**

事实上，所有危机在真正降临之前都会发出一系列预警信号，如媒体或公众的一些评价、组织成员之间的相互埋怨、顾客投诉的增多、审计部门的批评等。但由于组织缺乏必要的预警系统，不能捕捉到这些信号，以致危机在毫无防备的情况下突然爆发。

**4. 不善倾听**

处于生产第一线的员工或主管往往是最初的危机感应者。然而，当他们将自己的担忧和意见向上反映时，上级管理者却不以为然，更不用说采取任何积极的措施了。前些年时有发生的煤矿事故就是最好的例证。

**5. 提供虚假信息**

一般而言，企业无论大小，都存在“报喜不报忧”的倾向。在危机发生时，它们往往因惧怕事态扩大而不与媒体或公众沟通，或者提供虚假信息，不愿透露真实情况，或者仅做表面文章，不进行实质性的有效沟通，从而陷于被动地位，错失在危机发生的第一时间与相关各方进行有效沟通的机会。

**6. 缺乏应变能力**

许多危机处理失败的例子揭示了企业管理者一个普遍的致命弱点：缺乏应变能力。由于习惯于平时较为平稳正常的企业运作，缺乏危机沟通意识以及危机爆发前的准备，一旦危机来临就显得措手不及而无以应对，最后导致危机管理失控。

## 第 5 节　危机沟通的策略

尽管企业危机沟通中存在种种障碍，但只要正视这些障碍，重视企业及其管理者的沟通技能的训练，建立健全必要的沟通机制，就能够克服这些障碍，达到有效避免和控制危机的目的。危机沟通的策略如下。

**1. 加强培训**

有效地处理危机要求组织成员具备良好的心理素质，并掌握特殊的危机处理知识和技能，这些都需要经过适当的培训。在危机处理技能培训中，情境模拟训练是一种较常用的方式，即通过设定一个危机发生的情境，让组织成员体验危机发生时的感受。在这种身临其境的训练中，组织成员可以增强危机意识，减少或消除危机所带来的紧张和恐惧情绪，增进成员之间在危机中的合作与沟通，从而提升危机应变能力。

**2. 建立危机预警系统**

所谓企业危机预警，就是在掌握现有可能导致危机的信息的基础上，分析企业潜在的危机，建立明确的判断标准，也可以通过数学模型，对企业危机进行适时的跟踪、评价、控制，并及时发出警报。建立危机预警系统是有效防御危机、应对危机并解决危机的手段。建立完善的危机预警系统，可以增强企业的免疫力、应变力和竞争力，做到防患于未然。

**3. 诚信至上**

为人处世，诚信第一；贸易经商，诚信至上。面对危机更应该以诚信为本，唯有如此，才能克服困难，化危机为转机。

当企业出现危机，特别是出现重大责任事故并导致社会公众利益受损时，企业必须承担起责任。在善后处理工作中，企业必须信守诺言，以诚待人。只要顾客是由于使用本企业的产品而受到了伤害，企业就应该在第一时间向顾客道歉以示诚意，并且给受害者相应的物质补偿。对于那些确实存在问题的产品，应该不惜代价迅速召回，同时迅速采取有效措施改进产品或服务，以表明企业解决危机的决心。只有以诚相待，才能取信于人。

水能载舟，也能覆舟。当企业面对危机时，应该以社会公众和消费者的利益为重，迅速做出适当反应，及时采取补救措施，并积极主动地以该事件为契机，因势利导，化解危机。这样不但可以迅速恢复企业的信誉，而且可以提升企业的知名度和美誉度。一个优秀的企业越是在危机的时刻，越能显示出它的综合实力和整体素质。

**4. 创建开放式组织文化**

无论是对内部成员还是对外部社会，组织都应该以开放的姿态与其进行坦诚的沟通，积极倾听并重视来自各方面的意见和建议，及时纠错。要建立健全有效的组织沟通机制，保持内部纵向、横向沟通渠道畅通无阻。在危机发生前，要与组织外部社会，包括媒体、政府、社区、公众等相关方面经常保持积极主动的沟通。一旦危机发生，要认识到主动告知真相的重要性，杜绝虚假信息，避免自我蒙蔽，勇于为自己的产品和行为承担责任。只有这样，才能赢得大家的理解和帮助。

## 第 6 节　危机管理者的基本素质

通常危机管理者几乎都是由企业高层管理者兼任的，但是，应该指出，并非每一个企业高层管理者都能胜任这一角色。一个合格的危机管理者必须具备如下素质：

（1）具有强烈的危机意识，能够敏锐地洞察危机的发展。

（2）能够灵活应对各种复杂情况，敢于迎接挑战。

（3）口齿清楚，口才良好，善于沟通和倾听。

（4）在企业中拥有权威。

（5）富有同情心，善于运用非语言进行交流。

（6）在外界的压力下能保持冷静。

（7）精力充沛，能够长时间连续工作。

（8）拥有危机沟通的知识和技能。

## 第 7 节　与媒体进行危机沟通的技巧

媒体在现代社会生活中起着越来越重要的作用，媒体的触角已经深入人们生活的各个方面。从地铁到出租车，从商场到家中，你无时无刻不感受到各种媒体的包围，如报刊、广播、电视和网络等。媒体正日益影响并改变着人们的生活，因此，在危机沟通中，一定要高度重视媒体的影响和作用。

在危机沟通的过程中，媒体对危机管理既可以施以积极正面的影响，也可以产生消极负面的影响。因此，我们有必要根据媒体的特点，采取有效的管理措施，使媒体朝着有利于危机管理工作的方向展开报道。

作为企业的管理者，特别是作为危机应急中心的负责人，身处危急关头要临危不乱、处变不惊，坦然、真诚地面对媒体，善于将准确的信息传递给公众。如何做到这一点呢？建议管理者从以下八个方面来把握与媒体进行危机沟通的技巧。

**1. 制定沟通政策**

在着手进行危机沟通前，应该预先拟定统一、完善的沟通政策，尤其是对于媒体和公众普遍关心的问题应该有一个明确一致的沟通口径。沟通政策一旦制定，应以各种形式传达到危机应急中心成员以及有可能接触媒体的层面，必要时还应将有关规定和沟通政策印制成册，分发给相关人员。企业对外沟通手册应明确说明对哪些问题如何回答，将危机期间人们所关注的问题尽量列举出来，并给予解释、说明和指导。特别应该指出的是，企业在对外沟通策划中应指定一名发言人，这样可以确保统一对外沟通的口径，准确发布信息，从而避免未经训练的其他人员在面对媒体时信口开河、镜前失言。

**2. 做好充分准备**

企业管理者或发言人在接受媒体采访前，即使对危机事件的来龙去脉了如指掌，也应该预先做好充分准备。尤其对媒体可能提出的问题要做好准备，应尽可能多地收集有关数据和事实，并且努力做到了如指掌，以确保在媒体面前应对自如。

**3. 与新闻界保持良好关系**

在与媒体接触的过程中，应努力设法与新闻界保持良好的关系。一般来说，新闻记者的职责是让公众了解真相，采访是新闻记者的本职工作。企业管理者或发言人在与新闻界沟通时一定要尊重对方，要以坦诚的态度面对记者。有时记者会站在公众的角度提出一些令人窘迫的问题，甚至提出一些你并不赞同的观点，作为企业发言人，你应该表现出十二分的坦诚与豁达。

在与记者沟通时，应设法了解对方的身份和姓名，在接受采访时，可以友好地称呼对方，从而拉近彼此间的距离。总之，与媒体保持良好的关系，有利于企业在公众面前树立正面形象。

**4. 正确应答**

如前所述，企业管理者或发言人在面对媒体、接受采访时，首先要对情况十分了解，这是坦然应对媒体的首要前提。此外，为了保持与媒体的有效沟通，还应该努力做到以下几点：

（1）回答问题要简洁明了，避免跑题。

（2）在回答问题时，尽量引用客观事实和具体数据，以增强说服力。这样既可以满足新闻报道的需要，又有利于提高所发布信息的可信度。

（3）在回答记者提问时，应有意识地把话题朝有利于正面介绍企业的方向引导。例如，当受到质询时，先针对问题做正面回答，然后借着回答转向某个相关的事实并延伸下去，这些事实应有利于取信于顾客，有助于维护企业形象。

（4）切忌重复记者所说的不适当的话，以避免被人断章取义，恶意中伤。你可以接过对方的话说："我不同意你的观点，事实上……"另外，如果记者提到一些未经证实的信息或数据，千万不要将其作为讨论的依据或话题，以免混淆视听。如果遇到这种情形，你可以坦诚地回答："对不起，我还没有从任何权威人士那里得到这方面的信息，因此，暂时不能对此做任何评论。"如果你对一些问题不愿意回答，可以直截了当地说："很遗憾，对此我无可奉告。"此时，大可不必闪烁其词、支支吾吾，否则反而容易造成负面效应。

**5. 把握时机**

如果你没有做好充分准备，或者你认为目前接受媒体采访不合时宜，可以提出另约会晤时间："十分抱歉，我现在不能接受您的采访。如果方便的话，可以明天上午 10 点在这里接待您。"一般来说，记者不会执意要求根据自己的安排来确定采访时间。

**6. 出言谨慎**

口若悬河，信马由缰，都是面对媒体之大忌。在媒体面前，如果说错了话，就是真正的覆水难收！因此，在接受记者采访时，应做到出言谨慎，对不了解的问题不必仓促作答，更不要对充满变数的问题发表评论。

**7. 掌握主动**

面对媒体，你应该努力掌握主动权，避免被问题牵着鼻子走。在接受记者采访的过程中，你可以根据自己的意志发表讲话，也可以回避你不愿意谈的问题。如何才能掌握主动呢？你应该注意以下几点：

（1）地点。你有权选择你认为合适的地方接受采访，通常应选择比较安静的地方。

（2）时间。选择你认为合适的时段接受采访，在接受采访期间，你可以掌握采访的时间。如果你认为要说的话都已说过了，就可以主动地提出终止采访。当然，在结束采访时，应该记住对媒体表示感谢。

（3）选择提问。如果你同时面对许多记者采访，应该有意识地选择那些比较友好的记者，避免选择那些尖刻刁钻的提问者，应有礼貌地婉拒这些人。

**8. 注意非语言沟通**

接受媒体采访，特别是面对摄像机时，应该特别注意自己的非语言信息的传递。例如，在接受电视台采访时，着装应以保守式样为宜。站姿或坐姿以自然放松为好，面部不要显出紧张、拘谨的神情，眼睛更不要东张西望，要显得自然、自信、真诚（有关非语言沟通的技巧详见第 12 章）。

## 本章小结

随着现代企业面临的外部环境日益复杂，企业对周围环境的适应能力将决定企业的生存。社会的进步也给企业带来了巨大的压力，这是一个危险与机遇共存的时代，企业及其管理者如何在竞争中变"求生存"为"谋发展"、变压力为动力，在危机与机遇来临时能否及时有效地处理危机，把握机遇，很大程度上取决于其是否具备危机沟通的意识和能力。

本章阐述了危机的九大特征，并根据危机形成和发展的四个阶段提出了危机沟通的基本模型及危机沟通的类型。由于危机形成和发展的复杂性和多因性，因此在危机沟通的过程中不可避免地会存在各种障碍。本章在分析这些障碍的同时，提出了处理这些障碍的策略，并且指出了危机管理者应具备的基本素质。

尽管并不是所有的危机都可以防止，甚至某些我们几乎已经完全了解的危机仍然会发生，但是，如果对危机沟通有全面的了解，那么所有危机的影响都是可以减弱的。凭借有效沟通的巨大力量，我们一定能够更加妥善地处理任何危机。

## 讨论题

1. 危机具有哪些特征？
2. 为什么要建立危机预警系统？
3. 危机沟通在危机形成和发展过程中的意义何在？
4. 你认为作为危机管理者的企业发言人应如何提升其危机处理能力？
5. 组织应如何建立健全危机沟通机制？

## 情境模拟

将学生分为10人一组，每个人都假设自己是某个组织的首席执行官。从下列话题中任选一个，进行5分钟的准备，先在小组中做3～5分钟的陈述，然后回答其他9位学生提出的问题。这9位学生扮演记者或某个社会团体代表的角色。在每个人都轮换一遍角色之后，小组成员一起就刚才每位学生的表现进行简短的总结，相互指出哪些做得对，哪些有待改进。

1. 企业的股价大幅下跌。
2. 主要车间遭破坏导致工厂停产。
3. 管理层成员集体辞职。
4. 严重的工伤事故。
5. 有毒气体泄漏。
6. 管理层丑闻。
7. 产品伤人事件。

## 案例分析

### 美联航暴力驱逐乘客事件

2017年4月9日下午5：40，从芝加哥奥黑尔国际机场飞往肯塔基州路易斯维尔的美国联合航空（简称美联航）UA 3411航班满员。为让4名机组人员能于翌日抵达路易斯维尔为隔日的航班做准备，美联航在机上寻求4名自愿下机的乘客，承诺赔偿400美元及1夜酒店住宿，但直到加至800美元仍无人放弃登机。美联航决定用电脑随机抽出4人。1对被抽到的男女平静接受，但1名自称是医生、与妻子同被抽中的亚裔男子拒绝下机，表示翌日要到路易斯维尔的医院见病人。在争执不下的情况下，该名男子被3名机场保安暴力强行拖下飞机。

根据当时的现场视频和照片可见，该名亚裔男子被至少2名保安拖拽着。在拖拽过程中，这名男子的头部多次撞击到座位把手，满脸鲜血。被拽住手臂时，他还爆发出难以忍受的哀号声。当被拽倒在地时，他已处在神志不清的昏迷状态。该男子正是在这样的昏迷状态下被机场保安强行拖拽下机。涉事航班因该事件而延迟约3小时起飞。

美联航暴力驱逐乘客的现场视频由一位同机的女乘客上传至互联网。视频一经上传立即疯转，浏览次数迅即过亿，引发社交媒体用户和广大网民的激愤。人们纷纷谴责美联航管理混乱、机场保安涉嫌暴力执法。

**事件处置**

4 月 9 日晚上，即事发当晚，面对舆论的谴责，美联航发表声明称这次事件是因 UA 3411 航班机票超售引起的。机组人员在寻找放弃座位志愿者的过程中，1 名乘客拒绝离开飞机，这才请来保安。美联航对超售机票一事表示抱歉。该声明将此次事件轻描淡写地说成是“要求乘客下飞机只是一种重新安置”，对于此次事件表示“令人沮丧”和“难过”。

4 月 10 日晚上，时任美联航首席执行官奥斯卡·穆诺斯在向公司员工发送的一封内部邮件中却称，如果机组人员要求乘客下飞机时遭到拒绝，有必要联系航空安保人员前来帮助，员工处理这件事是遵循既定程序的。穆诺斯在邮件中肯定了机组人员所做出的努力，称赞他们是“好样的”，并指责被拖下飞机的乘客具有攻击性。穆诺斯写道：“该乘客好斗，并具有破坏性。”这封邮件随即在媒体上披露，引起舆论哗然，广大网民更是愤愤不平。

4 月 11 日，面对舆论压力，穆诺斯发表了道歉声明，说“没有人应该被这样虐待”。他形容这名乘客被强制拖拽下飞机的遭遇“真的非常可怕”，公司将对此进行详细的调查；同时将对寻求志愿者放弃座位、处理超售机票，以及与机场当局和当地执法机构合作的一系列政策进行认真审查，以确保不再发生此类事件。穆诺斯表示，美联航已启动应急程序，全力配合当局的调查，以查清事情的经过，并称美联航对这一事件“负全部责任”，调查结果将于 4 月 30 日前公布。此外，穆诺斯表示，公司正在与这名乘客进行沟通，以妥善处理此事。其中 1 名涉嫌粗暴拖走乘客的保安已被下令休假接受调查。

4 月 13 日，穆诺斯在接受美国广播公司采访时表示，以后不会让安保人员将乘客带离机舱。“让一名已经预订、付过钱甚至已经坐到座位上的乘客离开，我们不能这么做。”穆诺斯表示，看完 UA 3411 航班事件视频中这名 69 岁的乘客被拖拽出机舱的场景，他感觉“羞愧”。这是穆诺斯第一次公开谈论此事。几天来，事件激起了舆论的强烈反弹，给美联航造成了数以亿万计的损失。“美联航绝对不会再次发生类似事件。”穆诺斯表示，整个事件是一起“系统性错误”。同时，美联航发言人表示将退还所有 UA 3411 航班乘客的机票款。

**事件影响**

尽管美联航于事发当晚在其官方推特上发布了公司首席执行官穆诺斯的道歉声明，但舆论对这一轻描淡写的声明并不买账，认为其避重就轻，故意忽视了暴力拖拽乘客的情节。尤其是穆诺斯在一封公司内部邮件中表示“尊重顾客和他人是我们的核心价值”，同时却对涉事机组人员表示支持，宣称美联航员工是“按照既定程序应对类似状况”。该邮件表明，公司高管的道歉声明缺乏诚意。

美国主要媒体纷纷抨击该公司，指责美联航对待乘客太不人道。《芝加哥论坛报》专栏作家罗伯特·里德说，这起事件是丑陋的，如果美联航自己不为此负责，航空管理部门、执法部门和国会就应介入调查。《洛杉矶时报》的评论文章说，通过这起事件可以看出，美联航的客服“考虑不周，不人性化，不体贴，不负责，甚至愚蠢”。“把乘客像赶牲口一样对待已经很糟了，而把乘客当罪犯就更糟了。”《今日美国报》刊发社论称，航空公司员工绝不应让事件发展到如此地步，安保人员也没有理由对一个乘客采取如此的暴力。

同时，美联航暴力驱逐乘客事件也引发全球舆论关注，社交媒体上大量信息称欲抵制美联航。4 月 11 日，数以千计的网民联名呼吁，要求穆诺斯引咎辞职。时任声誉管理咨询公司首席执行官埃里克·希费尔说，美联航对这一事件的处理是“品牌自杀”。连日来在社交网站推特上“抵制美联航”“拒绝乘坐美联航”等呐喊声不绝于耳。不少网民或披露自己乘坐美联航的负面体验，或宣布以后绝不乘坐美联航班机，或直接贴出截图显示已退订美联航机票。还有不少网友支持受害乘客对美联航提起诉讼要求赔偿。据美国法律界人士透露，被打乘客完全可以向美联航索赔，赔偿金额最高可达数百万美元。

随着事件的不断发酵，美联航的股价开始波动，4 月 11 日早上开盘后，美联航股票一度狂跌 4.3%，半小时内市值蒸发 9.6 亿美元。

…………

事发两个星期后，美联航宣布新政：今后，公司高管的薪金将更紧密地按照乘客满意度浮动。同时宣布，穆诺斯将不会按照原计划于 2018 年就任美联航董事会主席。

资料来源：4·9 美联航驱逐乘客事件．(2017-04-09). https://baike.baidu.com/item/4%C2%B79%E7%BE%8E%E8%81%94%E8%88%AA%E9%A9%B1%E9%80%90%E4%B9%98%E5%AE%A2%E4%BA%8B%E4%BB%B6/20613602.

［思考题］

1. 美联航在暴力驱逐乘客事件发生后做了哪些内部和外部沟通？其沟通效果如何？
2. 美联航暴力驱逐乘客事件对企业造成了哪些直接和间接影响？
3. 试评价美联航首席执行官穆诺斯的危机沟通意识和危机沟通能力。
4. 美联航在危机沟通方面应如何改进？

08 Chapter

第8章

# 面　谈

谈话，和作文一样，有主题，有腹稿，有层次，有头尾，不可语无伦次。

——梁实秋

## 学习目标

1. 了解面谈的目的和种类
2. 掌握面谈的技巧
3. 了解绩效反馈面谈的原则
4. 了解招聘面试的基本程序

## 引导案例

### 中国香港有多少只老鼠

陈宇华，哈佛中国教育研究中心主任，在接受记者采访时谈到自己的一次面试经历。

从斯坦福大学毕业后，我去科尔尼咨询公司应聘，该公司与麦肯锡齐名，是目前世界上最大的顾问公司之一。我被公司从众多的应聘者中挑选出来，开始了决定最终命运的面试。

面试的气氛很轻松，只有一位考官，他拉家常式地问了些与简历有关的问题，然后问："中国香港有多少只老鼠？"我顿时一片茫然和紧张，这个问题和咨询公司简直就是驴唇不对马嘴嘛！我对中国香港一点都不熟，于是硬着头皮问："需要准确数字吗？"考官说不需要，并解释"这道题是为了了解应试者的思维过程"，然后开始启发我如何解题。

我首先想到，哪些地方容易有老鼠？在列举了居民家里、野外、工厂下水道等之后，考官让我归纳："这些地方可以分为几大类?"考官接着又问："接下来该怎么办?"我就从家庭开始分析：一般富裕家庭很可能不会有老鼠，普通家庭和较贫困家庭的数目有多少，这些家庭平均每家会有多少老鼠。他认可了我的思路，让我说出具体的方法。"中国香港有那么多家庭，你不可能一个一个去问。""这就需要把中国香港的家庭按不同卫生标准来划分区域，然后在每个区域抽取家庭样本，得出不同区域里家庭的平均老鼠密度，再乘以这个区域的家庭总数。"

就这样，在分析了每一个大的类别如何具体计算以后，我用计算器算出了一个大致的数目。当然，这一切都是基于假设的取样结果。

这还不算完，考官又问我还有没有其他的方法，因为需要从各个方面去验证通过一种方法得出的结果。我于是又想到去收集二手资料，比如，去问卫生署，或者找卖老鼠药的行业调查报告……

资料来源：康青．管理沟通．5版．北京：中国人民大学出版社，2018.

---

不难看出，这是一次别出心裁的面试。中国香港有多少只老鼠？这样的问题看似与咨询工作毫无关联，其实它可以巧妙地考查应试者各方面的能力：首先是结构性思维能力，看你能否把握宏观，总揽全局；继而是逻辑思维能力，考查你在有了一个框架思路以后，怎样一步一步地深入下去；然后就要看你如何去操作，考查你的实务能力；最后考查你的创新能力，看你会不会从不同的角度去解决问题。当然，在考查过程中，也许更重要的是考查你的沟通能力，因为即使有很出色的思维辨析能力，如果你说不明白道不清楚，也很难将自己推销出去。

## 第1节 面谈与自发性交谈的差异

> 面谈是指组织中有目的、有计划地通过两人（或更多人）之间面对面的交互式谈话而交流信息的过程。
>
> 简而言之，面谈就是"有计划的交谈"。

面谈是发生在收集信息者（面谈者）与提供信息者（面谈对象）之间的直接沟通行为，是人们（通常是两个人，有时是更多人）为了某些特定目的而相互收集、交流信息的一种行为。面谈能否成功，依赖于彼此间能否建立有效的互动关系。

面谈与自发性交谈不同。比如在企业的厂区、过道、电梯或小卖部里同事的偶然相遇，常常会引出话题，但这种自发性交谈并不是面谈。面谈与其他面对面的交互方式也不同，因为面谈的目的在于收集某种特殊的信息，并舍弃无关的信息。让我们来看看下面的案例。

星期一下午，王经理正在去办公室的路上，看到了营销部主任冯天，就停下来并与他寒暄。

王经理："冯天，你好吗?"

冯天："我很好，你呢?"

王经理："还不错!"

冯天："对了，你看了昨天的篮球赛吗?"

王经理："没有，我昨天和一个老朋友叙旧去了。"

冯天："唉，太可惜了！你错过了一场十分精彩的球赛，易建联的表现实在太出色了，在这场比赛中，他一人就得了 32 分，特别是在比赛结束前的最后一刻，他投进了一个至关重要的球!"

王经理："真是不错，下次有机会，我一定不错过。啊，我得走了，你看到秦剑了吗?"

冯天："他刚才在办公室，这会儿不知在哪里。"

于是王经理就去找秦剑。秦剑是他的下属，仓储部主管，正带着员工在仓库里盘点存货。

王经理："秦剑，你近来好吗?"

秦剑："很好!"

王经理："对了，上个月的仓储报表准备好了吗?"

秦剑："早就做好了。昨天我已经交上去了，你没看到吗?"

王经理："没有，我还没收到。"

秦剑："那就怪了，我明明记得已经放在你的桌子上了。要不我再打印一份给你吧。"

王经理："好极了，我今天要向总公司汇报。另外，那个新来的大学生做得怎么样?"

秦剑："很好啊，他很快就熟悉了业务，而且很踏实，可以说很称职。"

王经理："好极了，看起来一切都进行得很顺利。"

秦剑："没问题。"

王经理："太好了，你去忙吧!"

上述对话可以分为两组不同的沟通行为，主要差别在于：第一组沟通行为，即王经理与冯天的对话，除了寒暄，没有特殊目的；但是在第二组沟通行为中，王经理却是为了某个明确的目的，想获取一些信息。第一组是礼貌的寒暄，第二组则具有面谈的特征。他想得到两个有关的信息：部门工作报表准备好了没有；新来的大学生表现如何。于是王经理就利用面谈来达到其目的。在面谈过程中，王经理专注于与其目的有关的信息，而避免谈及不相干的事情。

从上述两组对话中不难看出，面谈与自发性交谈的差异可以归纳为如表 8-1 所示的内容。

**表 8－1　面谈与自发性交谈的差异**

| 自发性交谈 | 面谈 |
| --- | --- |
| 无目的的 | 有目的的 |
| 自发的 | 有计划的 |
| 欢迎无关信息 | 排除无关信息 |
| 非正式的 | 正式的 |
| 不受场所限制 | 受场所限制 |
| 礼貌的寒暄 | 具有面谈的特征 |
| 不讲究技巧性 | 讲究技巧性 |

# 第 2 节　面谈的目的和种类

面谈能否成功取决于沟通双方的目的是否明确，对于作为管理者的面谈者而言，这一点显得格外重要。

## 一、面谈的目的

面谈的目的通常是非常具体的。例如，为各种不同的工作招聘员工；选派员工担任新的职务；对某人的错误进行批评、训导；对员工的绩效做出评估；倾听某人的抱怨。归纳起来，面谈大致包括五个基本目的：传递信息（任命、绩效评估）；寻求观念和行为改变（劝告、训导、绩效评估）；做出决策（招聘面试）；解决问题（绩效评估、纠正）；探求新信息（民意测验、调查研究、咨询）。

无论目的是什么，大多数面谈都与获取信息有关。这里信息不仅指事实、资料或数字，还包括个人的感受、判断、意见和观察结果。因此，可以将面谈信息分为客观信息和主观信息两大类，具体又可细分为六种类型（见图 8－1）。

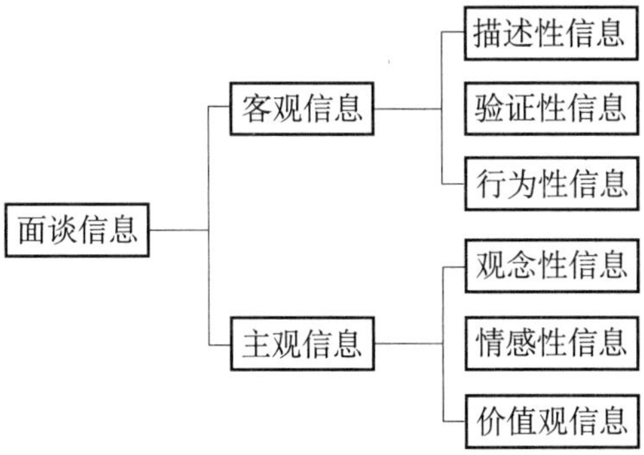


**图 8－1　面谈信息的内涵**

**1. 描述性信息**

描述性信息是要求对方提供看到过或经历过的某些事的信息，面谈者根据需求向面谈对象提出许多问题，有时就像律师对证人那样提问。

**2. 验证性信息**

验证性信息是要求面谈对象对其所掌握的信息做出说明，例如由内行或专家进行的面谈。

**3. 行为性信息**

行为性信息是由面谈对象解释其过去、现在和将来的行为。

**4. 观念性信息**

观念性信息是揭示态度、性格、抱负和动机的一种较为主观的信息，代表了面谈对象对事物的评价：好与坏、对与错。例如："我认为信守承诺是对的，不过……""这是基本要求，我认为所有的工作人员都应该掌握。"

**5. 情感性信息**

这类信息揭示出个体的状况，如身体或情绪状况等。例如："我非常反感对我不尊重的人向我指手画脚。""我一点儿都不喜欢这个新岗位。"

**6. 价值观信息**

这类信息传达了回答者非常珍视的长期形成的价值观。例如："一个人的基本品质是承担义务，也就是在困难的情况下心甘情愿地坚持工作，把事情办好。没有这一点，其他条件都是不可靠的。"

在上述六种类型的信息特别是后三类信息中，有不少与主观意识相关。虽然要获得这些信息既耗精力又花钱，其可信度还不一定高，但面谈作为一种收集信息的工具被长期使用，主要是因为它是已知的收集主观信息的唯一方法，也因为这类信息绝大多数是通过非语言信息传达的。

## 二、面谈的种类

面谈的种类有很多，涉及绩效评估、招聘、劝告、训导、解聘、上岗、咨询、数据收集、发布指示等方面，归纳起来包括以下几类。

**1. 绩效反馈面谈**

绩效反馈面谈的目的通常是向员工反馈关于企业对于员工工作表现评价的信息。具体来说，可以包括回顾被评估者在某一特定时期内的表现；指明其将来提高绩效的方法；制定其个人绩效目标，以及评估其培训与开发的需要。绩效反馈面谈的具体目标因人而异，取决于被评估者的工作表现。

**2. 招聘面试**

作为挑选员工的一种有效办法，招聘面试最为常见。如何有效地认识与把握面试的技巧和方法，是管理者的一项很重要的沟通技能，也是招聘中很关键的一环。通过面试者与应聘者面对面的接触和问答式的交谈，招聘单位可以进一步了解应聘者的各方面情况，从而做出正确的录用决策。

**3. 获取信息的面谈**

获取信息的面谈通常包括通过面对面的沟通了解有关数据、客观事实、主观评价和个体感受方面的信息，为组织制定和完善各项方针政策寻找依据。这类面谈的结果常常以报告或研究文件的形式来展现。

**4. 传递信息的面谈**

传递信息的面谈是以面谈者向面谈对象发送信息为主要内容的面谈形式。例如，向新入职员工介绍本企业情况与其特定岗位职责的迎新面谈。迎新面谈的目的是帮助新员工明确职责，快速适应新的工作环境与工作风格。迎新面谈会影响新员工对企业的最初看法、态度与期望。

**5. 解决问题的面谈**

顾名思义，这类面谈旨在通过交互式沟通解决某个问题。在这类面谈中，面谈的双方对面谈的顺利进行起着同等重要的作用。虽然面谈者的主要任务是陈述事实和寻找解决问题的方式与方法，但同时也要意识到面谈对象在其中所扮演的重要角色。

在解决问题的面谈中，面谈对象一般是问题的相关者，甚至关键人物，解决问题的方案有赖于面谈对象的认同，而问题的最终解决也离不开面谈对象的参与。因此，这类面谈最需要面谈双方以平等的方式参与其中，也最需要运用面谈沟通技巧。

下面就组织中最常见的两种面谈类型——绩效反馈面谈和招聘面试展开深入的讨论。

# 第3节 绩效反馈面谈

绩效反馈面谈是绩效评估结果反馈最主要的渠道，也是管理沟通的一项重要任务。

## 一、绩效反馈面谈的准备

**1. 确定面谈者**

参与面谈的双方通常是某部门的员工和该部门的管理者，也就是员工与其管理者。至于管理者，则由其上级部门的管理者进行绩效反馈面谈。在某些情况下，也可由人力资源管理部门的专门人员代替管理者与其下属进行绩效反馈面谈。

**2. 收集与分析信息**

绩效反馈面谈者一旦确定，就要着手收集和分析面谈对象的有关信息与材料。这些信息与材料主要包括面谈对象的工作岗位及职责、年初工作计划及工作目标、有关绩效评估标准、面谈对象完成任务的情况等。

**3. 拟定绩效反馈面谈提纲**

为了使绩效反馈面谈全面、有序地展开，应该事先拟定面谈提纲，注意突出绩效反馈面谈的重点，留意那些需要澄清的事情，设计合适的面谈开场白与结束语。

**4. 选择面谈的时间、地点并通知面谈对象**

当工作进行到某一阶段，如年终的时候，就应该适时进行绩效反馈面谈，具体面谈时间宜选择在面谈双方都比较清闲的时候。选择合适的地点也很重要，通常应选择比较安静的场所，以避免干扰。一旦确定要进行绩效反馈面谈，就应该提前将面谈的目的、时间和地点通知面谈对象，以便对方做好充分的准备。

## 二、绩效反馈面谈的程序

绩效反馈面谈不拘程序，形式各种各样，其中最常见的程序如下。

**1. 面谈开场白**

面谈开场白通常由面谈者简短地向面谈对象说明面谈的目的和基本程序。此时，面谈者应注意调节气氛，例如，以轻松的寒暄作为开场白，尽量让面谈对象消除紧张心理，使双方十分自然地过渡到正式面谈。

**2. 面谈对象自我评估**

面谈对象可以参照年初制定的工作计划和工作目标，简明扼要地汇报评估时段中的工作情况。此时，面谈者应该努力做到：注意倾听，不要轻易插话，不要随意打断面谈对象的陈述；关注面谈对象的工作实绩，并留意其失误的事实；对于不清楚的地方，应适时询问以及时澄清与确认。当面谈对象的自我评估结束后，即可就其自我评估进行小结。

**3. 对面谈对象进行评估**

在此阶段，面谈者可依据年初的工作计划和工作目标对面谈对象的工作绩效逐条进行评估或打分，对于所评估的等级或给出的分数都应给予必要的说明，要有充分的理由和依据。在评估过程中，面谈者应该本着实事求是的精神，不带任何偏见，避免感情用事，既要肯定面谈对象的工作实绩，又要客观地指出其缺点。

**4. 交换意见**

在这个过程中，应该听取面谈对象对绩效评估结果的意见，让面谈对象对有出入的信息做必要的说明和澄清。接下来，要就面谈对象在今后的工作中有哪些需要改进以及如何进行改进交换意见。经过交换意见后，就可以为面谈对象今后如何改善工作绩效确定具体行动意向，例如，改进工作方法、参加岗位培训，甚至调整工作目标等。

**5. 深入讨论达成共识**

经过充分交换意见后，面谈双方在彼此的要求和期望等方面达成共识，如管理者对下属今后工作的要求和期望，下属在今后工作中的发展需要组织提供的必要条件和支持等。在这一阶段，面谈者要认真听取下属的建议，对于下属为今后发展提出的合理要求和建议应该给予积极的肯定和支持。最后，双方应就下属下一年的工作目标达成共识。

**6. 确认绩效评估结果**

填写有关绩效评估表格，将绩效评估最终结果交评估对象签字认可。

**7. 面谈结束**

在绩效评估结束之际，面谈者应当利用这个机会给予下属积极的鼓励和悉心的指导，使下属在绩效反馈面谈结束后信心十足、干劲倍增。

## 三、绩效反馈面谈的原则

在进行绩效反馈面谈时，如果面谈对象是优秀工作者，通常双方在面谈时都很愉快。如果面谈对象的工作状况不尽如人意，在面谈时就要特别注意防止发生冲突，否则就会使绩效反馈面谈失去意义，达不到预期的目的。因此，在绩效反馈面谈的过程中，面谈者应该注意以下几个方面。

**1. 认真倾听，真诚友好**

绩效反馈面谈的过程也是管理者倾听下属意见的一个机会。在面谈过程中应该采取换位思考的方式，以鼓励下属改善工作绩效为目标，认真倾听、坦诚相待。

**2. 先肯定成绩，再指出缺点**

绩效反馈面谈的目的是考核过去、鼓舞信心，面谈的基调是鼓励，因此，面谈时首先要肯定下属的成绩和贡献，然后再实事求是地指出其不足，并对其提出改进意见。当然，在指出面谈对象的缺点之前，也可以先就那些没有争议的事情进行评估，然后再就可能有异议的问题交换意见。此时，一定要注意：不要感情用事，要给下属充分解释的机会，不要一味说教，应该善于发现对方的优点。

**3. 实事求是，客观评估**

在绩效反馈面谈过程中，应注意评估的时间段。面谈者所收集的员工的绩效评估材料和信息应该反映此时间段内的业绩，再参照该时间段的工作计划、目标，客观地对下属的工作逐条进行评估。避免翻陈年老账，要实事求是，纵向比较，善于寻找和发现对方的优点，不要轻易将评估对象与他人做横向比较。

**4. 关注员工的工作绩效**

在进行绩效反馈面谈时应该注意突出绩效反馈面谈的重点，避免涉及与此无关的问题。

**5. 把握面谈的局面**

通过交替运用开放式提问以及封闭式提问等技巧，主动掌控面谈局面，避免冷场。在绩效反馈面谈过程中，要特别注意营造轻松愉快、坦诚相待的和谐气氛，避免出现双方对立和冲突，甚至不欢而散的情形。

# 第 4 节 招聘面试

招聘面试是组织物色合适人选并做出招聘决策的一个重要途径，也是管理者一项很重要的工作职责。通过面对面的沟通，面试者可以近距离地观察应聘者，了解其生理特征、知识、能力、气质、谈吐举止及其他方面的信息，从而比较客观地做出判断。

## 一、招聘面试的基本程序

面试是一种主观的评价方法，面试者难免将自己的思维定式带入面试过程，从而影响面试的实效。但是，如果遵循一套设计科学的招聘面试程序，并严格按程序加以实施，就能有效提高面试的可信度。招聘面试的基本程序主要包括五个步骤：工作分析、明确目的、拟定面试问题、确定评价标准、组成面试小组并实施面试。

**1. 工作分析**

首先，面试者应该对招聘岗位的工作做一番细致的了解与分析，从工作职责，所需知识、技能和能力，以及其他任职条件的角度撰写岗位职责说明。这一步骤是招聘全过程的出发点，也是整个面试工作的基础。

**2. 明确目的**

招聘面试开始前，面试者就应该明确目的：通过这次面试应该获得什么信息，达到什么目的。通常，面试的目的有：

（1）遴选适合从事招聘岗位工作的应聘者。这是进行面试的主要目的，也是最基本的目的。

（2）向应聘者说明招聘岗位工作的职责。招聘面试过程不仅是面试者了解应聘者的过程，也是应聘者了解招聘岗位工作的过程。面试者向应聘者详细说明招聘岗位的工作，不仅有助于应聘者对信息的全面把握，也有助于应聘者对于自己对该岗位工作的兴趣及能否胜任做出正确的判断。事实上，招聘面试过程也是一个双向选择的过程。当然，应聘者一旦被录用，招聘面谈时所做的岗位工作说明也有助于应聘者迅速进入角色，缩短适应期。

（3）树立良好的企业形象。招聘面试过程不仅是一个招兵买马的过程，从一定意义上讲更是一个树立良好的企业形象的宣传过程。对于应聘者来说，面试者是招聘企业的代言人。即使未被录用，面试者的行为、态度、风格也会影响到应聘者今后对企业的产品与服务的看法。统计数据表明，面试人数与实际录用人数的平均比例为 37∶1，因此这种影响应该受到重视。

**3. 拟定面试问题**

面试问题的拟定因招聘的要求不同而不同，应聘不同职位工作的面试内容也会因事而异。如果面试是招聘中对应聘者唯一的评估手段，而且应聘者的申请材料提供的信息并不充分，则面试的内容应尽可能丰富；如果面试只是作为其他测试之后的补充手段，或应聘者的申请材料中已包含大量信息，那么面试的内容可相对简单。

一个好的面试问题应能使应聘者充分展示其能力。通常，面试问题可以涉及以下内容。

（1）个人背景：家庭情况、学习经历、工作经历等。

（2）个人成就：学业成绩、工作成绩、奖赏情况、专长等。

（3）理论知识：实践经验、知识面或有关常识等。

（4）兴趣爱好：职业兴趣、知识兴趣、生活情趣等。

（5）逻辑思维能力：分析问题能力、语言表达能力等。

（6）价值观念：是非标准、个人理想等。

（7）求职动机及意愿：应聘动因、就职期望、工作要求等。

**4. 确定评价标准**

几乎是在面试问题拟定的同时，就应该考虑其评判标准。尤其是在大批招聘员工的面试过程中，招聘面试是由几个面试者分头进行的，面试者对评价标准更应该有一个明确统一的认识，因此确定标准答案十分必要。这样做不仅有助于提高面试的公正性，更有利于遴选合格人才，而且可以做到应聘者在面对不同的面试者时机会均等。确定标准答案，就是要明确应聘者怎样回答是正确的，怎样回答是错误的，并根据约定的记分标准记分。例如，按照5分制评分，最佳答案记为5分，3分为及格。

20世纪80年代大学毕业的我，20年里换过好几次工作，应付过不少面试。

一次去一家私营企业应聘，刚进门我就傻眼了：一个并不起眼的职位，居然也会有那么多人来竞争！还好，在接到面试通知后，我已经把各种典型面试题的答案背得滚瓜烂熟。经过察言观色，我发现面试官对我的回答很满意。

初试完毕，主考官把我们几个过关的幸运儿召集到一起，说要填一张表。其中有这样一栏："你父母的生日是哪天？他们的主要疾病是什么，症状是什么，采取了什么样的治疗手段？"这纯属个人隐私，又与工作没有关联，有必要如实相告吗？我几乎没多加考虑，就随便地在上面写了三个字：不清楚！

谁知，这个草率的举动令我的努力前功尽弃：那家企业没有录用我。

现在，我作为公司的中层，也时常参与新人的招聘。以一个招聘者的眼光来看，当年的我之所以马失前蹄，就是输在了"临门一脚"——最后的那张表格上，那是招聘单位有意安排的一道加试题。试想，一个连自己亲人的生日和病痛都不了解、不关心的人，会有责任心吗？

所幸，我明白得不算太晚。

之后不久，我又去一家大公司应聘。最后，主考官又出了一道加试题："你能说说你的缺点吗？"别小看这个问题，它暗藏着杀机——面试时，人人都说自己的优点，谁会把自己的缺点广而告之？万一你自己说出口的缺点成为人家不用你或者将来解聘你的借口怎么办？

怎么回答呢？说自己没缺点？肯定不行。把自己的缺点说成优点？也不好。像"做事主动得有点冲动，果断得有点武断"这类似贬实褒的检讨，会让别人觉得你油嘴滑舌，只能为自己挣负分。

看来，对付此类问题，与其正面交锋，不如绕道而行，最好的办法就是打"擦边球"。经过字斟句酌，我答道："本人最大的缺点是没有太多的实际工作经验。尽管每年寒暑假我都找机会实习，但仍缺少正规的训练。很希望我的这些不足能够在进入贵单位从事实际工作后得到改进!”

学生时代，谁的经历都是简单如白纸。这样的回答，既含蓄地表明自己勤奋好学，又表达了自己希望到面试单位工作的决心。结果当然是，我成功了。

资料来源：你能说说自己有哪些缺点吗？.（2010－04－17）. http：//blog. sina. com. cn/s/blog_66b097380100i5cs. html.

**5. 组成面试小组并实施面试**

在招聘面试的准备过程中，除了设计试题，选择合格的面试者也非常重要。在面试过程中，面试者要有控制面试进程的能力。面试者要根据招聘要求对应聘者提问，还要根据应聘者的回答调整追问的问题。显然，作为合格的面试者，不仅要掌握面试的基本理论和方法，而且要了解招聘岗位工作的主要业务以及相关知识。一般来讲，面试小组最好由参与工作分析并撰写面试问题和答案的人组成，当然，招聘岗位的主管以及人力资源管理部门的主管也可参与其中。在招聘同一职位候选人的整个面试过程中，面试小组成员应该保持一致，以确保对不同应聘者进行客观的比较。在面试前，有关工作职责、问题及评价标准应该得到小组成员的认可。如果参与的面试者比较多，特别是当有新手参与时，有必要对面试小组成员进行培训。为了保证面试不受干扰，面试应该安排在一个安静、宽松的环境中进行。

## 二、招聘面试的原则

为了提高面试的效果，面试者应遵循以下原则。

（1）关注主要问题。面试时，面试者应关注主要问题，只问与工作有关的问题，不要偏题，尤其是不要受应聘者的影响而问一些无关要紧的问题。

（2）不要轻易下结论。统计表明，面试者常常在面试的最初几分钟内就对求职者做出判断。在这种情况下，很多有价值的信息会被遗漏。

（3）对应聘者一视同仁。先紧后松或先松后紧的现象在面试中经常会出现。刚开始时由于面试者精力较旺盛，思想较集中，提问较仔细，对应聘者的评价比较准确。到后来，由于长时间工作，面试者可能因疲倦而草草了事，这样面试的结果就不一定理想了。

（4）尊重应聘者。有时面试者在面试中会表现出对应聘者漫不经心的态度，这样会使应聘者感觉自己受了冷落，其反馈可能会显得消极，从而无法了解其真正的心理素质和潜在能力。另外，在提问时，还应尊重应聘者的习惯与意愿，不过分纠缠于应聘者不愿回答的问题。

（5）注意营造宽松的面试氛围，避免让应聘者过于紧张。

（6）注重非语言信息。通常，人们的语言往往是在经过深思熟虑后才说出来的，尤其在面试时，应聘者往往事先做过充分准备，在回答的时候常常把最好的一面反映出来。因此，要真正了解应聘者的素质，还需要仔细观察应聘者的表情、动作、语调及其他非语言行为。

## 三、应聘者应关注的方面

作为应聘者，参加招聘面试的目的主要是让面试者了解自己，看自己是否符合某一工作岗位的要求。在这个过程中，应聘者应充分展示自己的优势。不要紧张，尽量做到自然、自信，从容不迫地面对面试者。与此同时，应聘者也要注意收集有关工作和企业的信息，并据此做出应聘与否的决定。通常，应聘者应做好以下几个方面的准备。

**1. 准备面试问题**

面试中会遇到许多标准化的提问，换言之，面试者提问的意图、需要了解的信息是大致相同的，只是具体的提问方式有所差异。因此，应聘者可以通过预先的准备来扬长避短，充分展示自己的才能。

面试中经常问及的问题如下：

（1）在中学或大学的教育中，哪些背景使你成为这个职位适当的候选人？

（2）你具备哪些条件和资格使你能胜任这项工作？

（3）你为什么对这项工作特别感兴趣？

（4）你有哪些业余兴趣爱好？

（5）你经常阅读哪些报纸杂志？最近看过什么书？

（6）从以往的工作经历中，你学到了什么？

（7）如果你正在工作，为什么要离开你现在的公司到此来应聘？

（8）你认为自己身上存在哪些不足？

（9）你如何证明或显示自己的创造性、主动性以及组织能力？

作为应聘者，回答问题要紧紧围绕主题，因为面试者正是通过你的回答来判断你的语言表达能力与逻辑思维能力的。

**2. 注意倾听，认真回答**

要仔细倾听，努力了解面试者的意图，即他究竟希望招聘到什么样的人。在面试过程中，你也可以适当提问，比如“您能告诉我更多的情况吗？”这种开放性问题。在面对问题的时候，应当冷静思考，认真回答。

**3. 留下良好的第一印象**

良好的第一印象在面试中非常重要。很多情况下，面试者在面试的最初时刻就对应聘者形成了判断，而且这种印象一旦形成往往很难改变。因此，应聘者在面试时应该注意以下内容：

（1）得体的着装。

（2）良好的修饰。

（3）有力的握手。

（4）表现出控制力。

（5）恰当的幽默和微笑。

（6）适当的目光接触。

（7）对面试者的尊重与关注。

（8）对公司的了解和愿意效力的意识。

**4. 回避不必要的提问**

作为应聘者，你也可以委婉地拒绝回答面试者提出的某些问题，特别是一些易带来歧视性印象的问题，不必有问必答。例如："你与男朋友的关系是否会影响工作?"因为这是可能暗含着性别歧视的提问。

**5. 注意非语言行为的作用**

与面试者保持适当的目光接触非常重要，回答问题时，眼睛不要东张西望，说话要清晰流畅。

参加摩根士丹利的最后一轮面试时，一位分析员面无表情地与我* 握手寒暄后，不动声色地发问："如果你找到一份工作，薪水有两种支付方式：一种是一年 12 000 美元，一次性全部给你；另一种同样是一年 12 000 美元，按月支付，每月 1 000 美元。你会怎么选择?"

我心里"怦"地一跳：这人怎么不按常理出牌啊！我搬出课本里的名词："这取决于现在的实际利率。如果实际利率是正数，我选择第一种；如果是负数，我选择第二种；如果是零，两者一样。同时，我还会考虑机会成本，即使实际利率是负数，假如有好的投资机会能带来更多的回报，我还是会选择第一种。"说完这一长串的答案，我不禁有些沾沾自喜，因为我知道回答这类问题时，相对于答案本身，思考的过程更被看重。

"一般人都说选择第一种，你还不错，考虑得很周全。"淡淡的一句点评后，他并没有就此罢休，"那实际利率又是什么呢?"

"名义利率减去通货膨胀率。"经济学的基础知识还没有完全荒废，我暗自庆幸。

"现在的美联储基准利率是多少？通货膨胀率在什么水平?"

这一次，我真的被问住了！准备面试时，我就告诉自己要秉承一个原则，不懂的千万不能装懂，不知道的更不能胡编乱造。于是，我老老实实地回答："对不起，我不知道，不过如果需要，我回去查清楚后，马上打电话告诉你。"

那位分析员不依不饶地又提出了一个通常只有咨询公司才会问的智力问题："9 枚硬币，有一枚重量和其他的不一样，你用两只手，最多几次可以找出这枚特殊的硬币?""三次。"我不服输地飞快回答。

"还是 9 枚硬币，改变其中的一个条件，两次就可以找出这枚特殊的硬币，这个条件应该怎么修改?""告诉我这枚特殊的硬币比其他硬币重还是轻。"在我再一次以飞快的速度给出正确答案后，他终于低声说了句："Good。"

据说在我的评定书上，他填写的意见是：不惜代价，一定要雇用！

资料来源：曾子墨．墨迹．武汉：长江文艺出版社，2007.

* 这是一篇以第一人称写成的报道，其中的"我"即指曾子墨。

# 第5节 面谈的障碍

面谈的过程常因面谈者与面谈对象的互动而变化。在面谈的互动过程中，常见的障碍有以下几种：不同意图、偏见、混淆事实与推断、非语言沟通、第一印象的影响、组织地位。

**1. 不同意图**

管理者不能假定所有参与者都对面谈中交流的信息持一致意见。事实上，面谈者和面谈对象很少持一致意见。一个明显的例子是招聘面试。尽管面试者想了解应聘者的所有优缺点，但是应聘者（面谈对象）希望只向面试者展示其优点。

意图的不同可能出现在三个层次上。在第一个层次上，双方都有意识地进行清晰准确的信息交流，这在绩效评估面谈中尤其适用，在网络信息交流中也十分重要。在第二个层次上，有一方不想透露某些相关信息，这经常发生在离职面谈中，雇员不愿透露离职的真正原因。在第三个层次上，双方都不想透露某些相关信息。即将获得晋升的雇员与上级在面谈中讨论可能的薪水时，就属于这种情况。雇员可能不会透露可接受的最低工资，而面谈者也不表明可能支付的最高工资。

**2. 偏见**

偏见通常会扭曲人们的认知，使人们只能听到自己想听或看到自己想看的东西。最普遍的一种偏见是晕轮效应，即人们的认知常常表现为以偏概全，从局部的判断扩展到整体的印象。例如，如果一名员工经常迟到，管理者可能因为员工的这一缺点影响他对该员工专门技能等其他与此不相关的特点的负面印象。这种偏见会给绩效评估面谈带来障碍。

另一种偏见是近因效应。当最新信息过度影响所有较早信息时就出现了近因效应。其他的偏见类型还有宽松和严厉。在这些情况中，面谈者把 ·切要么视为积极的、要么视为消极的，而不分青红皂白。

某些提问也可能使面谈产生轻微的偏见。例如，面谈者提出这样一个有圈套的问题：“当市场营销部的研究被证明几乎没有价值时，消费者部是否还应该继续大力支持市场营销部?”这一问题显然带有倾向性，让人很难做出肯定的回答。

管理者的偏见往往受同事观点的影响。例如，人们经常听到下面这类陈述：“A员工只会制造麻烦，B员工就很容易相处共事。”聪明的管理者会对下属做出判断。

研究发现，如果努力尝试，人们可以控制自己的偏见。因此，在进行面谈前，管理者应该审视可能影响主要目标的任何偏见，在面谈中尽量保持客观。

**3. 混淆事实与推断**

在面谈中，管理者实际上接触的事实很少，必须以被面谈者的话语和动作为基础进行推断。有时候，管理者可以从面谈中得出“几乎可以肯定”的结论，但有时不太肯定。当对结论不确定时，就可能出现问题。

管理者必须进行合理的推断，避免匆忙得出没有根据的结论。要避免混淆，最简单的方法就是记住事实是可以衡量和证实的，而推断只是观点或判断，推断在定义上是主观的。

**4. 非语言沟通**

嘲讽或冷漠的表情、皱眉、耸肩等都是重要的非语言信息，但对这些信息的诠释必须谨慎。非语言信息在面谈中可能成为问题，原因是面谈通常都很短很紧张。如果一个人在 20 分钟的面谈中有几分钟瘫坐在椅子上，那么他的行为比在 4 小时的会议上瘫坐几分钟更为显眼。由于时间很紧，非语言信息影响更大。

首因效应使在紧张的时间里准确读取非语言信息变得更为复杂。首因效应是指一个信息压倒其他信息。在很短的时间内，非语言信息更容易压倒其他信息。细心的面试者会意识到，可以使用被面试者的非语言信息评判回答问题的诚实程度。研究表明，通过训练和练习，我们可以提高辨别非语言欺骗的能力（见第 12 章）。

**5. 第一印象的影响**

管理者可能很快形成第一印象，该印象将影响他在接下来的面谈中看到的一切。如果面谈时间很短，这种强烈的第一印象将影响他的总体印象，因为他没有时间找出与之相反的证据。此外，研究表明，面谈者受负面信息的影响比正面信息更大，而且在面谈中得知负面信息越早，其负面影响越大。此外，面谈者的印象更容易从正面转向负面而不是相反。

该障碍也称为假设检验，意思是面谈者先形成一种假设，然后寻找信息以支持这一假设。令人担忧的是，任何不支持假设的信息将会被忽略。

第一印象的影响非常普遍，管理者应该努力限制其产生的影响。解决方法很简单：等考虑了第一印象以外的其他证据之后，再谨慎地进行价值判断；同时必须意识到，短暂的面谈会促使管理者做出不成熟的决定。

**6. 组织地位**

也许最普遍的沟通障碍来自等级差别。在任何面谈中，参与各方都知道谁主宰权力。虽然级别高的人鼓励开诚布公，但是级别低的人可能担心开诚布公的后果。担心处于强势地位的人的反应是人之常情，所以往往很难做到开诚布公。

以下几条建议可以避免这种情况发生。管理者应该承认：在与上级沟通时，员工总是想留下最佳印象。有效的管理者应该努力营造宽松的沟通氛围，将权力差别带来的影响降到最低。当管理者从下属那里听到令人不快的、刺耳的、无根据的信息时，管理者应该核实后再做判断，努力保持开放和公正。

## 第 6 节　面谈者的技巧

面谈是一项技巧性很强的工作。虽然面谈至少发生在两个人之间，但是这两个人扮演的角色是不同的，其中，面谈者的角色相对要重要一些，因为他是引导面谈沟通的人，处于主导地位，要引导面谈的开始，同时还要保证面谈的持续进行。因此，对于面谈者而言，要扮演好这一角色，掌握技巧相当重要。

当你扮演面谈者的角色时，应该特别注意以下几点。

## 一、了解听众

你需要尽可能地了解你将与谁面谈，分析你的这位面谈对象。他的职位是什么？他与你是上下级关系还是平级关系？他是否对你心存偏见？他的个人情况和家庭情况如何？他对与你面谈的可能反应是什么？他参与面谈的能力如何？你应尽量设身处地为对方着想，如果你能预知对方的感觉和期望，则可据以调整沟通方式，拉近彼此间的距离，营造良好的沟通氛围。

有经验的面谈者常常会发现，认同面谈对象的观点而不予以任何反面评价是拉近彼此间距离的有效方法。这种做法使面谈对象在心理上感到自在，有利于消除面谈对象向你透露信息的障碍。

## 二、营造氛围

面谈是一次相约的、互动的沟通，因此营造一个双方认可的、适合交流信息的氛围颇为重要。在面谈中，由于大多数处于被动地位的面谈对象难免会有紧张心理，因此面谈者有必要在面谈一开始就营造一种开放宽松的气氛，这将有助于面谈对象放松紧张的神经，使双方的沟通顺畅，促进信息交流，提高面谈的有效性。下面介绍几种常用的方法。

（1）简要概述面谈对象和（或）面谈者自身所面临的问题。当面谈对象对存在的问题略知一二又不太了解时，这种方法非常有效，它有利于引发面谈对象参与面谈的兴趣。

（2）阐述你（面谈者）是如何发现问题的。建议面谈对象与你讨论问题，这有助于建立起一种“问题是共同的”的观念，并鼓励面谈对象以一种合作的、客观的意识参与讨论，从而有利于达成共识。

（3）就某个问题征求意见或寻求帮助。态度必须诚恳，否则将被视为仅仅是一次缺乏诚意的走过场，达不到面谈的目的。

（4）向面谈对象列举采用你的建议解决问题的好处。同样，应该努力使面谈对象感到真实可信、切实可行。

（5）以引人注目的事实开始话题。这在出现紧急情况和面谈对象相当冷漠时很有效，有助于引起面谈对象对面谈的兴趣或注意力。

（6）提及面谈对象对某个问题提出过的看法。当面谈对象已采取了某种众所周知的立场，要求你提出建议，或强烈反对你的方案时，这种方法有助于拉近双方的距离，消除或淡化对立情绪。

（7）不谈问题本身而谈其背景、原因。当你觉得面谈对象可能对你的观点抱有敌意时，这种方法有助于缓和对立情绪、增进相互理解。

（8）说出派你与面谈对象见面的人的名字。当你不认识面谈对象从而需要一位介绍人时，这种方法有助于得到面谈对象的认可，拉近双方的距离。但介绍人必须是真实的，而且受到面谈对象的尊重。

（9）说出你代表的组织、公司或团体。这能提高你的声望，但同样只有在其受到面谈对象的尊重时才有效。这种方法也可以让你避免为你的拜访做过多的解释。

（10）请求占用面谈对象 10 分钟或半小时时间。表示要明确，不要做过多的道歉。与忙碌的、急躁的或不耐烦的面谈对象在一起时，请求占用一段短暂的时间可以获得面谈对象的允许和理解。

（11）以提问为先导。问题可以是引导性的、预先商定的或直接的，它可以使面谈对象做出回答并渐渐主动进入谈话。

## 三、阐明目的

当面谈的气氛已调节得十分轻松时，就应该简明扼要地向面谈对象说明面谈的目的、步骤、进度安排，以及你的期望等。应该指出，在面谈时一定要让对方明确面谈的目的，切不可自认为面谈目的显而易见而忽视，除非出于某些特殊的面谈目的而故意不向面谈对象透露这些信息，否则，不明示面谈目的或单凭面谈者的主观臆断，常常会导致面谈对象因对面谈目的不明确而感到困惑，使面谈的效果不尽如人意。

## 四、恰当提问

面谈主要由提问和回答组成，因此，面谈者了解提问方式、掌握提问控制技巧显得尤为重要。

**1. 提问方式**

在大多数面谈中，面谈者的目的是进行谈话而非开庭审问，他们提出问题的方式将直接影响面谈的气氛、面谈对象的感受和由此而产生的面谈结果。下面介绍几种常用的提问方式。

（1）封闭式提问。这类提问给面谈对象选择答案的自由度很小或没有，通常只有一个明确的答案。

例如："你从事财务工作已有多久？""你在哪里出生？"

（2）是/非式提问。如果面谈者想对直接提问的有限答案做进一步限制，可以提出有两种相反答案的问题，这种问题把答案限定在两个可能答案或者简单的"是"或"不是"上。

例如："网络中断时你确实在机房吗？"（是/不是）"你是坐火车还是坐长途大巴来的？"（A/B）"明天你能来加班吗？"（能/不能）

（3）引导式提问。这类提问带有一定的倾向性，常常有意无意地将面谈对象的反应导向面谈者所期望的方面。

例如："你不认为近年来他工作特别忙吗？""据说人民币可能进一步升值，如果我们现在兑换一些人民币，你不认为这是个好主意吗?”“像你这样收入的人没有理由会负担不起每月 2 000 元的房贷，是吗?”

这些是用否定语表达的引导式提问的例子。通常它们得到“是”的回答，至少想要得到“肯定”的回答。

(4) 开放式提问。与第一种提问方式恰恰相反，这类提问允许面谈对象在回答时有最大的自由空间。

例如：“请谈谈你是如何经营自己的企业的。”“你对这个问题怎么看?”“这次出访欧洲你有何感想?”“这位教授说他开设的这门人际沟通课程有助于你把工作做得更好，对此你怎么看?”

正如你所看到的，这些问题常常是以“为什么”“什么”“如何”“什么地方”来引导的，这样的提问往往可以获得多种答案。

(5) 提示式提问。对于那些似乎有心理障碍或对你所说的不完全明白的人，需要提示式提问，这对面谈对象会有帮助。

例如：“请谈谈你自己。”“最好从你到销售部后谈起……”“在你人生中对你目前的发展产生过重大影响的有哪些人?”“在你担任总裁期间发生过的重要事情有哪些? 你做过的最重要的决定是什么?”

(6) 重复式提问。这类提问是面谈者向面谈对象“重复”对其回答的理解，或对面谈对象的几种不同表达加以总结。

例如：“根据你的说法，你是支持这种观点的吧?”“听你这么说，你应该更适合到研发部门而不是公关部门工作，是吗?”

(7) 探究式提问。对一个问题的最初回答常常可能比较简单，而且缺少细节，所以有必要提出进一步的问题。

例如：“你说最近员工表现出消极怠工的现象，能否举出例子?”“你说你不是经常迟到，那么上个月你迟到了多少次?”“我不太明白你的意思，能否举些例子加以说明?”“你认为这些原因中哪个是最重要的?”

深入调查的提问常常将“为什么”插入面谈对象的叙述中，或在面谈对象的叙述正处于一个短暂的停顿中时提问“为什么”。这种提问方式特别适用于面谈对象不希望谈话被打断的场合。

(8) 假设式提问。这类提问旨在确定面谈对象处理某些问题的能力，或了解面谈对象对某一问题的态度或见解，有助于了解面谈对象的偏见、习惯、态度、信念和价值观等。

例如：“假设你发现一个下属酗酒并影响了工作，你将怎样做?”“假设必须引进一种新的设备或工序，它将会影响员工的工作习惯，对此你有何建议?”

**2. 提问控制**

所谓提问控制，就是针对面谈目的恰到好处地提问，也就是把握提问的数量和质量。研究人员根据面谈的提问控制程度，将面谈划分为以下四类：非结构化的、一般结构化的、高度结构化的和高度结构化-标准化的。

(1) 非结构化的面谈。它没有十分周详的计划或问题框架，只需围绕面谈的目的，对几个可能涉及的领域或问题做一些思想准备即可。对于那些劝告性面谈来说，这是非常有效的策略。当然，应该注意，如果时间充裕，还是应尽量做好准备，使面谈更富有成效。

（2）一般结构化的面谈。它包括比较周全的面谈计划和准备回答的主要问题的框架，如果需要做进一步调查，还应该准备一些更深入的问题，但这些问题只在面谈对象没有自愿提供所要求的信息时才使用。

（3）高度结构化的面谈。所有问题都是经过事先周全准备的，这些问题以完全相同的方式向每一个面谈对象提出。这类面谈一般是封闭式的。当你想在市场调查或舆论调查中系统地比较面谈者的反应时，这种方法十分有效，尤其对以了解事实真相或进行事实调查为目的的面谈效果十分显著。

（4）高度结构化-标准化的面谈。所有问题都经过事先周全的安排和计划，但同时预先给出了各种可能的答案，面谈对象可以从多项限定性答案中做出选择，例如："如果棉纱价格下降，你会多买、少买还是保持与现在相同的购买量?"换言之，这些问题都是封闭式的。

## 五、适时记录

在面谈的时候适时做笔记，不仅可以让自己记下一些重要的信息，有时也会让面谈对象感到自己受到了重视，对其起到一定的鼓励作用。但是，应该指出，虽然有些出色的面谈者能把对方所说的话很准确地记录下来，但这并不意味着他们在面谈中要做很多笔记。事实上，我们有时应尽量避免做笔记，因为做笔记会使双方分散注意力，面谈过程有时会因做笔记而时断时续，而且所做的笔记只反映了当时的感触，就整体而言可能不够准确；另外，对于某些面谈对象，当面做笔记非但不会起到鼓励的作用，反而会使其感到紧张不安。

这里讨论了面谈时做笔记的利弊，但是，如上所述，为了记住一些重要的信息，对于大部分的面谈仍需做笔记，最好的办法是在面谈结束后及时做笔记，对面谈做通盘的回顾。当然，只需记下重点，而略去无关紧要的细节。一般来说，面谈结束后，重点的轮廓就会清晰地显现出来。

如果在面谈进行时做笔记，可以先简要地记下某些关键字或事实。当对方正注视着你、兴致很高地对你讲话时，出于礼貌你可以对他说："对不起，这一点很重要，我想把它记下来。"

无论是即时记录还是事后记录，都应该强调正确、完整。在面谈中，可以适当地运用提问与反馈技巧，确保理解无误。

# 第 7 节　面谈对象的技巧

面谈过程是一个双向沟通的过程，要使面谈达到预期目的，就需要沟通双方的共同努力。前面强调了面谈者角色的重要性，其实，在面谈过程中，面谈对象的作用也是相当重要的。下面的案例反映了不协调面谈中的一幕。

张心仪是公司公关部主任，其主管是公司副总经理刘青浩。几天前，公司领导班子做了调整，张心仪本来有希望获得提升进入新班子，没想到事到临头出现变故，让刚来没几天的倪丽抢了先，因而痛失晋升机会。不仅如此，在她没有一点思想准备的情况下又接到通知，自己将要调往后勤部工作。张心仪认为这是有人在故意整她，心里感到愤愤不平。今天一早，她就匆匆赶到副总经理刘青浩的办公室。

张心仪："我可以进来吗？"

刘青浩："当然，请坐，请坐。有什么事吗？"

张心仪："刘总，我在你手下工作了整整5年，我的工作业绩你是知道的，现在为什么要调我到后勤部去？我什么地方做得不好吗？我感到非常困惑！"

刘青浩："这是公司发展的需要，希望你能理解。"

张心仪："我就是不理解！有好几件事我都想不通。首先是提升的事，本来说好要提升我的，怎么后来又出现变故了呢？现在又要把我调离公关部，你说这是什么意思？这不是存心要把我清理出门吗？"

刘青浩："你的心情我理解，可是你也不要把问题想得太复杂了。有些是班子做的决定，我也无能为力。提升的事，我想，你以后还会有机会。"

张心仪："哼，还会有机会？也许会有，但我就是心里觉得不平！"

刘青浩："张心仪，你这样生气郁闷也无济于事呀！岗位变动是班子集体决定的，而不是像你说的有谁在故意整你。"

张心仪："是这样的吗？如果不是有人在后面捣鬼，如果不是倪丽有后台，她能得到提拔吗？"

刘青浩："你说有人在后面捣鬼是什么意思？"

张心仪："你应该知道我说的是什么意思……"

刘青浩："张心仪，你应该理智一些！不要在这里说那些捕风捉影的事……"

张心仪："刘总，我要对你说的就是这个问题！有人听见倪丽在背后说我的不是……"

刘青浩："张心仪，请你自重一些！你怎么可以在我这里空口无凭地说别人的不是呢？公司的决定是经过大家的讨论集体做出的，你不要在背后随意猜测……"

从以上对话中不难看出，面谈的结果一定是不欢而散。显然，在这一面谈过程中，作为公司副总经理，刘青浩也许并没有意识到自己处于面谈对象的地位。身为下属的张心仪主动引发了这次面谈。作为面谈者，张心仪的目的是很明确的，她想向领导者申诉，也想从刘总那里获取一些信息。但是，她没有成功。刘青浩面对这样一次没有经过预约的面谈，心理上也没有什么准备，在这样的面谈中，他似乎缺少一些换位思考的意识，只是一味地维护自己的权力、地位和关注公司的利益，对面谈的目的似乎十分茫然。

显然，作为一名面谈对象，也必须掌握必要的技巧以有效地达到面谈的目的。

**1. 明确目的**

如果刘青浩事先知道张心仪面谈的目的而早做准备，可能会有较好的结果。因此，在面对一位不速之客没有预约的面谈时，应该首先了解其意图，并迅速寻找对策。如果一时不宜直接应对或给予答复，可以使出缓招，例如："今天来不及与你详细讨论这个问题，我们另行约个时间再谈如何?"明确了面谈目的，有了思想准备，下次面谈时就不至于措手不及了。

**2. 提供见解**

作为面谈对象，应该采取积极配合的态度，乐于提供信息，贡献见解。当然，这是在不违背原则的前提下相互沟通。如果有些问题不宜讨论，可以说明原因，以取得对方的谅解。如果面谈经过预约，作为面谈对象，不仅要做好思想准备，而且要根据具体要求事先准备好必要的资料以及相关的文件。所提供的资料最好注明来源。如果对所提供的资料中的内容有所怀疑或有所补充，应当面指出。总之，以坦诚的态度面对面谈者，积极友好地参与面谈，提供见解，都会有助于面谈的顺利进行。

**3. 安排时间**

预约面谈的基本要素之一就是安排双方觉得合适的时间。一旦约定在某一时间段双方面谈，就应该将这段时间空出来，不要再做其他安排。通常，安排的时间要宽裕一些，使面谈有足够的时间。当领导者和员工面谈时，如果让员工觉得你没有安排足够的时间谈他的问题，就等于拒绝了他。如果你实在挤不出时间，可以向对方坦诚地说明原因，另行安排面谈时间。另外，在面谈的时候，还要注意控制时间，同时也要注意对方是否有"时间到了"的暗示，因为面谈的双方无论是谁觉得面谈该结束了，再继续谈下去都是令人乏味的，也是无益的。

**4. 积极反馈**

在面谈沟通过程中，积极反馈有利于双方增进了解，避免误会，面谈双方都应该积极利用反馈技巧参与沟通。通过反馈了解对方是否真正明白自己的意思，确认自己对接收到的信息理解是否正确。有关反馈的技巧可以参见第 11 章。

## 本章小结

面谈是组织中一项有目的、有计划的面对面的管理沟通活动。它与自发性交谈不同，主要目的是获取信息、传递信息和阐明信息。根据不同的信息交流目的，面谈包括多种类型，其中以绩效反馈面谈和招聘面试最为常见，本章对这两种面谈分别做了较为详尽的介绍。这种面对面沟通行为的性质决定了面谈的技巧性和对沟通双方的挑战性。因此，无论是面谈者还是面谈对象，都有必要了解并掌握一定的面谈技巧，才能真正有效地达到面谈的目的。

## 讨论题

1. 面谈与自发性交谈有何不同?
2. 组织中有哪些常见的面谈类型?

3. 提问技巧在面谈中的作用如何?
4. 倾听在面谈中的意义如何?
5. 如何识别面谈障碍?
6. 面谈者应掌握的技巧有哪些?
7. 你认为面谈对象应掌握哪些主要的技巧?
8. 对你曾经有过的面谈经历做出评价，有哪些优点? 还有哪些不足? 应如何改进?

## 绩效反馈面谈演练

准备活动：准备以下材料。

(1) 背景简介。

(2) 张晓敏和李锐刚的评估表。

(3) 观察者须知。

布置面谈场所：室内居中摆一张桌子，作为科长的办公桌，桌子两边摆两张椅子，椅子的位置要适合主管与科长交谈，同时方便观察者观看。

步骤一：

(1) 从班级学生中选出两人，一人扮演科长，另一人扮演主管。

(2) 其他的学生观察。

(3) 每个参与者仔细阅读背景简介。

(4) 扮演科长的学生仔细阅读张晓敏的角色介绍，扮演主管的学生仔细阅读李锐刚的角色介绍。两位学生在扮演过程中不要看其他相关的材料。

(5) 观察者阅读观察者须知。

步骤二：

(1) 两位学生准备好后，张晓敏进入办公室，在办公桌前坐定。稍后，李锐刚进来。演练开始。

(2) 完成面谈的时间不定，通常设定为20～30分钟。要求演练至面谈结束。若出现激烈争吵，或毫无进展，也可中止。

步骤三：讨论。分小组或在整个班级内讨论并回答以下问题。

(1) 简要总结面谈。

(2) 描述张晓敏和李锐刚对彼此的看法和认识。这些对面谈有什么影响?

(3) 评价整个面谈过程的沟通情形。张晓敏是否达到了最初的目的? 作为科长，他所选择的面谈方式以及对面谈节奏的控制是否恰当?

(4) 他们相互的看法和认识正确吗?

(5) 在该面谈过程中，哪些是需要改进的?

**背景简介**

张晓敏是威龙童车公司的工程部电子科科长。工程部的职责是产品设计、制图、产品成本预算、产品标准制定、生产现场检查和产品生产跟踪。张晓敏领导着8名一线主管，他们的职责包括技术和管理两方面。

公司政策要求各科室的科长每年与手下的主管进行绩效反馈面谈。面谈目的有三：

（1）评估主管一年来的工作业绩。

（2）对主管表现突出的地方给予嘉许和认可。

（3）指出主管工作中的不足之处，并希望在今后工作中提高。

今天，张晓敏将与其所领导的主管之一李锐刚进行绩效反馈面谈。

李锐刚本科学历，电子工程专业，大学毕业后到该公司工作已有5年，担任主管一职已有2年。除了负责部分技术问题，他还指导7名下属工作，包括1名初级设计员和6名制图员。由于负责的技术问题对专业有很高的要求，他的工资很高。他已成家，并育有一子。

## 案例分析1

### 下水道井盖为什么要设计成圆的

我的专业是中文，兼修英语，属于大众而不出众的那种。

大学毕业那年，在网上看到一家房地产公司要招聘广告策划人，我决定去碰碰运气。很快，公司通知我去面试。

被引到办公室后，我看到了三位考官，一女二男。居中的是一位大姐，应该是主考官，30来岁，长得慈眉善目。左边是30来岁的西装男，右边是40岁左右的平头男。

大姐发话："你的资料我们看过了，你觉得自己有什么实力应聘广告策划这个岗位？"

"我主修中文，兼修英语，在中英文语言表达创意和运用上可以发挥自己的优势。当然，最主要的还是我对这个岗位的热爱。"

"你觉得广告策划的首要的目的和原则是什么？"大姐继续问。

"广告类书上的定义大家都看过，我个人认为，广告策划的首要目的是'灌水'，原则是不断'灌水'——把广告这碗水灌进受众眼球里，灌进耳朵里，灌进心坎里。"我答道。

"哦，很形象！"大姐笑了，旁边两位也跟着笑了。我自己都佩服自己：灵感啊！

西装男发话："在此之前，你为什么没有找到工作？"

"哦，找工作容易，找合适的工作就难了。"

平头男也上场了："我提一个问题：下水道井盖为什么要设计成圆的？给我两种以上的答案。"

什么，这是什么问题？这一刻我的大脑几乎停止了思考，但很快就急速转动起来，组织好答案："如果我是设计师，我会这么考虑：第一，圆形的井盖在安装到井口上时，不需要像其他形状那样旋转对准；第二，圆形的井盖可以在地上滚，一个人就能搬动；第三，盖子下面的洞是圆的，因为圆柱形最能承受周围土地的压力。"平头男赞许地点了点头。这时，大姐做了总结发言："来应聘的人多，今天就到这里，祝你好运！"

两周后，我收到了这家公司的录用通知。

资料来源：木子．策划的目的是"灌水"．（2008-03-07）．http://xmwb.xinmin.cn/history/xmwb/html/2008-03/07/content_122727.htm.

**［思考题］**

1．你如何评价这次面试？

2．本案例中三位考官的提问各有什么特点？他们的提问各有什么侧重？

3. 对于面试官的问题——“在此之前，你为什么没有找到工作?”，你会如何回答?

4. “下水道井盖为什么要设计成圆的? 给我两种以上的答案。”这类问题主要考核应聘者哪方面的能力? 如果你遇到这类问题，会如何回答?

## 案例分析2

### 录用还是不录用? 这是个问题

健康之友服务公司是一家民营企业，专门为生活不能自理的老人、残疾人或病人提供各种形式的服务。公司的创始人马晓惠几年前还是一个失业人员，走投无路的她在家人的鼓励下，接受了一段时间的家政服务培训。经中介介绍，她当上了家政服务员。在几年的工作中，精明干练的她敏锐地感觉到，随着城市人口老龄化，很多家庭都有老人需要照料，但是有很多老人不愿进养老院，而子女一般工作很忙，无暇顾及老人。因此，专门为那些生活不方便的老人提供周到的生活服务，应该是一个很大的市场。认准了这一点之后，她决定自己成立一家公司。她把公司命名为健康之友服务公司，自己担任总经理。公司的员工是清一色的失业女工。

竞争时时伴随在健康之友服务公司周围。很快，名目繁多的家政服务公司冒了出来，都把目光瞄准了城市家庭中的老人和孩子。马晓惠明白，要在激烈的竞争中求生存，必须增加公司的服务种类，提高服务的科技含量。有一次在偶然的闲聊中，她从在医院工作的姐姐那里了解到很多病人请护工很难，有一些工作护士也不愿意做。她马上想到可以让健康之友服务公司来承担一些病人的护理工作。

做这类服务工作需要添置昂贵的设备，消耗各种原材料，占用大量具有一定护理、治疗技术的服务人员。可以说相比以往简单、低成本的家政服务，这是一种投入成本巨大的服务。但是，一旦进入这个市场，前景很可观。

几经斟酌，马晓惠毅然决定冒险一试。她首先拜访了当地的几家医院，说服它们将自己需要继续治疗的病人推荐给健康之友服务公司。随后她开始大量招聘员工，添置设备，如今健康之友服务公司的顾客中85%是来自各家医院的病人。这些顾客绝大多数属于老年生活无法自理者，同时又有各种各样的慢性病，或是需要长期住院观察，或是需要不间断的康复治疗和护理帮助。更重要的是，这些顾客都住在自己家中，要求公司提供专门人员上门服务。这些顾客对服务公司所提供的服务水平要求很高。经过3年的发展，目前健康之友服务公司有32位员工，包括22位男女护工（全职和兼职）、3位兼职医生和7位管理人员。

李黎是健康之友服务公司的人力资源部经理。这几天她遇到一件务必马上解决的事情。公司的护工长张伟刚由于家庭原因向公司提交了辞职信，短时间内到哪里去找合适的接替者? 公司招聘护工管理人员历来是一件十分慎重的事，从招聘到应聘、面试、培训直至上岗需要经过一定的程序，花不少时间。就是应聘者被聘用了，到他能够独立工作往往又需要几周的时间。因为这个岗位不仅要善于照顾病人，而且要善于组织和管理。另外，提出辞职的护工长张伟刚不仅吃苦耐劳，而且是男护理出身，具有独特的优势，遇到力气活都是一人担当。这也是其他女护工和护工长不可比的。

李黎坐在办公室思考了好一会还是拿不出好办法，于是就去找马晓惠商量。

李黎来到马晓惠的办公室门口，看她正在看资料就敲门走了进去。马晓惠现在认识到，一个公司的成功跟企业所拥有人力资源的数量和质量有很大关系，所以对李黎负责的人力资源部的事务很感兴趣，经常过问李黎的工作。

“张伟刚要走的事你知道了吗?”李黎问道。看见马晓惠朝自己点头，她不无苦涩地又说：“他可真会挑日子。我们现在忙得只恨父母给我们少生了两只手，他却要走。这下可好，我们必须赶快找人顶替张伟刚的工作。你有什么良策?”马晓惠摇摇头，苦笑着说：“你瞧，我一直在看以往被我们拒绝的申请者的资料，试图从中找到能够为我们所用的人才。但很遗憾，这里没有我们想要的人。”“真的没有？一个都没有?”李黎不甘心，仍抱一丝希望问道。“是的。确实是这样。”马晓惠说。“那今天就到报社申请为我们发一个招聘护工管理人员的广告。”李黎建议道。看到马晓惠默许的眼神，她就去找广告公司，策划护工管理人员招聘广告的事去了。

马晓惠深知，要想通过广告招聘到合适的护工管理人员并非像李黎想得那么简单。因为护工管理人员在健康之友这类提供家庭护理服务的公司中是最重要的角色，他们必须具有护士资格，掌握各种护理技术，并能独自完成护理程序规定的一整套临床护理工作；更重要的是，必须具有一定的组织管理能力。护工长不是一般意义上的“看护者”，更像一个“指挥者”和“决策者”，他们必须具有一般医生所具有的判断能力和一般护士所不具备的紧急情况处理能力。

在不久前的一次应聘人员面试中，马晓惠说过这样的话：“诸位都拥有相关的专业知识，对大家掌握的专业知识我一点也不怀疑，但是在这里我必须告诉大家，光有文凭在健康之友服务公司是不够的。我们还很看重经验，即独立进行家庭护理工作的经验。”马晓惠看着匆匆走出自己办公室的李黎的身影，低声自言自语：“不知道李黎能不能在招聘广告上将这些要求一一表达清楚。”

当天下午，当地发行的晚报上登出了“健康之友服务公司急需一名护工管理人员，男女不限”的招聘广告。在焦急等待了两天后，李黎终于获悉，已有两位应聘者联系公司，表达了应聘的愿望。这两位应聘者的材料被马晓惠拿走了，李黎急忙赶到经理办公室。“这是其中一位应聘者的个人简历。”马晓惠将一份资料交给李黎。李黎边看边道：“正在理工学院读四年级，两年前曾选修护理学的几门课程，还通过了国家护理学科的专业考试。嗯，是个好孩子。”

看到李黎一脸赞许的样子，马晓惠指指这份简历中的一段文字。“还需半年大学毕业。”“有什么问题吗?”李黎不解地问道。“我们服务公司对护工管理人员的工作经验一贯极为重视，他没有任何护理经验，起码从这份简历上我无法准确判断他是否在这方面符合我们的要求。”马晓惠说道。李黎点了点头表示同意，于是这位应聘者就被李黎以“不需要再来参加面试”回绝了。

另一位应聘者是直接打电话给马晓惠的，在电话里她表达了自己希望到健康之友服务公司当一名护工管理人员的想法。“她叫刘波，”马晓惠告诉李黎说，“虽然用电话说明自己希望应聘有点非正式，但通过整个谈话，我认为刘波是一个十分爽快的人，讲话时间长了点，不过很愉快，因为我们彼此都明白了自己需要了解的东西……”

李黎突然打断马晓惠的话问道：“刘波？一定是位女士吧?”“是的。你是怎么知道的?”

马晓惠惊异地问。李黎略有所思地解释说，“我对刘波早有耳闻。她以前在我们附近的仁爱医院工作。有责任心，工作认真努力，专业技术熟练，这是当时仁爱医院对她的评价。还有，无论与病人、员工还是医生，她都能和睦相处。”

“但是，还有另外一些事情，也许你并不知道。”马晓惠接过李黎的话说道，“刘波曾经因为过失杀人而被起诉。”为缓解李黎的心理压力，马晓惠稍微停顿了一会后接着说：“我已询问了这一案件的有关情况。导致刘波杀人的原因，法庭认为是长期以来刘波受到其前夫的虐待，以致两人离婚。前夫被法院判为不得再干扰刘波的生活。出事那晚，刘波的前夫又出现在她家，并且当着两个孩子的面打她，她在反抗和挣扎的时候，一把将前夫推倒在地，正巧他的头部后脑勺先着地，导致脑出血而死亡。法庭认为刘波不属于故意杀人，只判了2年监禁。刘波原来的医院同事都为她提供证明，要求法庭减短刑期，不久被法庭同意。”“那么，刘波现在又怎样了?”李黎对刘波产生了莫大的同情。“刘波在半年前已被释放，目前与她的两个孩子住在一起。刘波说，现在自己最大的愿望是找到一份工作，这不仅是为了自己和孩子们能够很好地生活，更是为了不辜负以前的同事对自己的帮助。所以，昨天看到报纸上招聘护工管理人员的广告后，刘波立刻打电话过来，想到健康之友服务公司应聘护工管理人员。”

“既然只有刘波一人应聘，其条件又基本符合我们的要求，是不是就请她准备一下来参加面试?”听过刘波坎坷经历的李黎，不禁对她产生了一些同情。马晓惠当然同意，于是就给刘波发出了面试通知。刘波在第二天下午准时来到公司。健康之友服务公司对应聘护工管理人员的面试程序有明确规定：先由护工管理部主管对应聘者进行专业性测试，通过后再由人力资源部经理和总经理进行第二次也是最后的面试。

刘波走进健康之友服务公司，既热情友好又不失分寸地和每位员工打招呼。在大家眼里，刘波是一位穿着得体、身材匀称、年龄35岁左右的女士。当被领到护工管理部主管方明燕的办公室后，尽管富有经验，刘波还是有些紧张。对于跟前略显羞涩的刘波，方明燕很有好感。以前来应聘护工管理人员一职的人不是过于傲慢就是过于随便——不守时。所以方明燕没有向刘波提什么问题，而更多的是向她介绍公司的工作，有哪些规定和要求。刘波从方明燕办公室出来时，心里泛起的是阵阵感激之情，认为能够在这样的上级手下做事，是上天对自己过去一番痛苦经历的补偿。

方明燕领刘波来到李黎和马晓惠的面试室门前，请刘波在门外等一会，自己先进去汇报。虽然刘波给方明燕留下了良好的印象，但是通过刚才几个十分简单的问题，方明燕感到刘波对健康之友服务公司的护理工作程序不太了解，并缺乏独立工作经验。方明燕向两位领导者如实汇报了对刘波的面试过程和面试内容。对刘波的回答和表现，她也提出了自己的看法与意见。

“谢谢，方明燕，你的意见对我们十分重要。”李黎对方明燕的工作十分满意，“请刘波进来吧。”李黎请刘波坐到办公桌前：“刘波，请你坐近些好吗？不要像考试那样——教师与学生彼此对峙。”随后又说：“今天请你和我，还有马经理一起讨论一下。现在设想这样的场景：我们护理的对象向公司投诉，抱怨护工没有按照要求护理，你如何应对这样的事件?”

“好的。我过去只是做护理，对于这类问题不太熟悉。但是我很愿意根据过去在工作中所获得的经验，回答这个问题。”刘波经过短暂的思考，开始有条不紊地阐述自己的观点。

在刘波结束自己的陈述离开李黎的办公室后，李黎和马晓惠对刘波的面试过程进行了讨论。

她们对于刘波在一般护理上掌握的技能和拥有的经验都很认可，而且认为她对于怎样搞好与当地医院医生的关系十分在行。李黎认为这对公司今后的发展一定会带来良好的促进作用。

“马经理，你是否注意到刘波对这里的风土人情十分熟悉?”李黎问道。“这好理解，刘波护校毕业后就在本地工作，你忘啦?”“哦，不，我只是没你记得那么清楚，她与这里几家医院的医生也有良好的私人关系。这一点也是我们考虑录取她的重要理由。”

刘波在许多地方有优势，但是与原来的护工长张伟刚相比，马晓惠与方明燕都觉得刘波存在的最大不足是在家庭护理方面没有经验。当然，无论是方明燕还是马晓惠，都没有从刘波的个人生活经历上去考虑。“事实上，刘波过去的经历，我们从未将它作为是否录取的一个考查要素。”李黎说。

李黎和马晓惠再次请在门外等候的刘波进来听取自己的面试评价结果。她听到的结果是：“很抱歉，刘女士，你在许多方面符合甚至超过了我们对健康之友服务公司员工的要求，但在家庭病人服务方面所必需的经验未能满足我们的要求。我只能告诉你，聘用你不是我们的最佳选择。十分感谢你来我们公司参加面试。”

“谢谢你们能抽出宝贵的时间对我进行面试。是的，贵公司今天让我到这里参加面试，给我这样一个并非所有人都能获得的机会，我真心地表示感谢。我真的十分希望能够得到这份工作，假如贵公司不录用我，我也不会报怨，我深知合格员工对于公司的重要意义。”刘波说完起身向马晓惠她们深深弯腰致意，然后离开了办公室。

刘波已经离开了多时，李黎和马晓惠仍然坐着未动。“马经理，你说是否应该聘用刘波?”李黎试探性地问道。“李黎，其实我也在想：是否应该聘用刘波，聘用她是不是我们唯一的选择或者说最佳选择?实话告诉你，我也无法确定。”

这种情况在健康之友服务公司成立 10 年来从没有发生过。在以往的员工招聘过程中，马晓惠都是根据早就明确的招聘细则做决策。再慎重一点的话，就加上两人的“直觉”。每次招聘都是当场拍板，不管是录取还是淘汰。今天这是怎么啦?

**[思考题]**

1. 公司总经理马晓惠在招聘面谈过程中，一方面感到应聘者刘波在家庭护理方面没有经验，另一方面又觉得她是一个难得的候选人。虽然最终还是决定不聘用刘波，但内心对自己的决定正确与否拿不准。如果是你，站在马晓惠的立场将会如何取舍?在面谈沟通方面还应做哪些进一步的交流?

2. 人力资源部经理李黎在对刘波进行面谈时，在营造宽松的沟通氛围、引导面谈方面表现如何?

3. 刘波在面试过程中的表现如何?最终她没被录取的原因是什么?在面试沟通中她还有哪些地方需要改进?

4. 你认为作为被面试者应如何从容面对提问，有效地“推销”自己?

09
Chapter

第 9 章

# 人际冲突处理

以诚感人者，人亦以诚而应。

——程颐

## 学习目标

1. 认识冲突的类型
2. 明确人际冲突的定义
3. 了解人际冲突产生的原因
4. 识别冲突的双重性
5. 描述人际冲突处理方式
6. 掌握人际冲突处理技巧

## 引导案例

### 马陆的困惑

马陆今年 34 岁，在一家保险公司工作。由于工作出色，不久前他被公司任命为索赔部经理，那是一个受到高度重视的部门。走马上任后，马陆了解到在自己谋求索赔部经理这一职位的同时，另外还有两名业务能力很强的同事吴豪和苏丽也曾申请这个职位。他确信公司之所以安排他到这个位置，部分原因也是为了避免在两个有同等能力的员工中做出选择。

马陆到索赔部后第一个月的业绩很不错，因此他对部门员工的素质及能力感到十分满意。他与吴豪和苏丽的合作也很愉快。于是，马陆信心百倍地决定用培训员工及安装新计算机系统的计划来推动部门快速发展。

然而当马陆提出实施这一计划时，苏丽却埋怨他在还没有完全了解部门运作程序前就这样干，显得有些操之过急。马陆认为苏丽可能还没有完全接受他担任索赔部经理的事实，当吴豪来找马陆的时候这一点似乎得到了证实。吴豪说，在面对即将到来的变革时要关注一下员工的士气，他甚至对马陆暗示说某些人正考虑要提出调走。尽管吴豪没有指名道姓，马陆仍确信苏丽是问题的根源。

于是，马陆一方面谨慎地推出新计划，另一方面对苏丽的言行保持一定的警惕。在日后的工作中，苏丽隐约地觉察到这位新上任的马经理正在疏远她，这使她陷入苦恼之中。

马陆和苏丽的冲突点在哪里？这是员工问题还是纯业务问题？马陆的到来是争议点吗？吴豪是如何卷进去的？如果你是马陆（或苏丽，或吴豪），你将如何做？

---

在这个案例中，作为一名新上任的管理者，马陆正面临管理工作中极其重要且不可避免的人际冲突问题。马陆的决定将会影响到整个部门，而且可能影响到他未来的职业生涯。你能帮助马陆做出决定吗？作为索赔部经理，他需要了解什么呢？

我们知道，成功要靠天时、地利与人和，这里的“人和”讲的就是良好的人际关系。如何求得“人和”？怎样营造良好的人际关系？靠的是有效的人际沟通。

美国一所大学在研究诸多成功管理者的案例时发现，对于一个人的成功，智慧、专门技术和经验因素只占 15%，其余 85%则取决于由有效的人际沟通所营造的良好的人际关系。这表明，一名优秀的管理者同时更应该是一名沟通高手。在企业里，每个人都处在一种错综复杂的人际关系网中，彼此之间或者是平级关系，或者是上下级关系，要使企业高效有序地运作，相互之间的有效沟通是良好的润滑剂。从一些企业衰落的案例中不难发现，企业中各层级管理者缺乏有效沟通意识和基本的人际沟通技能是一个重要的诱因。

也许你没有遇到过像马陆和苏丽那样的特殊问题，但大部分人都曾卷入人际冲突，并面临马陆所面对的重大决策问题。学生就分数的问题与老师发生冲突，家庭成员因责任和金钱的问题而争论，上级与下属或多或少会发生这样或那样的冲突。即使在一个人人智商都很高、个个责任感都很强的组织里，也会充满矛盾和冲突。虽然很多人因不想卷入冲突而对其视而不见，但这些冲突依然存在。

仔细观察一下不难发现，这些冲突本不是由什么不可调和的矛盾导致的，而是由于彼此间缺乏了解，同时又缺乏有效沟通。

因此，要想成为一名卓有成效的管理者，就应该了解管理工作中各种冲突产生的原因，并且善于利用各种沟通技巧来化解这些冲突。

## 第 1 节　冲突的类型

无论这些冲突表现为何种形式，都可以简单地归纳为内心冲突、人际冲突、小组冲突、组织内冲突及组织与外部的冲突（见图 9－1）。

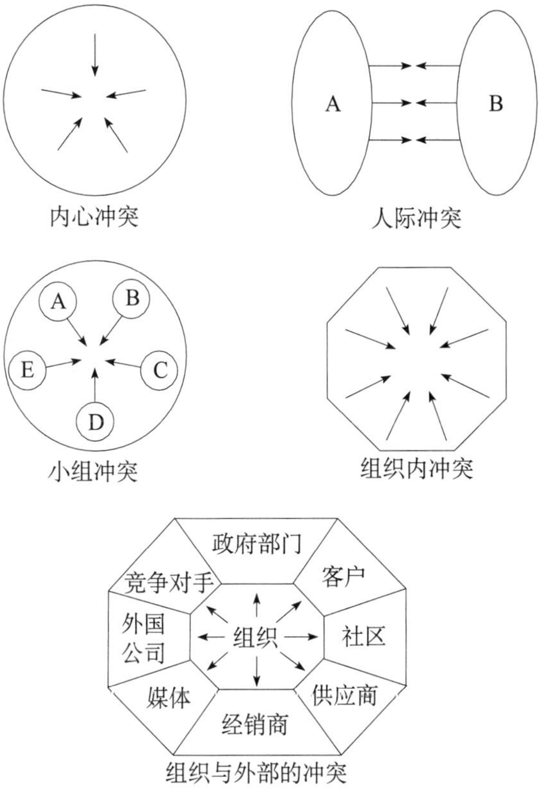


**图 9－1　冲突类型**

## 一、内心冲突

内心冲突发生在个体本身，而且常常涉及目标冲突和认知冲突。当个体的行为导致与众不同的（包括积极的或消极的）结果，或个体的行为与所产生的结果互不相容时，就产生了目标冲突。如有的工作收入比较高，但危险性比较大，或个人利益与公司利益不一致等。内心冲突主要有两种。

**1. 目标冲突**

目标冲突指的是积极的和消极的两种结果间的相互作用，它包括四种基本类型。

（1）双趋冲突。在这类冲突中，个体必须在两个或两个以上具有积极结果的机会中做出选择。但是，因为两者不可兼得，从而产生难以取舍的内心冲突。例如，对两个都具有吸引力的工作，需要做出二选一的艰难抉择。

（2）双避冲突。在这类冲突中，个体必须在两个或两个以上具有消极结果的选项中做出选择。例如，一个选择有薪资减少的风险，另一个选择是不断增加的赴外地出差的艰辛。

（3）趋避冲突。在这类冲突中，个体必须决定是否接受既有积极结果也有消极结果的事情。例如，接受一份待遇很不错但风险很大的工作。

（4）双趋避冲突。这是指同时有两个或两个以上的目标，每一个目标都既有积极的一面又有消极的一面，但各个目标所存在的积极或消极的情况各有不同，即不同的目标各有所长、各有所短，因而常使人犹豫不决，难以抉择。例如，与甲公司签订合同回报率高，但甲公司的财务状况不是很好，后续资金是否能如期到位存在较大的不确定风险；与乙公司签订合同回报率相对低一些，但乙公司的财务状况良好，资金充足，违约风险小。

管理者在每天的决策中常常涉及解决上述目标冲突。当现实中处理冲突的途径存在太多的选择，或者冲突处理结果的积极因素与消极因素相当时，内心冲突会表现得更加激烈。

**2. 认知冲突**

当个体意识到其想法、态度、价值观和行为与现实存在分歧时，便产生了认知冲突。由于认知不一致的情形不断出现，常常让人感到紧张和不适。若要淡化这种不适的感觉，可以通过改变自己原有的想法、态度、价值观和行为，或者设法获得更多有关引起冲突的信息，寻求解决这种冲突的途径。

在许多重要的个体决策中，目标冲突与认知冲突并存。一般来说，决策前目标冲突越激烈，决策后认知冲突就越严重。尤其是当我们已经知道被采纳的方案具有消极（理应加以回避）的因素，而被否定的方案具有积极（理应努力趋向）的因素时，决策难度更大。

## 二、人际冲突

一般而言，人际冲突可以描述为个体在达到目标的过程中察觉或经历挫折的情形。

由于冲突在不同的背景下以各种形式出现，因此很难对冲突做出确切的定义。一般来说，冲突可以描述为个体或组织在达到目标的过程中察觉或经历挫折的情形。有时，挫折是由冲突各方在价值观或利益分配上的分歧导致的；而另外一些时候，争论的焦点则涉及冲突各方的地位和权力之争。

由于缺乏人际沟通技能而被解雇的管理者可能要多于因技术能力匮乏而被解雇的管理者。一项对 191 名总经理的调查发现，对于这些管理者来说，失败的最主要原因是缺乏人际沟通技能。

人际冲突指的是人与人之间在认识、行为、态度及价值观等方面存在分歧。我们可以通过管理学上一个经典的例子——囚徒困境来解释这种冲突。

两名嫌疑人被分别关押起来，当地的检察官知道他们犯有某种罪，却没有足够的证据判定他们有罪。在检察官面前，这两名嫌疑人必须做出选择：要么招供，要么不招供。现在的情况是：如果他俩谁都不招供的话，那么将被指控为犯有类似小偷小摸或非法拥有枪支等罪，这样，两人所受的惩处都不会太重。如果他俩都招供的话，那么两人都将依法受到严惩。如果一个人招供，另一个人不招供，招供者轻判，不招供者重判（具体量刑情况见表 9－1）。这两名嫌疑人作案前曾商定都守口如瓶，这样他们所受到的惩处最轻。但是，被逮捕后他俩左思右想，越想心里越不踏实：万一对方招供了，自己不招供不就会被重判了吗？于是，最终的结果是：两人都招供了，并都被判处 6 年监禁。

**表 9－1　嫌疑人的选择与结局**

| 甲的选择 | 乙的选择 | 甲的结局 | 乙的结局 |
|---|---|---|---|
| 招供 | 招供 | 判 6 年监禁 | 判 6 年监禁 |
| 招供 | 不招供 | 判 1 年监禁 | 判 10 年监禁 |
| 不招供 | 招供 | 判 10 年监禁 | 判 1 年监禁 |
| 不招供 | 不招供 | 判 3 年监禁 | 判 3 年监禁 |

这种情形具有人际冲突的许多特征。首先，每个人的结果取决于他人做什么；其次，这一困境强调了个人行为和联合行为的差异。对每个人来说，采取招供的态度对自己最有利，然而，要想得到最好的结局，最佳的选择却是两人都不招供。这一困境隐含了人际沟通中一个很重要的基础，即相互间的信任。

马陆和苏丽之间的冲突是组织中人际冲突的一个典型例子。马陆对他的新工作很有热情，并希望自己在这个新岗位上有所表现。然而，他也意识到有许多阻力，其中有来自苏丽方面的反对意见，马陆认为那主要是因为她未谋到索赔部经理的职位而心理不平衡。他还将苏丽的表现与吴豪关于有人想离开索赔部的警告联系起来，认为苏丽想借此使其工作陷入困境。与此同时，苏丽将马陆看作一个没有足够经验就急于表现的不成熟的经理。显然，他们互不信任。马陆和苏丽之间的冲突不仅会影响他们的关系，还会影响整个部门的工作效率。

## 三、小组冲突

小组不仅规模比个体大，而且不同于个体，所以，小组冲突也不同于个体的内心冲突和人际冲突。小组冲突指的是小组成员相互间发生矛盾，这种矛盾常常会影响小组的工作效率。小组内任务的分配以及小组成员的情绪变化对冲突的产生都有影响。家族企业尤其容易产生严重的小组冲突，当家族企业的开创者面临退休、已经退休或死亡时，这种冲突格外明显。

与人际冲突的情形相似，小组冲突可以通过冲突中的行为和冲突最后的结果来观察。冲突的破坏性通常可以由群体凝聚力的下降或在实际冲突结束一段时间后群体所表现出来的工作效率降低而展现出来。例如，有一家颇具规模的电子公司，下设一个研究所，所里有一支由十名博士组成的精干的研究队伍，负责开发新产品。然而，不久前，研究所里的两名主要成员不同意参与某种新产品的开发，在没有得到所里其他成员支持的情况下，就带着两名助手自行其是。所里的其他成员为此找到项目经理要求做出裁决。项目经理却优柔寡断，唯恐因支持一方而疏远另一方，迟迟未做决断。几个星期后，一个曾经很有效率的群体停止了合作，其中的四名主要成员开始寻找新的工作。这个群体因意见不统一而瓦解（有关群体的讨论详见第 5 章）。

## 四、组织内冲突

组织内冲突主要分为两种。

**1. 纵向冲突**

纵向冲突指的是组织内不同级别之间的冲突。这种冲突常常是上级控制过于严格导致下属不服而产生的，下属之所以反抗，是因为他们认为上级控制太多而侵犯了自己的工作主动权。纵向冲突也可能是因为缺乏沟通、目标不一致或观念不一致而产生的。

**2. 横向冲突**

横向冲突指的是组织内相同级别的部门之间的冲突。产生这种冲突的主要原因是各部门只考虑自己部门的利益而不顾及其他部门利益的本位主义。在这些部门间，目标不一致可能导致目标冲突。另外，各部门中员工与员工之间的态度差异也会导致冲突。

组织内冲突不仅存在于人与人之间，也存在于同一组织中的各部门之间，例如在报酬公平性和福利计划等方面由于不平衡而产生冲突。

## 五、组织与外部的冲突

组织在发展过程中，与其竞争对手、政府部门、社区、媒体、利益相关者等外部社会之间往往会存在更为错综复杂的冲突。

以上简要描述了冲突的类型。本章接下来将着重讨论组织环境下的人际冲突。

# 第 2 节　人际冲突产生的原因

冲突或摩擦是日常生活及工作中常见的现象。有时，冲突太少，工作、生活可能会单调枯燥。冲突太多，工作会面临太大的压力，生活会变得十分紧张。

人际冲突产生的原因通常是人们对于同一个问题存在不同的看法。另外，人们在为实现自己的目标努力奋斗时，往往会因侵犯他人的利益而产生冲突。一项关于管理者的调查表明，工作中产生冲突的主要原因有：误解、个性差异、观念差异、工作方式与方法的差异、缺乏合作精神、工作中的失败、追求目标的差异、欠佳的绩效表现、对有限资源的争夺、文化与价值观的差异、工作职责方面的问题，以及没有很好地执行有关规章制度。

这项调查还表明，许多管理者将 1/4 的工作时间用于处理各种矛盾与冲突等。

在实际工作中，在与上级、下属的交往中，人际冲突产生的根本原因则是观念的差异。

观念是客观世界在人们头脑中的理性反映，即人们对客观世界的理性认识。观念作为人们对客观世界的看法，是对事物的一种高度抽象，相对稳定，一旦在人们头脑中形成就不会轻易改变。

由于人们成长的环境、受教育程度、工作经历、年龄等不同，因此形成的观念也各异。导致观念差异的主要因素包括个体的成长经历、对话语的理解、对情感的反应和固有的偏见（见图 9－2）。

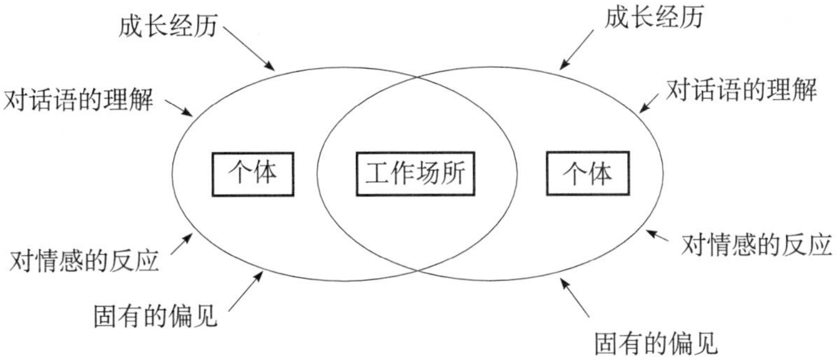


**图 9－2　导致观念差异的主要因素**

根深蒂固的观念往往会使我们在人际交往中急于下结论，变得武断，混淆观点与事实。因此，要有效处理人际冲突，首先应该了解自己的观念，保持清醒的头脑，以便对事物做出正确的判断。

然而，辩证地说，无论对于个体还是组织，冲突都既有消极作用，也有积极作用。我们当然欢迎冲突的积极作用，同时希望尽力避免冲突的消极作用，如果不能避免，就要考虑采取适当措施来化解冲突。

充分了解工作中冲突的性质及其产生原因，并且采取恰当的方法避免或解决冲突，对于任何管理者或组织成员来说都非常重要。

# 第 3 节　人际冲突的过程

日常组织生活中存在各种关系的冲突。个体及整个组织的绩效并不取决于冲突的存在，而是取决于冲突行为的适度性及冲突结果的有效性。

我们可以将冲突想象成一个过程，并通过了解这个过程来分析某个特定的冲突。冲突过程大致可分为五个阶段（见图 9－3）。

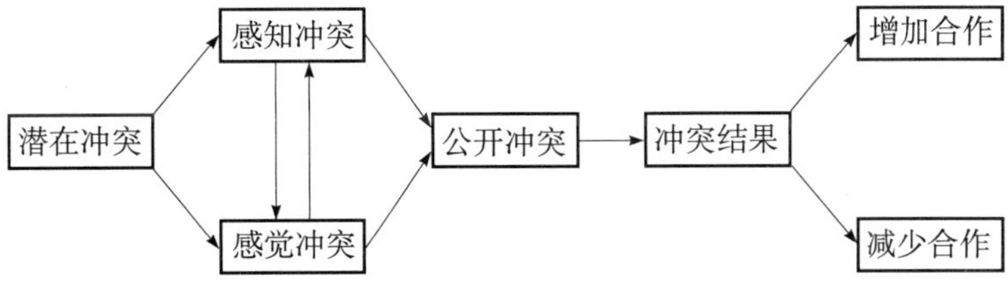


**图 9－3　冲突过程模型**

## 一、潜在冲突

潜在冲突是指在组织和个体所处特定环境中潜伏但尚未凸显的冲突，大多出现在责任与权力的分配、目标控制和追求目标时的行为等方面，这些因素对组织的运作非常重要。但是，组织很少能在所有成员都同意的情况下做出这些决议。换言之，在组织的日常运作中会发生意见分歧和冲突。潜在冲突包括以下三个方面。

**1. 沟通方面**

语义理解困难、误解、相互间缺乏沟通或沟通过于频繁，以及沟通渠道中的噪声等，都会引发冲突。

**2. 组织方面**

分配给小组成员的任务大小、小组工作目标、领导风格、奖励制度以及小组的独立性等都会引发冲突。

**3. 个体因素**

个体价值观的不同也会引发冲突。

例如，当马陆成为保险公司索赔部的新任经理时，另外两个有资格的竞争者吴豪和苏丽可以被认为是潜在的冲突因素。马陆、吴豪和苏丽在部门中承担多项任务，这些任务可能带来不可调和的矛盾，又是潜在的冲突因素。

又如，一个上级可能对其下属的错误持宽容态度，而这个上级可能正在为一个对错误持批评态度且对错误制造者的处理很严厉的上级工作，其中就隐含着潜在的冲突。

## 二、感知冲突

我们知道，大多数组织即使在日常决策中也存在意见不一致的现象。例如：谁将得到提升？什么方法是达成销售目标的捷径？怎样评价员工的绩效？等等。当个体和小组开始意识到这些差异存在的时候，他们就到了感知冲突阶段。在这一阶段，冲突的双方可能只有一方意识到了这种潜在的冲突，如当上级看到下属没有做好工作时，上级和下属之间的问题就出现了。类似地，当上级认为额外的沟通没有必要时，下属可能认为上级的反馈太少了，这些感知差异主要表现在心理上，这是感知冲突阶段的特点。

明确感知冲突阶段的特点，并设身处地地加以分析是很重要的。当你意识到自己与某人在一些问题的认识上出现差异时，要分析这些差异反映了什么问题，对方是否也意识到了这些差异的存在，他对这种情形的感知是否与你相似。之所以要分析这些问题，是因为人们在感知方面的差异会直接影响感觉冲突的形成。

## 三、感觉冲突

与感知冲突阶段密切相关的是感觉冲突。感觉冲突是可感知的冲突对潜在冲突的参与者情感的影响，主要体现在生理层面。这一阶段发生在实际冲突行为出现之前，并对冲突行为产生影响，因为它反映了我们的感知与情感。在这个阶段，我们对实际冲突发生的可能后果加以概念化，并由此产生剧烈的情绪变化，如焦虑、紧张、敌意及挫败感等。

## 四、公开冲突

公开冲突阶段称为冲突的“行动阶段”，这一阶段包括冲突行为、解决问题、公开对抗、转换行动或者其他可能的行为。

真正的冲突行为——公开冲突决定了冲突的结果以及冲突相关者相互作用的方式。

## 五、冲突结果

冲突结果指由潜在冲突、感知冲突、感觉冲突和公开冲突相互作用的结果。冲突既具有消极的影响，也具有积极的影响。

**1. 冲突的消极影响**

我们知道，冲突会造成严重的消极影响，导致组织无法达到既定目标；冲突会消耗资源，尤其是时间和金钱；严重的冲突会影响员工的身心健康；抵触的想法、观点以及信仰会导致憎恨、紧张和焦虑，这些情绪的产生是因为冲突对其个人目标和信仰造成了威胁。在较长的一段时间内，冲突会使组织内原本相互支持、相互信任的关系变得紧张，从而影响人际关系和群体之间的关系。

许多人在和谐的状态下能够有效地沟通，但一旦面对冲突，就会影响正常沟通，因而会丧失影响他人的能力，错失果断决策的良机。调查显示，个体在组织中的冲突经历会影响组织成员的积极性。作为一名出色的管理者，即使在冲突条件下也应具备较强的沟通能力，无论是为自己还是为组织，都必须为达成组织目标而努力。

**2. 冲突的积极影响**

由于冲突的消极影响，许多人都害怕冲突，因而在实际工作中总是设法回避冲突。实际上，冲突有时也能带来正面的影响。沟通学家勃朗特·鲁宾（Bront Ruben）指出，冲突不仅有助于现有系统的发展，而且能防止系统的停滞及消亡。同样，组织内的冲突也可以成为一种积极的因素：冲突的产生和解决常会导致问题的有效解决；解决冲突的愿望会迫使人们改变做事的方法。通常，人们认为冲突的价值在于带来创新和变革。在与他人发生冲突时，人们不得不对问题做出评价。冲突的积极作用还包括它能够引入竞争机制，增强创新意识等。例如，每个人都有一定的做事模式，只有当某人向他们的模式提出挑战时，他们才会考虑新的做事方法。有效的冲突能够使人们远离常规。在组织中，冲突处理的过程会促进积极的变革和创新。

在决策过程中有意识地引入冲突机制对组织将是有益的。比如，在小组决策的过程中，当小组的一致愿望与小组提出的不同的解决方案发生冲突时，小组成员就要进行思考和讨论，力求找出一个最佳方案。

冲突的双重影响如表 9-2 所示。

**表 9-2 冲突的双重影响**

| 积极影响 | 消极影响 |
|---|---|
| 促进问题的公开讨论<br>促进问题的尽快解决<br>提高员工在组织事务处理中的参与程度<br>增进员工间的沟通与了解<br>化解积怨 | 影响员工的身心健康<br>导致员工不能参与某些重要问题的研究与处理<br>造成组织内部的不满与不信任<br>使组织内相互支持、相互信任的关系变得紧张<br>导致员工和整个组织变得封闭、孤立、缺乏合作<br>阻碍组织目标的实现 |

# 第 4 节 人际冲突的处理方式

个体对待人际冲突大致有五种不同的处理方式，即回避、对抗、妥协、迎合及合作（见图 9-4）。在处理人际冲突过程中采用何种方式，主要取决于冲突中个体本身的需求或目标。这五种冲突处理方式代表着自信与合作的不同程度的组合。

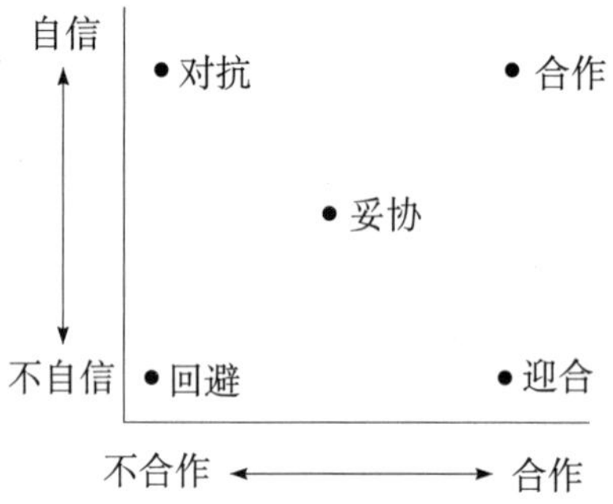


**图 9-4 人际冲突的处理方式**

## 一、回避

有些人在实现既定目标的过程中，一旦遇到冲突，往往采用回避的方式，因为冲突使他们感到不舒服或非常害怕。虽然回避者很想实现自己的目标，但他们并不能以一种积极的方式来对待冲突。

这一冲突处理方式属于不自信且不合作型。人们采用这一方式来远离冲突，对不同意见者置之不理或保持中立。这种做法或者是为了让冲突自行发展，或者是为了避免紧张或挫败。有时，采用回避方式有利于避免冲突的升级。然而，对于重要问题采用置之不理的方式是不明智的。过多地采用这种方式会导致他人对你不太好的评价。

## 二、对抗

有些人在面对冲突时，采用针锋相对的处理方式。他们往往看重自己的目标或需求，并不考虑冲突中其他人的目标或需求。

对抗者通常将冲突看作一场胜负较量，并且总认为自己应该是赢家。这种想法可能不利于较好地解决问题。但也有相反的情况：当对抗一方陷入绝境时，另一方通常会认为他们应当做出决策，并为这个决策负责。如果他们有能力解决这个问题，这种方式可能非常有效。

这一冲突处理方式属于自信但不合作型。它是人际冲突中的“赢-输”处理模式。采用这一方式的人往往致力于实现自己的目标，而不顾他人的利益。对抗方式常涉及强权和支配因素。采用这一方式的人认为一方必须赢，而根据需要，另一方必须输。这种方式有时能够帮助达成个体目标。与回避方式一样，这种方式也会导致他人对你不太好的评价。

这种方式有可能被误用，也有可能正是组织所需要的，所以对这种对抗方式的结果应有明确的预见性。占优势的对抗者会排斥其他较好的方案，或者对他人进行人身攻击以维护胜利者的地位。当对抗双方意见相左时，如果其中一方是对抗型的而另一方是回避型的，则采用对抗方式者很容易获胜。但只有在获胜的一方正确的前提下，这种胜利才会对组织有利。

## 三、妥协

妥协者倾向于将人们对任务的不同观点加以平衡，同时采用对谈判有利的给予-获取的方式来解决冲突。在妥协过程中，各方可以将他们的损失减到最低限度，同时又能够有所收获，因而妥协方法能够奏效。通常，许多组织鼓励采取折中的办法，而且在许多决策群体中妥协已经成为一种倾向。

这一冲突处理方式属于基本合作和较自信型，它涉及谈判和让步。妥协在冲突处理中被广泛运用，对他人妥协的人往往会得到好评。妥协得到好评的理由是：

（1）它可以被视作一种合作的举动。

（2）它是解决冲突比较实用的准则。

（3）它可以帮助维持相互间良好的关系。

相比合作方式，妥协方式不追求双方的最佳满意度，而是取得各方适中的、部分的满足，但遇事妥协要谨慎。在竞争过程中，对妥协的偏好应该与具体情况相适应。倾向于妥协的人能够帮助组织在不同的冲突中做出决策，但是如果这种决策不能真正解决问题，还会导致问题再次出现，那么这种妥协导向就应当避免。

## 四、迎合

许多希望被他人喜欢并有较高合群需要的人以及那些真正关心他人需要的人宁愿采用迎合方式来解决冲突。这种方式的特点是把对方的需求放在高于自己的位置，以求维持和谐的人际关系。换言之，这种迎合方式是以牺牲个人目标为代价来保持友谊的。但迎合型的人在他人表示不赞同时，容易放弃自己的观点。

这一冲突处理方式属于合作但不自信型。迎合表明了一种无私的行为，它是对他人愿望的一种服从，是一种与他人长期合作的策略。迎合方式往往会赢得他人的好评，当冲突问题不太重要，或需要以暂时的退让换取长久的信任时，可以考虑采用此方式。不过，如果遇事一味地迎合，则可能被视为软弱和顺从。

### 五、合作

以合作的姿态来处理冲突是一种十分理想的方式。但是相对于其他冲突处理方式，合作在应用中却是最难的。对于倾向于合作的人来说，只有在其他人也采用合作方式并且拥有足够的完成任务所必需的信息时，才能采用合作方式。

这一冲突处理方式属于合作且自信型，是人际冲突中的双赢冲突处理模式。因此合作方式表现出将冲突带来的积极作用提升到最大限度的愿望。采用合作方式的人往往具有以下特点：

（1）将冲突视作自然现象，具有积极作用，如果处理得当，甚至可以带来开创性的结果。

（2）表现出相互间的信任和坦诚。

（3）期望每个人在解决冲突的过程中扮演同样的角色，同时每个人的观点都同样合理。

（4）不会仅仅为了局部利益而牺牲整体利益。

采用这种方式的人往往被认为是精干的、善于顾全大局的，会得到较高的评价。人际冲突处理调查结果表明，采用合作方式的人或群体往往具有以下特点：

（1）是较成功的管理者。

（2）是业绩出色的群体。

（3）能够充分利用冲突带来的积极作用。

（4）充分看到对方的长处，对自己的绩效及能力能够进行恰当的评价。

## 第 5 节　人际冲突中的沟通策略

### 一、沟通策略

不同的人际冲突处理方式会使冲突或者激化，或者减弱，或者维持现状，或者得以避免。个体冲突处理的目的、方法以及组织对待冲突的价值观决定了采取何种冲突处理策略（见表 9－3）。

**表 9－3 人际冲突中的沟通策略**

| 激化冲突的策略实例 | 目的 |
|---|---|
| “你的态度不端正。”<br>“你工作时不能这么懒散。” | 对个人或问题进行评价 |
| “我认为你不想完成工作，6 个月前你就一直不愿给我们生产线增加编制，现在仍然和以前一样。” | 将冲突扩大化，与以前未解决的争论联系起来 |
| “我可不想让周围的人都与我作对，你要么现在把机器修好，要么走人。” | 通过控制冲突结果来威胁对方 |
| “我不愿和王先生一起实施这个计划，换李先生或张先生都可以，就是不要王先生。” | 特意限制他人的选择 |
| “我本应该和你们一起讨论这个计划，但现在我必须去总公司。” | 出于特殊的原因而打破以前的约定 |
| **避免冲突的策略实例** | **目的** |
| “王先生获得了这份工作，我知道你很沮丧，但总垂头丧气是没有用的，等你感觉好点时我们再谈。”（上级在下属没有得到晋升或表扬时） | 拖延冲突的处理时间 |
| “我知道你认为你的老板不公平，但我们有公开的政策，如果你有什么不满的话，可以提出申诉，只有在经过这一程序后，我才会处理这个问题。”（高层管理者面对不满的员工时） | 使用正式的规定、等级制度或其他方式控制过程来限制冲突方的行为 |
| “这不是一个问题，你不必这么激动，我想肯定没有任何问题。” | 否认冲突的存在 |
| “我知道在晚班增加两个人很重要，你非常需要他们，但我相信你能维持目前的生产水平，你们小组的协作能力强，相信你们将继续做好这一工作。” | 承认一部分问题，但忽略更重要的问题，使冲突变得模糊 |
| “我想，我不会把事情搞糟的。在经理会议上我总是支持你，即使我认为不太恰当，也会继续支持你。”（两名经理在董事会议前碰头） | 保持长期关系 |
| “我相信我们都能同意这一点：这个预算与我们的期望值相当。如果你考虑你的兼职秘书的费用问题，我也会重新考虑我的旅行计划。” | 论及意见一致的方面和可以让步的方面 |
| **减弱冲突的策略实例** | **目的** |
| “目前，改变整个计算机系统是我们最主要的工作。我想，现在我们就应该考虑派一个人去接受关于新系统维护的培训。” | 确认已存在的管理问题，建议从具体问题入手 |
| “李先生虽然承诺在本月中旬发货，但看来很困难。如果他实在来不及按时发货，应该提前通知我们。他只要能在本月底前发货，我们就不与他计较了。” | 描述行为和结果，避免冲突 |
| “我想在配备秘书之前就雇用另一名财务主管，如果这个方案不合适，我会考虑配备一名兼职秘书。” | 从原来的位置让步 |

当然，要想仅仅依靠一个过程、一套技巧、一种知识就将个体及组织从冲突的现实中解放出来是不可能的，知识、敏感程度、技巧以及冲突各方的价值观会直接影响冲突结果。管理者应该明确，他们承担着掌控自己和为他人提供支持的责任。因此，有效处理冲突乃是成功管理者必备的能力。

## 二、工作中冲突的避免与处理

**1. 工作中冲突的避免**

在日常的管理事务中，许多冲突都是可以避免或有效处理的。要想避免或处理管理过程中的冲突，管理者应该做到以下几点：

（1）承认这样一个事实：人们的价值观、需求期望以及对问题的看法往往存在差异。

（2）对他人和自己都要诚实。

（3）抽出足够的时间和精力与常打交道的人多进行一些交流，更好地了解他们的价值观及信仰等。

（4）不要以为自己总是对的，他人一定错了。

（5）不要对不同意自己的看法的人心存敌意。

（6）学会倾听。

（7）为下属发表看法和意见提供适当的渠道。

（8）善于从以往的工作冲突处理中总结经验教训。

（9）学会换位思考。

人际沟通的核心是换位思考，而换位思考的核心就是设身处地地站在对方的立场看问题，尊重对方，为对方考虑。当人与人之间的交流中出现冲突时，许多人都会情不自禁地用手指着对方说“你怎么样怎么样……”或者对人说“是他的问题”等。其中的“你”字和“他”字带有明显的武断和责备他人之意。这与换位思考的原则是完全相悖的。遵循换位思考的原则就应该多说明自己的感受，不要一味地指责对方。在化解冲突的沟通过程中，多以第一人称“我”来表述自己的看法。试比较：

缺乏换位思考的说法：

你怎么总是迟到？这个星期你已经第三次迟到了！

注重换位思考的说法：

最近是否遇到了什么麻烦？能跟我说说吗？

**2. 工作中冲突的处理**

如果某种冲突不可避免地发生了，就有必要采取积极的、建设性的措施来处理。成功的处理方法必须建立在对工作冲突本身有正确、充分的了解的基础之上。下面介绍五种工作中冲突的处理方法，当然，在具体运用这些方法时，必须结合当时的实际情况。

（1）否认或隐瞒。这种方法是通过“否认”工作中存在冲突来处理冲突。当冲突不太严重或者冲突处于显露前的平静期时，采用这种方法比较有效。

（2）压制或缓解。掩盖矛盾，使组织重新恢复和谐。这种方法只有在冲突不太严重，或者冲突双方都不惜一切代价保持克制时，才能取得满意的效果。

（3）支配。这种方法是冲突中的某一方利用自身的地位和权威来解决矛盾。冲突的旁观者也可利用自身的权威和影响，采用类似的方法来调解冲突双方的矛盾。

这种方法只有在凭借的权威确有影响力或冲突双方都同意采用时，才能取得满意的效果。

（4）妥协。这种方法要求冲突双方都为达到和解的目的而做出一定的让步。采用这种方法的前提是冲突双方都必须有足够的退让余地。当冲突双方势均力敌，或者期望为一个重要而又复杂的问题找到暂时的解决方法，尤其是时间紧迫急需推出一个权宜之计时，妥协不失为一种良策。

（5）合作。只要认识到人与人之间确实存在许多差别的事实，我们就可以通过合作的方式来处理冲突。通过坦诚的讨论、积极的倾听，充分理解双方的差异，以双赢的方式处理冲突，冲突双方都会感到自己是受益者。不过要使这种方法行之有效，一方面要有足够的时间保证，另一方面还必须让员工相信这种方式，而且冲突双方都必须具有较高的素质。

## 本章小结

人际冲突表现为组织中一方的要求或愿望与另一方或其他群体的相对立，这表明双方都意识到各自的目标不一致，并且在实现各自的目标时受到干扰。冲突也可被视为一种利益、权力、地位以及资源之争。也就是说，在为达到目标及获得资源的竞争中，差异和不一致必然存在。

冲突产生于人们向目标迈进的过程中，冲突过程大致可分为五个阶段：潜在冲突、感知冲突、感觉冲突、公开冲突和冲突结果。冲突可以发生于个体自身、人与人之间、小组中、组织内及组织外。人际冲突的处理方式大致有五种：回避、对抗、妥协、迎合、合作。冲突处理的习惯及对冲突的评价决定了冲突中的沟通策略：或激化，或减弱，或维持，或避免。

总之，如果管理者能够认识到有效人际沟通对组织的管理和发展的重要性，认识到自己在人际沟通方面存在的不足，并且有意识地通过学习和训练来掌握人际冲突的处理技巧，就一定能够提升管理的有效性。

## 讨论题

1. 如何理解人际冲突？
2. 冲突包括哪些过程？
3. 人际冲突产生的原因有哪些？
4. 试述个体的观念与人际冲突的关系。
5. 联系实际分析人际冲突的利弊。
6. 人际冲突的处理方式有哪些？分别有哪些特点？
7. 人际冲突中的沟通策略包括哪几种？

## 练习1

这项练习将测量出三种人际冲突处理策略，即控制型、解决方案导向型和躲避型。回想你与同学、朋友、亲戚或老师之间曾经发生一些分歧的情况，阅读表9-4、表9-5及表9-6中所列问题。在阅读这些问题时，结合自身实际情况打分。根据得分情况，即可看出你所倾向采用的人际冲突处理策略。每一陈述项的答案没有对错之分，只有相应的状态评分值：7分（总是）、6分（非常多）、5分（经常）、4分（有时）、3分（很少）、2分（非常少）、1分（从不）。

**表9-4 控制型量化评价**

| 编号 | 问题 | 评分 |
|---|---|---|
| 1 | 在争议中我迫不及待地表明自己的观点。 | |
| 2 | 当有人反对我的意见时，我会迎面出击，进行反驳。 | |
| 3 | 我强烈地坚持自己的观点。 | |
| 4 | 在与对方争论时，我总是坚持自己的观点。 | |
| 5 | 我滔滔不绝，以使对方采纳我的意见。 | |
| 6 | 在与他人争论的过程中，我坚持对方接受我的观点。 | |
| 7 | 试图让他人接受我的观点时，我会提高嗓门。 | |
| 8 | 在他人发表意见时，我总爱插话。 | |
| 9 | 在争议中我坚定地表述我的观点。 | |
| 10 | 我坚持为我的立场而抗争。 | |
| 总分 | | |

说明：总得分为50～70分，说明你在处理冲突时属于控制型。
总得分为10～49分，说明你不属于控制型。

**表9-5 解决方案导向型量化评价**

| 编号 | 问题 | 评分 |
|---|---|---|
| 1 | 我调整自己的想法，构想出新的方案来解决意见分歧。 | |
| 2 | 我建议采取能综合各种观点的解决方案。 | |
| 3 | 当其他人做出让步时，我也会有所让步。 | |
| 4 | 我以各让一步的方式解决争议。 | |
| 5 | 我先倾听对方的观点，然后做出评价。 | |
| 6 | 我淡化争论的必要性。 | |
| 7 | 我掌控着争论的整个过程，直至对方理解我的观点。 | |
| 8 | 我试图采纳其他人的观点，构想出解决问题的办法。 | |
| 9 | 我建议我们共同努力，想出解决争议的新办法。 | |
| 10 | 我化解争议的办法之一是使意见分歧看起来并不严重。 | |
| 总分 | | |

说明：总得分为50～70分，说明你在处理冲突时属于解决方案导向型。
总得分为10～49分，说明你不属于解决方案导向型。

**表 9-6 躲避型量化评价**

| 编号 | 问题 | 评分 |
| --- | --- | --- |
| 1 | 我小心翼翼地表达自己的观点以免引发争论。 | |
| 2 | 我会避免有争议的情形。 | |
| 3 | 我在与他人的差异之间寻找折中点。 | |
| 4 | 我会通过观察对方的表情来规避不必要的争执。 | |
| 5 | 当对方与我意见相对立时，我会收回自己的观点。 | |
| 6 | 为避免争论，我对我的观点保持缄默。 | |
| 7 | 我不参与具有挑战性话题的讨论。 | |
| 8 | 我会尽量避免与对方正面冲突。 | |
| 9 | 我试图以缓和的方式讨论比较平和的话题。 | |
| 10 | 我保持沉默，而不是与对方争论。 | |
| 总分 | | |

说明：总得分为 50～70 分，说明你在处理冲突时属于躲避型。
总得分为 10～49 分，说明你不属于躲避型。

控制型策略倾向于关注获胜或实现自己的目标，而不考虑对方的需要和愿望。采用这一策略的个体往往要依靠规则和条例来赢得争论。

解决方案导向型策略倾向于关注所争论的问题，而不是参与争论的个体。所找到的解决办法通常是互利的，无论哪一方都不会把自己看作赢家而对方是输家。

躲避型策略倾向于以避免冲突为重，即或者躲开对方，或者干脆给对方让路。当关注点在于如何避免对抗而非关心问题解决的实际结果时，可以使用这种策略。

[思考题]

1. 你发现哪种策略最容易使用？哪种最难使用？你最常用的是哪种策略？
2. 如果对方是你的朋友、家人或者同学，你的答案会有什么不同？

## 练习 2

练习目的：学习如何分析工作中所面临冲突的性质以及产生这些冲突的主要原因，并掌握处理这些冲突的策略。

本练习共分三个步骤。

步骤一：根据个人具体情况，独立填写“工作中冲突的分析研究表”（见表 9-7），不要急于和他人展开讨论。

**表 9-7 工作中冲突的分析研究表**

| (A) | (B) | (C) | (D) |
| --- | --- | --- | --- |
| 工作中经常与你打交道的人 | 冲突实例（包括分析冲突产生的原因） | 处理冲突的方法 | 冲突的利弊分析（受益/受损情况） |
| | | | |

步骤二：要求学生每 3～4 人组成一个小组，针对各自的冲突问题进行进一步的分析，

然后交流看法，一起讨论，提出处理冲突的合理化建议。

步骤三：各自独立回答以下问题。

1. 今后如果遇到类似的冲突问题，你会处理得更好吗？
2. 你是否真正理解冲突产生的原因？
3. 你应该采取什么样的措施防止这些冲突再次发生？
4. 如果这些冲突再次发生，你将采取什么样的对策？

## 案例分析

### 最后的通牒

2021 年 10 月中旬的一天下午，上海某经济开发区内，开源博特有限公司的销售部经理王鹏端坐在办公桌前，看着桌上的一份文件发愣。这是总经理姜生给他下达的最后通牒，要他对前些天贴在公告栏上针对总经理的公开信做出答复：要么承认错误，在文件上签字；要么辞职走人。必须在今晚决定。王鹏想想辛苦这么多年才取得现在的成绩，走了未免遗憾。但是想到总经理姜生，不满的情绪又涌上心头。

上海西南郊区坐落着上海最早的经济开发区之一。2021 年初秋，开发区内开源博特有限公司厂区的告示板上，出现了一封致公司总经理的公开信……

**公司背景**

开源博特有限公司是一家中外合资企业。外方是美国在制造复印机行业处于世界领先地位的一家著名公司——蓝博特有限公司，中方是上海凯格电子有限公司。开源博特有限公司的使命是："制造、销售和维修台式复印机，以满足在日益增长的竞争市场中客户的需要，并继续保持国内市场的领先占有率。"开源博特有限公司的质量政策为："质量是企业的生命，质量是企业的未来。保证质量是企业的基本经营原则，保证质量意味着为我们的用户提供周到的服务和满足其需要的创新产品。改进质量是每个员工的责任。"

开源博特有限公司成立于 1983 年，在成立后的最初几年里业绩显著。1989 年建立了管理信息系统，引进了 MANMAN 软件并且运行良好。1994 年通过 ISO 9000 认证。经过公司员工和供应商的共同努力，产品质量达到美国同类产品标准。1998 年公司产品的国内市场占有率达到 45%，引进产品的零部件国产化达到 80%，公司盈利状况良好。公司企业文化建设气氛浓郁，员工培训有序、持续和有效。

2017 年前后，开源博特有限公司的产品主要通过全国各地的经销商分销到最终用户。开源博特有限公司将全国市场划分成几个销售地区，每个地区建立一个销售分公司，由分公司的销售代表负责对经销商的促销、资金回笼、培训与交流等。

开源博特有限公司的管理人员本土化程度比较高。公司总经理、财务总监、总工程师是美方人员，其余均是中方人员。通常，美方总经理每三年换一次。公司销售部经理来自合资中方公司下属的一家工厂。各地区销售分公司经理主要来自合资中方公司，也有从社会上招聘的。销售代表则主要来自社会招聘。

时任总经理姜生是一位美籍意大利人。赴任开源博特有限公司前，在蓝博特有限公司巴西子公司任职，据说在巴西工作期间曾担任巴西社区议员，有丰富的从政经验和一定的管理经验。在与中方管理人员共事时，他独行其是，很少听取中方人员的意见，常常自己一个人说了算，权势意识很强。

销售部经理王鹏在进入开源博特有限公司前曾在合资中方公司下属一家复印机厂负责销售工作，有丰富的销售经验，熟悉复印机销售网络。在与外方管理人员共事时，他自我意识较强，性格刚毅，面对强势不愿妥协，我行我素，时常与他人产生摩擦。

总经理与销售部经理在开源博特有限公司的市场策略、销售政策、销售奖励等方面长期意见相左，造成种种矛盾。既有控制权之争，又有交流上的障碍。当销售形势较好时，矛盾尚不突出。

2021 年初，由于人员逐步增加，开源博特有限公司新产品开发滞后，营运成本提高，老产品逐渐失去市场竞争优势，从而使公司销售趋于低谷，总经理与销售部经理之间日积月累的矛盾逐渐显露出来。

总经理姜生一方面坚持扩大老产品的产量，另一方面对销售部提出加大销售力度的要求，并提出给每位销售人员提高最低销售额的要求。按照新的销售政策，销售人员必须完成比过去高出 30%的销售额，如果完成不了计划就要按比例削减薪水。这一下子把销售部经理王鹏激怒了：总经理不把精力放在开发新产品、提高企业竞争力上，而是毫无道理地使用“粗暴”的方式把压力强加在已经不堪重负的销售部，压在全体销售人员身上！王鹏忍无可忍，一声令下，将分布在全国各地的销售人员全部召集回本部报到。同时，一封公开信张贴在告示板上。

公开信中写道：“……这里的阳光曾经是那样和煦，这里的空气曾经是那样清新……然而，这平和与清新的氛围已经远离我们而去……自从来了这样一位总经理，这里再也没有往日的和谐宁静……这里只有一个声音……那就是蛮横与强制……”看完信的员工怀着忐忑不安的心情小心翼翼地议论着，一切似乎都在预示一场狂风暴雨即将来临……

**事态的发展与结局**

第二天，销售人员要求与总经理对话，被总经理拒绝。总经理要求销售人员立即返回各自岗位工作，否则将受到纪律处分。销售人员仍坚持要求与总经理对话，不解决问题就停止销售，形势顿时陷入僵局。

为打破僵局，公司工会组织工会主席与销售人员进行对话。一方面，工会倾听员工的合理要求，指出工会将把员工的合理要求带给总经理。另一方面工会主席也指出，研究与解决员工的合理要求需要一个过程，大家应先回到各自的岗位上去，一边工作，一边参与解决问题。工会与销售人员的对话并未起作用。总经理和销售人员都仍坚持各自的立场。

双方僵持一段时间后，销售部向总经理提交了由全体销售人员签名的辞职报告。销售部经理带领全体销售人员离开公司本部，要到外面召开会议商讨对策。公司几位中方高级经理赶到大门口劝阻，但无效。

当天，总经理将这些辞职人员的名单送交门卫，通知门卫自第二天起，禁止名单上的人员进入公司。至此，公司的销售活动近乎瘫痪。

为尽快解决这一严重事件，董事会与中方副总经理等高层领导者与总经理交涉，指出：不与员工沟通、一味采取高压手段不能有效解决问题，会导致公司业务遭受严重损失，对合资双方都不利。之后总经理表示，凡是想要留下来的销售人员，必须在指定时间内到其办公室。总经理与每个人单独谈话，要求销售人员做到三点：

第一，承认在集体辞职报告上签字是错误的。

第二，在一份事先准备好的认错书上签字，交人事部门保存。

第三，保证以后不再犯类似的错误。

总经理对做到以上三点的员工表示，将不再对以前的事情做任何追究；对坚持要走的人，则要求他们到人事部门按辞职程序办完手续后离开公司。

王鹏从痛苦的回忆中回过神来，发现窗外天色已暗。同事们早已下班回家了。王鹏离开办公室，走在寂静的街上，微凉的秋风迎面吹来，使他烦躁的心多少感到一丝快慰……

**[思考题]**

1. 请评价总经理姜生的沟通意识和沟通风格。
2. 请评价销售部经理王鹏的沟通意识以及他在这场冲突中的直接和间接作用。
3. 假如你是总经理姜生，接下来会怎么做？
4. 为有效解决这场冲突，你给王鹏的建议是什么？

10

Chapter

# 第 10 章

# 自我沟通

知人者智，自知者明。胜人者有力，自胜者强。

——老子《道德经》

## 学习目标

1. 明确自我沟通的定义
2. 识别自我沟通的特点
3. 明确自我沟通的作用和方式
4. 了解自我沟通中的障碍
5. 掌握自我沟通的技巧

## 引导案例

### 姚明赛前为什么不刮胡子

“从我完成旗手任务那天开始——那天我得收拾得干干净净的，因为那是大场面。从那天开始，如果中国男篮打不进八强，我就半年不刮胡子!”这是姚明在败给拉脱维亚队后立下的誓言，也是低调的中国男篮队员第一次提出“进八强”的口号。记者问姚明真的半年不刮胡子会怎么样？姚明一愣：“大不了变成土著。”

此前的三场钻石杯赛中，中国男篮击败了多年不胜的澳大利亚队，接着大胜欧洲弱旅瑞典队，这让中国男篮信心大增。姚明甚至说：“别说八强，如果我们打疯了，我还想拿奖牌呢。”

“我把这话说出来，就成了众矢之的，所有人都会看着我。对手很强，不光是塞黑和阿根廷，西班牙和意大利都很强。但我想我说出了这个话，我自己就会为了八强而拼命，我的队友们看到我拼命，也会跟着我拼命。我们男篮历史上两次进八强都是拼进去的，我想我们也该拼了。”姚明捏了捏拳头。

资料来源：姚明赛前不刮胡子是为何．解放日报，2009－01－19.

显然，姚明以赛季蓄须这样一种自我激励、自我暗示的独特方式对自己进行鼓励和鞭策，使自己在赛场上以最佳的竞技状态拼搏。事实上，很多运动员在比赛时都有特殊的癖好，例如足球运动员劳尔必须先迈右脚入球场等。运动员在赛前用一些特殊的方式鼓励自己，可以看作积极的自我暗示。这种自我暗示的行为方式就是自我沟通的一种表现。

毫无疑问，保持良好的自我沟通状态有助于把握自己的情绪和心态，乐观向上的情绪和心态必定会对自己的行动产生正面积极的影响，从而使自己在人生目标的追求中，保持旺盛的拼搏斗志，积极进取，迈向成功。当然，如果自我沟通不当，如进行消极的自我暗示，也会让自己精神萎靡不振，丧失前行的信心。那么，如何在自我沟通中正确认识自己？除了自我暗示，自我沟通还包括哪些内容？自我沟通中有哪些常见的障碍？如何掌握有效的自我沟通技巧？本章将就上述问题逐一讨论。

## 第 1 节　自我沟通的定义

自我沟通即信息发送者和信息接收者为同一行为主体，自行发出信息，自行传递并自我接收和理解的过程。

在前面的章节中讨论的沟通都是发生在人与人之间的信息传递过程，自我沟通却是发生在同一行为主体身上的自我意识沟通。通俗地说，自我沟通就是自己与自己对话。在自我沟通过程中，通过个体自身的独立思考、自我反省、自我知觉、自我激励、自我（内心）冲突以及自我批评，进而达到自我认同，实现内心平衡。良好的自我沟通可使自己积极主动地排解消极负面的情绪，保持良好的心境、乐观的情绪以及理智清醒的心态，这是实现卓越人生的坚实基础。由此可见，自我沟通的过程是一个认识自我、提升自我和超越自我的过程。

自己把自己说服了，是一种理智的胜利。

自己把自己感动了，是一种心灵的升华。

自己把自己征服了，是一种人生的成功。

资料来源：富有人生哲理性的文章．(2021－10－11). https://www.ruiwen.com/weimeijuzi/4201501.html.

## 第 2 节　自我沟通与人际沟通的差异

自我沟通与人际沟通的差异如下。

**1. 主客体差异**

在人际沟通中，信息发送者和信息接收者通常是两个独立的主体（如两人之间），自我沟通的主要特征就是信息发送者和信息接收者是同一主体（同一个体），也即自我沟通具有主客体同一性。在自我沟通中，同一个体担负着信息的编码与解码功能，因此，自我沟通的行为具有较强的内隐性。

**2. 目的差异**

人际沟通的目的在于与他人达成共识，而自我沟通的目的在于说服自己。通常，当自我认知与外部环境发生冲突时，自我沟通便显得格外重要和必要。

**3. 过程差异**

人际沟通过程包括信息发送者、编码、渠道、信息接收者、解码、反馈和噪声等，而在自我沟通过程中，信息发送者和信息接收者是同一个体，信息发出、信息接收以及反馈几乎同时发生，没有明显的时间间隔。

**4. 媒介差异**

人际沟通可以通过语言、文字以及肢体语言等媒介来进行，而自我沟通既可以借助语言和文字（如自言自语、写日记），也可以通过自我心理暗示等方式。

## 第 3 节　自我沟通的作用

自我沟通最根本的核心就是要做到自我认知。人们常说，人贵有自知之明，即表明了其重要性。良好的人际沟通是建立在良好的自我沟通基础上的。事实上，自我沟通不仅关系到我们自己能否认知自我，而且事关我们能否与他人建立有效的合作关系。研究表明，出色的管理者都有良好的自我沟通习惯，他们十分了解自己的长处和不足，不仅懂得怎样扬长避短，而且懂得怎样改进和提升自己以弥补自身的不足，并善于和那些能够与自己优势互补的人一起工作。他们会经常自我反省，不断完善自我，更深刻地了解自我。我们很难想象，一个不善于自我沟通、不了解自我的人，一个不知道自己的优势所在、不了解自己有哪些不足的人能够领导一班人马在市场上从容打拼。显然，良好的自我沟通、正确的自我认知，会使你站在一个高效的工作起点上参与竞争。一般来说，通过自我沟通，我们能够：

（1）了解自己的优势和不足。

（2）明确自己与他人的差异所在。

（3）制定并实施自我完善的计划。

（4）量身定制适合自己的人生规划和职业目标。

（5）提升自己对环境、现实的适应力。

（6）改善人际关系。

（7）懂得差异存在的价值。

（8）有效地实施企业管理。

（9）显著提高工作效率。

对于个人来说，自我沟通能使自己清晰地知道自身的特长和爱好，帮助自己选择理想的工作。一份理想且满意的工作既能使自己保持心情愉快，又能充分体现自身的社会价值。如果只是单纯地依照父母、亲戚、朋友的经验和意见选择职业，很可能会入错行。如果一个人整天做自己并不喜欢的事，无异于自我折磨。显然，如果通过自我沟通正确了解自我，清楚地知道自己的长处和不足，你就能找到自己的真正归属。

当然，作为一名管理者，自我沟通也具有同样的重要性。善于自我沟通会使你成为一名优秀的管理者，对自己的正确认识也会使你对他人有更多的了解。通常，善于自我沟通会使你与员工或同事更容易和谐相处，赢得大家的信任，更令大家信服。善于自我沟通也会使你更乐意倾听他人的意见，并勇于纠正自己的不当行为。在这样和谐的氛围中，由沟通不畅引起的冲突就会大大减少。显然，良好的自我沟通意识和正确的自我认知是成就一位出色管理者的基本前提。

## 第 4 节　自我沟通的方式

从人的本质而言，自我沟通也是一种个体思维的过程。因此，自我沟通既可以在闲暇之时进行，也可以在工作过程中进行；既可以安躺在床上进行，也可以端坐在办公室里进行；自我沟通时间可长可短。其主要方式如下。

**1. 自我认知**

自我认知也称为自我意识，是个体对自己存在的觉察，包括对自己的行为和心理状态的认知。老子说过："知人者智，自知者明。"正确地认识自我是自我沟通中的关键，也是扮演好自身角色、实现自我目标的重要前提。也许有人会问：人自出生就一直在感知自我，难道有谁还不了解自我吗？其实，认识自我并非易事，因为我们看待自己与别人看待我们是有差异的，而且我们往往并不完全了解内在的自我、真实的自我。

**2. 自我分析**

自我分析是个体借助自我认知能力，对自己进行全方位的解析和评价。管理学上常用的 SWOT 分析法也可以用于自我分析，即个体针对自身的优势（strength）、劣势（weakness）以及自己所处环境中可能的机会（opportunity）和威胁

(threat)进行态势分析。通过 SWOT 分析，个体可以将自身的优势和劣势、可能的机会和威胁等一一列举出来，并进行系统分析。

(1)评估自己的优势和劣势。例如，确认自己擅长做什么，不擅长做什么，然后基于自己的实际情况做出两种选择：一是努力发扬自己的优势，同时努力提高自己的技能去弥补自己的劣势；二是放弃对某些自己并不擅长而技能要求很高的目标的期待。

(2)找出自己的发展机会和威胁。例如，确认自己面临哪些机会，以及哪些威胁。一旦明确，就应该努力抓住机会，提升自我；同时应该极力回避或努力减少威胁出现的可能性。

**3. 自我反思**

自我反思是个体对自身知识、意识、观念的审视与重构，是对自身过去或当前行为、经验、实践活动的反省。人非圣贤，都会存在这样或那样的缺点，但并非每个人都能客观地看到自己的不足。自我反思可作为一面镜子，照见自己心灵上的瑕疵。如能经常进行自我反思，就可以清醒而理性地认识自己，使自己对事物保持正确的判断；自我反思还可以使自己及时认识和改正过错。持之以恒的自我反思，能够使人真正地认识自己、不断地完善自己，使自己在反思中时刻保持清醒的头脑和明辨是非的能力。显然，自我反思使人进步，善于反思使人睿智。难怪古代先哲云："吾日三省吾身。"能够平心静气地审视自己，客观地反思自己，既是学习自我沟通的基本要求，又是作为一名优秀管理者必备的基本素质。

**4. 自我批评**

自我批评是个体对自己的缺点和错误进行自我检讨与纠正。英国著名小说家毛姆(Maugham)在其《人性的枷锁》一书中写道："人们请你批评的本意其实是想听你的赞扬。"这句话一针见血地指出了人性的弱点。事实上，当别人指出自己的缺点和错误时，通常都会由于自尊而感到不快，并常常拒绝接受这些批评和意见，即使这些批评和意见是善意和正确的。显然，如果通过自我反思，事先意识到自己的这些缺点和错误，自己即可在内心坦然地接受自己对自己的批评而无须考虑自尊与颜面，并很快在行为上自我纠正。

**5. 自我暗示**

自我暗示是个体通过自己的认知、言语、想象等心理活动向自己发出刺激，以影响自己的情绪、意志和行为的一种心理方法。通常，暗示是采用含蓄的方式，如通过语言、行动等刺激手段对他人或自己的心理、行为产生影响，使他人或自己接受某一观念，或按某一方式进行活动。运用自我暗示进行自我沟通，目的就是通过调动自身潜在的力量激励自我、调节自我、重塑自我，使自己处于最佳精神状态。如乒乓球运动员在挥拍大战对手的过程中，时常握拳呐喊，以鼓舞斗志。又如一些驾驶员出车前，在胸前佩戴平安吊坠以求平安。凡此种种都是通过自我暗示对自己的心理和行为产生激励作用。然而，应该指出的是，自我暗示具有双重性，既有积极的自我暗示，也有消极的自我暗示。前者有助于激励自我，振奋精神；后者则使人意志消沉，丧失斗志。在运用自我暗示进行自我沟通时，应多用积极的自我暗示鼓舞自己的斗志，多以积极向上的思想、语言提示自己，尽量避免消极的自我暗示。例如，当你遇到不快的事情时，应告诉自己“不要去想它”“忘记过去的不快”。如果我们期待成功，就要对自己说：我一定会成功。如果你要做一个自信的人，可以对自己做出一些积极的自我暗示：走路昂首挺胸，说话铿锵有力，做事果断利索。事实表明，积极的自我暗示有利于激发自己的潜能，潜移默化地引导自己走向成功。

**6. 自我调适**

自我调适是个体为了不断地提高自身的社会环境适应能力，对自身的认识、情感、行为等心理因素进行调整的过程。

人们在人际交往中，常常会遇到自我能否适应社会环境的问题。在管理过程中，尤其是在新组建的团队工作时，自我行为习惯与新的环境之间必定存在差异，从而产生自己内心在适应环境方面的强大压力。要消除这种压力，使自己尽快适应外部环境，就必须进行自我调适。

**7. 自我激励**

自我激励是个体使自己具有一股内在的动力，向所期盼的目标前进的心理活动过程。自我激励可以表现在自我约束以克制冲动和延迟满足，或通过自我鞭策保持对学习和工作的高度热忱。心理学家对人类行为的研究表明，没有受到激励的人，其能力仅发挥了20%～30%，而受到激励后，其能力的发挥相当于激励前的3～4倍。通常，这种激励可以通过个体对自身的鼓励或由外部的激励来实现。应该指出，外部的激励毕竟是有限的，多数成功者的经历表明，强烈的自我激励是成功的先决条件。人们在前进中需要勇气与力量，其内心常常存在需要激励的欲望。如果没有激励，人们就会缺乏热情，丧失信心。因此，在自我沟通中，我们要经常自我激励，鼓舞斗志。2007 年在上海举办的世界特奥会的口号“你行，我也行”就是自我激励的一个例子。人生就像一个大舞台，虽然有时会有人为我们鼓掌喝彩，但我们真正需要的还是来自内心深处持续不断的自我激励。

**8. 自我超越**

自我超越是个体对自我行为惯性的突破。在社会生活中，由于受世界观、价值观、行为逻辑等因素的影响，个体会形成某种积习，这种积习有时会严重地限制自我上升的空间。因此，必须把自己从这种束缚中解放出来，才能够不断发展和进步。自我超越是个体在成长过程中自我提升的最高境界。通过建立个人愿景、保持创造力、自我学习以及挑战自我，个体便可实现自我超越。一个具有自我超越意识的人在追求卓越人生的过程中，一定会树立自己的理想与心中的目标。在自我沟通的过程中，头脑中的理想与心中的目标便是认识自我、激励自我的内在动力与精神支柱。为了实现理想和目标，人们会积极主动地调适自我，反省自我，并在重新认识自我的过程中不断激励自我，从而实现自我超越。

有三种东西很坚硬，那就是钢铁、钻石和了解自我。

——本杰明·富兰克林

# 第 5 节　自我沟通中的主要障碍

与人际沟通相比，自我沟通常常因表现在不经意之间而容易被忽视。因此，有人认为自我沟通实在是一件极平常的事而无须专题讨论，更有人认为人际沟通也许比较困难，而自我沟通就不那么玄妙了，谁还不知道自己是谁呢？作为一个正常人，有谁会自言自语呢？正是由于存在上述误区，自我沟通过程中常常会出现以下障碍。

**1. 缺乏自知之明**

如果一个人缺乏自知之明，就不会对自己有一个客观的评价，尤其对自己的缺点和弱势缺乏理性的认识，这样就会致使个体很难与自己的内心进行富有理性的自我沟通。由约哈瑞窗可知，人们对自我的认识存在盲区和未知区，即人们对自我的认识是不完整的，如自己有哪些优点和缺点，自己有什么特长和爱好，自己适合做什么工作，自己有什么样的个性，等等。每个人的盲区和未知区的大小是不同的，有些人通过在人际沟通的过程中关注别人的反馈来增进对自我的认识，进而缩小盲区。然而，由于个性差异或个人经历的不同，有的人性格内向，情感内敛，不善与人沟通，因而很难缩小自我认识的盲区。显然，“我”与一个“陌生的我”进行对话并不是一件容易的事。

**2. 缺乏人生目标**

设置目标是自我沟通、自我激励的一个重要环节。人生目标的树立与追求是认识自我、激励自我的内在驱动力。缺乏人生目标会使人意志消沉，胸无大志，不思进取。特别是在遇到困难和挫折时，就不会通过有效的自我沟通方式去积极直面问题，迎接挑战，克服困难。如果一个人在自己的职业生涯中既没有志向也没有目标，做一天和尚撞一天钟，得过且过，很难想象他会对生活和事业充满激情。人生没有目标，胸中缺乏激情，是自我沟通的最大障碍。哈佛大学曾经就目标对人生的影响进行了跟踪调查，该项调查的对象是一群智力、学历、环境等条件都差不多的年轻人。25 年的跟踪调查发现，他们的生活状况与其人生目标状况存在密切的关联性（见表 10－1）。

**表 10－1　目标对人生的影响**

| 比例 | 目标状况 | 结局 |
|---|---|---|
| 27%的人 | 没有目标 | 他们几乎都生活在社会的底层，生活过得很不如意，经常失业、接受社会救济，并且常常在抱怨他人、抱怨社会 |
| 60%的人 | 目标模糊 | 他们几乎都生活在社会的中下层，能安稳地生活与工作，但都没有什么特别的成绩 |
| 10%的人 | 有比较清晰的短期目标 | 他们都生活在社会的中上层，这些人的共同特点是，那些短期目标逐步实现，生活质量稳步上升。他们成为各行各业不可缺少的专业人士，如医生、律师、工程师、高级主管等 |

续表

| 比例 | 目标状况 | 结局 |
| --- | --- | --- |
| 3%的人 | 有十分清晰的长期目标 | 25 年来，几乎都不曾更改自己的人生目标，始终朝着同一个方向不懈地努力。25 年后，他们几乎都成了社会各界的顶尖成功人士，他们中不乏白手创业者、行业领袖、社会精英 |

资料来源：哈佛大学关于目标对人生影响的跟踪调查．(2011 - 05 - 29). http://bbs.pinggu.org/thread - 1108327 - 1 - 1. html.

调查结果表明：目标对人生有巨大的导向性作用。取得成功前的初始阶段仅仅是一个选择。你选择什么样的目标，就有可能取得什么样的成就，成就什么样的人生。

**3. 缺乏自信**

自信是一种基于自我评价的积极态度。自信，即自己相信自己，它是发自内心的自我肯定，也是进行有效自我沟通所必备的一种心理素质。一个人的自信建立在自身实力以及外界对自己的评价基础上。如果缺乏自信，就容易产生对自身能力和品质评价偏低的消极自我意识，由此会滋生出许多烦恼与自卑，使自己的预期与目标差距更大，并致使自己更加抑郁和自责。因此，缺乏自信不仅是自我沟通的大忌，也是个人职业生涯迈向成功之大敌。

**4. 缺乏自我倾听**

自我倾听就是个体倾听自己的心声，即自己内心深处的颤动，让自己明白“我”究竟是谁，让自己明白“我”究竟要去哪儿。尤其当自己遇到困难、碰到坎坷时，更要冷静下来，扪心自问，让自己仔细倾听发自内心的声音：自己究竟有多大的能耐？自己是否真的喜欢这份工作？问题究竟出在哪里？通过自我倾听了解自己的潜意识，了解自己内心的真实欲望、感受、情绪，寻找解决问题或困惑的方法。缺乏自我倾听会使我们在遇到逆境或困惑时迷失方向。

**5. 缺乏理性思维**

自我沟通也是一个自我反省的过程，通常需要独处静思，对自我认知进行有序梳理和理性思维。显然，理性思维是进行有效自我沟通的基本保障。如果一个人缺乏理性思维，常常表现为性情急躁，烦躁不安。尤其当身处感情的旋涡时，个人难以摆脱压抑的心理状态，对外界正面信息一概持逆反心理，易于冲动，思维紊乱，缺乏理性思维意识，更谈不上使自己冷静地做自我沟通。因此，要做好自我沟通，就必须克服这种障碍。

## 第 6 节　自我沟通的策略

自我沟通是人际沟通的基础，要实现人际沟通的有效性，首先必须做好自我沟通。事实上，自我沟通的目的就是更好地进行人际沟通和管理沟通。作为一名优秀的管理者，理应具备良好的自我沟通能力。一般来说，自我沟通能力与个人的成长阅历和自我修炼的程度密切相关，通常可以通过实施如下策略来提升自我沟通能力。

**1. 增强自我沟通意识**

自我沟通意识是个体在沟通之前或在沟通过程中的一种自觉的思维行为。积极的自我沟通意识有助于指导和改进个体的行动。与人际沟通相比，自我沟通更依赖于自我沟通意识。换句话说，一个人如果缺乏自我沟通意识，就很难进行有效的自我沟通。因此，自我沟通意识是进行自我沟通的基础。

自我沟通，就是与自己对话；自我沟通，就是寻找真实的自我。增强自我沟通意识，就是培养自己进行自我对话的良好习惯。提高自我沟通意识，能够使个体在人际沟通实践过程中，不仅善于与客体进行有效沟通，而且经常将个体自身作为沟通对象，倾听自己的心声，使个体了解自身的个性与处境，逐步找到真正的自我，从而在人际沟通过程中更有自信，自觉自省，及时反观自己或寻找自我认同。具备良好的自我沟通意识不仅可以使个体及时找出自己的缺陷和努力前行的方向，也有利于发现自身的优势从而自我认同、自我激励。显然，拥有良好的自我沟通意识也是一名优秀管理者所应具备的个人修养。

**2. 全面认识自我**

全面认识自我有助于我们给自己准确定位。我们可以通过不断学习和实践，深刻地体会自我，客观地认识自我，看清自己到底在追求什么，全面认识自己的能力、地位、优点、缺点、偏见、态度、价值观和领悟能力，从而迅速找到自己的社会价值，扬长避短，充分发挥自己的最大潜能。

由约瑟夫·卢夫特（Joseph Luft）和哈瑞·英格姆（Harry Ingham）提出的一种用于研究人们改进信息沟通方法的约哈瑞窗十分清晰地揭示出我们在认识自我的过程中存在偏差，同时也揭示了个体进行沟通和信息处理的方式。它不仅有助于我们全面认知自己，而且有助于我们更加客观地了解他人，从而减少沟通中的知觉偏差。

约哈瑞窗将人的心灵想象成一扇窗，其中的四个区域分别代表个体特征中与沟通有关的部分（见图 10－1）。

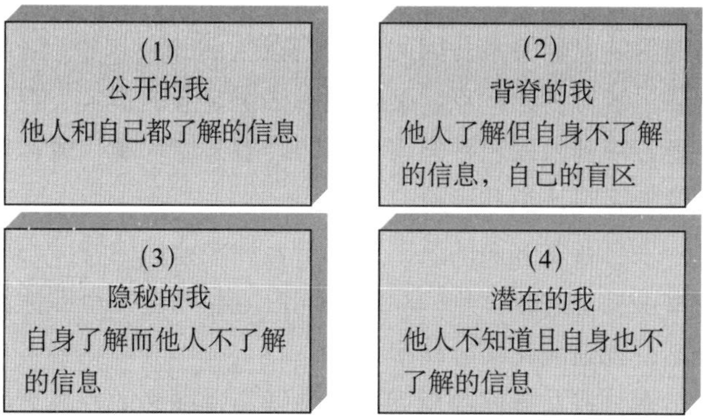


**图 10－1　自我认知之约哈瑞窗**

第一扇窗：公开的我。这个区域包括我们知道，他人也知道的信息，它反映出彼此互相理解并分享信息，如关于你的工作能力与工作表现，你和你的同事都非常了解。在这个领域，自己了解，他人也了解，双方不存在沟通障碍。共同拥有的信息直接来自有效的反馈与公开场合。当然，沟通的畅通程度会因人、因时、因地而异，主要取决于与沟通对象之间关系融洽的程度。假设生产率和人际关系效率直接关系到共同拥有的信息，那么，你的公开区域越大，工作关系越倾向于高回报和高效率。

第二扇窗：背脊的我。这个区域包括那些他人全部知道而自己却一无所知的信息，是一个隐藏且难以察觉的区域。例如，你在紧张时表现出来的习惯动作是什么。又如，你的上级究竟需要你有多大的能力去组织与领导一个项目团队的工作。通常，除非经过专门、坦诚的探讨，否则你不可能知道答案。此外，你的同事如何评价你的管理与沟通能力，是太武断还是非常果断？通常你也无法真正了解。常言道，“当局者迷，旁观者清”。因此，必须通过不断的沟通获得反馈，从而了解他人对你的评价。

第三扇窗：隐秘的我。这个区域包括自己知道，但他人完全不知道的信息。在工作场所，这指的是你的同事或其他重要的人并不了解的有关你的工作表现与能力的信息。由于你察觉到同事对于工作关系存在偏见，或者考虑到个人发展的宏伟计划，或者害怕遭人嘲笑或遇到刁难、报复等，你有时会表现得很内敛，并不对所有的人敞开心扉，换言之，你是戴着“面具”与人交往。显然，过度自我暴露会显得天真、幼稚，但是过于自我封闭又会拒人于千里之外。

第四扇窗：潜在的我。这个区域由自己不知道，他人也不知道的信息组成，是一个具有潜力与创造力的领域。有效的沟通可以加强工作联系与自我认知，从而缩小未知区域的范围。通过自我学习与团队学习来促进自我潜力的开发，可以将潜在意识与愿望变成美好的现实。

**3. 客观评价自己**

正确认识和客观评价自己是使自己的心理保持平衡的重要因素，也是决定自己与环境相适应的重要前提。使自己的心理处于平衡状态，本质上就是使自己与环境处于适应状态。一个人对自己评价过高或过低，或自视高傲，或自感卑微，都会影响自身周围的人际关系。因此，我们在生活和工作中应不断反省自我，正视自我，既要充分了解自己的优点，又要正确认识自身的不足。唯有如此，才能保持自己的心理平衡，使自己以一种健康乐观的心态适应环境。通常，人们可以借助来自各方面的反馈来客观认识和评价自己。

（1）来自亲友方面的反馈。出于人性中亲情的特殊心理，亲友在有意无意间会对你的举手投足进行评价，往往认同占主导地位。也即他们在指出你的优点或缺点时，会不自觉地淡化实际状况。

（2）来自好友方面的反馈。在一群经常往来的好友之间，心理上没有特殊的倾向性，他们在不经意间对你的言行举止做出评价，往往评价多于认同。他们会直言不讳地指出你的缺点和不足，且评价大致接近你的真实情况。

（3）来自学习、工作环境中同学或同事的反馈。由于这些人与你相处时间长，关系密切，互相之间更加了解。这种了解是一种更趋理性的了解，其评价更能反映客观实际。

（4）来自自身的反馈。这是一条审视自我、了解自我的特殊途径，通过自我肯定、自我评价等内心沟通活动来实现。其反馈的客观性因人而异。

基于以上论述，汇总多方面的反馈，并结合自我觉察，方可正确客观地描绘一个真实的你，也即正确客观地了解自我，认识自我，从而为良好的自我沟通和人际沟通奠定基础。

美国著名的心理学家马丁·加德纳原来是位医生。他竭力反对把实情告诉癌症患者。他认为，在美国 630 万死于癌症的病人中，80%是被吓死的，其余才是真正病死的。

他做过一个著名实验：让一个死囚躺在床上，告之将被执行死刑，然后用木片在他的手腕上划一下，接着把预先准备好的一个水龙头打开，让它向床下的一个容器滴水，伴随着由快到慢的滴水节奏，那个死囚昏了过去。1988 年，他把实验结果公布出来，虽遭到司法当局的起诉，但他用事实告诉了世人：精神才是生命的真正脊梁，一旦从精神上摧垮了一个人，那么这个人的生命也就变形了。

现在，加德纳是美国横渡大西洋 3V 俱乐部的心理教练。在他的指导下，一个名叫伯来奥的人一举成名，这位男子 2002 年 8 月乘独木舟从法国的布雷斯特出发，横跨大西洋和太平洋，历时 6 个半月到达澳大利亚的布里斯班，创造单人独舟横渡两大洋的吉尼斯世界纪录。有人怀疑，加德纳是不是又在拿运动员做实验。加德纳反驳说："我从没做过什么实验，我只是在证实精神的作用。基于伯来奥的成功经历，我可以向世人宣布，从前横渡大西洋的人之所以失败或死亡，不是因为体力上的限制，而是因为精神上的崩溃，因为心理上的恐慌和绝望。"加德纳的话在网上公布时，使用的语言是：在这个世界上，人所处的绝境在很多情况下都不是生存的绝境，而是一种精神的绝境；只要你不在精神上垮下来，外界的一切都不能把你击倒。

我相信看到这话的，不仅仅是我一个人，应该还有世界各地正在艰难、贫困中挣扎的人。

资料来源：美国心理学家：八成癌患死者是吓死的．(2015-12-04). http://blog.sina.com.cn/s/blog_155a876680102w6w1.html.

**4. 顺应客观环境**

到了一个新环境（如一个新的团队），就要去了解它、认识它，尤其是要了解自己所处的环境有哪些变化和特点，针对这些变化和特点，明白自己应该做出哪些自我调整。柏拉图说过："决定一个人心情的，不在于环境，而在于心境。"要想拥有好的心境，就要正确认识自我，客观地认识环境并以积极开放的心态去适应并接受它。人们常说，我们改变不了天气，但可以调节自己的心情，通过自我调适，顺应客观环境，使自己保持积极向上的精神状态。

在自我沟通的过程中，以自我调适的方式去适应环境，本质上就是调整好人与人之间的关系。人的一切行为都是建立在人际关系的基础之上的，保持良好的人际关系是自我调适的重要内容。在与人交往的过程中，凡事都应保持一颗平常心，严于律己，宽以待人，超然物外，洒脱处之。学会运用换位思考的方法，以积极的视角去审视那些令人不快的人和事，重新认识客观实际，使自己的内心感到平衡。

总之，只有充分认识自我，充分认识自身与环境的关系，才能调适自我，使自己始终保持积极乐观的情绪，努力克服消极的情绪，不断增强对环境的适应能力。

如果你撞上了墙，不要转身放弃，要想办法爬上去，翻过它，或者绕过去。生气的时候，先数到10再开口说话；如果很生气，就先数到100。

快乐来自能深切地感触，简单地享受，自由地思考，勇于挑战生活和被他人需要。

资料来源：沙河．快乐来自被需要．环球时报，2007-03-15.

## 本章小结

自我沟通是人际沟通的基础，它涵盖了自我认知、自我暗示、自我激励、自我调适及自我超越等方面。自我沟通会受到来自外部和自身的影响，但最主要的影响还是在于自身。通过有效的自我沟通，我们可以正确认识自我和激励自我。持续不断的积极的自我沟通会帮助我们树立目标，准确定位，以积极乐观的态度直面困难，渡过难关，迈向成功。

## 讨论题

1. 请结合实际谈谈你对自我沟通的认识。
2. 简述自我沟通在管理沟通中的作用。
3. 自我沟通与人际沟通有哪些差异？为什么说自我沟通是人际沟通的基础？
4. 谈谈自我暗示在自我沟通中的作用。你在生活、学习或工作中是如何运用自我暗示进行自我沟通的？
5. 在自我沟通中，有哪些常用的沟通策略？结合实际谈谈你自己是如何运用这些自我沟通策略的。
6. 根据约哈瑞窗，分析你与他人沟通的方式，指出存在的问题以及改进的方法。

## 练习1

练习目的：通过自我沟通，提升认识自我的水平。阅读本章后请填写表10-2。

**表10-2　认识自我**

| 步骤 | 填写栏 |
|---|---|
| 1. 我最擅长的一个方面是： | |
| 2. 我特别需要进一步改进的地方是： | |
| 3. 如果要在某方面做一件事来改进自我，那将是： | |
| 4. 做出这种改进后的结果可能是： | |
| 5. 如果在这方面没有做出改进，那么它将可能在以下几个方面影响我的职业生涯： | |

## 练习 2

练习目的：学习自我沟通方法，结合自我分析，设定目标，激励自我，挑战自我，进而超越自我。

步骤一：填写表 10－3。

**表 10－3　自我沟通步骤**

| 步骤 | 填写栏 | 备注 |
|---|---|---|
| 1. 设定目标 | | 如何实现目标并不是最重要的，最重要的是要理解为什么要设定这些目标 |
| 2. 写下实现目标的理由 | | 成功者在设定目标的同时，也会找出设定这些目标的理由来说服自己。当他十分清楚地知道实现目标的好处以及不实现目标的坏处时，便会马上设定时限来规范自己 |
| 3. 设定时限 | | 当明确知道目标之后，便要设定明确的完成时限 |
| 4. 所需条件 | | 如果不知道实现该目标所需的条件，就不知道该如何去努力 |
| 5. 自己应具备哪些条件 | | 如果你明确了目标，接下来便要把实现这个目标的条件和能力列出来，明确告诉自己要做到哪几点才能实现目标 |
| 6. 需要做哪些事 | | 不仅要明确目标，而且要明确应该做的具体工作 |
| 7. 目前不能实现目标的原因 | | 写下目前不能实现目标的所有原因，从难到易排列其困难度，自问“现在应该立刻用什么办法来解决这些问题”，并逐项写下 |
| 8. 设置时间表，从实现目标的最终期限倒推至现在 | | 做出承诺，直到实现目标为止，否则绝不放弃 |
| 9. 马上采取行动，现在就开始 | | 心动不如行动，说干就干 |
| 10. 行动具体化，按时检查进度 | | 若每年检查一次实施成果，则一年只有一次机会可以改正错误；若每月检查一次，则有 12 次机会可以改正错误；若每天检查反省，成功的机会就会大大增加 |

步骤二：将你填写的内容与同学交流，结合讨论和反馈，再做修改。

## 练习 3

本章讨论了自我沟通的主要障碍以及自我沟通的策略，试结合自己的实际情况与同学讨论：

1. 当你在工作中遇到委屈时，是如何调适自我的？
2. 当你对生活环境极度厌倦、压抑时，是如何宣泄自己的情绪的？
3. 当你生气时，想想“这岂不是拿别人的错误折磨自己吗”会有什么效果？
4. 当你愤怒时，想想“这岂不是拿别人的错误惩罚自己吗”会有什么效果？

5. 当你面对挫折时，是采取什么方式应对的？你认为下面哪些应对方式比较有效？

（1）通过学习、工作或其他活动来解脱。

（2）找朋友交谈，倾诉自己的烦恼。

（3）到乡村去，到清静的地方去，让自己静心，远离烦恼。

（4）通过喝酒等方式麻痹自己。

（5）尽量看到事情的积极面。

（6）把自己关在屋子里，思考几种解决烦恼的方案。

（7）向亲戚、朋友、同事或同学寻求建议。

（8）玩扑克接龙游戏或俄罗斯方块，试图高分闯关以求奇迹发生。

## 案例分析

### 星光不问赶路人

克劳塞维茨在《战争论》中讲过："伟大的将军们，是在茫茫黑暗中把自己的心拿出来点燃，用微光照亮队伍前行。"什么叫战略？就是能力要与目标匹配。我们公司三十几年来的战略假设是："依托全球化平台，聚焦一切力量，攻击一个'城墙口'，实施战略突破。"现实是我们的理想与遭遇并不一致，美国的制裁使我们的全球化战略不能完全实施，我们可能依靠不了部分全球化平台，至少最先进的美国平台不支持我们。现在必须全面靠自己打造产品，导致我们的能力与战略极大地不匹配。这是我们最薄弱的环节，逼着我们从小学生做起，而且要快速跳级再跳级到博士，我们哪有这么强的弹跳能力？我们既不是巧媳妇，也没有米。

我们从 20 世纪 90 年代搭上了数字化的列车，主要依靠数学在电子技术上构建了优势，获得了产品与服务的成功，这只是信息领域的很小一部分。对于场景化应用，我们不清楚未来是什么，路更长更难，只是万里长征迈开了一小步。多年来我们聚集了全世界大量的数学家、天才、电子工程师等，加强与全世界的顶尖大学合作，在电子通信连接技术领域刚刚有点突破，就像一块大石板下面的小草，石板刚扳开一小会，还没有喘过气来又压上了。

时代证实了我们过去的战略是偏斜的，是不完全正确的，我们的能力很不符合现实生存与发展的需求。但是，我们有信心、有决心活下来。美军上将马丁·登普西说过："要让打胜仗的思想成为一种信仰；没有退路就是胜利之路。"华为别无选择，只有义无反顾。我们坚持通过自强与国际合作解决目前的困境。

我们不要因美国一时打压我们而沮丧，进而放弃全球化战略。我不赞成片面地提自主创新，"只有在那些非引领性、非前沿领域中，自力更生才是可能的；前沿领域的引领性尖端技术是没有被人验证的，根本不知道努力的方向，没有全球的共同努力是不行的"。我们不仅仅要搞好"1～10"的工程设计，让产品又好又便宜，而且要坚定不移地推进"0～1"的科学研究，不全球化是不行的。

我们的人力资源政策要胸怀宽广，敢于起用优秀的员工，坚决引进优秀的人才。要不断激活组织，提升有贡献的员工，组成生力军。要加强主官、主管的末位淘汰，激发组织的潜能；加强专家的纵向流动，在纵向循环中选拔出最优秀者，使专家保持旺盛的进取能量。员工的横向流动有利于评价系统的综合平衡，要允许员工在内部有序合理流动，充分利用发挥他们潜能的机制。要充分发挥导师制的作用，让高人指点的引导方式成为一种习惯，助力年轻人早日有所担当。要聘请一些退休的高级干部及高级专家给天才、高潜力的人做个人辅导，可以分为人生型、技术型、架构理解型。要继续招募优秀应届生、卓越科学家、天才少年一同参战，继续激发全体员工的潜能，这种合力是不可估量的。公司并未到生死关头，不需要把血烧热来炼钢。要沉着镇静，干好本职工作，按部就班地前行。

公司所有一切要继续正常运转。在未来3～5年薪酬结构不会变化的原则下，激发优秀员工加速进步。在待遇政策不变的基础上，逐步优化晋升下降机制，素质要与贡献结合起来考核，坚持在战火中选拔优秀员工的路线不动摇。宰相必起于州部，猛将必发于卒伍。这次几百名高级干部自愿降级，就说明我们这个队伍是好的。

我们在科学上要大胆突破，敢于将鸿蒙推入竞争，鲲鹏和昇腾的生态发展与软件开发绝不停步。人工智能的数据是本地化的，与我们"一圈一点"的发展方针是一致的，我们可以大有作为；冯·诺依曼架构、反冯·诺依曼架构，都是冯·诺依曼思想的胜利，我们在计算上也是可以有作为的。对未来科学的探索不能停步，研发不能停步，还要继续勇往直前。不能以后生存下来了却看不到未来、没有了明天，这样的生存是没有意义的。

过去几百年，西方科技像灯塔一样照亮了人类追赶的道路，不仅仅是飞机、火车、汽车、轮船、收音机、卡拉OK等，也不仅仅是欧拉公式、拉格朗日方程、傅立叶变换、门捷列夫元素周期表……西方科技对人类文明进步的贡献我们是敬仰的。今天我们已积累到一定程度，也想要在无人区点亮5G的灯塔，做出应有的贡献，回报世界的引导，让我们的光辉照亮大家共同前行。我们尝试迈出第一步，刚刚擦亮一根火柴，企图点亮一座灯塔，就被美国一棒打下来，一开始我们还真以为犯了什么错，忙着自查自纠；接着第二棒、第三棒又打下来，一棒比一棒狠，我们才知道是要打死我们，并不是"小羊在上游喝了水"。求生的欲望使我们振奋起来。全体员工都表示，"宁可向前一步死，绝不后退半步生"。科技发展正处在一个饱和曲线的平顶端，付出巨大的努力并不能有对等的收益，反而让追赶者减少了追赶的困难。例如，我们每年投入的研发经费是200亿美元，但收益只有研发投入的40%，60%的蜡烛在黑暗的探索之路上燃尽了。我们仍无怨无悔地努力攀登，也像世界领先公司一样，燃烧自己，照亮别人。

研发力量要聚焦。对没有前途、领路人多年都是在讲故事的产品线，要坚决裁掉一部分产品。市场营销不要空谈，不要产生一些专为上面写报告的高薪阶层，要走上前线，支撑胜利，创造利润。我们既要垂直向上探索新技术、新理论对产品的影响，也要重视产品在场景化中组合应用的竞争力。什么是场景化？我们常说的工业互联网（工业、联网、人工智能），首先它的本质应该是工业（当然包括农业、医疗、教育……）；联网就是连接这个产业，我们最熟悉；然后是人工智能。人工智能中除了算法、算力，更重要的是"Know-How"。"Know-How"藏在行业、企业手里，是它们数十年摸索积累、千万次验证、反复建模留下的理论与经验结晶，这是我们最不熟悉的。在场景化应用中必须重视客户需求，必须依靠行业专家，比如煤矿军团要探索出一条5G+人工智能改变社会的道路来，真正使5G改变社会成为现实。我们不能再简单地认为，以"连接为主"去加什么就会是什么，这会误导我们努力的方向，增加客户的负担。我们是一个科技集团，更是一个商业集团，成功的标志还是盈利的能力。没有粮食，心会发慌。

战略研究院要继续扩大自己研究的“喇叭口”，坚定不移吸收宇宙能量，发现新的基础要素。2012实验室要敞开胸怀，周公吐哺，引进人才，特别是稀缺人才或天才。要坚定不移地向前进，不用考虑公司的财力。要积累起领先世界的要素能力与技术能力，不能等我们过几年活下来却看不见方向了，那活下来的意义是什么呢？你们要流动，一部分人流动到需要的地方去，增强公司总体活力。

要努力将公司的主力产品按场景化做到云服务质量和用户体验最优，让客户感觉到价值。要逐渐从销售收入导向转向加大利润的考核权重，各产品线、各地区部不要盲目争夺第一，我们更要关注夯实生存与发展的基石，现在没有长期争夺第一的基础条件。要创造价值和合理利润，使公司健康成长。合成营是一种作战模式、商业模式转换的载体。突击队是一种组织形态，要造就3～5年后一大批有综合能力的领袖。同时我们也把一些生产自救类产品做大，增加利润给公司提供保障，也为保存员工留下实力、做好储备。将过去的中央集权制改为对一线授权，合同在代表处审结，数据在代表处审结，部分作战决策下放到代表处，还要进行专业化的职员队伍建设以及AT的定期改组……让听得见炮声的人来决策。授权决策的数据可以不再上传，保留在当地，对各级数据透明，地区部、各业务部中间组织不再加工，在当地接受审计，这样可以节省机关的使用。要在三五年内实现各国代表处“村自为战、人自为战”的灵活机动的战略战术管理变革。即使没有中央总部，也能灵活作战，这是我们改革的目的。改革也会大大减少机关的负担，减少控制节点，减少编制，让一些机关干部有机会下连，争当将军；同时，也会加快公司的运行速度，提升效率，降低管理成本，增强竞争力。

在这个低潮时代，我们推行管理的结构性改革。管理上要保障供应，为前线提供优质服务，在服务支持中实现监管；要合并重叠的组织，在合理优化的前提下减少机关的横向跨度和层级。发文前要严格思考，按重要性分别由一级部门批准、二级部门批准。基层部门不许发管理类文件，工作联络单除外。不要无端干扰一线作战组织。

虽处在低潮时期，我们每年仍拨备十亿美元给战略预备队，为来自一线的功臣、英雄、员工提供转人磨芯机会。每个员工都要努力学习，无论在职还是脱产，都要珍惜自我学习的机会，要把新的技术、新的商业模式、新的精神面貌传下去，让组织活泼起来、血液加速循环起来。“蓬生麻中，不扶而直。”特别是在艰苦地区、艰苦国家工作的员工，更要加强学习。你们有优先垂直提拔的机会，而且已取得了火线考验的资格，为什么要输给别人，失去自己可以优先获得的机会呢？今天你们桃李芬芳，明天就是时代栋梁。要肩负起生产自救与蓬勃振兴的重担，不辜负时代对你们的期望！

沉默不是懦弱，忍耐不是麻木，善败者不亡。青春泣血，生命绽放光芒。我们正处在一个伟大的时代，同时又遭遇百年闻所未闻的风暴打击。翻滚的黑云夹着电闪雷鸣，山崩地裂般卷向我们。我们一时惊呆了，手足无措。等清醒过来，则要像海燕一样，迎着雷电、迎着暴风雨嘶叫着飞翔，朝着一丝亮光，朝着希望，用尽全身力量搏击，奋斗，前进，再奋斗，再前进，嘶喊着胜利。岁月不负有心人。

资料来源：任正非．星光不问赶路人．(2021-06-01)．https：//xinsheng．huawei．com/next/＃/detail?tid=6815113．

［思考题］

1. 请从自我沟通的角度，谈谈你对“星光不问赶路人，岁月不负有心人”的认识。

2. 请举例说明任正非如何旁征博引、生动诠释自我沟通的真谛。

3. 你认为华为人在面临美国等西方国家的打压和刁难时是如何进行自我鞭策和自我激励的？

4. 请结合本章的学习，谈谈本案例给予你哪些启示，然后与同学交流心得体会。

11 Chapter

# 第 11 章
# 倾　听

自然赋予我们人类一张嘴巴，两只耳朵，就是让我们少说多听。

——苏格拉底

## 学习目标

1. 明确倾听的特征和类型
2. 评价倾听能力
3. 了解倾听的内部和外部干扰
4. 掌握克服倾听障碍的策略
5. 认识反馈在有效倾听中的作用
6. 提高提问质量，促进有效倾听

## 引导案例

### 心情沮丧的张先生

张先生是一位已有 5 年工龄的模具工，工作勤奋，爱钻研。半年前，张先生利用业余时间独立设计制作了一套新型模具，受到设计部门的嘉奖。为了鼓励张先生的这种敬业精神，当时的生产部主任王先生特别推荐他上夜校学习机械工程学。从那以后，张先生每周有 3 天必须提早 1 小时下班以便准时赶到夜校。这也是经原生产部主任王先生特许的，王先生当时曾说他会通知人事部门。

然而，上周上班时，张先生被叫到现任生产部主任鲁先生的办公室进行了一次面谈。鲁先生给了他一份处罚报告，指责他工作效率低，尤其批评他公然违反公司的规定，一周内 3

次早退。如果允许他继续这样工作下去，将会影响其他员工。因此，鲁先生说要对他进行处罚，并警告说，照这样下去，他将被解雇。

当张先生接到处罚报告时，感到十分委屈。他曾试图向鲁先生解释原因，然而，每次鲁先生都说太忙，没有时间与他交谈，只告诉他不许早退，并要求他提高工作效率。张先生觉得这位新上级太难相处，心情十分沮丧。

---

张先生和鲁先生之间是否出现了倾听障碍？这是张先生的问题还是鲁先生的问题？是前任上级的问题还是人事部门的问题？如果你是张先生或鲁先生，你会怎么想、怎么做？

作为一名刚上任的管理者，鲁先生不仅要熟悉其工作环境，还必须深入了解情况，做好与下属的沟通，培养自己良好的倾听习惯，这样才可避免因为一个错误的决定而挫伤员工的积极性和进取心，给公司利益带来不必要的损失。

倾听是沟通过程中的一个重要方面，与计划、组织、领导及控制等管理环节密切相关。要使口头沟通融洽有效，学会倾听是非常必要的。管理者更要学会倾听、善于倾听，以随时了解员工的观点、意见及建议等。有人曾经对38名来自企业的管理者进行调查，其中包括1名高层管理者、24名中层管理者、13名基层管理者。该调查要求这些管理者详细记录他们从周一至周五的有关沟通活动。结果表明，这些管理者这样安排他们的时间：19%用于读，22%花在写，26%参与说，33%放在听。这一调查充分说明了积极倾听在管理沟通中的主导地位。擅长倾听的管理者在与上级、下属以及顾客的交谈中往往可以获得有价值的、最新的信息，进而对这些信息进行思考和评价。倾听技巧直接关系到管理者的决策水平和管理成效。

# 第1节 倾听的特征和类型

所谓倾听，就是用耳听，用眼观察，用嘴提问，用脑思考，用心灵感受。换言之，倾听是对信息进行积极主动的搜寻的行为。

## 一、倾听的特征

有些人认为倾听能力是与生俱来的，那是因为他们把听和倾听混为一谈了。听只是一个生理过程，它是听觉器官对声波的单纯感受，是一种无意识的行为。倾听不仅是生理意义上的听，更应该是一种积极的有意识的听觉与心理活动，“洗耳恭听”便是倾听的一种表现。倾听，不仅可获得信息，而且能了解情感。图11-1列出了听与倾听的主要差别。

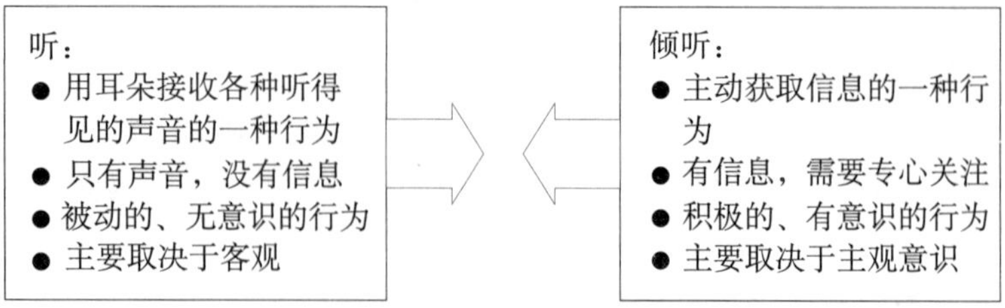


**图 11－1　听与倾听的主要差别**

## 二、倾听的类型

归纳起来，倾听可分为以下三种类型。

（1）全神贯注的倾听，通常也称为批评的倾听。它所强调的是集中思想、综合分析以及评价。全神贯注的倾听不仅要仔细倾听，而且要正确理解并将复杂纷乱的内容变成有意义的信息。类似提问和重述的反馈可以使倾听者明确所获得的信息。这一类倾听者注重所听信息的主要内容以及重要细节。需要运用这一倾听方式的信息有合同、进度报告、财务信息等。

（2）专心的倾听。与第一类倾听相似，因为它也注重信息的主要内容及细节，但所涉及的信息没有那么复杂或抽象，往往富于娱乐性或趣味性，如业余爱好的东西。

（3）随意的倾听，或者叫作社交性倾听。随意的倾听很普遍，因为它是倾听中最不费劲的一类，不需要任何评价技巧。这一类信息包括与体育有关的信息、贺词等。随意的倾听往往是为了愉悦心情或消磨时间。

对于管理者来说，从全神贯注的倾听转向随意的倾听并不难，难的是从随意的倾听转向全神贯注的倾听。欧内斯特·费恩（Ernest Fain）建议管理者要学会全神贯注地倾听那些随意的或非正式的信息，因为这样得到的信息比直接提问所得到的反馈更真实、更具价值。

有些人并不善于倾听，虽然他们时常摆出一副倾听的姿势佯装在听，实际上却心不在焉。约翰·迪格塔尼（John Digaetani）将不善于倾听的人分为以下五类：

（1）坐立不安者。即那些心神不定、局促不安的倾听者。当信息传播者正在叙述时，他们总是心神不安地动来动去，这种行为会妨碍正常沟通。

（2）追根寻源者。这类倾听者常急于获得正确的信息，他们表现出强烈的专注，这样往往会使信息发送者感到发窘甚至恐慌。专注固然是倾听的一种良好表现，但一旦过于专注，就会影响沟通的正常进行。

（3）情感冷漠者。这类倾听者只接受事实性的东西，在他们看来，情感和观点没有多少价值。冷漠的态度往往会阻碍信息的传递，因为这将导致无法在沟通中让对方提起兴趣。

（4）有耳无心者。这是一类心不在焉的倾听者，他们对某一信息的反应处于一种被动状态。

（5）断章取义者。他们喜欢将听到的信息加以修改。这类人属于有选择的倾听者，因而他们掌握的信息缺乏完整性。

此外，还有一些沟通习惯也会阻碍有效沟通的正常进行，如批评发言者，武断地认为某个话题缺乏趣味性，回避深奥问题，容易分心，假装专心，急于概括他人的意思等。

## 第 2 节　倾听的障碍

研究表明，就所占时间比例而言，倾听是沟通活动中一个最主要的方面。遗憾的是，一些管理者并不具备作为倾听者应有的能力，其不良的倾听习惯会导致误解甚至曲解。显然，倾听技巧的改善将有助于管理绩效的提高。

作为经理，你可能会发现：员工之间无话不谈，但是员工和你之间无话可说；公司里很多重要的事情发生了很久之后你才知道；你的老板多次向你重复同样的信息。凡此种种，你是否思考过其中的原因？你认为自己是一个良好的倾听者吗？如果回答是否定的，那么造成倾听效果不佳的原因是什么？

要想提高倾听技巧，我们首先应该了解对倾听能力有影响的各种因素，进而对自己的倾听习惯做出自我评价。所谓倾听习惯，指的是一个人通常的倾听方式，这些习惯可能是无意识的倾向或行为。通过不断自我分析和自我评价，人们会逐渐发现自己在倾听方面的长处和短处。

倾听习惯的自我分析和自我评价不必搞得太复杂。一般来讲，倾听者只需回答以下几个问题就可以衡量自己倾听的有效性：

（1）我是否希望成为好的倾听者？

（2）我是否愿意训练自己成为好的倾听者？

（3）我是否准备好了倾听？

（4）我是在倾听还是仅仅在用耳听？

（5）我能否连贯地理解自己正在听的信息？

（6）我对信息的理解是否正确？

（7）我是否每天都通过练习来培养自己的倾听习惯？

如果倾听者的回答是否定的，那么他就必须重视改善自己的倾听习惯。倾听能力的不足可能表现在倾听之前，也可能表现在倾听过程中或倾听之后，具体评价指标如表 11-1 所示。

通过对照倾听能力自评一览表可以发现不良的倾听习惯。得分在 4～5 分的，表明其倾听能力突出，水平属上乘；得分在 3～4 分的，表明其倾听能力趋于平均水平或超出平均水平；得分在 3 分左右的，表明其倾听水平偏低；得分在 2 分及以下的，则表明存在严重的倾听能力问题，需要及时加以纠正。

表 11-1　倾听能力自评一览表

| 倾听习惯 | 总是 | 经常 | 有时 | 偶尔 | 从不 |
|---|---|---|---|---|---|
| **倾听之前** | | | | | |
| 1. 停止讲话 | 5 | 4 | 3 | 2 | 1 |
| 2. 集中思想 | 5 | 4 | 3 | 2 | 1 |
| 3. 拒绝干扰 | 5 | 4 | 3 | 2 | 1 |
| 4. 积极思考 | 5 | 4 | 3 | 2 | 1 |
| 5. 提起兴趣 | 5 | 4 | 3 | 2 | 1 |
| 6. 使讲话者放松 | 5 | 4 | 3 | 2 | 1 |
| 7. 避免急于下结论 | 5 | 4 | 3 | 2 | 1 |
| 8. 控制自己的情绪 | 5 | 4 | 3 | 2 | 1 |
| 9. 了解自己 | 5 | 4 | 3 | 2 | 1 |
| 10. 认识影响倾听的因素 | 5 | 4 | 3 | 2 | 1 |
| 11. 确定倾听目的 | 5 | 4 | 3 | 2 | 1 |
| **倾听过程中** | | | | | |
| 1. 保持良好的精神状态 | 5 | 4 | 3 | 2 | 1 |
| 2. 集中思想 | 5 | 4 | 3 | 2 | 1 |
| 3. 积极思考 | 5 | 4 | 3 | 2 | 1 |
| 4. 有目的地倾听 | 5 | 4 | 3 | 2 | 1 |
| 5. 倾听是为了理解而不是辩驳 | 5 | 4 | 3 | 2 | 1 |
| 6. 倾听主要内容 | 5 | 4 | 3 | 2 | 1 |
| 7. 倾听详细内容 | 5 | 4 | 3 | 2 | 1 |
| 8. 倾听要点 | 5 | 4 | 3 | 2 | 1 |
| 9. 少讲多问 | 5 | 4 | 3 | 2 | 1 |
| 10. 注意演讲内容而非腔调 | 5 | 4 | 3 | 2 | 1 |
| 11. 注重观点而非事实 | 5 | 4 | 3 | 2 | 1 |
| 12. 控制自己的情绪 | 5 | 4 | 3 | 2 | 1 |
| 13. 不过多地做笔记 | 5 | 4 | 3 | 2 | 1 |
| 14. 抵制来自内部和外部的干扰 | 5 | 4 | 3 | 2 | 1 |
| 15. 把握好思考速度 | 5 | 4 | 3 | 2 | 1 |
| 16. 预测所讲内容 | 5 | 4 | 3 | 2 | 1 |
| 17. 内心归纳所获信息 | 5 | 4 | 3 | 2 | 1 |
| 18. 注意非语言信息 | 5 | 4 | 3 | 2 | 1 |
| 19. 倾听话外音 | 5 | 4 | 3 | 2 | 1 |
| 20. 掂量证据的确凿性 | 5 | 4 | 3 | 2 | 1 |
| 21. 避免急于下结论 | 5 | 4 | 3 | 2 | 1 |

续表

| 倾听习惯 | 总是 | 经常 | 有时 | 偶尔 | 从不 |
|---|---|---|---|---|---|
| 22. 尊重他人的观点 | 5 | 4 | 3 | 2 | 1 |
| 23. 了解自己的情感 | 5 | 4 | 3 | 2 | 1 |
| 24. 善于理解讲话者 | 5 | 4 | 3 | 2 | 1 |
| 25. 汇总大量信息 | 5 | 4 | 3 | 2 | 1 |
| 26. 复习该记住的信息 | 5 | 4 | 3 | 2 | 1 |
| 27. 控制自己的反应 | 5 | 4 | 3 | 2 | 1 |
| 28. 避免侵犯讲话者的个人空间 | 5 | 4 | 3 | 2 | 1 |
| 29. 保持良好的目光接触 | 5 | 4 | 3 | 2 | 1 |
| 30. 抑制插话的冲动 | 5 | 4 | 3 | 2 | 1 |
| 31. 对讲话者表现出耐心 | 5 | 4 | 3 | 2 | 1 |
| **倾听之后** | | | | | |
| 1. 集中思想 | 5 | 4 | 3 | 2 | 1 |
| 2. 积极思考 | 5 | 4 | 3 | 2 | 1 |
| 3. 有必要的话进一步提问 | 5 | 4 | 3 | 2 | 1 |
| 4. 掂量证据的确凿性 | 5 | 4 | 3 | 2 | 1 |
| 5. 在心中归纳所获信息 | 5 | 4 | 3 | 2 | 1 |
| 6. 避免急于下结论 | 5 | 4 | 3 | 2 | 1 |
| 7. 控制自己的情绪 | 5 | 4 | 3 | 2 | 1 |
| 8. 尊重他人的观点 | 5 | 4 | 3 | 2 | 1 |
| 9. 认识自己的情感 | 5 | 4 | 3 | 2 | 1 |
| 10. 汇总大量信息 | 5 | 4 | 3 | 2 | 1 |
| 11. 回忆该记住的信息 | 5 | 4 | 3 | 2 | 1 |
| 12. 强调实事求是 | 5 | 4 | 3 | 2 | 1 |

对于倾听能力的认识是通过自我分析和自我评价来达到的，对倾听习惯的分析和评价有助于我们了解导致倾听障碍的原因，有的放矢地制定克服障碍的方案，改善沟通效果。影响有效倾听的因素多种多样，有些与倾听的物理环境有关，有些则与倾听者本身相关。

## 一、讲话速度与思考速度的差异

有效倾听的一个主要障碍源于这样一个事实，即人们的思考速度远比讲话速度快。一般来说，人们的讲话速度约为 125 词/分钟，虽然目前还不知道在倾听过程中大脑是如何运转的，但绝大多数人的思考速度都超过 125 词/分钟。

讲话的低速度和思考的高速度之间的差异给人的大脑留下了充足的“走神”时

间，也给不熟练的倾听者带来了麻烦。讲话者还在缓慢地叙述，听讲者的思绪却可能早已神游四方，开始考虑周六的足球赛、家庭、好友及个人问题等，而不再关注发言的内容。

## 二、思想不集中

思想不集中可由内在因素和外在因素造成。倾听者既可能因内在因素而分心，也可能受到外在因素的干扰，内部干扰和外部干扰还可能同时出现。

**1. 内在因素**

内在因素主要包括偏见、思想僵化、缺乏信任、身体不佳以及年龄因素等。当倾听者由于工作和心理的压力而心事重重的时候，很难做到有效倾听。在开会时，如果思想开始走神，其思绪就会转向，或者开始考虑一份有待完成的报告，或者牵挂起住在医院的朋友。

内部干扰可因某人所处的地区、情感以及条件不同而异。虽然内部干扰不易避免，但是可以通过训练尽力排除。

**2. 外在因素**

从家里到办公室，对于倾听的干扰无所不在。影响有效倾听的外在因素大致有以下几个方面：喧闹声；电话铃声；意外来访；交谈环境（如在经理的办公室进行交谈，员工就会觉得拘束）（见表 11－2）；说话者的谈吐举止（如有的人说话频率比较快，而有的人说话时总是低垂着头或仰着头）；说话者的发音特点（如有的人说话声音很小，而有的人说话声音很大）。

**表 11－2　物理环境类型与倾听障碍源**

| 环境类型 | 封闭程度 | 氛围状况 | 对应关系 | 主要障碍源 |
|---|---|---|---|---|
| 办公室 | 封闭 | 严肃 | 一对一，多对多 | 地位和职位差异造成的心理压力；紧张情绪；他人或电话铃声的干扰 |
| 会议室 | 一般 | 严肃 | 一对多 | 对在场的其他与会者的顾虑；时间受限 |
| 现场 | 开放 | 可松可紧 | 一对多 | 外界的干扰；准备不足 |
| 谈判 | 封闭 | 紧张 | 多对多 | 对抗心理；想说服对方的愿望过于强烈 |
| 讨论会 | 封闭 | 轻松 | 多对多，一对多 | 难以把握信息要点 |
| 非正式场合 | 开放 | 轻松 | 多种对应关系 | 外界的干扰，易跑题 |

外部干扰对于倾听者来说是一个随时存在的问题，它会干扰信息的传递过程，影响沟通者的心境，使信息流失甚至扭曲。与外部干扰抗争的第一步是在倾听过程中找出干扰的潜在因素。应该指出，外部干扰无法完全消除，但如同对待内部干扰一样，倾听者也可通过训练使其弱化或部分消除。

## 三、假装专心

在许多情况下，虽然人们的双眼盯着讲话者，脸上露出微笑，并不时点头示意，给人留下正在倾听的印象，但是点头的次数和倾听的有效性之间并没有明显的关系。他们在频频点头的时候，思绪却可能在千里之外，这就是假装专心的典型表现。假装专心可发生在办公室谈话、商务会议、面对面交谈时。

如果假装专心成了一种习惯，问题便由此产生。假装专心者总是很客气，虽然也听到了说话者在讲些什么，但很少知道究竟听到了什么。假装专心的倾听者在沟通过程中不做任何努力，因此所获信息毫无价值。假装专心既是坏习惯，也浪费时间。当然，只要倾听者自己努力，这一坏习惯是可以改正的。

## 四、措辞晦涩

词语是沟通与思考的工具，而多义词是有效倾听的潜在障碍。这个词对讲话者而言是这个意思，对倾听者来说却可能是另外一个意思。比如，贸易方面的专门词汇对于从事贸易的人来说很清楚，但其他人就不一定清楚。信息中如果涉及许多难以理解的词语，就会妨碍倾听者抓住主题。

与倾听有关的最严重的语义问题是讲话者使用那些会引起倾听者恐惧或愤怒的词，以及充满感情色彩的词，如乡巴佬、神经病等，它们会阻碍有效倾听的正常进行。由于受偏见、主观意识等个人因素的影响，倾听者更注重讲演的措辞，而不是整个信息。好的倾听者思想开明，会等到听完报告再做出判断。

## 五、身体欠佳

身体障碍如疲劳、疾病以及听力差等也会影响有效倾听。人们的精力在一天中有低潮阶段和高潮阶段。从图 11－2 不难看出，上午 7：30 至 10：30 是人在一天时间中精力比较旺盛的阶段；上午 11：00 至下午 1：00 左右，人的精力处于低谷；此外，人在下午时段的精力平均水平不如在上午时段的精力平均水平高。一般来讲，在精力低潮阶段，疲劳会影响有效倾听。当然，精力周期也是因人而异的。

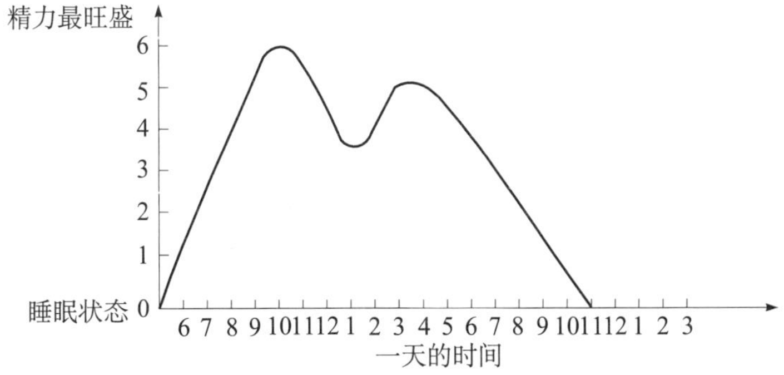


**图 11－2　倾听者的精力周期**

除了疲劳，疾病也会削弱一个人的倾听能力。当一个人患重感冒或牙痛时就很难成为专注的倾听者，也就是说，任何疾病或身体不适都会成为内部干扰因素而影响有效倾听。

## 第 3 节　有效倾听的策略

为了使倾听有效，我们应该有意识地克服倾听的障碍，因此，掌握必要的有效倾听策略就显得格外重要。

**1. 身心投入**

集中精力，集中思想，积极思考，保持开放式姿势，使倾听在宽松的氛围中进行，这是有效倾听的重要保证。

**2. 换位思考**

在倾听过程中要善于换位思考，只有这样，才能增进相互理解。

**3. 沉默是金**

有时适度保持沉默，静静地听他人倾诉是有效倾听的最好方式。切忌自己反客为主，滔滔不绝，喋喋不休。

**4. 听其声观其行**

在倾听过程中，不仅要关注对方说什么，更要观察其非语言行为所透露出来的信息，因为当非语言信息与语言信息相互矛盾时，非语言信息往往更可靠。

**5. 适当记录**

在倾听过程中，适当做笔记有助于让对方相信你的诚意，以及你对倾诉者的重视。特别是在与下属或顾客交谈时，会起到鼓励对方倾诉的作用。

**6. 有效反馈**

反馈是有效倾听的一个重要组成部分，如果只是倾听而毫无反馈，对于信息提供者来讲，就好比对牛弹琴。有效反馈是有效倾听的体现，管理者通过倾听获得大量信息，并及时做出有效反馈，对于激发员工的工作热情、提升工作绩效具有重要作用。

反馈具有多种形式：语言的和非语言的，正式的和非正式的，等等。其中，语言形式的反馈是以口头或书面的方式对所获信息做出的反应；非语言形式的反馈是以一系列肢体语言对所获信息做出的反应。这类反应可以是有意识的，也可以是无意识的。正式的反馈常以报告、会议等方式来表现，非正式的反馈则可借助闲聊的方式做出。常见的反馈类型包括以下几种：评价、分析、提问、复述和忽略。

（1）评价。即对所获信息加以判断和评价。例如："这样做很好！"

（2）分析。即对所获信息加以剖析。例如："你所指的是……"

（3）提问。积极有效的倾听可借助提问获取更多的相关信息，同时也向对方传递了一个积极的信息：你对他的叙述很感兴趣，很乐意听。

（4）复述。即通过对有关信息的复述，核实所获信息正确与否，为对方纠正你的错误提供机会，同时也有助于向信息提供者表达自己的兴趣所在。

（5）忽略。即对所获信息不做任何反应，所持的态度是“忘了它”。

在倾听过程中，有效反馈可以起到激励和调节作用。当然，要使反馈有效，首先，沟通双方应建立相互信任的关系，创造良好的沟通氛围。其次，反馈必须适当，因为不适当的反馈会让对方感到窘迫，甚至反感。若以评价方式做出反馈，这类评价应持中立态度，不要简单地评论，如“这简直大错特错”。

此外，在反馈过程中，还要注重肢体语言的运用。例如，倾听时保持双方目光接触，有利于使自己集中思想，避免走神，也鼓励对方叙述，因为人们常常通过对眼睛的观察来判断你是否在听。如果在你讲话时，对方的视线却落在其他地方，你还会有兴趣继续讲吗？赞许性的点头与适当的表情再辅以适当的目光接触更会增强倾听的有效性，使对方获得积极的反馈和鼓励。在注重运用积极的肢体语言的同时，也要力戒消极的肢体语言。例如，在倾听过程中，心不在焉地翻阅办公桌上的信件、报纸，或把玩手里的签字笔，甚至伸出手腕看手表，这些下意识的举动表明你在交谈过程中并没有集中思想，很可能导致部分有用的信息流失，同时会使对方认为你对他的话不感兴趣。因此，学会避免消极的肢体语言和注重表现积极的肢体语言同等重要。

**7. 有效提问**

有效提问是积极倾听的一种重要策略。通过有效提问，可以获取更多更新的信息。那么，如何进行有效提问呢？

首先，要明确有哪些提问方式；其次，要了解通过这些提问方式会获得什么样的反应。有效提问尤其重要，只有掌握了这一策略，才能以适当的提问方式去激发他人倾诉的热情，从而获得良好的倾听效果。一般来说，常见的提问方式有以下几种：

（1）清单式提问。常以多项选择性问题提问，鼓励询问对象多方面地考虑问题以获取信息。例如：“最近公司员工纪律松懈，你认为主要原因是什么？是工资偏低、制度不健全、工作压力太大，还是别的？”

（2）开放式提问。常以“你认为……是什么”“如何……”“哪个……”等方式开头，以鼓励对方回答，从而获取信息。例如：“公司上半年的营业额比去年同期下降30%，你认为主要原因是什么？”

（3）重复式提问。这种提问方式一方面是为了向他人表达我听见了你所提供的信息；另一方面也是为了检验自己所获取的信息是否正确。例如：“你是说……”“你的意思是……”

（4）假设式提问。这种提问方式是为了鼓励对方从不同的视角来思考问题，从而获取其对问题的看法和态度。例如：“如果是你的话，你会怎么处理这件事？”

（5）封闭式提问。为了获取某些具体的信息，常常用这种方式提问。回答这类提问，通常只需说“是的”“不是”或一些具体的数字等。例如：“你在IBM工作了几年？”“你打算什么时候来报到？”

从上述几种不同的提问方式及其功能来看，显然，在同一场合运用不同的提问方式，其效果是大不一样的。在倾听过程中，为了正确地使用各种不同的提问方式，首先要明确为什么要提问。如果提问的目的在于收集信息、交流观点，那么，在提问前就应该明确自己希望获取什么信息，最好事先拟一个问题提纲，正确使用各种提问方式，并仔细倾听回答，应用换位思考方法，从而使倾听更有效。

此外，为了努力克服倾听障碍，还应该做到以下几点：

（1）找出并改正不良的倾听习惯。即根据倾听能力自评一览表（见表11－1）找出自己不良的倾听习惯，以便有的放矢地加以改正。

（2）每天进行训练，培养自己积极倾听的习惯。即在与人交谈时，有意识地改掉自己不良的倾听习惯。

（3）选择适当的沟通时间和地点。既不要选择他人心情不佳的时候谈不愉快的事，也不要选择在嘈杂的地方进行交谈。

（4）尊重他人的信仰和观点。既不要将自己的意志强加于人，也不要随便批评人，应该尊重他人的宗教信仰，允许其保留自己的观点，不得因此而加以指责。

（5）明确倾听的目的。倾听的目的越明确，就越能有效地掌握信息。

（6）保持良好的精神状态。当一个人情绪低落或烦躁不安时，倾听的效果往往不佳。

（7）建立相互间的信任关系。只有在相互信任的前提下，沟通才会真诚而有效。

（8）建立相互间的平等关系。无论职位多高，都应放下架子，以一个普通人的姿态与员工交谈。

（9）适时适度地提问。提问，可以获得有效反馈，同时也有助于进一步获得相关的信息。

应该指出，只有当自己能够体验到对方的感受，甚至接受对方的观点时，才能真正实现积极有效的倾听。积极有效的倾听将有助于有效进行沟通，避免或减少冲突。当然，如果双方对自身的期望值有明显的差异，或者都想说服对方，那么仅仅依赖积极的倾听是不够的。

## 本章小结

管理的过程实际上就是调动员工积极性的过程。善于倾听的管理者能够随时发现他人的长处，并为其发挥作用提供机会和条件。倾听本身也是一种鼓励方式，有效的倾听不仅能使管理者获得有用信息，而且有助于加深管理者与员工之间的感情，增强自信心和自尊心，激发员工的工作热情与敬业精神。

积极有效的倾听带给管理者的好处是显而易见的。对于缺乏经验的管理者来说，倾听可以帮助其弥补不足；对于富有经验的管理者来说，倾听可以帮助其减少错误。因此，倾听是管理者掌握有效沟通能力的重要途径。

## 讨论题

1. 如何界定倾听？

2. “用耳听就是倾听”这一说法对吗？为什么？
3. 人的精力周期与有效倾听有何关系？
4. 为什么有效倾听强调反馈的重要性？
5. 有效提问具有哪些功能？
6. 联系实际，分析有效倾听最主要的障碍有哪些。
7. 你将如何根据自己的情况提高倾听技巧？

## 练 习

作为一名注重倾听的管理者，针对员工的下列说法，你将如何做出反应？将你的反馈在小组内进行交流。

1. 一名灰心丧气的部门主管在进行项目情况汇报时说：“楼上的那些人（其上级）为什么不预先多给我们一些有关这些项目的信息？”

2. 一名忐忑不安的员工在经理针对其糟糕的报告做出反应时说：“我的确想做好工作，只是不知道错在哪里。”

3. 在经理就过去一年半时间里员工的表现进行第三次绩效考评后，有员工评论道：“我在这家公司工作多年了，但好处从来轮不到我。”

## 案例分析

### 张经理左右为难

2020 年 12 月 20 日，上海纳科公司输出部张经理刚走进办公室，上早班的杨主管就急匆匆地跑来报告说，昨天晚上，中班员工在包装产品时，应该使用法国一个新客户指定的包装盒，但实际上使用的是英国客户的包装盒。这属于严重的错误包装事件，是绝不允许发生的。

张经理马上与中班的江主管联系。江主管反映，按照常规，该产品应该使用英国包装盒包装，并没有人报告要用法国包装盒。中班的包装员曾问过早班的主管，是否有特殊情况。早班的杨主管回答：“去问你的主管。”张经理查看了交接班记录本，记录本上早班主管记了一条：注意使用法国包装盒。但该记录并没有说明在什么时候、针对什么产品使用。

类似的问题近来经常发生。两个主管都说自己有理。一个说上一班组没有交代清楚；另一个则说既然不清楚，为什么不问清楚。

该如何改善这种状况？张经理陷入了深思……

**纳科公司**

纳科公司是一家生产砂轮的跨国公司，创立于 1855 年，其产品的质量、耐用度都是世界一流的。公司总部设在美国，在全世界 21 个国家或地区设有子公司与控股公司，其产品销售量占全世界砂轮总销量的 45%，仅 2016 年的销售额就达 280 亿美元。

纳科公司在美国与欧洲的市场占有率为 85%，进一步发展的空间已经十分有限。因此，公司决策层决定开发亚洲市场，因为亚洲的经济开始崛起。对于新兴的区域，传统的劳动密集型机械行业将是发展的开端，这意味着砂轮的需求会快速增加。

随着中国经济的发展，砂轮的需求量大增。中国的砂轮厂大大小小共计有300多家，尽管产品质量还远远不及纳科公司，但是劳动力成本低，价格优势明显，纳科公司要想在中国打开市场并非轻而易举。

2014年，纳科公司与上海砂轮集团有限公司在上海成立合资企业生产砂轮，公司取名为上海纳科公司。利用纳科公司的技术优势和上海砂轮集团有限公司原有的销售网络，纳科品牌的砂轮直接打入中国市场，一下子使纳科公司在中国市场的占有率从零上升到10%。

**输出部**

1. 基本情况

输出部的主要工作是对所有的在线产品进行检验，并对所有的最终产品进行抽检和包装，部门共有33人，年龄分布为：20～25岁的占69.7%，26～30岁的占24.4%，31～35岁的占5.9%，其中未婚的有16人，占总数的48.5%。从人员结构来看，这是一个充满朝气的年轻群体，而且所有的员工均为女性。

2. 历史背景

输出部于2014年7月建立，中间换了4个领导者，前3个都是年轻的小伙子，而且每个人都有自己的个性。

第一任领导者王经理在任时，只设白班。他特别欣赏黄女士，并委任她为领班主管，但其他员工都对黄女士没有好感，她们经常联合起来找她的麻烦。所以当第一任领导者调离到其他部门时，设法把黄女士也一起带走了，同时提拔了第一批进厂的老职工杨女士担任主管。本来杨女士与其他女士是一个阵营中对付黄女士的盟友，在自黄女士离去、杨女士上任后，因为其他人未能升任主管，她们便把不满和嫉恨的目标对准了杨女士。

杨女士中专毕业，年近24岁，有3年工龄，由于精明能干，很快就受到第二任领导者刘经理的青睐。刘经理27岁，活泼好动，为人较随和，与部下打得火热，并不特别偏向谁。一年后，刘经理又调离了。因此，输出部又来了第三任领导者郭经理。郭经理26岁，刚从某研究所硕士毕业，没有任何工作经验，与前两任的性格正好相反，他平时非常严肃，不苟言笑。随着公司业务的增加，输出部决定开始实行两班制，急需再提拔一个主管。郭经理初来乍到，对人员并不了解，于是征求了杨女士的意见。杨女士推荐了两个人：江女士，33岁，在输出部工作了2年，中专毕业；周女士，32岁，也在输出部工作了2年，大专毕业。郭经理选中了江女士担任输出部的另一位主管，因为郭经理希望在工作中有一个老实厚道的人作为手下的得力干将。杨女士性格比较张扬，而江女士正好相反，平时比较低调，做事比较踏实。

两班制运行了一段时间后，两个班次之间换班时难免会产生一些工作上的小矛盾。曾经发生了这样一件事：江女士正在整理一批产品，发现有些产品有瑕疵，上一个班组却没有检查出来。就在这个时候，郭经理走了过来，于是江女士便把事情向郭经理进行了汇报。在当天的交接班留言上，郭经理给杨女士留言，要她加强对部门的管理，强调当班的事情要当班了结。杨女士看到后不大高兴，加上平时在工作中多少有些小摩擦，于是便经常不给江女士好脸色看，以至于后来两个人见面连话都不说。

班组之间因这些细微的摩擦而产生了矛盾和冲突，互相合作的意愿渐渐下降，给工作带来了明显的负面影响。因为发货是一批一批的，当上一班未完成而下一班又不愿意帮忙时，货品只能堆放在输出部，因不能及时完成而堆放在输出部的在线产品越来越多，控制在线产品的堆积量成了大问题。

2019年底，张先生进入输出部任经理，这已经是输出部的第四任经理了。张经理45岁，在国企研究所工作了15年后又在外企主管一个工艺部3年，在读MBA。2015年张先生作为第一批管理人员被送到法国培训半年，回国后曾担任生产部经理助理，其间业绩突出，使一个刚建立的部门在一年之中所产生的效益超过了集团公司其他各子公司。张经理有丰富的工作经验，对待部下比较随和，并且强调团队合作。

**选拔新主管**

2020年初，输出部准备开始实行三班制，决定把原来的两个班组拆分成三个班组，同时要新选一个主管。到底选谁呢？由于刚到输出部，对人员情况了解不多，张经理便征求了两位老主管的意见。杨主管推荐了周女士，她认为周女士的学历在本部门最高，正规大专毕业，工龄已有10年，加入本公司也已有3年，与其他同事、其他部门相处得都比较好。江主管推荐了王女士，她认为王女士工龄已有12年，为人忠厚，积极肯做，而且听话。

张经理要找的是一个能帮助两位主管工作的人，她要在两位主管之间起到润滑剂的作用，而非帮一个、打一个。这也正是现任两个主管杨、江两人所担心的：如果对方推荐的主管最后被张经理选中，将对自己不利，所以在推荐时两人都失去了公正心，尽管两个人推荐的人都不错。

张经理随后又听取了部分操作工的意见，此举有两个目的：第一是充分听取无利益冲突者的意见，这些人的意见比较公正；第二是让未来的主管知道，上任并不取决于是谁推荐的而取决于个人的表现。

最后，张经理选用了周女士，认为她敢管能管。随后张经理又分别找了周女士、王女士谈话。张经理对周女士强调："上任后必须站在两个老主管的中间，绝不能偏向一方而打击另一方，如果这样，将会损害部门的利益。"周女士上任后与杨女士、江女士合作得尚好。

**真是一个难题**

随着生产的发展，输出部又将实行四班制了，张经理准备选取王女士担任另一位主管。但是杨主管和周主管是好朋友，而且江主管和王主管也是好朋友，周主管与王主管当初又是竞争主管时的对手。随之而来的潜在风险是四个主管分成两派而在工作中相互为难对方，这是张经理最不愿看到的。怎么办？从不喝咖啡的张经理泡了一杯浓浓的咖啡，望着渐渐散失在咖啡杯上方的热气，陷入了沉思……

［思考题］

1. 在管理沟通方面，张经理遇到什么样的问题？

2. 自2014年起的6年间，输出部先后换了4位经理，请比较他们的沟通风格差异，并指出这些不同的沟通风格对于有效沟通有什么影响。在任职期间，他们与下属的沟通工作做得怎样？

3. 试比较4个领导者的倾听意识差异，并举例说明倾听在有效沟通中的作用。

4. 输出部人员在组成结构上有什么特点？这些特点对于有效沟通会产生什么影响？

12
Chapter

# 第 12 章
# 非语言沟通

眼睛是心灵的窗户。

——谚语

**学习目标**

1. 了解非语言沟通的定义
2. 明确非语言沟通与语言沟通的关系
3. 认识非语言沟通的作用
4. 增强非语言沟通的意识
5. 掌握非语言沟通的技巧

## 引导案例

### 你的心思他永远不懂

星期五下午 3：30，宏达公司经理办公室。

经理助理李明正在起草公司上半年的营销业绩报告，这时公司销售部副主任王德全带着公司销售统计材料走了进来。

“经理不在？”王德全问。

“经理开会去了，”李明起身让座，“请坐。”

“这是经理要的材料，公司上半年的销售统计材料全在这里。”王德全边说边把手里的材料递给李明。

“谢谢，我正等着这份材料呢。”李明拿到材料后仔细地翻阅着。

“老李，最近忙吗?”王德全点燃一支烟，问道。

“忙，忙得团团转！现在正忙着起草这份报告，今晚大概又要加夜班了。”李明指着桌上的文稿回答道。

“老李，我说你呀，应该学学太极拳。”王德全从口中吐出一个烟圈说道：“人过 40 岁，应该多多注意身体。”

李明闻到一股烟味，鼻翼微微翕动着，心里想：老王大概要等这支烟吸完了才会离开，可我还得赶紧写这份报告呢。

“最近，我从报上看到一篇短文，说无绳跳动能治颈椎病。像我们这些长期坐办公室的人，多数都患有颈椎病。你知道什么是‘无绳跳动’吗?”王德全自顾自地往下说：“其实很简单……”

李明心里有些烦，可是碍于情面不便说，他瞥了一眼墙上的钟，已经 4 点了。他把座椅往身后挪了一下，站起来伸了个懒腰说：“累死我了。”又过了一会，开始动手整理桌上的文稿。

“‘无绳跳动’与‘有绳跳动’十分相似……”王德全吸着烟，继续着自己的话题……

---

当王德全在经理办公室吸烟时，李明的鼻翼微微翕动，这表明李明对烟味比较敏感，或者讨厌烟味。如果王德全注意到这种非语言的信息，就应该知趣地把烟灭掉。另外，李明抬头看墙上的钟，起身整理办公桌，这些举动都传递出一种暗示：你应该离开这里了，我正忙着呢。如果王德全感觉到这种暗示，就该起身告辞了。从这个案例可以看出，非语言沟通在人际沟通过程中十分常见。相比倾听技巧，非语言沟通表现得更微妙。非语言沟通包括非语言性反应（如形体动作和表情变化）以及物理环境特点（如大的办公室或小的办公室）。非语言沟通有许多内在含义，它可以影响语言沟通的过程和结果。有人即使在众人面前不作声，也在发出自己的信息，如厌烦、恐惧、气愤或消沉等。

## 第 1 节　非语言沟通的定义

> 非语言沟通指的是除语言沟通以外的各种人际沟通方式，包括肢体语言、副语言、空间利用、时间安排以及沟通的物理环境等。

非语言沟通涉及人们面对面沟通中的诸多方面，例如用来加强或替代所说的话。有时人们会有意识地运用非语言沟通技巧，而有时是一种下意识的行为。例如，面部露出的微笑、紧皱的眉头、开会入席的座位、办公室的大小及室内陈设，凡此种种都表达着各种信息：高兴或苦恼、权势或地位，等等。

非语言沟通在实际沟通活动中起着非常重要的作用，甚至比通过语言表达的信息更重要。有关研究表明，在实际沟通过程中，非语言所包含的信息远远超出语言所提供的信息（见图 12－1），正所谓“无声胜有声”！

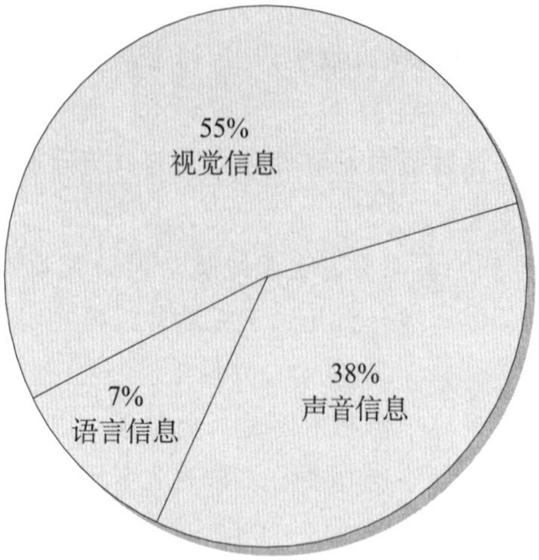


**图 12－1　信息含量分布**

对于倾听者来说，非语言沟通可以帮助确定讲话者是否有诚意，因为当一个人在说话时，他的话可以给自己戴上某种面具，但其肢体语言就不会被掩饰得那么了无痕迹了。正如人们常说的：“不仅听你说什么，更重要的是看你怎么说。”当然，讲话者也可以从非语言信息中得益，通过观察倾听者所发送的非语言信息来确定他所发送的信息是否已得到理解。

## 第 2 节　非语言沟通与语言沟通的关系

非语言沟通与语言沟通密切相关。在实际沟通过程中，当语言信息与非语言信息不一致时，人们往往会更相信非语言信息。通常，语言信息与非语言信息可以有以下四种关联。

**1. 重复**

当谈到某个方向时，伴随着手指的指示。比如在答复问路者时，我们往往会边回答边用手指方向。

**2. 矛盾**

比如，当某人在争吵中处于劣势时，嘴里却颤抖地说道：“我怕他？笑话！”事实上，从说话者颤抖的嘴唇不难看出，他的确感到恐惧和害怕。又如，顾客在首饰店的柜台前指着金灿灿的手链对服务员说：“请拿这款项链给我看看。”服务员一定会意识到是顾客说错了，这时，服务员通常会认定顾客需要的东西是他手指的手链而不是他所说的项链。这个例子也说明，在语言信息与非语言信息出现矛盾时，非语言信息更能让人信服。

**3. 代替**

当经理走进办公室时，显出一副沮丧的样子，不用说，他与上级的谈话结果很糟糕。这时，非语言信息就起着代替语言信息的作用。

**4. 强调**

通过非语言信息，语言信息得到补充。如一位经理通过敲击桌子或者拍一下同事的肩膀，或通过语调来强调有关信息的重要性。

## 第 3 节　非语言沟通的类型及其主要功能

非语言沟通有各种类型，主要包括身体动作、副语言、空间利用等（见表 12－1）。具备认识和辨析这些非语言信号的能力无疑有助于有效沟通。

**表 12－1　非语言沟通的基本类型**

| 基本类型 | 解析和例子 |
| --- | --- |
| 身体动作 | 手势、面部表情、眼神、触摸手臂以及身体其他部位的动作等 |
| 个人身体特征 | 体形、体格、姿势、体味、气味、高度、体重、头发的颜色及肤色等 |
| 副语言 | 音质、音量、语速、语调、大笑或打哈欠等 |
| 空间利用 | 人们利用和理解空间的方式，包括座位的安排、谈话的距离等 |
| 时间安排 | 迟到或早到、让他人等候、文化差异对时间的不同理解等 |
| 物理环境 | 大楼及房间的构造、家具和其他摆设、内部装潢、整洁度、光线及噪声等 |

在人际沟通的过程中，人们的内心活动变化会通过肢体语言有意无意地流露出来。通过形体暗示透露出来的非语言信息主要有以下四种。

**1. 态度信息**

一方面，手势和形体姿态可以帮助我们传递或强化由语言表达的信息；另一方面，形体暗示更能生动地反映出信息传播者对他人的态度。

**2. 心理信息**

研究表明，形体暗示功能可以有效地提供确切的个人心理状态的信息。它不仅能够表明我们是否自信，而且能暗示我们的自信程度。它通常能够揭示我们是否靠得住，也能够将我们消极的心理状态暴露无遗。

**3. 情绪信息**

我们的表情能够非常准确地传递特定的情感信息，而形体暗示能够显示情绪的变化和紧张程度。

**4. 相关信息**

通过非语言沟通还能够揭示其他重要的相关信息，如个人偏好、权力地位以及情绪变化等。显然，如果不熟悉手势和姿势所提供的相关信息，我们在人际沟通过程中就容易产生误解，甚至引起不必要的冲突。

手势和形体姿态在人际沟通中非常重要。我们可以将眼睛比作心灵的窗户。同样，也可将形体暗示（手势和形体姿态）看作心理活动的晴雨表，内心活动的变化会在肢体语言中有意无意地流露出来。

在天花板较高的房间里和在天花板较低的房间里工作，人的思维会有所不同吗？美国明尼苏达大学的研究揭示了其中的规律。“头顶的高度能激活人脑中的某种概念，”明尼苏达大学市场学教授迈耶说，“当人们进入天花板较高的房间时，就会产生自由的念头；反之，人们会倾向于产生较拘泥狭隘的想法，进而影响人们解决问题的技巧和行为方式。”

在实验中，当受访者在 3 米高的天花板下猜字谜时，其思维会更倾向于自由、抽象、丰富多彩，信息处理的速度也会加快；而 2.4 米高的天花板会让受访者的思维更集中在具体事物和细节上，思维倾向于拘泥狭隘。另一项实验则发现，当受访者身处狭小的房间中时，会对某种商业产品的设计缺陷表现得更敏感。

迈耶说：“管理人员应该在拥有较高天花板的房间里工作，这样有助于大胆地改革创新；而工程技术人员和会计的房间天花板则应相对较低。”同样，上述理论也可应用于卫生保健行业。“当你需经历一次外科手术时，你应该要求手术室的天花板不要太高，这更有助于医生在手术过程中精益求精。”

资料来源：杨孝文．天花板高度决定思维方式．意林，2007（17）：9.

# 第 4 节　常见肢体语言的解析

## 一、手势暗示的解析

除了演员、政治家和演说家会通过训练使自己有意识地利用一些手势来加强语气，在一般的人际沟通过程中，许多手势都是无意识的。比如，当说话者激动时，手臂的快速动作可以强调正在说的话。利用肩部、手臂、手、手指、腿和脚表示的姿势形式也很丰富，尽管常常只起辅助作用，但手势也可被有意识地用来代替说话。例如，把手指放在嘴唇前表示要求安静。另外，当争论很激烈时，有人为了使大家情绪稳定下来，做出两手掌心向下按的动作，意思是“镇静下来，不要为这一点小事争执了”。

以下手势常见于日常生活中，它们或者用来强调表述，或者用来代替说话。

**1. 手臂和手**

（1）双臂展开表示热情和友好。

（2）双手插裤袋表示冷淡或孤傲自居。

（3）两臂交叉抱在胸前表示戒备、敌意或无兴趣。

（4）双手合十表示诚意。

（5）招手表示友好或示意靠近。

**2. 手指**

（1）捋头发表示对某事感到棘手，或以此掩饰内心的不安。

（2）十指指尖相触表示自信或耐心。

（3）指点某人/物表示教训或威胁。

（4）握拳表示愤怒或激动。

（5）搓手表示急切期待或心情紧张。

**3. 腿和脚**

（1）双脚呈僵硬的姿势表示紧张、焦虑。

（2）脚和脚尖点地表示轻松或无拘束感。

（3）坐着时腿来回摆动表示轻松或悠闲。

（4）跺脚表示气愤或兴奋。

## 二、姿势暗示的解析

不同的坐姿和站姿传递不同的沟通信息。面试时，如果应聘者弓背坐着，两臂僵硬地紧夹着上身，两腿和两脚紧靠在一起，就好像在对面试者说“我很紧张”；如果应聘者懒散地坐着，表明他过分自信或随便。一般来讲，无论是站着还是坐着，当一个人放松或悠闲的时候，身体往往会处于比较舒展的状态；而当一个人感到不舒服、紧张、害怕时，通常整个身体都绷得紧紧的，手臂和两腿紧靠在一起。另外，头部的摆动方式也会传递一定的信息：

（1）朝一个方向点头是催促某人紧跟着。

（2）上下点头表示赞许、同意或默契。

（3）摇头表示不同意。

（4）头朝对方略微侧转表示注意。

（5）单手或双手抱头表示沉思、沮丧或懊恼。

## 三、眼神暗示的解析

常言道，眼睛是心灵的窗户。显然，眼睛具有很强的交流功能和感染力。眼神暗示常见的表现形式有目光注视、眼睛凝视、目光回避、扫视、斜视和眨眼等。

研究表明，眼睛具有许多特有的交流功能，透过眼神可以看到人的内心世界。眼神暗示的沟通功能大致包括以下几点。

**1. 专注作用**

眼神能够反映出一个人的注意力集中度及感兴趣程度。一般来说，瞳孔能精确地反映出一个人的兴趣水平和对他人的态度。例如，当兴趣强烈时瞳孔会放大，而当兴趣不大时瞳孔就会缩小。

**2. 说服作用**

眼睛在说服性沟通中能起到重要的作用。在沟通中，劝说者要使人感到真诚可信，必须与被劝说者保持目光的接触。为了避免可信度明显下降，劝说者不能用欺骗的眼神经常向下看或将目光离开被劝说者。过度眨眼或显示出眼皮的颤动都会让对方生疑。

**3. 亲和作用**

目光在建立、保持以及终止人际关系方面扮演着很重要的角色，仅仅盯着某个人看只是一种感兴趣的表示，而注视则表明你对对方很感兴趣，并允许对方获得关于你的信息。

这里需强调的是，在人际关系的发展方面，目光比其他任何一种非语言交流都重要。

**4. 调节作用**

有足够的理由说明，眼睛配合手势可以更好地进行暗示。在谈话过程中，当双方关系紧张时，可以通过缓缓地眨眼或友善的眼神调节气氛。

**5. 强力作用**

人的目光举止不仅可以折射其地位，也能有效地反映出其领导潜力。一份对某警校警官的目光举止的有趣研究显示出这种人际关系的本质。研究表明，级别低的警官看上去比级别高的警官更谦逊。同时也证实，那些看上去总是小心翼翼、行动谨小慎微的警员大多数只获得了级别较低的职务。那些实权在握的人，其目光通常看上去很有力，这类人常以有力的目光注视着自己的下属，控制着他们的情绪；相反，那种回避和低头不敢对视的目光一般被看成软弱屈从的标志，通常，这类人或不具备领导才能，或领导能力不强。显然，对目光的观察有助于管理人才的遴选和聘用。

**6. 影响作用**

通常，眼睛和面部表情可以作为交流中有效的中介体，当你看到某个人的表情是冷淡、热情或者可爱时，你可能会意识到，眼睛所表达出的语言就是情感语言。当一个人很想了解另一个人是在表达一种肯定的还是否定的情感时，可以通过观察对方眼睛的瞳孔来加以判断。当所表达的是肯定的情感，如高兴或幸福时，瞳孔就会放大；反之，当所表达的是否定的情感，如悲伤或痛苦时，瞳孔则会缩小。

总之，眼睛可以正确反映一个人是在表达肯定的还是否定的情感，这与“喜形于色”的说法是一致的，即人们常把自己的情感表露在脸上，把情感的温度显现在目光中。因此，希望了解他人心情和情感的人可以通过对方面部和眼睛所提供的信息进行判断。

当然，在不同的文化中，眼神所表达的意思是不同的。在很多文化中，眼睑下垂表示对上级的尊重和服从；在日本，却要求正视对方的颈部。在中国，过分地盯着对方看是很不礼貌的行为。相比较而言，阿拉伯人互相对视的频率要高一些，在他们的意识中，目光对视有助于拉近彼此的距离，是一种友好的表示。正是由于这个原因，他们不喜欢跟戴眼镜的人说话。在伊斯兰国家，异性之间不允许有目光对视的行为。显然，在多元文化的组织里，上述差异在沟通过程中常常会引起误解，因此，了解和熟悉不同的文化对于解读这类非语言信息是十分重要的。

## 第 5 节　形体暗示的解析

形体暗示在传递有关自信程度、个人偏好、独断性、权力大小的信息方面起着关键的作用。在这里，我们将列举一些在沟通过程中出现的受欢迎的暗示以及不受欢迎的暗示。

在沟通时表现出开放和自信的形体暗示很受欢迎。在人际沟通过程中表现出开放式的姿态非常重要，会给其他人一个这样的信号：我真诚地努力表达出自己真实的想法。开放式的姿态常引来对方同样的开放式的姿态。

开放式形体暗示通常表现为：伸展一下双手，松一下衣服扣子或领带，放松一下四肢等；相反，紧缩双臂、夹紧双腿等动作则表现出一种自我防御的封闭式形体暗示。

对于希望表现出镇定自若的人来说，自信的动作显得非常重要。典型的表示自信的动作有：手指尖塔（将手指指尖靠在一起形成尖塔状）；双手放在背后，下颌微抬；斜着身子，以手托头。摸嘴、摸鼻子、抓头等手部小动作通常是一种不自信的信息流露。

开放式和自信的动作是受欢迎的，防御性和紧张的动作则不受欢迎。防御性的动作有很多，它们都带有制造不愉快气氛的意味，例如目光下垂、封闭式形体姿势是典型的防御性动作。紧张的动作也有多种形式，例如捻弄手指、拉衣服和摸耳朵等。一般来说，任何毫无意义的动作都可能被解释为紧张的表现。

泄露布莱尔交权时间秘密的不是来自威斯敏斯特的闲言碎语，而是首相本人的肢体语言。正是这些无法言传的暗示使他的交权让所有人都察觉到了。

像所有老练的扑克玩家一样，政治家试图通过控制自己微妙的肢体语言来操纵其形象，但肢体语言专家彼得·科利特说，他们这样做并不总能成功。

扑克玩家和政治家都有肢体语言。例如，布莱尔首相在焦虑不安时，总是无意识地晃动小手指，并抚摸自己的肚子。科利特说：“这使我们想到了我们的婴儿时期。婴儿啼哭时，母亲常常搓揉他们的肚子，抚慰他们，让他们安静下来。布莱尔的母亲不在身边，无法安慰他，因此他就自己这么做。”

布莱尔这么做大概是无意的，可科利特怀疑小布什总统大幅摆动双臂、手掌朝后、以缓慢的猿猴步态走路，则是有意要表明谁是老板。

这似乎有作用。当布莱尔与小布什在一起时，他总是把双手放进裤兜里——这是一种表示服从且紧张的姿势。科利特说："布莱尔只有在感到级别不如身旁的人高时，才会这样做。"

资料来源：兰德松．布莱尔的肢体语言泄露天机．卫报，2006-09-06.

在人际沟通过程中，形体暗示对于了解对方的偏好、情绪或权力地位等信息具有重要作用。以下是几类常见的形体暗示。

## 一、喜欢与不喜欢

（1）希望他人喜欢的愿望人人皆有，可是喜欢他人却没能激起对方做出相应的反应，你自己是否有错？如果确实喜欢一个人，你可以通过适当的形体暗示将自己的意思表达出来，如：

1）在不期而遇时有身体向前的倾向。

2）身体和头直接面对对方。

3）开放式形体姿态。

4）肯定性的点头。

5）活泼的动作。

6）拉近个人距离。

7）适当的放松。

8）接触。

9）保持目光接触。

10）微笑。

在多元文化组织中，同一种非语言行为的含义是不一样的。例如，在许多文化中，点头表示赞同，摇头表示反对，而在一些国家恰恰相反。另外，微笑也因不同的国家而不同，中国通常是相熟的朋友之间露出微笑，如果面对陌生人微笑，别人可能会认为你神经不正常，德国人也是如此，美国人却习惯于向陌生人露出微笑。日本人不仅在高兴时会微笑，而且在掩饰自己的不快或尴尬时也会微笑。这些因多元文化导致的差异需要我们在相互交往中逐步体会和解读。

（2）通过解读对方表现出来的形体暗示，你也可以了解到他人是否对你感兴趣。对照下列形体暗示表现，你能够从中解读出什么信息？

1）短时间的目光接触。

2）白眼。

3）不高兴的面部表情。

4）相对较少的手势。

5）身体僵硬。

6）神情冷漠，漠不关心。

7）封闭式形体姿态。

8）身体紧张。

显然，上述形体暗示传递出不喜欢的信息。此外，当一个人希望得到他人的喜欢，但自我表现过头时，往往适得其反。例如，那些挥手过于夸张、盯着人看、点头过度的人，常常会引起他人的反感。又如，那些坐得太近的人虽然希望传递他们表示喜欢的暗示，但这种粗俗、过分的形体暗示也会引起他人的反感。

## 二、有权与无权

具有一定权力的人，无论权力大小，都希望被他人认可，从他们有意无意做出的形体暗示中都能表现出其权势感。你可能见过一些政治家或有一定权势的熟人，这些人的言行举止常带有一种居高临下的洒脱感，给人以大权在握、强劲有力的印象。

在卓别林的著名影片《大独裁者》中有这样一个场景：希特勒和墨索里尼两个独裁者坐在理发厅里刮脸。虽然他们都坐在一样高的椅子上，但是谁都不甘示弱，为了提高自己的地位，都极力抬高自己的座椅。虽然没有一句台词，但是形体暗示将两个独裁者内心深处的权势欲揭露得淋漓尽致。

（1）表示权力与地位的形体暗示，主要表现形式如下：

1）放松的姿势。

2）昂首直立的身姿。

3）果断有力的手势。

4）持续、直接的凝视。

5）相对夸张的手势。

6）适当地瞪眼。

7）适时地打断。

8）适当地接近他人。

应该指出，在许多情况下，我们会遇到一些拥有权力与地位的人，他们通常也会表现出一种相对服从的姿态，因为除了古代至高无上的皇帝，每个人都要对某些人表示服从。

（2）一般来说，那些有一定官职却并不渴望得到他人认可的人大多不会是强有力的人物。在这类人身上常常会显出一些没有权势感的形体暗示，例如：

1）身体紧张。

2）过度微笑。

3）在他人发言时一直注意看。

4）不直接看他人。

5）频繁地向下看。

6）很早到场。

7）坐在会议桌的一角。

8）经常移动脚。

9）注意力分散。

10）动作僵硬。

虽然通过肢体语言的解读可以初步判断信息传播者的个人偏好、权力地位，但是想要获得确切的信息，还要综合其他语言和非语言的沟通。

## 第 6 节　空间暗示的解析

在沟通中，不同的沟通方式表达了不同的含义。通过控制交流双方的空间距离进行沟通，称为空间沟通。人们在交谈中对距离的掌握表达了他们的信仰、价值观，以及文化内涵。例如，德国文化崇尚秩序井然和等级森严，所以德国人倾向于划分出界限分明的私人领地，从而明明白白地表露了他们保留个人隐私的需要。

美国人要求拥有自己的办公室以保护自己的隐私，通过使用巨大而且能够升降的办公桌与他人保持距离。相反，阿拉伯人在公共场合根本不知道什么是隐私，他们在谈话时是那样的亲密无间，这种沟通的特点被描述为目光的直接接触，手的互相触摸，沐浴在对方温暖、潮湿的呼吸中等，这些都代表了深层次的有感觉器官参与的交谈，这种沟通方式对很多欧洲人来说是不可忍受的。

必须承认，我们的空间受到两种相互竞争的需求的影响：友好协作的需求和保护隐私的需求。大体上说，通过形体上的接近可以表达我们想发展更密切关系的愿望，因此，形体上的接近在人际交往中扮演着十分重要的角色。相反，我们通过与他人保持距离满足自己保护隐私的需要，这时我们常常通过形体动作来确信这种距离的存在。例如，支起肘部以防止他人靠得太近，把椅子移开，或者侧过身等，以对自己的心理空间做出防御性反应。

使用空间的方式以及我们对他人使用空间方式的反应，会给他人留下很深的印象。例如，就办公室的空间大小而言，有些组织根据职位高低来决定办公桌的大小，有些组织则根据权力的大小来决定。此外，家具的陈设也构成了空间暗示的一个因素。管理者在办公桌后面与人沟通时，两人之间的办公桌就不经意地构成了一道物理的甚至心理的屏障。如果管理者有意保持自己的权威，则应保持这道屏障；如果管理者希望取消沟通的屏障，则应离开办公桌，以开放的心态与人沟通。

另外，办公室设计如灯光、颜色和家具及其他物件的摆放等会影响客户、供应商、未来的员工和参观者的感觉。办公室的设计也会以不同方式影响员工的行为。比如，办公室按楼层设置，最高层管理者占据最高几层最理想的办公空间，传达出该组织看重地位的信息。

除了办公室的设计等物理环境，空间暗示还涉及人们在交流时的沟通距离。

## 一、沟通距离的划定

通常，根据人们不同的需要，沟通距离划分为以下四种。

**1. 亲密距离**

一般在 0～0.5 米，因为交谈者有意识地与对方频繁地进行身体接触。适用对象为父母、夫妻、恋人或知心朋友等。

**2. 私人距离**

一般在 0.5～1.2 米，往往是人们在酒会中与他人接触时的距离。在这种距离下，常常会发生进一步的人际交往。习惯性设定的私人距离会反映出我们的自信程度和保护个人隐私的心态。成功的沟通者在与他人接触时，会对他人设定的私人距离保持足够的敏感性。

**3. 社交距离**

一般在 1.2～3.5 米，用于商业活动和咨询活动。这种距离的控制基于几个重要因素，比如你是站着还是坐着，或者你是与一个人交谈还是与一群人交谈。

**4. 公众距离**

一般在 3.5 米以上。从社交距离到公众距离的变换对我们有很重要的暗示作用，在公众距离中的较近阶段（3.5～7.5 米），对非语言因素的理解会千差万别。公共距离中的较远阶段（7.5 米以上）对人际交往的影响是破坏性的。在 7.5 米以外，声音中的潜在含义就会传递失真。

当然，这种沟通距离的划分也不是绝对的。它受到文化的制约，不同的文化背景对这种距离的敏感性是不　样的。

## 二、影响沟通距离的因素

影响沟通距离的因素有很多，归纳起来大致有以下三个方面。

**1. 地位的影响**

当两人之间的地位差距拉大时，他们之间的沟通距离也会随之增大，地位低的人好像意识到他们需要与地位高的人保持一定的距离。

**2. 个性的因素**

与性格内向的人相比，性格外向的人在与他人交流时能够保持较近的沟通距离。与缺乏自信的人相比，自信心强的人在与他人交流时沟通距离也较近。

**3. 人与人之间的熟知程度**

通常，人们总希望与自己熟悉的同伴或好朋友保持较近的距离，而尽量远离陌生人。

一般而言，人们会从这些空间暗示中获得自己的判断，如友好程度、亲密程度、霸道程度、诚实程度以及同情程度。我们发现，面试、销售、跨文化沟通等都与我们掌握空间行为的方式密切相关。简而言之，作为代表个人和企业形象的管理者必须知道在不同场合什么样的空间行为是合适的，什么样的空间行为是不合适的，因为这些行为举止在形象管理中是十分重要的。

# 第 7 节　时间暗示和音质暗示的解析

## 一、时间暗示

与空间暗示一样，时间暗示在沟通中也起着传递信息的作用。对个人把握时间的情况进行观察，可以了解到他的职位情况及其对事件的重视程度。例如，从一个人是否坚持准时赴约的态度，就可以看出他对这次约会的重视程度。至于谁等谁、等多久，都反映了两者之间的从属关系。一般来讲，无论是组织还是个体，都对迟到或等待有一定程度的容忍范围。如果没有准时赴约，让他人等待太久，就会引起对方的不满，同时也会降低自己的信誉度。

对于准时赴约的心理准备取决于双方的价值估量。如果是与自己的上级约会，你一定不会让他等你，而会早到以恭候对方；如果是与你的下属约会，你对按时赴约的心理准备就显得轻松随意。

在对参加会议的到会时间控制方面，通常，会议参与者提前到会等待，而会议主持人或主席则准时到会，从中可以看出不同职位者对时间把握的差异。

时间暗示还表现在其他方面，例如，说话的语速或手臂挥动的频率会反映出人们内心情绪的紧张程度和感受，走路的快慢则反映了人的性格、年龄、健康状况。

## 二、音质暗示的内容

如图 12－1 所示，声音在实际沟通过程中也占有很重要的位置，它具有表达情感、加深印象和调节的作用。音质暗示主要包括声调、音高和重音。

**1. 声调**

声调指的是一组词的升降调，表示该句子是问句还是陈述句，说明讲话者是否具有自信心，表征一个声音是否很郑重或含有讽刺意味。

当声调与某个字词的含义相悖时，人们往往相信声调。

**2. 音高**

音高指的是声音的高低程度（就像钢琴上弹奏出的高低音符那样）。低音被认为不够自信，而较高音则更具权威性、更性感、更悦耳。当讲话者生气或激动时，音高往往会提升。有的人提升音高只是为了提高声音。音高原本就很高的女性应该努力降低声音，这样在向众人演讲时就不至于声嘶力竭，不会让人有刺耳的感觉。

**3. 重音**

重音指的是句子中要强调的一个词或一组词。以下例句显示，当强调句中的不同部分时，其含义可能大相径庭：

（1）我会给你涨工资。

（隐含义："别的主管是不会的"或"我才有权决定你的工资涨落"。）

（2）我会给你涨工资。

（隐含义："它并不是你挣的"或"好吧，你赢了，我并不同意，只是答应你从而摆脱你罢了"或"我也是刚刚才决定给你涨工资的"。）

（3）我会给你涨工资。

（隐含义："本部门没有其他任何人得到了这种待遇"。）

（4）我会给你涨工资。

（隐含义："你就不再可能得到提职或其他想要的东西了"。）

（5）我会给你涨工资。

（隐含义："这是你应该得到的"。）

## 三、音质暗示的策略

讲话富于激情的人一般会经常变换声调、音高和重音，而且，他们的讲话听来更加有力和充满智慧。如果说话只有一个声调，则听起来缺乏智慧且冷漠。音质暗示的策略大致包括下列几种。

**1. 声调的变化**

不同的声调给人以不同的感受。鼻音重的人给人不坚决的印象；嗲声嗲气的声调则让人有声色方面的联想。不同的场合应该运用不同的声调。

**2. 声音的印象**

声音分为高音、中音、低音。声调高的人给人以紧张、缺乏自信与情绪化的负面印象，声调低的人则让人感觉稳重老练。

**3. 语速的选择**

适时放慢语速可以给人以认真、权威和思虑周密的良好印象，同时也为恰当措辞赢得了时间；适时加快语速则给人以充满热忱与活力的印象。说话把握一定的速度能够吸引听众的注意力。

**4. 音量需适中**

声音太大通常给人以粗鲁或没有礼貌的感觉，令人有不适之感；声音太小则表明讲话者害羞、内向或缺乏自信。

### 本章小结

非语言沟通技巧是管理沟通中的一个重要组成部分。正确解读非语言信息，可以在了解他人口头或书面所表达的信息的同时，揣摩其"心思"，从而正确把握和处理相互之间的关系，因势利导，做出合理的决策。

显然，对于一名优秀的组织管理者来说，具备解读非语言信息并做出适当反应的能力是非常重要的。它不仅有助于树立良好形象，也有助于促进和改善管理者与其上级及下属间的关系，相互了解、相互帮助，使企业维持高效运作。

## 讨论题

1. 何为非语言沟通?
2. 如何理解“不仅听你说什么，更重要的是看你怎么说”?
3. 非语言沟通与语言沟通有什么差别?
4. 为什么说眼睛是心灵的窗户?
5. 非语言沟通的文化内涵是什么?
6. 谈谈非语言沟通技巧与有效沟通的关系。
7. 管理者应如何提升自身的非语言沟通能力?

## 练　习

请你回忆一下最近在与上级或下属的一次交谈中，你的非语言沟通行为是怎样的。填写表12-2，列举出哪些是对谈话有利的，哪些是对谈话不利的，然后在小组中进行交流。

**表12-2　你的非语言沟通行为**

| 对谈话有利的 | 对谈话不利的 |
|---|---|
| | |

## 角色扮演

本练习采取角色扮演的方式进行训练，并通过角色互换，使每个学生都有机会体验听（倾听者）、说（信息提供者）、看（观察者）等角色，借此提高学生的倾听技巧和非语言沟通技巧。

游戏规则：

本练习共分两个步骤，其中，步骤一练习3次，每次要求角色互换一次，使每个学生都有机会扮演3个不同的角色。

步骤一：每个小组由3人组成。角色分配如下：学生甲扮演张厂长，学生乙扮演王总经理，学生丙扮演观察者。

首先，阅读各自的角色材料（只看自己的那部分材料），约5分钟。

其次，张厂长和王总经理进入角色。

再次，进行面谈，观察者开始观察，约10分钟。

最后，观察者谈自己的所见所闻，约3分钟。

步骤二：完成步骤一后，在班上交流各自的体会，并回答下列问题。

1. 作为倾听者，张厂长和王总经理分别从对方那里了解到什么新信息？在他们的倾听过程中是否出现过什么障碍?

2. 作为倾听者，张厂长和王总经理应该怎样运用反馈技巧使倾听更有效?

3. 通过练习，你是否已经体会到在人际沟通中倾听技巧和非语言沟通技巧是十分重要的?

**张厂长的背景材料**

现在，你就是张厂长。

你今年 40 岁，是永光无线电子厂厂长。永光无线电子厂是永光电子有限公司下属的一个分厂。由于业务的扩展，工厂需要增设一名分管采购和销售的副厂长。关于这个副厂长的人选，你心里早已有了候选人，此人就是现任采购科科长小李。小李今年 38 岁，身体健康，业务熟练，沟通能力强，而且人品不错。

然而，对这样一个人，公司的王总经理持不同意见。王总经理刚才打电话来，要你去总经理办公室谈关于副厂长人选之事。

你认为，目前在厂里没有比小李更合适的人选了，可是听王总经理的口气似乎另有一个候选人。“不管怎样，”你思忖着，“这个候选人必须年富力强、有开拓精神、熟悉业务，同时还要有一定的群众基础。”想到这里，你便快步向总经理办公室走去。

**王总经理的背景材料**

现在，你就是王总经理，今年 56 岁。

这几天，你正在为永光无线电子厂副厂长的人事安排犯愁。

本来，你心里早已有谱：让公司人事科科长老刘当副厂长。老刘这个人十分忠厚，从公司初创之日便跟随自己，在公司做了 20 多年的科长，让他当副厂长，资格应当是没问题的。

不过前几天，永光无线电子厂的张厂长却推荐该厂采购科科长小李为候选人。小李这个人你见过，年纪很轻。你认为年轻人办事有时十分草率，做副厂长尚嫌太嫩。

然而，听张厂长的意思，副厂长的人选非这个年轻人莫属！这个张厂长，有时也很固执。

就永光无线电子厂副厂长候选人之事，你今天找来张厂长想亲自与他谈一谈。

**观察者的阅读材料**

在角色扮演练习的过程中，你应从非语言沟通的角度对王总经理和张厂长之间的对话进行观察并做出评价。请关注以下情形：

1. 王总经理对张厂长的表述是否表现出兴趣？
2. 王总经理是否对张厂长的表述做出客观的评价？
3. 王总经理是否表现出非语言的暗示？
4. 王总经理是否有意识地引导张厂长的观点？
5. 王总经理是否意识到张厂长确实想物色一名德才兼备且年富力强的候选人？
6. 王总经理是否认识到他对小李的了解欠全面？事实上，小李确实是一位不可多得的年轻人才。
7. 张厂长是否与王总经理发生争执？王总经理是否运用非语言沟通技巧设法让张厂长冷静下来？

## 案例分析

### 杜拉拉升职记（节选）

人物：

杜拉拉　24 岁，任 DB 广州办行政主管；28 岁，任 DB 行政经理。

玫　瑰　DB行政经理助理。

李斯特　DB人力资源和行政总监。

王　伟　DB销售部经理。

何必得　DB财务总监。

何好德　DB中国总裁。

麦　琪　DB上海办行政职员。

**一人顶仨**

时间：2006年5月的一天。

地点：李斯特办公室。

李斯特：（从座椅上站起来）拉拉啊，你知道我为什么这么着急让你从广州飞到上海来吗？

杜拉拉：（摇头）不知道。有什么事您吩咐就是了。

李斯特：你是知道的，我一直都很欣赏你，也很想栽培你。所以，当玫瑰告诉我她怀孕了，不能全权负责上海办的装修工作，而上海办的行政经理又突然辞职时，我第一个就想到了你。后来经过认真协商，公司决定由你暂时负责这个项目。

杜拉拉：（听到玫瑰怀孕了，很吃惊）谢谢总监的厚爱，我……我恐怕难以胜任，您还是另找他人吧。

李斯特：另外找人容易，可是时间紧，任务重，即使重新招聘经理，也要花时间熟悉DB的组织架构和工作流程，恐怕来不及。

杜拉拉：应该没问题吧？（小声）

李斯特：拉拉，这可是难得的好机会！你将从中学到十分有价值的东西，从而使自己的职业竞争力上升到一个决定性的新台阶。另外，我们一致决定，给你特别加薪5%，以示鼓励。你看怎么样？

杜拉拉：既然这样，那好吧。不过您得答应我一个请求：我不能常驻上海，只能是广州上海两地跑。

李斯特：呵呵，我还以为什么大不了的呢，就这事？没问题。不过两地来回跑挺累的，你可以吗？

杜拉拉：（傻笑）没事，您放心好了，我保证两边的工作都不耽误。

李斯特：既然你这么坚持，那好吧。今天就开始工作吧。

杜拉拉：行，没问题。总监，您还有什么事吗？

李斯特：暂时没什么事了，你先去忙吧。

杜拉拉：那我先去工作了。（说完走）

李斯特：（坐在座位上，自言自语）我还以为杜拉拉像玫瑰一样要求升职呢，原来是想多干活，她的附加值顶多就是5%。（心里不由得有几分得意）

**组织搬场**

时间：装修过程中。

地点：上海办公大楼。

王伟：拉拉，我们部门今天有重要活动，人手不够，行政部找人帮我们打包吧。

杜拉拉：（恳切地）如果你们人手不够，我可以找搬家公司派人协助打包，你们的人在每个箱子的贴纸上写上部门和姓名就行了。

王伟：（无动于衷地坚持）你们行政部派人指挥打包就行了，他们包好后，行政部帮着在贴纸上填填部门和姓名吧。

杜拉拉：（心里想：这儿几百号人呢，行政部就我们 7 个人，还得履行日常职责，我上哪里找人帮你指挥打包还代填贴纸啊！这不是刁难我吗？）行政部人太少，怕来不及，你们部门能不能留下几位同事，一起抓紧把包打了？

王伟：（双手交叉抱在胸前，居高临下地摇晃着脑袋，不冷不热地回答）我们有重要活动，没有人手。都来搬家，谁去谈生意给公司赚钱？要不我来打包，反正他们都得去忙。（他的几个经理和部门其他员工三五成群站着看热闹，别的部门的一些员工也停下手中的活儿看着）

杜拉拉：（十分生气，却又不能显露，强忍住。强硬地回道）不好意思，今天的搬家安排事先开会和各部门都协调好了，你们部门也是同意这个计划的，到下午 6 点，这一半的场地必须全部清场。时间一到，这边所有未打包的东西，都会被当成垃圾清走。而且，电话和电脑网络也会卡断。为了不影响大家明天办公，也避免有用的东西被当成垃圾清走，真的要请各部门抓紧收拾好有用的东西！

王伟：（一时愣在原地，不知该怎么办才好，在一堆等着看好戏的员工面前颇有些尴尬。然后故作镇静，愤愤地说）没听到啊，赶快打包啊，再不打包我们的东西就会被当垃圾清走了！（忙碌）

（杜拉拉说完就头也不回地朝自己办公室走去，上海办行政职员麦琪也跟在后面小心地走了。）

麦琪：（一转弯就迫不及待地）拉拉，你真行！他们平时尽欺负我们，好像我们都是他们养活的！我们是他们养活的吗？我们拿的是公司的钱！

杜拉拉：（教训似的）你不要火上浇油了，赶紧让搬家公司多找几个机灵点儿的过去帮忙打包。你不是真想让王伟自己给他们部门打包吧？

麦琪：（噘嘴不高兴）不是他自己说自己打包吗？（一面赶紧去安排人手）

（按规定晚上 9 点下班，然而杜拉拉仍在办公室里忙碌，何好德注意到杜拉拉在加班，就走了进去。杜拉拉在桌子上摊着办公室的平面图和电机图，正拿把比例尺在图上比画着，何好德走过来她也没有发现。）

何好德：（轻轻招呼了一声）嗨！

杜拉拉：（发现大老板站在面前，赶紧站了起来）总裁好！（慌忙让总裁坐）

何好德：（微笑）有什么困难吗？

杜拉拉：预算太少，看来只能减少经理办公室了。

何好德：你和李斯特总监谈过这个想法吗？

杜拉拉：谈过，不过因为这个做法会影响到不少中级经理和一线经理，他希望能想到更合适的办法。

何好德：（微笑）没有更好的办法了，对不对？

杜拉拉：的确是这样，现在找的几家公司都是市场上最一流的设计公司，很专业，经验丰富，我和他们反复讨论过，看来没有更合适的办法。

何好德：（估计李斯特怕得罪人又不敢做决定）我明天和他沟通一下，马上在管理层例会上让各部门的经理讨论你的提议。

杜拉拉：（松了一口气）谢谢总裁！

何好德：哪里的话，我看你加班挺辛苦的，时间不早了，赶紧回去休息，剩下的事情明天再做吧。

杜拉拉：今日事今日毕，还有一些文件要处理，（指着桌上一叠文件）等我忙完就回去。您先回去休息吧。

何好德：（看了看办公桌上的文件，不禁暗暗对杜拉拉的敬业精神赞许有加）好吧，不要太晚，身体要紧。（有力地握着杜拉拉的手）如果我能帮上忙，请告诉我。

杜拉拉：（很感动，心生暖意）谢谢，说不定以后会麻烦到您。（调皮地笑了）

（何好德也笑了笑，然后就走了。杜拉拉继续工作，不过她感到很踏实，一点也不觉得累。）

**申请晋升**

时间：几个月后。

地点：李斯特办公室。

（经过几个月的紧张忙碌，杜拉拉终于在人手紧张、资金短缺、没有多少经验和指导的情况下，顺利完成了上海办装修工作。在和王伟的接触中，杜拉拉才意识到自己就是一个十足的“傻瓜”加“笨蛋”，被人家以 5%的加薪给忽悠了。杜拉拉越想越感到愤愤不平，最终鼓足勇气走进了李斯特办公室，要李斯特给自己一个说法。）

杜拉拉：（涨红了脸）老板，装修项目总算顺利完成了。另外，我代理了这半年的全国行政，一切运作也都正常。工作结果表明我是胜任行政经理这个岗位的。我想知道，我是否有晋升的机会?!

李斯特：（没想到杜拉拉会来找他，一下子感到背上有点不自在，不由得调整了一下姿势）你的编制关系在广州，而行政经理这个职位要设置在上海，所以，没有办法。再者，你也知道，公司用人的原则是因岗聘人，而不是因人设岗。公司不可以因为你在广州，就把这个职位移到广州去，你能理解吧?

杜拉拉：（一时感到无语，却十分不满：你调我来上海做项目的时候，怎么不考虑我的编制在广州而不是在上海呢?）老板，我不介意，我可以每个月至少到上海出差一周。过去这半年，我一直是来回出差，不单全国的日常行政管理一切正常，就连项目我也做得很好。而且我手中的资源比起玫瑰在的时候还少了两个人——我顶了玫瑰的职责，广州办也是我负责，北京办出现的人员空缺也是我顶了半年。这些您都是了解的，我相当于一个人干了两个主管和一个经理的活。

李斯特：（没有料到杜拉拉会直截了当地提出要求，沉思了片刻）是的，你做得非常出色。但是，因岗聘人是人事聘任原则，原则问题是不能讨论的。

杜拉拉：（愈发不满）那么，请问那些为公司做了贡献的优秀员工的利益，就没有相关条例来维护吗？公司就不考虑他们的职业上升空间吗?

李斯特：（一摊手）有些事情是没有办法的，明知道不合理，却没有更好的解决办法。

这就是有些优秀员工会流失的原因。这很可惜，但是也很无奈。

杜拉拉：（一脸无奈）既然这样，项目完成了，是不是应该有相应的奖金呢？

李斯特：（意识到自己的话已经奏效，有些得意）拉拉，你知道，何总裁最讨厌别人讲钱了。讲钱就不好了，工作不是为了钱，你说是不是?!

杜拉拉：（不接他的话，坚持）玫瑰上次都能获得总裁奖，我们就更应该没有问题了。

李斯特：（把杜拉拉当傻瓜）这个项目工作量大，项目组应该受到表彰，特别是你，很辛苦。我正想着跟公司提议，给你做一个水晶纪念牌，一定要做个大的，小的不要。财务总监何必得很小气，不知道他会不会有意见。如果他不愿意，我自己掏钱也要做这个水晶牌。

杜拉拉：何必得亲口对我说，可以由您提议给我申请总裁奖，他不会反对。

李斯特：（装糊涂）他没有跟我说呀。

杜拉拉：（坚持）按常规流程，要提升一个人或者给一个人加薪，不是该由用人部门自下而上申请吗？

李斯特：（迟疑了）我回头查查公司申请总裁奖的有关政策。

杜拉拉：（收敛心神）老板，我的工资能否有一个调整？

李斯特：（索性赖皮到底）你的工资不算高，也不算低，是中等水平。今年已经特批了5%，现在再加的话，别人会有意见。等年终调薪的时候，我会尽量给你多加一些。

杜拉拉：（愤恨，眼看争论无果，再逼下去说不定会把李斯特惹急，日后就没有回旋余地了，只得忍着，站起身来，语气尽量平和地）那先谢谢老板了。不好意思，很多情况我在自己的层面可能不了解，想着您是老板，就咨询一下。

李斯特：（也出汗了，下意识地松了松领带，口中尴尬地）不要紧。

杜拉拉：（飞快地跑出办公楼，尖声大叫）过河拆桥！

**如愿以偿**

时间：三天后。

地点：李斯特办公室。

（李斯特坐在座位上，看见杜拉拉来了，头嗡地大了一圈。他不得不打起精神准备战斗，挂起那好莱坞明星式的招牌微笑，招呼杜拉拉坐。杜拉拉也微笑着予以回应。）

杜拉拉：李总监，我想做行政经理，您看可以吗？

李斯特：（心里想：这回连个弯也不拐，直接就撞上来了）拉拉，你住在广州，可是这个岗位需要设在上海。

杜拉拉：我愿意出差。

李斯特：（继续耐心地解释）上海是总部所在，需要处理的事情很多，你在广州毕竟不方便，特别是有突发事件的时候，经理不在本地会很麻烦。

杜拉拉：玫瑰生病的时候，我在编制未满的情况下，代理这个岗位达半年之久，得到了各部门的好评，这您都是知道的。我对胜任这个岗位很有信心。

李斯特：升你做行政经理，何好德会有意见的。

杜拉拉：（等的就是这句话，马上接过话）何总裁没意见，他说同意。

李斯特：（吓了一跳）何好德什么时候说的？

杜拉拉：就刚才。

李斯特：和谁说的？

杜拉拉：我瞧您挺为难的，今天就自己去找他提了，他说同意。

李斯特：（尴尬）是吗？（顿了顿）既然这样，那我也就只能同意你做行政经理了。不过，你可得做好心理准备，做经理很累的。

杜拉拉：您就放心吧，我会好好干的！（露出笑容）

…………

资料来源：杜拉拉升职记（海大改编版）.（2011-09-20）. https://www.doc88.com/p-60487419843.html? r=1.

**[思考题]**

1. 请分别找出本案例中三个积极的和三个消极的非语言沟通行为，并结合本章相关理论做出解读。

2. 请结合本案例，对杜拉拉的管理沟通能力做出评价。

3. 请结合本章节的学习和自身实际，就如何正确应用非语言沟通技巧，谈谈体会并与同学分享。

4. 请结合本案例，阐述有效的非语言沟通在管理沟通实践中的重要意义。

13
Chapter

# 第 13 章
# 口头沟通

注意一下说话的艺术，否则你就会因此而断送前程。

——莎士比亚《李尔王》

## 学习目标

1. 了解演讲的定义
2. 明确演讲的类型及其目的
3. 熟悉演讲的方式
4. 了解演讲的准备
5. 掌握成功演讲的特点
6. 学会巧妙地回答问题

## 引导案例

### 海尔是海

——张瑞敏为企业所做的形象致辞

海尔应像海，唯有海能以博大的胸怀纳百川而不嫌弃细流，容污浊且能净化为碧水。正因如此，才有滚滚长江、浊浊黄河、涓涓细流，不惜百折千回，争先恐后，投奔而来，汇成碧波浩渺、万世不竭、无与伦比的壮美景象！

一旦汇入海的大家庭中，每一分子便紧紧地凝聚在一起，不分彼此形成一个团结的整体，随着海的号令执着而又坚定不移地冲向同一个目标，即使粉身碎骨也在所不辞。因此，才有了大海摧枯拉朽的神奇。

大海最为人类称道的是年复一年默默地做着无尽的贡献、袒露无私的胸怀。正因其“生而不有，为而不恃”，不求索取，其自身也得到了永恒的存在。这种存在又为海中的一切提供了生生不息赖以生存的环境和条件。

海尔应像海，海尔确立了海一样宏伟的目标，就应敞开海一样的胸怀。海尔不仅要广揽五湖四海有用之才，而且应具备海那样的自净能力，使这种氛围里每一个人的素质都得到提高和升华。海尔人都应是能者，而不应有冗者、庸者，因为海尔的发展需要各种各样的人才来支撑和保证。

只有把所有的海尔人凝聚在一起，才能迸发出海一样的力量，这就要靠一种精神，一种我们一贯倡导的“敬业报国，追求卓越”的企业精神。同心干，不论你我；比贡献，不唯文凭。把许许多多的不可思议和不可能都在我们手中变为现实和可能，那么海尔巨浪就能冲过一切障碍，滚滚向前！

我们还应像大海，为社会、为人类做出应有的贡献。只要我们对社会和人类的爱“真诚到永远”，社会也会承认我们到永远。海尔将像海一样得到永恒的存在，而生活于其中的每一个人都将在为企业创一流效益、为社会做卓越贡献的同时得到丰厚的回报。海尔将与整个社会融为一个整体。

海尔是海。

---

以上是跻身世界强手之林的中国海尔集团创始人张瑞敏的致辞。海尔是海——气势磅礴，海纳百川；海尔是海——强者呐喊，荡气回肠！一名优秀的管理者理应是一个出色的演讲家。富有感染力的演讲，可以唤起下属的工作热情；富有条理和说服力的演讲，可以获得上级的青睐与支持。

出色的口头沟通能力是组织正常运作的重要保证，口头沟通是管理者管理工作中不可或缺的部分。口头沟通的方式包括：与另一个个体的交谈、与一个小团体的交流或在一大群人面前的演讲。口头沟通也包括发布通告、举行视频会议和组织中成员间的例行会议。根据沟通环境、目的、听众、内容的不同及人数的变化，口头沟通可分为非正式口头沟通和正式口头沟通。

一般而言，随意式交谈为非正式口头沟通，而各种场合的演讲为正式口头沟通。大多数人把随意式交谈视作正常的活动，可以谈笑风生，但一旦在会上发言，就会变得手足无措，很多人甚至一想到做正式演讲就会感到紧张和害怕。

本章将重点讨论正式口头沟通，即演讲，因为管理工作的性质常常要求管理者掌握更加正式的口头沟通技巧。

## 第 1 节　演讲的类型及其目的

演讲是指管理者在特定的时间和环境下，借助有声语言和肢体语言，面对组织内外的听众发表意见、抒发感情以影响和感召听众，从而达到管理目的及实现组织目标的一种正式的口头沟通活动。

演讲在古希腊称为“诱动术”，其含义便是劝说、鼓动听众。可见，演讲既是一门语言艺术，又是一门鼓动艺术。演讲是一种以讲为主的活动，同时也是一种以演为辅的活动，只有将“演”与“讲”和谐、有机地统一在一起，才能构成完整的演讲，它不同于一般的口头沟通。

演讲是一种正式的沟通行为，它大致可分为七种类型：劝说型、告知型、交流型、比较型、分析型、激励型和娱乐型。根据演讲的不同类型，可以归纳出演讲的四种目的：传递信息、说服听众、激励听众和娱乐听众。

**1. 劝说型**

这类演讲以说服听众为目的，即说服某些态度冷漠或持有相反意见的听众转变观念，赞同并支持演讲者的观点或采取演讲者期望的行动。例如，一位公司经理向公司管理层做演讲，以劝说他们同意购买一台新型自动生产设备。在演讲中，这位经理不仅要介绍该设备，而且要分析设备能给公司生产带来的效益，同时还要谈及资金安排问题。

**2. 告知型**

这类演讲以向听众传递信息为目的。例如，人力资源部主任向新员工介绍公司的概况、公司的规章制度，以帮助他们了解公司文化并尽快适应新环境；执行副总裁向所有部门经理告知与公司有关的政策法规方面的新变化。

**3. 交流型**

这类演讲以交流信息为目的。组织的有效运作需要部门间的协调合作，而相互间的信息交流或共享是不可或缺的。例如，市场部经理向产品设计部经理和生产部经理演讲时，就需要对潜在顾客需要什么、不需要什么做出解释；生产部经理演讲时，则需要指出生产中受到的技术限制。利用这种信息交流可以探讨问题，并最终找到解决方案。

**4. 比较型**

与告知型演讲一样，这类演讲也是以向听众传递信息为目的的，它通过针对两个或两个以上的产品、概念、政策或活动进行讨论、解释及比较，向听众提供相关事实或利弊情况，帮助听众做出正确决策。在这类演讲中，仔细列举事实和分析客观数据是极为重要的。

**5. 分析型**

这类演讲的出发点与比较型极为相似，也是以向听众传递信息为目的的，它通过分析相关形势、文件、政策等为明智的决策提供参考。例如，总会计师就收购一家小公司向公司财务委员会做演讲。他要分析这家小公司目前的财务状况、增加销售的潜力、债务结构以及其他影响财务委员会决策的因素。要想使决策正确无误，必须对每一个问题进行仔细分析。

**6. 激励型**

这类演讲以激励听众为目的，即通过演讲进一步强化听众对某一事业的认同感，并且更加积极、努力地实施相关措施。

**7. 娱乐型**

这类演讲主要以娱乐听众为目的，即通过演讲将教益寓于娱乐之中。演讲者往往以幽默诙谐的话语，营造一种轻松愉快的氛围，使听众获得欢乐和教益。

## 第 2 节　演讲的方式

组织中的管理沟通活动要求管理者掌握不同的演讲方式。常见的演讲方式包括以下五种。

**1. 照稿式演讲**

这种演讲方式实际上就是照着稿子读，对演讲者的挑战最小。这种演讲方式缺乏非语言方面的沟通以及演讲者与听众之间的互动，因此，它一般适用于传递有关法律法规、方针政策方面的信息。

**2. 背诵式演讲**

这种演讲方式就是通过事先充分准备，把所有演讲内容背下来。这对演讲者具有一定的挑战，同时也带来一定的风险，因为常常会出现这样令人尴尬的情形：你在台下准备得可以“倒背如流”，但上台后大脑一片空白。而且，演讲者可能会只顾回忆所背内容而忽视听众的存在，与听众的互动相当有限。因此，这种演讲方式一般适用于演讲者较为熟悉或较短的内容。

**3. 提示卡式演讲**

这种演讲方式就是将演讲内容列成大纲，制作成一张张小卡片，在演讲过程中，它们可以起到提示的作用。演讲者通过所列大纲，及时回忆起事先准备的演讲内容，使演讲较顺利地进行。这种演讲方式在管理沟通中比较普遍，因为它既可避免演讲者忘词的窘迫，又能与听众进行一定程度的互动。这种演讲方式比较适合长篇演讲。

**4. 即兴演讲**

这种演讲方式就是没有讲稿，没有现成的材料，全凭演讲者自身的阅历、知识、才能，即兴表达自己的思想和观点。这种演讲方式对演讲者的挑战比较大，因为演讲者必须在事先没有准备的情况下，适时适地地进行演讲。常见的即兴演讲有欢迎辞、祝福辞或某个项目剪彩前的简短发言等。即兴演讲不是即兴乱讲，必须做到手中无稿但心中有谱，否则，不合逻辑、不合时宜的演讲只能以尴尬和失败收场。

**5. 腹稿式演讲**

这种演讲方式是五种演讲方式中难度和挑战最大、与听众的互动却最频繁的。

它往往可能持续半小时，甚至一两个小时，需要演讲者在较短的时间内对演讲内容做全盘的构思，形成框架。它不仅需要演讲者具备演讲的一般技能，而且是对演讲者的综合能力、素质莫大的考验。这种演讲方式属于有众多听众参与的、极为正式的演讲。

上述五种演讲方式各具特点，尽管有难易之别，却没有优劣之分。究竟选择何种方式完全取决于沟通的目的、听众和内容。有时也需要将上述方式组合使用。总之，任何方式的成功演讲都离不开两个诀窍：准备和训练。

## 第 3 节　演讲的准备

任何管理沟通的成功都离不开缜密的设计和准备，演讲也不例外。出色的演讲绝不只是把意思说出来而已，它需要精心设计演讲策略，既要恰如其分地表达出中心思想，又要适合听众的口味。通常演讲的准备工作包括八个基本方面，即明确目的、评估自己、了解听众、明确主题、收集资料、组织演讲稿、视听辅助手段、预先试讲。

**1. 明确目的**

作为演讲者，首先必须考虑：什么是你想与听众沟通的？你是只想向听众简单地传递信息，还是要说服听众、激励听众或娱乐听众？什么是你要达到的目的？什么才是最佳的表达方式？在开始演讲的准备工作之前，需要确定演讲的目的。也许演讲的目的是获得听众的赞同或促使对方做出决策，例如，使你的听众采纳你的建议和方案或购买你推销的产品。一旦目的确定，准备工作的每个步骤都应围绕该目的进行。只有这样，才能确保准备工作具有针对性，从而保证演讲的有效性。

**2. 评估自己**

作为演讲者，首先需要了解自己：我的长处是什么？我持什么态度？我的自信心如何？我如何给听众留下好印象？你需要集中精力发挥自己的长处。如果你声音洪亮、口齿清楚，就应充分利用这个优势；如果你富有幽默感，不妨紧扣主题讲个简短的幽默故事。此外，积极的态度、活力和激情将增强演讲的感召力和说服力。演讲时，应该充满自信。为了做到这一点，可以采用你认为自在的演讲方式，这有助于控制面对听众时的紧张情绪。

**3. 了解听众**

知己知彼方能百战百胜，演讲也不例外，应尽量多了解听众的有关情况。可以通过向自己提出下列问题来设法了解听众：

（1）有多少人会来听我的演讲？

（2）听众的年龄层次如何？

（3）听众的知识层次、职务分布如何？

（4）听众对演讲主题的熟悉程度如何？

（5）听众对该主题的兴趣如何？

（6）听众是否会产生抵触情绪？

（7）我与听众的熟悉程度如何？

为了很好地解答这些问题，可以着手做以下几项工作：

（1）索取一份听众名单并了解他们的职务。

（2）了解组织的有关背景信息。

（3）在演讲前与听众交谈。

（4）从他人处了解听众的心理特点、参与意识等。

（5）采用问卷方式进行简单调查。

弄清楚听众的情况之后，就可以着手收集有针对性的演讲材料，以便让听众做出所期望的反应。

**4. 明确主题**

在收集和整理资料前明确主题极为重要。科学家的研究表明，以为时 45 分钟的演讲为例，听众注意力集中的持续情况如图 13－1 所示。在演讲刚开始时，听众的注意力很集中，10 分钟之后达到顶峰；然后开始分散，到 30～35 分钟时，注意力减退到最低点；最后，当演讲快结束时，注意力又有所增强。

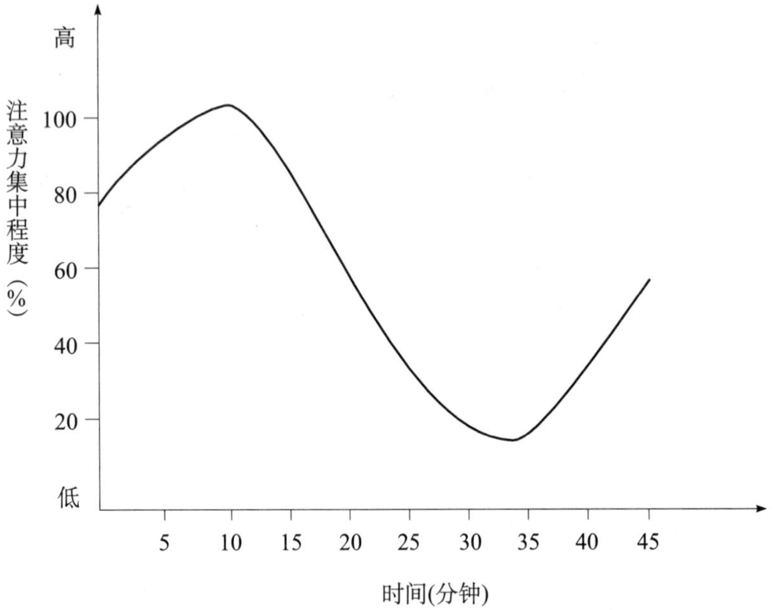


**图 13－1　听众注意力随时间变化曲线**

由此可见，在整个演讲过程中，听众只能吸收大约 1/3 的演讲内容。因此，演讲者在阐述观点时，要简明扼要地突出主题，演讲要点限制在三四个为宜。例如：

这次演讲的要点是：

- 绩效反馈面谈的目的。
- 绩效反馈面谈的内容。
- 绩效反馈面谈的预期效果。

要在演讲开始与演讲过程中多次强调这些要点，最后再进一步重复。

**5. 收集资料**

针对演讲主题内容，收集相关资料以支持有关论点或观点。这类支持性信息主要包括举例、比较、访谈记录、调查结果、统计数据、图表、视听媒介、专家证明等。

开始收集资料时，要将刚刚确定的那些要点熟记在心。当发现与演讲相关的资料时，就根据要求将它们分别归类，直至收集到足够的资料。

**6. 组织演讲稿**

收集和整理好演讲资料后，接下来就需要利用这些资料组织演讲稿。你所提出的观点或论点的顺序和对每个观点的强调程度将影响听众的理解力和接受程度。演讲稿的基本结构是开场白、过渡、主体部分、过渡和结尾（见图 13－2）。

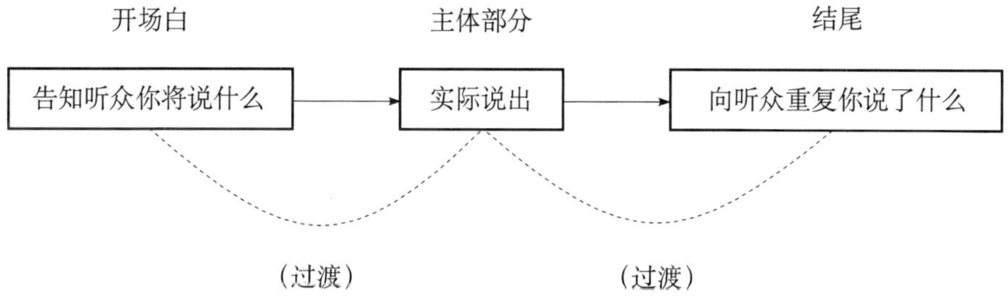


**图 13－2　演讲稿的基本结构**

（1）开场白。常言道："良好的开端是成功的一半。"一个良好的开场白应该达到两个基本目的：迅速与听众建立良好关系；迅速使听众抓住演讲主题。好的开场白会给听众留下良好的第一印象，鼓励他们往下听并增强他们的参与意识，以达到必要的互动效果。换言之，开场白是正式演讲中一个举足轻重的部分，需要精心设计。

因此，要获得演讲的成功，了解开场白的类型并掌握一定的开场白技巧显得尤为重要。

1）开场白的类型。开场白各种各样，但能起到事半功倍效果的大致有以下六种。

- 引证型。即以某个名人或专家所讲的话作为演讲的开场白，为引出后面的话题做铺垫。
- 设问型。即以一个或多个反问句作为演讲的开场白，来引起听众的好奇心。
- 宣言型。即以宣言性的表述作为演讲的开场白，来营造气氛，鼓动听众。
- 时事型。即以描述真实世界情形，或讲述当今行业、企业中发生的事件作为演讲的开场白，以吸引听众的注意力。
- 数据型。即以一连串的翔实数据作为演讲的开场白，使演讲具有充分的说服力。
- 故事型。即以与演讲主题相关的故事或名人逸事作为演讲的开场白，来激起听众的兴趣。

很久以前有一位做徒弟的在学习一段时间后便对师父说："师父！我已经学足了，可以出师了吗？"

"什么是足了呢？"师父问。

"就是满了，装不下去了。"

"那么装一大碗石子来吧。"

徒弟照做了。

"满了吗？"师父问。

"满了！"

师父抓来一把沙子放进碗里，沙子都从石子的缝隙间渗了进去。

"满了吗？"师父又问。

"这下满了！"徒弟摸了摸头肯定地说。

师父又倒了一盅水下去，水一点一点渗进去。

"满了吗？"师父慈爱地望着徒弟。

这时，徒弟恍然大悟，羞愧不已。他急忙拜倒在地，向师父表示，愿继续追随师父苦练技艺。

显然，成功的开场白往往在演讲一开始就能抓住听众的心，使他们明确演讲的目的，为接下来主体部分的演讲做有力的铺垫。应该指出，亲临现场对听众演讲的效果远远优于播放录像或录音。较好的叙述方式是讲述那些有助于说明或深化演讲主题的寓言故事。

2）开场白的方法。常见的演讲开场白方法包括以下五种：

● 开门见山法。这种方法是指演讲者一开始就表明自己的观点和态度，直截了当，毫不含糊。

● 自我介绍法。这种方法用于演讲者与听众初次见面时，这也是一种礼貌的行为，当然介绍应简短。

● 情感沟通法。这种方法是指演讲者选择能够引起听众在感情上与自己产生共鸣的开场白，拉近演讲者与听众的距离。这种方法具有较强的鼓动性。

● 环境烘托法。这种方法是指演讲者借助当时的自然环境、会场的物理环境或听众的情绪状况进行演讲，以达到激发听众的热情、烘托环境的效果。

● 借题发挥法。这种方法是指演讲者借助前面发言者的某个观点，发表自己独到的见解。

（2）过渡。在演讲中，过渡是一些短小精悍的语言或非语言的表达，它起着承上启下的作用，可以增强演讲的逻辑性，使演讲更具说服力。过渡可以采用下列方法：

1）序号的运用。

2）具有吸引力的表述。

3）幽默或具有冲击力的表述。

4）停顿的运用。

5）手势、姿势及声音的调节。

（3）主体部分。主体部分是整个演讲的核心，它一般要占据演讲总用时的80%～90%。因此，在这部分要做到主题明确、思路清晰、言简意赅，切忌啰唆或漫无边际。主体的设计方法一般有以下四种：

1）年代顺序法。即按年代的先后顺序，如过去→现在→将来。

2）优先顺序法。即按事情的重要性顺序，如最重要的→最不重要的。

3）空间顺序法。即按区域大小的顺序，如中国→上海市→徐汇区。

4）问题-解决法。即按提出问题，分析其原因，然后给出解决方案的顺序，如士气低落问题→增强凝聚力。

（4）结尾。演讲结尾的重要性不亚于开场白。成功的结尾或加深认识，揭示题旨；或鼓舞斗志，促使行动；或抒发感情，感染情绪；或富有哲理，发人深省。根据不同的演讲目的和内容，演讲结尾可分为以下四种类型。

1）重复型。即重复开场白中阐明的演讲主题。它既可起到强调的作用，又可弥补听众漏听的遗憾。

2）挑战型。即向听众提出新的或更高的要求，如：“一年一个样，三年大变样!”

3）号召型。即向听众发出号召，鼓励他们立即采取行动，如：“用我们的双手砸烂一个旧世界，创造一个新世界!”

4）开场白型。即以开场白的类型作为结尾的类型。

总之，演讲结尾要达到收拢全篇、首尾呼应的目的，它既是演讲的终点，又是引发听众思维的新起点。演讲结尾切忌草草收兵、画蛇添足、充满套话废话。

**7. 视听辅助手段**

视听辅助手段比语言更能轻松地说明深奥的概念，更加直观、有效的视听辅助手段能够起到吸引听众、集中听众注意力的作用，因此，它们在演讲中扮演着越来越重要的角色。常见的视听辅助手段包括书面材料、书写板、活动夹纸板、幻灯机、投影仪等。

一项针对视觉效果是否会给听众留下专业化印象的调查表明，与未使用视听辅助手段的演讲相比，使用了视听辅助手段的演讲被认为是“准备充分的，更专业化，更具说服力，更可信和更有趣”。当然，这样的演讲也更能说服听众接受演讲者的观点。另一项调查则显示，在信息性演讲中，运用多媒体（电脑制作的图片与动画）的记忆率比运用幻灯片提高5个百分点，比单纯运用课本提高16个百分点。在两家银行的推销演讲中，一家银行运用了图片、动画与音像等，而另一家银行只运用了幻灯片，结果前者吸引了超过58%的学生客户。尽管两家银行收取同样的费用，提供相同的服务，但学生普遍认为运用多媒体演讲的那家银行显得“更加可信，更加专业，价格更合理，服务更周到”。

然而，值得指出的是，视听辅助手段的作用在于突出演讲的主旨，而非提供每个细节。因此在制作和演示视觉效果时应遵循以下原则：

（1）每张幻灯片上只有一个要点。复杂的观点可拆分为数张幻灯片分别说明。

（2）每张幻灯片都要有标题。

（3）严格控制每张幻灯片上的信息量，不要给人以堆砌、拥挤的感觉。即尽量控制在35个词左右，少于等于7行；使用短小的段落，尽量避免复杂的语句。

（4）背景色调以协调明快为宜。如果在白天使用，应选用与文字反差较大的背景。

除了重视制作的视听效果，还应该注意检查关系到视听效果的其他视听辅助设备，如演讲场所的灯光效果、电源插头、麦克风、讲台位置以及演讲场所的物理布局等。

**8. 预先试讲**

预先试讲的好处是让你更加熟悉演讲的内容，进一步对演讲稿做必要的修改。

试讲时，可以想象当时的场景，注意自己的举手投足是否得体，说话声音是否足够响亮、清晰，甚至眼睛是否有神。

## 第4节　成功演讲的特点

演讲的表达方式与演讲内容本身具有同样的影响力。颇具吸引力的开场白和结尾是十分必要的，在演讲过程中还要善于运用语调、节奏及肢体语言。成功的演讲具有以下特点。

**1. 开场白具有吸引力**

具有吸引力的开场白为主体部分做出铺垫，同时精彩的开场白还会给听众留下好印象。它不仅传递了信息，而且为演讲者自己及其组织树立了良好的形象。

**2. 演讲者充满信心**

非语言行为可以揭示一个人是否自信。因此，一名成功的演讲者往往表现出充满激情、身体前倾、目光接触、节奏自然、表述清晰、手势适当、保持互动（有关非语言沟通的详细论述，请参见第12章）。

**3. 主题的展开具有逻辑性**

成功的演讲属于有准备的人。经过充分准备的演讲条理清晰，主题思想是按照一定的逻辑顺序展开的。

**4. 明示结尾**

一个好的结尾的重要性不亚于一个好的开头。示意听众演讲已近尾声是十分重要的。可以用“我要讲的最后一点是……”或“总而言之……”，引起听众对一些重要问题的重视，从而采取迅速的行动。

应该指出，在演讲中，听众最关心的是演讲内容是否针对自己，演讲者关注的则是听众是否理解他的演讲、是否对其演讲感兴趣。演讲时，偶尔出现一点逻辑错误或其他口误，听众是不会介意的，但如果演讲内容与其毫不相干，演讲效果就会大打折扣。

## 第 5 节　解答问题的技巧

曾经有一位出色的演讲者因最后未能很好地解答听众提出的问题，而使他本来极其精彩的演讲大为逊色。因此，掌握在演讲中解答各种难题或令人尴尬的问题的技巧，对于演讲的最终成功至关重要。下面介绍几种解答问题的技巧。

**1. 做好准备**

演讲前要做好充分准备，注意演讲内容中任何悬而未决的问题，努力予以解决。如有可能，在演讲之前了解听众，确定他们对演讲主题的兴趣，尤其要设想他们可能会提出的问题，并尝试着回答这些问题。

**2. 显示自信**

回答问题时要继续保持演讲时的自信状态：洪亮、清晰的声音，简洁的语言，开放的肢体语言。回答问题时需要面向所有听众，而非仅仅面向提问者。

**3. 控制局面**

当有两个人或多个人同时提问时，可以告诉他们你每次只能回答一个问题：“李波，你先谈谈你的想法，好吗？接下来，由人事处王文志提问。”这样有助于避免场面失控。记住，不要就某个细节进行冗长的解释或解答。

**4. 应对提问**

不同的听众会提出不同的问题，如与话题无关的问题、少数人关注的问题、很傻的问题、问题复问题、不知道答案的问题、带敌意的问题等。因此，必须学会如何去识别它们，并快速对所提的问题加以分析，然后再做出解答。当遇到无法给出确切答案的问题时，必须实事求是，坦诚面对听众，千万不可不懂装懂，否则会给听众留下极坏的印象。

2005 年，诺贝尔奖获得者面对听众的提问时，有一个问题让他为难。此时，他十分坦率地回答说：“对不起，这已超出了我的知识范围，我不能作答。”这样坦诚地面对自己的听众，丝毫无损于自己的形象，反而更能赢得听众的信赖。

总之，你需要对所提问题做出正确的判断。一个好的演讲会被拙劣的问答过程破坏，一个一般的演讲也会因为最后出色的表现而增色。

### 本章小结

演讲是组织中一项常见的管理沟通活动，也是管理者必须掌握的一种技能。成功的演讲不仅有利于管理工作的有效开展，可以促进组织目标的顺利实现，而且有利于演讲者自身的职业生涯发展。

演讲是“演”与“讲”的一个有机融合体，是一门艺术，具有相当高的技巧性。成功的演讲者并不是天生的，而是靠不断的训练造就的。作为组织中的管理者，更应该训练自己成为成功的演讲者。本章通过对演讲的准备等方面进行详尽论述，为管理者培养和训练自己的演讲技能提供了方法和技巧。

## 讨论题

1. 试述演讲的含义。
2. 比较非正式口头沟通和正式口头沟通的差异。
3. 演讲准备过程中的主要关注点有哪些？为什么要予以特别关注？
4. 为什么要强调演讲者的准备？它对演讲这一沟通行为的影响如何？
5. 分析你曾经的一次演讲经历。它是否成功？成功表现在哪里？不成功的原因是什么？你认为应如何改进？
6. 你认为演讲的开场白重要吗？为什么？
7. 你在演讲时是否感到过紧张？你是怎样缓解紧张情绪的？

## 实战演练

通过精心的准备及刻苦的训练，人人都可以成为成功的演讲者。该实战演练旨在让学生体验演讲，并从中悟出一些道理，从而正确认识演讲，使自己成为成功的演讲者。

准备做一次 5 分钟的演讲。要求按下列步骤进行：

步骤一：针对听众的特点及其可能的偏好，确定演讲主题，着手收集资料。

步骤二：整理所收集的资料，形成演讲稿。然后以大纲的形式制作 PPT 或其他多媒体材料。

步骤三：借助多媒体材料进行试讲，由教师和其他同学对演讲的总过程，包括走步上台、演讲内容、语言表达、非语言表现、声音的运用、对问题的解答和结束后的走步回原座位等做出评价，并及时予以纠正，有时需要反复尝试、反复纠正。

步骤四：正式在全班进行演讲。由学生代表作为评判员与教师一起对每位演讲者打分。演讲效果评价表如表 13-1 所示。

**表 13-1 演讲效果评价表**

| 演讲者顺序 | 评价内容 | | | | | | |
|---|---|---|---|---|---|---|---|
| | 内容组织（20%） | 时间把握（10%） | 语言表达（20%） | 非语言运用（30%） | 提问与解答（10%） | 总体印象（10%） | 总分 |
| 1 | | | | | | | |
| 2 | | | | | | | |
| 3 | | | | | | | |
| 4 | | | | | | | |
| 5 | | | | | | | |
| 6 | | | | | | | |
| 7 | | | | | | | |
| 对改进演讲的建议： | | | | | | | |

**案例分析**

## 我的梦想 我的选择

2021年8月10日19：30，小米成立11周年，雷军做了一场年度演讲——《我的梦想我的选择》。在演讲中，雷军首次揭示了自己做出的最艰难的选择，分享了这些年来小米在追寻梦想的路上凭什么一路前行，又是如何一步一步成长的。

大家晚上好，欢迎大家来听我的演讲。

去年是小米创办十周年，我们认真做了总结和反思，抱着重新创业的决心，开启了新十年的征程。今年是小米新十年的第一年，也是小米手机发布十周年，你会明显地感受到，小米发生了很大变化，它在一步一步成长，在一步一步长大。

前几天，小米第三次上榜了《财富》世界500强，排全球第338名，进步了84名。还有一个好消息，大家可能都已知道：国际调研公司（IDC）报告显示，2021年第二季度，我们的手机销量超过苹果，首次成为全球第二，全球市场占有率达到16.9%。也就是说，全球每卖出六部手机，就有一部小米。销量同比增长86.6%，小米正在高速成长中。

这是一个天大的好消息，我们都非常激动。感谢所有小米同学的辛勤付出，更感谢全球米粉十年来不离不弃的支持！

在这个幸福的时刻，我想起七年前难忘的一幕：2014年11月，乌镇首届世界互联网大会上，主持人问我小米的未来发展战略。

那时，小米手机发布仅仅三年时间，成为中国第一、全球第三，这真的是一个奇迹。那个时候的我，意气风发，脱口而出：5～10年，我们要做到全球第一。

苹果是当时的全球第一。主持人马上问在场的苹果高级副总裁布鲁斯·塞维尔：你怎么看。他说，"It's easy to say，it's much more difficult to do." 当场被打脸，我无比尴尬，台下几百位观众笑成一片。

真的没有想到，七年后的今天，我们超过苹果，首次成为全球第二！

还有更多的好消息，我们在22个国家和地区排第一名。在欧洲这样的发达市场，我们的市场份额达到了惊人的25%。我们在欧洲市场登顶了，成为第一名！这是中国企业第一次达到这个成就。

拿到全球第二之后，大家都特别高兴，觉得全球第一唾手可得。在这里，我还是需要讲实话：不要低估世界级巨头的实力。我们还是一家年轻的公司，需要非常冷静地看到差距，继续夯实基础，稳扎稳打，当前小米的任务是真正站稳全球第二。

小米的梦想就是"让全球每个人都能享受科技带来的美好生活"。这条路注定很漫长、很坎坷。我和小米的全体同学，都会拼尽全力去证明：小米的梦想一定可以实现！

**股市风云**

2018年初，我们经过反复商讨，决定上市。那个时候资本市场很火，投行把小米首次公开募股（IPO）发行价定在17～22港元。几乎每个创业者都希望把价钱定得高一些，但我们毫不犹豫选择了最低价，定在17港元。

我们非常真诚，希望我们的股票也能和我们的产品一样，"价格厚道"。我们的愿望非常美好而朴素，但现实可没有那么美好。

2018 年 7 月 9 日，万众瞩目的小米 IPO 终于来了。现场氛围非常热烈，这是港股首家同股不同权的公司上市，也是全球第三大规模的科技股 IPO，港交所还专门花 30 万港元定制了一面大锣，现场观礼人数超过 600 人。大家期待小米开盘后股价能够暴涨。

谁也没有想到，一开盘，破发了！当时，大家全懵了。破发，就是股价低于发行价，IPO 投资者全部亏了。对于 IPO 来说，这是一件非常难堪的事。

我们面临一个重大选择：在股价跌到大家绝望的时候，我们自己敢不敢真金白银买自己的股票？这是一个灵魂拷问。我始终相信小米的事业。同时我也是一个自信的人，我坚信，“最好的投资，就是投资自己”，鼓起勇气说服大家进行回购。

董事会同意后，我们掏了 36 亿港元，以均价 9.35 港元买了大量的小米股票。

今天回头看，真的抄到底了！但当时，这个决策需要巨大的勇气，万一抄到半山腰呢？

苦心人，天不负，小米股价开始慢慢回升。2020 年 7 月 10 日，上市两周年的第二天，小米股价终于涨回了 17 港元，也就是 IPO 发行价。

我松了一口气，时隔两年，终于可以抬头挺胸、重新做人了！接着，小米股价一路高歌，到了 2021 年 1 月 4 日，收盘价达到 34 港元。让 IPO 投资者赚一倍，当初吹的牛，我们终于兑现了！“破发”给我造成的心理阴影也终于烟消云散。

**高端之路**

我们是如何走出股价低谷的？这几年，越是在股价低迷的时刻，我们越是憋着一口气，拼命投研发。小米要想成为一家伟大的公司，要实现自己的梦想，就一定要突破高端。

其实，小米手机刚起步的时候，就是从高端入手的，小米手机第一代就是当时最高端的智能手机。后来我们做了面向大众用户群的红米产品，非常成功，在全球范围内推动了智能手机的普及和移动互联网的发展。

谁也没有想到，这个成功极大地稀释了小米品牌。再加上我们自身实力不足，小米被很多人误解成只做中低端。

小米的高端之路，其实现在才刚刚开始。我们不惜代价持续投入，我相信，小米的高端之路一定会成功！

**“飞来横祸”**

最近一年，小米稳步增长，正是一派欣欣向荣的景象。

谁也没有想到，今年年初就遭遇飞来横祸。

1 月 15 日早晨，美国国防部把我们列入了 DoD 清单。开盘后，小米股价应声大跌，跌幅超过 30%。之后，依然狂跌不已，最低跌到 21 港元，小米市值跌掉了 3 000 亿港元。

DoD 清单，就是美国国防部认定的“中国军方拥有或控制的中国企业清单”。被列入这个名单后，美国政府禁止美国投资者投资，这对海外上市公司的股价打击非常大，对小米的全球业务开展更是一个长期的阻碍。

我们想破脑袋也不明白，小米怎么就成了一家“涉军企业”？网上有很多段子，有网友说，是不是因为创始人叫雷军呢？

我们第一次遇到这样的事情，都有点慌。我觉得，我们应该立刻站出来澄清。管理层很快达成一致，发布公告：我们并非涉军企业，坚决反对美国国防部的无理制裁。同时我们联系美国国防部了解情况。麻烦的是，美国国防部说，这是军事机密，根本就不搭理你。

眼前只有两条路：要么认了，要么起诉美国政府。一家中国公司起诉美国政府，其实胜算不大。关于 DoD 清单，当时还没有任何一个起诉成功的案例。更大的担忧是，起诉会不会激怒美国政府，招致更大的打击？

我们请教了很多律师和国际关系专家，众说纷纭，分歧很大。小米是一家上市公司，信息高度透明，我们对打官司还是有一定信心的。

最后我们还是做了一个艰难的选择：直接起诉美国政府，用最堂堂正正的方式来捍卫我们的合法权益！

起诉后，美国国防部才不得不公布了原因。2019 年，小米创始人雷军获得了由工信部等评选的“优秀中国特色社会主义事业建设者”称号，工信部是中国军民融合的推动部门，所以，小米“涉军”了。

看到这个理由，大家都觉得啼笑皆非。在法庭上，我们的律师问：获奖名单中多达 500 人，其中有七匹狼的老板、老干妈的老板，难道做服装和辣椒酱也涉军吗？

终于，经过几个回合的交锋，5 月 25 日，我们赢了！

这是史无前例的胜利！在小米胜诉的鼓舞下，又有几家中国公司起诉成功！这次胜诉，对小米未来的发展影响极为深远。

**情义无价**

前面讲的选择都是关于公司的选择，接着我讲一个关于个人的选择。这十年，大家把我和小米画了等号。其实，我还有另外一个身份，那就是金山的董事长。我怎么成了金山的董事长呢？这来自一个“不理智”的决定。我对金山有非常深的感情。从 22 岁干到了 38 岁，我参与金山的全部创业过程，金山就是我全部的青春。

2011 年，我们正在热火朝天创业。金山遭遇巨大危机，求伯君、张旋龙两位大哥经常来游说我，希望我能重回金山。但我已经开始创业了，这不可能呀。他们说，兼职干也可以，只要你接就行！

当时小米手机发布在即，正是最关键的时刻，理智告诉我：小米才刚刚起步，千头万绪，千万不要感情用事，绝对不能分心！

但金山咋办呢？两位大哥 20 多年的情义，四五千兄弟的前途，我也于心不忍！我非常痛苦，纠结了好几个月。我们小米的几个创始人看不下去了，劝我说：“与其这么痛苦，还不如接了金山董事长。天大的事情，我们大家一起扛！”

他们是小米创始人，肯定希望我专注在小米业务上。但他们了解我的性格，也了解我对金山的感情，才会给我这样毫无保留的支持。当时，我非常感动。就这样，在小米联合创始人的支持下，2011 年 7 月，我正式接任了金山董事长。

我一接手，的确有点手忙脚乱。多亏了金山兄弟们齐心协力，金山逐步走出了困境，重新恢复了生机。

今年是金山创办 33 周年，也是我接任董事长第十年，金山已经发生了脱胎换骨的变化，收入从不足 10 亿元，增长到合并收入 120 亿元，增长超过 11 倍！十年过去了，我非常欣慰，在兄弟们的帮助下，没有辜负金山，所幸也没有影响小米。

今天看起来，当初“不理智”的选择，背后默默影响我的，其实就是四个字：情义无价。十年来，对用户、对员工、对合作伙伴，我们始终如此。

**一路同行**

再过几天就是 8 月 16 日，小米手机十周岁生日。感谢米粉朋友一路同行，感谢大家一起见证了小米十年的成长。

从小米 1 到小米 11，加上从 MIX1 到 MIX3，这 13 款手机连在一起，就是小米手机的十年。

有米粉告诉我，他把这 13 款手机收全了，这让我非常惊讶。我相信小米内部也很少有人能集齐所有型号。我去翻了一下我的收藏，找齐这 13 款手机，拍了一张照片。

真诚感恩所有帮助过我们的米粉朋友和合作伙伴，一路上我们一起同行，相信我们都能走到梦想的彼岸。

这十年实在太忙了，我几乎没有休过假。去年 6 月，我好不容易请了几天假去云南徒步。我当时戴着墨镜、帽子，估计没有人能认出我。

在香格里拉附近的一个国家森林公园里，我偶遇了一个年轻人，大家一起徒步，边走边聊。他叫姚聪，27 岁，是华能集团的一名风电工程师。他在山里工作，每个月工作 20 天，休息 10 天。偶尔也会觉得山里的工作很枯燥，但觉得风电事业还是非常有意义。

聊着聊着，我突然发现他用的是小米 8 透明探索版。我估计他没有认出我来，就装作没看见。我们一起走了大约 10 千米，快结束的时候他才突然说：雷总，能不能一起合张影？我愣了一下。

他说，我一开始就认出你了，只是不想打扰你，所以没说。他告诉我，他非常喜欢小米。小米每次出旗舰机的时候，他都打电话找当地的代理商，叮嘱一定给他留台最好的，等他下山的时候去取。

他说，他买得起任何一个品牌的手机，也用过其他牌子，但最后还是坚定地选择了小米。“因为小米不一样，小米的理念不是赚更多钱，小米选择了一条更艰难但是更有意义的路。”

他看着我，很认真地说：“我也是一个有追求的人，所以我更喜欢小米。”这段话在我心里掀起了巨大的波澜。

我知道，世界各地有千千万万像姚聪这样的米粉，十年来一直默默支持我们、信任我们。正因为这些信任，才让我们战胜了所有困难，走到了今天的世界 500 强，走到了今天的全球第二。

正因为这些信任，让我有勇气站在这里，大声告诉大家，我们下一个目标：三年时间，拿下全球第一！

小米创业 11 年来，我担心过失败，担心过自己的能力能不能跟上公司的发展，也担心过体力和精力，但每当遭遇巨大危机和挑战，我都会毫不犹豫挺身而出。我不是什么天才，也不是什么劳模，更不是什么战神，我只是一个普通的工程师，追求梦想，做自己热爱的事情。

资料来源：雷军年度演讲：我的梦想，我的选择是什么？.（2021－08－10）. https://www.sohu.com/a/482602283_120270122.

[思考题]

1. 雷军的这篇演讲具有哪些特点？他是如何影响听众的？
2. 请评价雷军演讲的开场白和结尾。
3. 你认为雷军的演讲成功吗？为什么？
4. 你从雷军的演讲中获得哪些启迪？

14
Chapter

第 14 章

# 书面沟通

出色的写作能力是公司录用取舍的重要因素。

——花旗集团副总裁保罗·古德曼

**学习目标**

1. 了解书面沟通的特点
2. 明确书面沟通的基本形式
3. 识别商务信函的种类
4. 掌握商务信函的写作技巧
5. 把握书面沟通的语气
6. 克服书面沟通的心理障碍

**引导案例**

### 是欠条还是还款证明

——“还”字多音惹纷争

2000 年 4 月，黄先生承建北京某农业发展有限公司（简称农业公司）养猪舍 7 栋，承包工程款总计 8.4 万元。双方约定工程开工时，农业公司首付黄先生总工程款的 70%即 58 800 元，但农业公司只付给黄先生 3 万元，其余款额一直未付。2002 年 4 月 7 日，农业公司出具一张写有“还欠黄某工程款 28 800 元”的证明。黄先生依此欠据将农业公司告上法庭，要求立即给付工程款 28 800 元。

然而在法庭上，被告农业公司在承认欠黄先生工程款 28 800 元的同时，提出此欠款已由当时经手人偿还了，并为黄先生出具了还款证明，字条“还欠黄某工程款28 800元”中的“还”字应读为huán，故不同意黄先生的诉讼请求。

北京市顺义区人民法院认为：被告为原告出具的证明，应视为欠款证明，法院对原告的请求应予支持；被告辩称此证明为还款证明，未提供相关的证据证实，法院不予采信。最终判决被告农业公司给付原告黄先生工程款28 800元；案件受理费1 162元由被告负担。

资料来源：是欠条还是还款证明？“还”字多音惹起纷争．(2004-03-18). http://news.sohu.com/2004/03/18/19/news219491915.shtml.

---

这是一起因一张证明上“还”字读音引发的扑朔迷离的承揽合同纠纷案，从中不难看出书面沟通在日常管理工作中的重要性。然而，在管理实践中，人们对于书面沟通的认识是不同的。有的人认为，作为领导者，有秘书负责撰写公文，自己就不用动手了。如果实在需要自己亲自写，可以利用标准格式信函，或者索性直接打电话。还有的人认为自己是搞专业技术的，而不是从事写作的。事实上，上述观点都是片面的。随着通信技术的发展以及许多公司逐步小型化，从事辅助支持性工作的人员（如秘书）正在减少，多数秘书并非完全从事纯事务性的工作，而是扮演行政管理助理的角色，因此许多书面沟通的工作必须由管理者自己去做。另外，在处理常规问题时，虽然可以采用事先印好的填空式的标准空白信笺，如贺年卡等，但是在许多情况下，人们更多面对的是非常规情境，而且职位越高，面对的复杂问题就越多。从公文写作的角度来看，这些问题并不是那些标准格式信函所能解决的。另外，从事专业技术性工作的人员（如各类技术员、工程师、会计以及其他管理工作者），一般都需要撰写各种公文。从个人职业生涯的角度来看，书面沟通技能也是非常重要的。如果你的总结写得十分出色或给客户复函时具有很强的说服力，就会有更多的晋升机会和更好的绩效。

现在，许多企业在招聘人才时，首先考察的就是书面沟通能力（如简历、工作申请函等)。一家国际公司的人力资源总监曾经感叹道：“我曾目睹一些人因为写不出像样的建议书或在项目评估会上不能做流利、清晰的发言而痛失升迁的机会。”

对于组织来说，有效的书面沟通还有助于与客户建立良好的关系，树立组织的良好形象和声誉，从而有利于组织实现其战略目标。

## 第1节　书面沟通的特点

书面沟通是指以书面或电子邮件作为载体，运用文字、图式进行的信息传递过程。

很多管理工作都是通过书面沟通进行的。在美国杂志刊登的一篇文章中，管理学家克莱姆和史尼德指出，管理者将他们 89%的时间花在与沟通有关活动的事务上，其中 59%的时间花在“听”和“说”上，19%的时间花在“读”上，22%的时间花在“写”上。因此，管理者必须精通书面沟通技能。

书面沟通在管理工作中的重要性是毋庸置疑的。基于不同的沟通目的，组织中的书面沟通有其自身的特点，与口头沟通明显不同（见表 14－1）。

**表 14－1　书面沟通与口头沟通之比较**

| | 书面沟通 | 口头沟通 |
|---|---|---|
| 优点 | 适合传达事实和意见<br>适合传达复杂或困难的信息<br>可以进行回顾<br>便于存档保管以便日后查证<br>在发送信息前可以进行细致的考虑和检查 | 适合表达感觉和感情<br>更加个性化<br>成本较低<br>可以根据语言和非语言的反馈，及时进行改正和调整 |
| 缺点 | 耗时<br>反馈有限且缓慢<br>缺乏有助于理解的非语言暗示<br>有时人们不愿意阅读书面的东西<br>无法了解所写的内容是否已被阅读 | 说话时较难进行快速思考<br>话一出口就很难收回<br>有时难以控制时间<br>容易带有过多的个人色彩而影响信息的可靠性 |

在上海曾经发生这样一起涉及收费标准问题的办学广告纠纷：有一个中外合作办学的项目，以前一直写每学年收费 10 000 元，由于部分学生一次性缴费有困难，因而校方考虑，在新的学年将一次性收费改为两次收费，并在招生广告上将每学年收费 10 000 元改写为每学期收费 5 000 元。但当广告登出时，却将每学期收费 5 000 元误写为每学年收费 5 000 元。随即报名者纷纷涌来。这一书写差错带来的负面影响是非常严重的。尽管校方在开学时对学生及其家长做了解释，但是仍然有许多人投诉，说学校乱收费，有欺骗之嫌，等等。这一纠纷持续了 3 年之久！

上述案例告诉我们，尽管只是一字之差，但造成的后果十分严重。由此可见，管理过程中的书面沟通与一般性写作（如文学、娱乐等）是迥然不同的（见表 14－2），它最突出的特征是其严谨性与法律效应。

**表 14－2　商务写作与一般性写作的比较**

| 商务写作 | 一般性写作 |
|---|---|
| 较为严谨、正式 | 较为宽松、非正式 |
| 平铺直叙 | 多有修饰 |
| 读者针对性强 | 读者多层面 |
| 一般应用第一人称或第二人称 | 运用变换的人称 |
| 负有一定的法律责任 | 通常无须负法律责任 |

# 第 2 节　书面沟通应该遵循的原则

**1. 思维清晰**

思维能力是各种沟通技能的基础，也是书面沟通能力的衡量标准。优秀管理者的特征之一就是思维清晰、思维敏捷。尤其对管理层，只有在思维清晰的前提下，才能实现有效沟通。

**2. 写作目的明确**

从撰写者的角度来看，书面沟通的主要目的包括提出问题、分析问题、给出定义、提供解释、说明情况和说服他人，因而撰写者必须明确自己如何展开文件内容，需要传递什么信息，将信息传递给谁，以及希望获得怎样的结果。

**3. 全面了解主题**

为了充分传递信息，书面沟通者必须全面了解有关主题，做到言之有物，避免充斥陈词滥调的官样文章，以实现有效沟通。

**4. 进行换位思考**

换位思考是达到有效沟通的根本。书面沟通所传递的信息必须满足信息接收者的需要，而不仅仅是信息发送者的需要。撰写者始终应该站在读者的角度，重视读者想了解的内容，尊重读者的意愿，维护读者的自尊心。

# 第 3 节　书面沟通的基本形式

根据不同的形式，书面沟通可分为备忘录、电子邮件、商务信函、建议书、报告和摘要等。根据不同的用途，书面沟通又可分为内部的和外部的，其中备忘录、电子邮件、建议书、报告和摘要一般是内部的；商务信函一般是外部的。这里着重介绍以下三种组织中广为运用的形式。

**1. 备忘录**

备忘录是组织内部信息传递的方式，它可以写在空白纸上，而不一定要写在印有组织抬头的信笺上。备忘录均比较简明扼要，较长的信息应采用附件的形式。备忘录包括四个基本要素：日期、主题、送交和发送。有时备忘录也可包括另外两个要素：附件和复印件。这些要素可按照各组织的习惯排列，也可采用多种方法排列（见图 14－1)。备忘录不包括附加的问候、地址或签名等。

**2. 电子邮件**

电子邮件一般遵循备忘录的格式，它是通过采用软件或服务器程序来实现沟通的。电子邮件既可作为组织内部的书面沟通媒介，也可作为组织外部的书面沟通渠道。由于大多数电脑的屏幕一般比书面的空间小，因此电子邮件趋向于比备忘录短小。如果读者在无须大量使用“下滚条”的情况下就能够读取整篇文章，他们就能够迅速地对电子邮件做出反应。另外，电子邮件信息必须通过标题栏和首段来吸引读者。如果内容篇幅超过一个屏幕，那么开头的内容必须引起读者足够的兴趣，以引导他们继续往下读。给你的下属发送电子邮件比较容易，因为人们一般会通读主管发送的电子邮件。但是，在给其他人、其他单位或组织以外的人发送电子邮件时，就应特别注意篇幅。

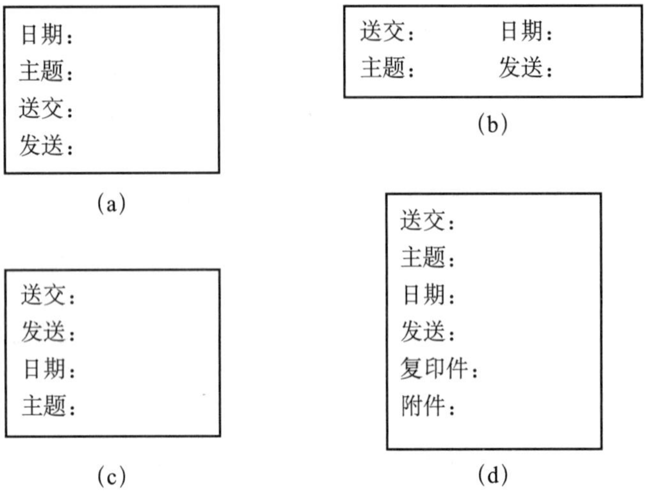


**图 14－1　备忘录的格式**

### 3. 商务信函

商务信函主要作为组织外部信息传递的方式。信函应该写在印有组织抬头的信笺上，通常使用质量较好的纸张。具有抬头的信笺上印有组织的标识（通常是彩色的）、地址、邮编和电话号码，以便查看或进一步联系。信函包含信息接收者的姓名、称谓以及地址。信函的篇幅一般限制在 1～2 页。较长的信息宜采用附件的形式。信函以结束语、签名、职务头衔和日期作为结尾。信函需要签名。信函的格式可不拘一格（见图 14－2），有些组织还喜欢将其设计成风格独特的样式。

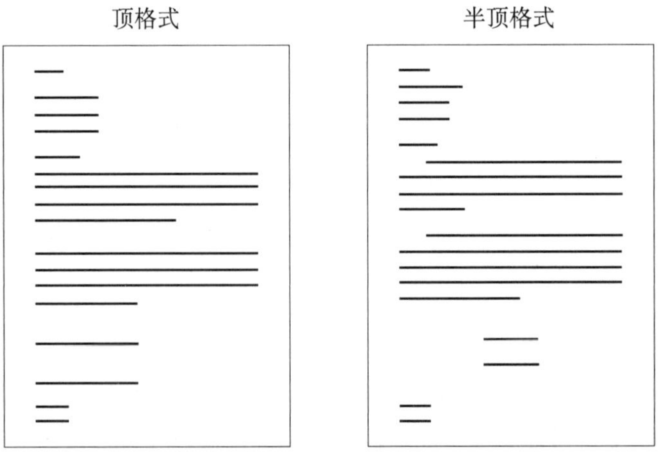


**图 14－2　信函的格式**

# 第 4 节　商务信函的结构、种类和标准

## 一、商务信函的结构

商务信函主要包括三个部分，即开头段、中间段和结尾段。

**1. 开头段**

“良好的开端是成功的一半。”做事如此，商务信函的写作也不例外，因为开头段的好坏决定了能否吸引读者阅读，能否满足读者需求，能否实现信函的目的。因此，开头段应遵循以下原则：

（1）符合信函的目的和读者需求。根据信函的不同种类、目的和读者需求，可以在肯定性或说明性信函中以主题和好消息开始，在负面性信函中以主题和缓冲的表述开始，在劝说性信函中以主题和容易激发兴趣的陈述开始。

（2）给人以周到、礼貌、简洁明了的感觉。无论是哪种类型的商务信函，其开头段都应达到吸引读者往下读的目的。因此，一般来讲开头段相对比较短，应采用积极的口吻，运用礼貌且谈话式的语言，避免不必要的重复。

（3）检查信函的完整性。开头段的作用是将关键内容置于一个明确界定的背景之中，因此，必须从复函日期及事宜的准确性、句子的结构、段落本身的逻辑性等方面检查开头段是否完整。

**2. 中间段**

根据内容的多少，中间段可以是一段，也可以是 2～3 段。中间段要在开头段所提及的主要内容的基础上，对信函中涵盖的资料、数据进行富有逻辑性的、简要而清晰的描述。比如，投诉的准确程度、在销产品的益处、支付程序等。此外，也可以提供表格或图片以支持有关表述。

**3. 结尾段**

除了对整篇信函做全面归纳，结尾段的主要作用是简明扼要地从“5W1H”出发，阐明撰写者希望读者采取的行动，即何时（when）做、何处（where）做、由谁（who）做、做什么（what）、为何（why）做以及如何（how）做。要鼓励读者付诸行动，如支付有关款项、订购某种产品、接受某项服务或满足加薪的要求等。由于行动陈述是商务信函的整个理由，因此，关于采取行动的要求一般出现在信函结尾处以达到加深印象的目的。最后应表示真诚的赞扬，并以友善的口吻结束。

## 二、商务信函的种类

就其沟通目的和形式而言，商务信函可以分为肯定性信函、说明性信函、负面

性信函和劝说性信函四种。

**1. 肯定性信函**

肯定性信函的主要目的在于向读者提供好消息，便于读者正确理解，消除负面影响，即你同意做某事、答应某个要求，如发送货物、提供服务、支付款项、出席会议等。肯定性信函包括确认信、致谢信、祝贺信和含有好消息的投诉回复信等。其基本结构为：

（1）告知好消息，综述要点。

（2）列出细节和背景资料。

（3）积极地说出可能的消极因素。

（4）阐明读者受益之处。

（5）结尾充满友善、关怀和期待。

例 1：

尊敬的王茵女士：

您好！

据我们蓝航公司餐饮部主任李波报告说，在您 6 月 1 日乘坐我公司航班从上海飞往昆明的途中，您的餐盘中发现了一只蟑螂。在此请接受我公司对您的最诚挚的歉意，真心希望我们不会因此而失去一位像您这样宝贵的顾客。

毫无疑问，这件事引起了有关机场和部门的高度重视。这次事件可能是由于我们质检程序的偶尔疏忽造成的，尽管我们尽一切努力避免类似事件的发生。

我们非常感谢您在这一事件中所表现出的豁达态度，并且希望这件事不会破坏您对蓝航公司的良好印象。感谢您乘坐我公司的航班。

此致

客户关系部田经理

2022 年 6 月 6 日

点评：

在这封肯定性信函中，首先对于顾客的抱怨做出了积极的反应，并把对方称为“宝贵的顾客”，然后解释了公司所采取的积极措施，最后结尾处则表达了建立良好关系的愿望。

**2. 说明性信函**

说明性信函既不肯定，也不否定，因此也称作中性信函。许多商务信函均可归入此类，包括组织的内部文件、评估信、个人证明、推荐信、资质证明等。说明性信函的主要目的是向读者说明情况，便于读者了解有关信息。其基本结构为：

（1）陈述主要观点。

（2）提供背景资料。

（3）列举有关细节。

（4）结尾表明友善及乐意提供帮助。

例 2：

尊敬的凌先生：

您好！

现答复贵公司 7 月 4 日的来函。我们一直认为金诚公司是一家很可靠的公司，多年来，我们一直为该公司提供货物。实际上，我们所收到的很多订单都大大超过 500 万美元。因此，我们觉得为该公司提供 500 万美元的信用几乎没有什么风险。

如果您需要任何详细资料，请再与我方联系。

此致

信用控制部焦经理

2022 年 5 月 6 日

点评：

在这封说明性信函中，首先，迅速点明主题，并及时提供一些有关该公司的信息；然后，提供更多的细节（如与该公司做生意的时间），进一步增强信心（很多订单都大大超过 500 万美元）；最后，结尾处提出希望能对对方有所帮助，以有利于建立良好关系。

**3. 负面性信函**

（1）负面性信函概述。负面性信函是一种否定性信函。在这类信函中，你不得不拒绝某人或某事，或者提出批评而非表扬。负面性信函的主要目的在于告知读者坏消息，让读者阅读、理解并接收该消息，同时保持组织或撰写者已有的良好形象和信誉。这类信函包括否定信、拒绝信、纪律警告或处分信、不良业绩评估信、解雇信、开除信等。其基本结构为：

1）缓冲语开头。

2）令人信服的理由。

3）明确而婉转的陈述。

4）有益的、友好的、积极的结尾。

（2）缓冲语。缓冲语是为了帮助拖延坏消息报告时间的中性或较为积极的表述。有效的缓冲语能够达到帮助读者树立良好心态的目的。换言之，缓冲语既不涉及任何负面信息，也不暗示会有肯定的答复，只是提供一个转入主题的自然过渡。

负面性信函的缓冲语包括以下几种：

1）表示谢意，即对顾客购买产品或关注你的公司表示感谢。

2）表示赞赏，即对顾客以某种正常渠道或理智的态度反映公司存在的问题表示赞赏。

3）表示同意，即有可能的话，对顾客提出的有关意见加以肯定。

4）表示理解，即对顾客对于产品、服务及公司的抱怨表示理解。

（3）负面性信函的写作技巧。负面性信函撰写起来比较困难，因为对人说

“不”总会有影响双方良好关系的风险，因此，在撰写这类信函时，必须掌握一定的技巧以弱化这一影响，保持已有的良好关系。图 14－3 给出了负面性信函的写作技巧。

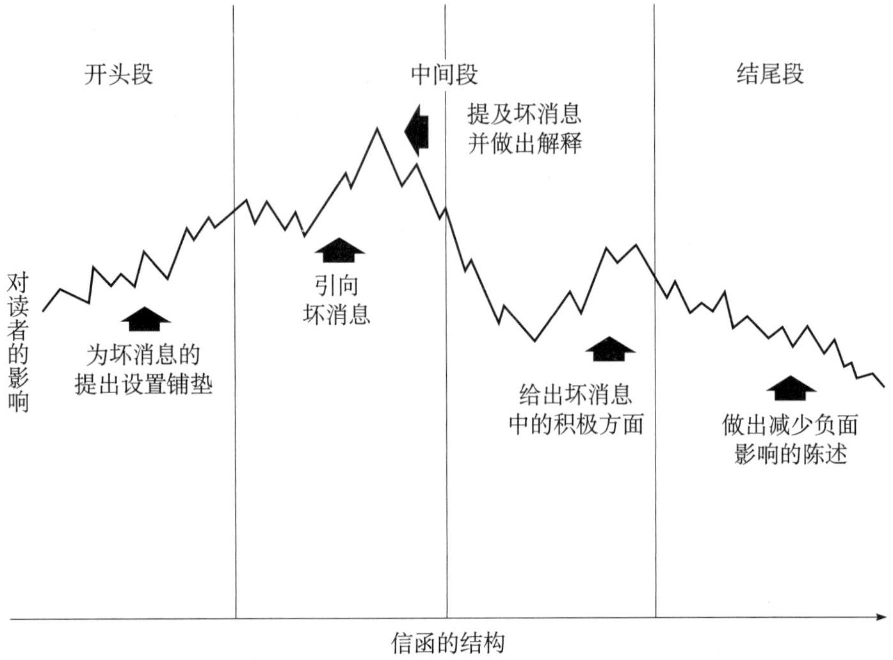


**图 14－3　负面性信函的写作技巧**

如图 14－3 所示，负面性信函的首段在适当地运用缓冲语之后，应为坏消息的提出设置铺垫，然后逐渐引向中间段，即提及坏消息并做出解释；之后，为了减少该坏消息的负面影响，尽量给出坏消息中的积极方面；最后，做出减少负面影响的陈述。

例 3：

尊敬的田波先生：

我对于贵公司在今年 5 月即将举办的公司交流研讨会的计划非常感兴趣，同时我相信这一倡议一定会得到各公司的广泛支持和欢迎。

也非常感谢您邀请我做大会发言。不过十分遗憾的是，今年 5 月我将出访考察，因此届时不能出席研讨会。

在此我愿意推荐我的同事张阳，他将是一个理想的发言者。他在人力资源部已任职 8 年，在此期间他曾亲自组织了数次颇为成功的活动。我相信，如果时间允许的话，他会很乐意参加此次研讨会并做大会发言。是否采纳我的建议，请告知。如果可以的话，我将让他与您联系。

预祝研讨会圆满成功！

欣成

2022 年 3 月 6 日

点评：

在这封负面性信函中，首先，对举办研讨会的想法表示了令人高兴的诚挚的赞许，而将令人不快的内容放到了信函的后半部分，以弱化负面性信函的影响；然后，解释不能接受对方邀请的原因，而不是率直简单地说“不行”；最后，提供其他选择以表示撰写者的诚意，结尾处表达了良好的祝愿。

例 4：

尊敬的马先生：

您好！

首先非常感谢您购买我们的产品，同时也为我们的产品给您带来的不便感到抱歉。

另外，我们也想告诉您，也许您没有注意到我们的产品保修期是 3 个月，而您是在去年 5 月购买的。

尽管如此，我们仍然愿意为您提供方便优质的服务，但需按保修期外的标准适当收费。

我们衷心希望您的问题能够尽快得到解决，让您能够尽情地享受我们的产品给您带来的快乐。

附：我公司的维修站点和电话。

公司服务部康经理

2022 年 3 月 10 日

**4. 劝说性信函**

在这类信函中，你需要推销某个观点、某种产品、某项服务或你自己，努力改变读者的态度，使其从不感兴趣或漠不关心到产生兴趣，最终做你希望他们做的事情：同意你的要求，采纳你的建议，购买你的产品，接受你的服务或录用你等。劝说性信函包括催款信、建议书、推荐信、推销信等，其主要目的在于让读者采取一定的行动，提供读者采取行动所需的足够信息，消除所有阻碍行动的反对意见。其基本结构为：

（1）吸引注意力。

（2）激发兴趣。

（3）阐明益处。

（4）明确行动步骤。

（5）友善结尾。

例 5：

**友情提醒**

尊敬的住户：

贵单元电表今日已抄，请根据您用电的情况于 7 日内在中国工商银行缴费存折中备足存款，并于15日后向中国工商银行索要收费发票。如无发票，可能是由于存款金额不足，不够扣除电费，请抓紧补足存款，以免引起不必要的麻烦。

谢谢合作！

联系电话：58002033。

市供电公司电费组

2022年5月7日

点评：

这是一封电费催款函，首先，以“友情提醒”字样友善地吸引读者的注意力；然后，要求采取行动并告知行动步骤；同时，通过阐明采取行动的益处使信函更具说服力；最后，结尾处提供容易记忆的联系电话，表达友好、合作的意愿。

## 三、商务信函的标准

出色的商务信函应该达到以下六个标准：

（1）清晰。读者可以毫不费力地领会撰写者的意图。

（2）完整。解答读者所有的问题，提供采取行动所需的相关信息。

（3）准确。信息准确无误，标点符号、语言运用、表述方式及语气不会引起异议。

（4）省时。信函的组织简洁明了，有助于读者在短时间内阅读相关内容并采取行动。

（5）树立良好信誉。信函表现了撰写者及其所代表的组织的良好形象，有利于树立其良好信誉。

（6）建立友善关系。信函从读者的角度出发，急读者之所急，想读者之所想，在撰写者与读者之间建立起友善的关系。

# 第5节　有效书面沟通的策略

为达到上述书面沟通的标准，掌握必要的书面沟通策略是关键。

**策略之一：正确运用语气**

语气可以揭示撰写者对待读者的态度，它对书面沟通的有效性起到制约的作用。语气很微妙，它不仅受到文化和习俗的影响（如某个群体中能够接受的语气，换到另一群体往往会变得无法忍受），而且受到权力的影响（如上级对下属友善的表述，反过来用于下属对上级时，会显得傲慢无礼）。

例6：

收件人：张总

发件人：小王

日期：2021 年 9 月 15 日

关于：包装香蕉新方法

张总，您知道，对香蕉业来说，如果能明显减少运输损耗、降低成本，意味着什么？利润！

很幸运的是，我们又一次找到了一个良方。据我们认真计算，如果采用这种方法，可以使公司的运输损耗降低 10%，总成本减少 5%，由此带来利润增加 7%，同时客户会因为更加方便而感到满意！我们的方法是：改进香蕉包装方式！采用更小的包装更便于集装箱装运，无须销售商分拆，顾客可以整包购买小包装香蕉。

新包装方式已从技术上、经济上证明是可行的，敬请张总考虑采纳，予以批准。同时因涉及多个部门的合作，需您协调。

敬请考虑。

点评：

在这封小王给张总的建议即改进香蕉包装方式以减少运输损耗的备忘录中，小王的出发点是好的，建议也不错。但由于他运用了不恰当的标点符号和表述（如感叹号的使用，以及“意味着什么”“考虑采纳”“需您协调”等），传达了一种盛气凌人的语气，导致该信息无法为对方所接受，更不用说让其采纳了。因此，为了正确使用语气，撰写者应始终坚持换位思考，采用读者能够接受的语气，而非撰写者随心所欲的语气。例 7 是对例 6 的修改。

例 7：

收件人：张总

发件人：小王

日期：2021 年 9 月 15 日

关于：包装香蕉新方法

香蕉是不宜保存的食品，具有易腐烂的特点，这给我们公司的香蕉运输带来了麻烦。采用以往的包装方法，香蕉的腐烂率达 8%，这使我们的成本加大；采摘六分熟的香蕉可使腐烂率大幅下降，但是口味又会受到影响。针对这个问题，我查阅了一些资料并询问了有关专家，掌握了一种新的包装方法，可使腐烂率降低到 2%，又不会因采摘半生的香蕉而影响口味。

不知您对这一方法的看法如何，假如您认为该方法可取的话，我想将它在本公司推广，这需要您的大力支持，并帮助协调各部门之间的关系，以使新方法得以顺利采用。

正确的语气不仅有助于读者正确理解，而且有利于展示撰写者及其组织的良好形象，保持良好信誉，从而建立与读者的良好关系。表 14－3 列示了两种语气的比较。

表 14－3　两种语气的比较

| 拙劣形象型 | 良好形象型 |
| --- | --- |
| 我不懂你是什么意思 | 请把你的要求重复一遍 |
| 我们无法保证货物马上送到 | 我们会尽快送货 |
| 所附账单有误 | 请再核实一下您的账单 |
| 该商品的缺损不是我们的错 | 该商品是在装运过程中损坏的 |

要保证语气正确，应该遵循以下原则：

（1）专业但不僵硬。

（2）友善但不虚伪。

（3）自信但不傲慢。

（4）礼貌但不卑微。

**策略之二：克服书面沟通的心理障碍**

一项对组织中管理者的调查显示，当被问及他们在写些什么时，多数的回答是“写那些不得不写的文件”。很少有人说他们喜欢埋头写公文。对多数人而言，“写”是一件令人不快的工作——麻烦事、头疼事，因此，急于打发，草草了事。殊不知他们的草率或疏忽有可能会酿成大错，给企业带来不必要的损失。本章前面提及的上海某学校因广告有误而引起的纠纷，不仅耗费了精力、人力、时间，损害了信誉，还为之付出了高昂的代价。

之所以强调书面沟通的重要性，是因为书面信息具有永久性，而且会展示给他人看，可作为凭证或法律依据。如果内容或形式有任何不妥，后果将是不可挽回的。有些人对写作比较头疼，其中一个重要原因是他们误以为写作是一种需要灵感的艺术。写作的确是一门艺术，但是它并不一定需要灵感。只要愿意学习，不断实践，就能提高写作的技能。心理学家罗布特·博爱斯指出，要克服写作的心理障碍，撰写者必须做到：

（1）积极参与公司的活动。与公司其他成员交流得越多，沟通得越充分，对公司及其文化和背景的认识就越深刻，写作起来就越得心应手。

（2）掌握各种写作技巧。优秀的撰写者往往通晓各种写作技巧，这些写作技巧使他们下笔如有神，妙笔生花。

（3）树立写作的自信心。坚信只要自己不断勤学苦练，定能越写越好。

（4）就写作问题多与他人交流。要重视你的同事的反馈信息，并就写作方面的问题和技巧经常与他们交流，从而提高自己的写作水平。

**策略之三：对不同个体进行分析**

在决定进行书面沟通前，有必要根据以往与读者的交流经历对其进行个体分析，以便增强针对性，实现有效沟通。运用迈尔斯-布里格斯的四维性格测试法可以揭示读者在书面沟通过程中的偏好。图 14－4 揭示了性格与书面沟通方式偏好的关系。

（1）内向型与外向型。内向型读者喜欢先思考后发言，备忘录的形式可以给读

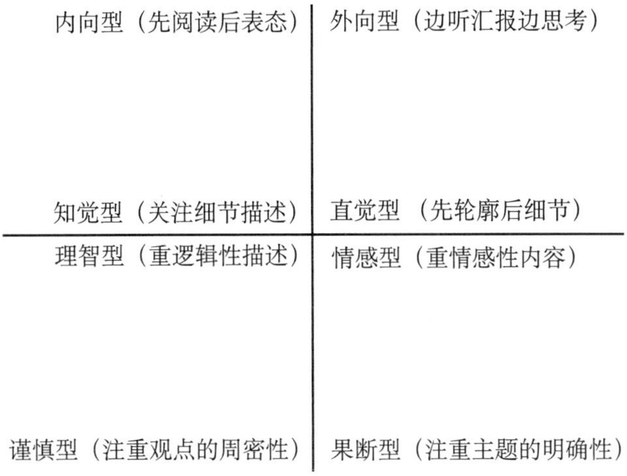


**图 14－4　性格与书面沟通方式偏好**

者以充分考虑的时间，然后再做出反应。

外向型读者喜欢边干边思考，他们一般偏好口头说，不爱动笔写。

（2）知觉型与直觉型。知觉型读者做出决定的过程比较缓慢，他们注重实事求是，喜欢追根究底。因此，这类人偏好阅读推理清晰、准确的文章。

直觉型读者善于解决问题、勇于创新。因此，这类人首先会关注文章的轮廓，其次才关注细节部分。

（3）理智型与情感型。理智型读者依据逻辑和抽象规律做决定。因此，这类人注重文章中的逻辑方面而非情感方面。

情感型读者关注自身和他人的感觉，极富同情心。因此，这类人注重文章是否满足了人们的情感需求，同时让组织受益。

（4）谨慎型与果断型。谨慎型读者喜欢确定事物的可能性或可行性，决策迟缓。因此，这类人关注文章中的观点是否经过深思熟虑。

果断型读者喜欢快速决策，做出一项决策后又快速转入另一个主题。因此，这类人关注文章对主题的表述是否简洁明了。

## 本章小结

对信息技术过于夸张的宣传似乎使书面沟通变得多余，然而，正如商务沟通专家戴斯蒙德·埃文斯所断言的，尽管 21 世纪将目睹邮递员的销声匿迹以及家庭电子邮件的兴起，但是商业信函及公共服务信函将继续以每年数以亿计的规模穿梭于世界各地。书面沟通在组织运作的各个环节（包括营销、公共关系、客户服务及签署合同）中仍然起着非常关键的作用。事实上，书面沟通不仅在传递信息或劝说方面显示出其重要性，而且对保持组织的信誉、创新及专门技术方面的形象也起到了极其重要的作用。因此，善于进行有效的书面沟通对于管理者而言是一项必不可少的技能，他们必须遵循目的明确、简明扼要及换位思考的书面沟通基本原则。

## 讨论题

1. 书面沟通的特点是什么？
2. 为什么说商务写作不同于一般性写作？
3. 商务信函主要有哪几种类型？试比较它们各自的沟通目的。
4. 有效书面沟通的标准是什么？
5. 语气在书面沟通中的重要性如何？
6. 书面沟通的心理障碍有哪些？如何克服？

## 情境模拟

从花旗银行出来，萧娜踌躇满志，对自己面试时的出色应对感到无比自豪，自信这份工作非她莫属。一切都进行得很顺利，她精心设计的简历更是无懈可击。

练习要求：组成六人小组，按以下步骤进行。

步骤一：小组中的三位成员将代表这家银行，分别写信给萧娜并告知：假如她多一些经验的话，一定会被录用，并且鼓励她不要气馁。写作时间为十分钟。

步骤二：十分钟之后，扮演萧娜的其他三位小组成员分别从代表银行的三位成员处收到银行的信函。开始阅读。

步骤三：三位萧娜阅信后，就自己的感受在小组中进行交流，确定信函是否符合撰写者的预期。

步骤四：小组成员一起分别对三封信进行分析，然后做出修改。

## 写作技能训练

1. 小马是一家小轿车行的业务员，他做了几笔贷款购车生意，可是车主却到期不还钱。请帮助小马拟一封催款信。

2. 收集不同的商务信函的例子，也许是你作为客户或住户从公司或公共机构收到的信函。

(1) 对每封信函进行归类：是肯定性的、说明性的、负面性的还是劝说性的？

(2) 以有效书面沟通的标准对信函做出评价。

(3) 撰写者采用的语气是否适当？

(4) 信函中的开头和结尾运用了什么技巧？

(5) 你对信函做出了什么反应？你认为这是撰写者所期望的吗？

## 案例分析

### 一颗日本桃子引发风波

农夫山泉“翻车”了！“大自然的搬运工”，这次搬起石头砸了自己的脚！

有网友在社交平台上爆料，农夫山泉新推出的一款苏打气泡水，在宣传时使用了“拂晓白桃产自日本福岛县”的字样。此地正是日本发生核泄漏的福岛县。

**取材自日本福岛县白桃？农夫山泉新品气泡水引争议**

“拂晓白桃产自日本福岛县。”这是农夫山泉官方公众号2021年4月1日发布的一篇推送中对自家新款产品“拂晓白桃味苏打气泡水”的介绍。此外，媒体报道的图片显示，疑似在一家超市的该产品宣传物上，也特别注明了“福岛县产 ATAKUTI 桃”的字样。

拂晓白桃，这款有着听起来颇为文艺的名字的水蜜桃，是日本福岛县的代表桃品种。“产量高，甜度高，个头大”曾是不少人对它的评价，但自 2011 年福岛县核泄漏事故后，拂晓白桃便再也摘不去“核污染”标签。

在海关总署官网上，广州海关 2020 年 3 月在回复“关于 2011 年发布的禁止进口和销售日本核辐射地区食品的禁令目前是否解除?”的问题时明确表示，目前禁止从日本福岛县、群马县、枥木县、茨城县、宫城县、新潟县、长野县、琦玉县、东京都、千叶县等 10 个都县进口食品、食用农产品及饲料。

同时，在海关总署 2019 年发布的《获得我国检验检疫准入的新鲜水果种类及输出国家/地区名录》中，允许从日本进口的水果只有苹果和梨。

**“要么是真福岛县，要么是假宣传”**

在消费者的质疑声中，农夫山泉 6 月 27 日回应称，该款气泡水的配料中没有从日本福岛县进口的成分。农夫山泉产品的标签标示符合相关法规要求，并无任何错误或误导。

“拂晓白桃原产于福岛……我们研发人员依据拂晓桃的独特风味，创制了类似拂晓桃风味的产品，与拂晓桃产地没有关联。”农夫山泉辩称。

农夫山泉“创制风味”的回应并未平息舆论的质疑，同时将自己推向了广告虚假宣传的一边。有网友评论：“虚假宣传误导消费者，或者原料取材自福岛县，总得承认一个。”

6 月 27 日，浙江省建德市市场监督管理局发布关于农夫山泉拂晓白桃味苏打气泡水原料来源有关情况的调查通报：2021 年 6 月 27 日，建德市市场监督管理局组织执法人员，对位于建德市新安江街道的农夫山泉（建德）新安江饮用水有限公司生产车间进行现场检查。经核实，农夫山泉拂晓白桃味苏打气泡水的生产原料无从日本福岛县采购的情况。

“从农夫山泉微信公众号的表述看，一款气泡水在宣传语上写有‘拂晓白桃产自日本福岛县’，就是说这款饮料使用了福岛县出产的白桃作为原料。”北京市律师协会消费者权益法律专业委员会副主任耿军向中新网表示。耿军认为，消费者质疑后农夫山泉在回应中否认福岛县原料成分，却以福岛县白桃作为卖点进行宣传，明显是在误导消费者。此举涉嫌构成虚假宣传。

北京清律律师事务所首席合伙人熊定中同样认为，农夫山泉的行为已涉嫌虚假宣传。“‘原产自’和‘产自’是两个概念，‘产自’从一般人的角度理解，显然只能是产地。监管机构检查结果除了证明该产品无毒无害之外，同时也是虚假宣传的查处依据了。”熊定中称，此事件还构成对消费者的欺诈行为。据《侵害消费者权益行为处罚办法》第五条，经营者提供商品或者服务不得销售伪造产地、伪造或者冒用他人的厂名、厂址、篡改生产日期的商品；据第十六条，经营者有本办法第五条第（一）项至第（六）项规定行为之一且不能证明自己并非欺骗、误导消费者而实施此种行为的，属于欺诈行为。

**屡试不爽的“原产地宣传”，为何翻车?**

细观农夫山泉的营销之路会发现，“原产地宣传”是其屡试不爽的套路。

从“农夫山泉有点甜”绑定了千岛湖水源地，到“武夷岩茶为茶底，加入意大利新鲜柠檬汁”的茶 π，再到“源自名茶产地武夷山”的武夷山泡茶山泉水，以及对标 3 元区间天然矿泉水品类的“长白雪”……就连此次引发争议的苏打气泡水，除了标示水果来源，农夫山泉也特意点出“有水源地的苏打气泡水，取水自农夫山泉天然水源地浙江千岛湖。”

让农夫山泉在用了多年的老招数上翻了车的白桃，是何方神圣？

不同于水蜜桃、油桃、蟠桃，白桃对于国内消费者而言还属于相对陌生的一个桃品类，而白桃口味在国内的流行多少受到了日本文化的影响。就如同樱花口味的风靡，粉嫩、明媚，颜值高且带有“少女感”——日本最早开始在食品饮料的口味上选择白桃来营造一种可爱的氛围，这或许也是农夫山泉此次“碰瓷”日本白桃的原因。

夏季饮料大战中，白桃口味是一个出现频率很高的存在。百事可乐推出“太汽”系列白桃乌龙味可乐；可口可乐旗下的AH! HA! 小宇宙气泡水就有白桃乌龙茶味；华润怡宝的低浓度果汁饮料，也增加了“桃桃假日”新品，标注称“精选优质国产白桃汁”……

一个口味走向流行，自然离不开大批品牌的跟风和复制，要说带动白桃味气泡水风潮的，不得不提气泡水的头部品牌元气森林。元气森林最初推出时爆红的口味就是白桃味，也让后续品牌在采取“跟随策略”时，产品口味上一定无法回避它。

实际上，这并不是农夫山泉首次推出气泡水产品。2020年，农夫山泉曾推出过一款名为“TOT”的含气碳酸饮料，有米酒、柚子绿茶等口味。

农夫山泉长久布局气泡水的原因，从其2020年财报中可以看出端倪。农夫山泉2020年传统模块的销售收入都有所下滑，气泡水、咖啡饮料、植物酸奶等其他品类却逆势增长，10.54亿元的收益较2019年上升135.8%，占总收益的百分比也从1.9%提升到4.6%，是农夫山泉旗下5类产品中唯一一个实现正增长的品类。

但想要耕耘气泡水领域，除了要面对像自己一样闻风而来的抢食者，最难撼动的自然是头部品牌元气森林。除了跟风网红爆款的口味，农夫山泉又打出功能性的卖点，在“0糖0脂0卡”的基础上，衍生出“0山梨酸钾”的宣传。

山梨酸钾是一款常见的食品防腐剂，在不少碳酸饮料中都有添加。农夫山泉在宣传中却称其“拥有先进的无菌生产线，所以产品无须添加山梨酸钾”。但相对于正中消费者怕胖心理的“0糖0脂0卡”，农夫山泉的“0山梨酸钾”似乎显得不那么接地气。此番宣传中，农夫山泉进一步打出“日本水果牌”，却没想到翻了车。

**中新微评：“大自然的搬运工”，搬起石头砸了自己的脚**

打着国民品牌的旗号，却要蹭日本水果的热度，农夫山泉面对的这场风波，对类似商家也是一种警示。曾经，通过和外国扯上关系让自己显得“洋气”是品牌屡试不爽的套路。但随着我们文化自信越来越强，外国的月亮早就不比中国圆了。消费者逐渐成熟，商家若还在原地踏步，“大自然的搬运工”搬起石头砸自己的脚就在所难免了。

资料来源：左宇坤．一颗日本桃子引发风波，农夫山泉不甜了！．(2021-06-28). http://www.chinanews.com/cj/2021/06-28/9508840.shtml.

**[思考题]**

1. 农夫山泉有关新款产品的介绍为什么引来消费者的质疑？本案例揭示了怎样的管理沟通问题？

2. 面对消费者的质疑，农夫山泉做出了怎样的回应？请对公司的反馈做出评价。

3. 请根据书面沟通应遵循的原则，谈谈在撰写广告时应注意哪些方面。为什么要强调换位思考？

4. 请结合本案例，谈谈书面沟通的严谨性和法律效应。

15
Chapter

# 第 15 章
# 压力沟通

我们征服的不是山峰，而是我们自己。

——埃德蒙·希拉里 1953 年登顶珠穆朗玛峰后的名言

## 学习目标

1. 明确压力的定义
2. 探究组织中压力的来源
3. 了解压力的影响范围
4. 认识压力的危害
5. 提高识别压力的能力
6. 掌握缓解压力的沟通方法

## 引导案例

### 雷明糟糕的一天

雷明住在上海市松江区，上班地点在浦东。他每天早上 6：00 必须起床，但今天晚了半个小时，所以根本就没有时间吃早饭。当准备开车去上班时，他想起轮胎该充气了，但充气的店铺要到 7：30 才开门。更糟糕的是路上严重交通堵塞，让他又一次被耽搁了。在公司，雷明今天有很多事要做，他约见了一位新客户，谈成这笔生意对公司开拓新加坡市场至关重要。

雷明 8：52 才到达办公室，他只有 8 分钟时间来阅读那位新加坡客户的资料。8 分钟远远不够，他最终花了 15 分钟。当他奔向四楼的会议室时，又绊了一跤把脚踝扭了，这时他根本没有时间考虑会不会是旧伤复发。当雷明一瘸一拐踏入会议室的门时，在场的每一个人已经等了他至少 10 分钟。他感到极度沮丧，因为这原本是一次向领导展示他有处理业务大单能力的绝好机会。尽管领导没说什么，但雷明可以感觉到领导有些许不高兴。

接下来的一切都如一开始时一样糟糕。他早已忘了要给妻子买生日礼物，也根本没有时间去买礼物，回家还不得不面对失望的妻子。回到家后，他已经筋疲力尽了，根本没有胃口，到凌晨 2 点才睡着。他不断地回想起刚刚经历的一天……

---

相信大多数人都会同情雷明，因为我们也会时不时地经历这样的一天，也会碰到各种各样的压力。而且随着时代的发展、竞争的加剧、工作节奏的加快，工作压力与日俱增。

中国科学院心理研究所“社会转型期不同职业群体主要社会应激源与心理健康研究”课题组的调查显示，20～30 岁的人群感到压力最大；31～40 岁的人群次之。该调查认为，人生压力的普遍加剧已成为不容忽视的社会危机。

常言道，人无压力轻飘飘。的确，适当的压力能够提高工作效率，产生满意感，在事业上有所成就和回报。但是，工作中过多的压力也会导致效率低下，工作绩效欠佳，并对身心健康产生负面影响。事实上，在实际工作和生活中要达到压力与工作绩效这两者的平衡并非易事。在如何看待压力的问题上，可谓“仁者见仁，智者见智”。

## 第 1 节　压力的来源

压力是指所有扰乱人们心理、生理健康状态的因素。它给人以一种焦虑、紧张和重压的感觉。

工作中的种种变化，如新技术的引入、工作目标的更改，都可能导致压力。而且，压力是可以相互感染的，即任何因压力而导致工作不尽如人意的员工都可能给下属和上级增加压力（见图 15－1）。

导致压力反应的情境、刺激、活动等叫作压力源。压力源有多种形式。图 15－2 显示了几种主要的压力源：环境、组织、工作及个体。

### 一、环境压力源

环境的不确定性不仅会影响组织结构的设计，还会影响组织中员工的压力水平。

变幻莫测的市场会造成经济的不确定性。经济紧缩时，人们会担心自己的安全

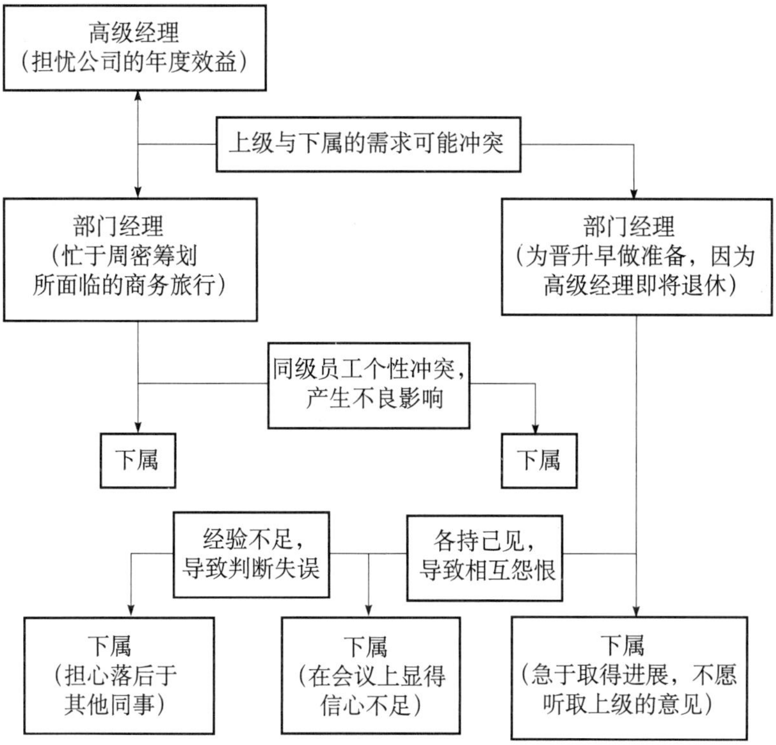


**图 15-1 某企业上下压力感染**

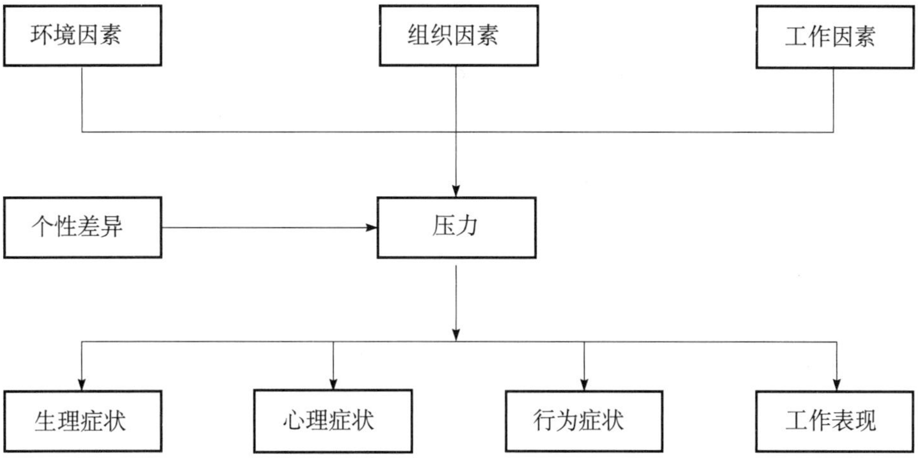


**图 15-2 压力源模型**

保障而产生压力感。例如，在 20 世纪二三十年代世界经济大萧条时期，自杀率明显上升。显然，经济衰退会导致压力水平的上升，因为与经济不景气相伴随的往往是工作岗位减少、失业人员增多、薪资下调等。现在，我国正处于经济发展的转型期，人们所承受的压力也越来越大。

社会的不稳定性和政治的不确定性也会给人们带来较大的压力。例如，美国"9·11"恐怖袭击事件的发生打乱了正常的政治、经济以及人们的生活秩序，使在美国工作和生活的人们压力感增强。

新技术的革新也会引起压力感。它会使一名员工的技术和经验在很短的时间内过时。电脑、自动化、机器人及其他形式的技术创新会威胁到许多人，从而使他们产生压力感。

一家跨国公司招聘策划总监，经过层层筛选后对三名佼佼者进行最后的考核。三名应聘者被带到一家豪华的饭店，分别安排在单独的房间里。房间内各种生活用品一应俱全，但是没有电话，也不能上网。考核方只是告诉他们，要耐心等待考题的送达。

第一天，三个人都略显兴奋，看看书报，看看电视，听听音乐，不知不觉地就过去了。第二天，三个人的情绪开始出现了不同：因为迟迟等不到考题，第一个人变得焦躁起来；第二个人不断地更换电视频道，或反复翻看某一本书；只有第三个人，跟随着电视节目的情节快乐地笑着，还津津有味地看书、踏踏实实地睡觉……第三天，考核的题目依然没有送达，第一个人开始在屋里不停地转悠；第二个人对电视节目完全失去了兴趣，不知所措地把几本书翻了又翻；第三个人则千方百计地在屋子里找事做，一会做点吃的，一会睡一觉。

三名候选人的一举一动都被传达到了主考官那里。五天后，主考官对三人说出了最终结果——能够坚持快乐生活的第三个人被聘用了。主考官解释说："快乐是一种能力，能够在任何环境中保持一颗快乐的心，可以更有把握地走向成功！"

资料来源：魏婷．快乐也是一种能力．小学教学研究，2007（5）：1.

## 二、组织压力源

组织中的许多因素都会引起压力感，下面就这些因素展开对压力的分析。

**1. 人际关系**

人际关系压力是指个体在与其他员工的接触过程中所带来的压力。人与人之间的关系构成了组织中主要的压力来源。良好的人际关系可以促进个人和组织目标的实现，而紧张的人际关系则会使员工产生相当的压力感，对于那些社交需求较高的员工来说，这种情况尤为普遍。另外，周围人的出席或缺席都会影响个人对抗压力的方式和面对压力的表现。工作伙伴在场会增加个人信心，从而有效地减轻压力。例如，在一个充满压力的环境中，跟一个有信心、有能力的工作伙伴在一起会使其他人也和他一样表现得自信。相反，同事的缺席会令人感到急躁不安，对抗压力的能力降低。

**2. 组织结构**

组织结构与组织文化有关。在等级森严的组织中，严格的规章制度和标准化的管理模式代表的是一种封闭式文化。在这样的组织中，员工不仅缺乏参与决策的机会，而且会感受到多重约束和压力。

**3. 领导者风格**

如果组织中从一线管理者到高层管理者都采用利用-命令式或任务导向型管理

风格，就会导致员工的紧张、恐惧和焦虑情绪。他们对员工的控制过于严格，并经常严厉批评和指责达不到其要求标准的员工，使员工因时时刻刻处于压力的包围之中而无法自拔。这种压力对组织发展具有明显的消极影响。有时因这种压力得不到正常的宣泄，个别人甚至会走极端（第 2 章和第 4 章有更为详尽的论述）。

**4. 社会支持**

通俗地讲，社会支持就是社会关系网络。组织中的成员会充分利用这种社会关系网络来获得各种信息。有些人消息灵通，八面玲珑，表现出明显的优势；有些人则孤陋寡闻，信息匮乏，明显处于弱势。渐渐地，后者会产生被孤立感和自卑感。

**5. 决策参与度**

不同组织在做决策时，员工的参与态度是不一样的。一般来说，有两种极端情形：一种情形是把员工看成一些完全无意识的人，是机器的附属物，因而完全排斥员工的参与；另一种情形则认为员工是最了解工作的，因而在决策中首先征求他们的意见。

研究表明，提高员工的决策参与度将使员工更加明确工作目的，这将有效减轻工作压力，提高工作质量。下面的例子很好地说明了参与度与工作压力之间的关系。

这是一家汽车零部件制造公司。两年前，公司决定引入一项新的营销战略，目的是成为业内成本最低的零部件提供商。高层管理者做出该决策时，没有征求中层和基层管理者的意见，也没有征求工人的意见，结果是灾难性的。所有人都觉得没有归属感，工人认为，“没有人询问过我，我将一如既往地工作，而不会做出任何改变”。由于员工不合作，现在这家公司正处于破产边缘。

因此，一个健康发展的组织必须找到一种诚信交流的机制，保证上下齐心协力为企业发展的总目标而工作。

**6. 受重视程度**

在组织中受重视程度也会导致组织成员的工作压力。无论什么肤色、什么性别、什么职务，组织成员在不同的情形下，或多或少都会感受到不受重视的压力。

例如，有一位女性中层管理者，供职于一家高科技电子企业。在工作中，这位管理者发现，她的下属在与她谈话时表现得不屑一顾，在工作中也不按她的指示去做。更有甚者，有人会直接打断她的讲话。对于这位管理者来说，这类障碍引起的压力似乎无法克服。

## 三、工作压力源

有些组织的组织特征和工作环境将直接导致工作压力。例如，对于一个餐饮连锁企业来说，如果一味地追求满足顾客的特殊需要而不考虑企业员工的实际工作情况，往往会导致一些几乎无法达到的标准出台。一项研究表明，下列因素是工作压力的主要来源（括号内为员工认同的百分比）：不喜欢目前的工作（34%）；忙于应付目前的工作（30%）；工作太辛苦（28%）；同事关系有问题（21%）；老板难以相处（18%）。

工作压力源包括以下三个方面。

**1. 工作负荷**

工作负荷可以从多个角度来理解。从工作的数量上看，需要在一定时间内完成的任务量远远超过了工作说明书的范围或员工的承受能力。另外，从工作的性质上看，尽管任务量并不是不可完成的，但由于任务的复杂性和艰巨性，对技能的要求特别高，需要投入相当大的精力。

**2. 角色压力**

角色压力是指个人在组织中扮演的特定角色给其带来的压力。在一个缺乏沟通的组织环境中，组织成员往往由于对工作目标、工作预期、上级如何评价自己等问题存在不确定感而感到茫然，即产生角色冲突。角色冲突会使人感到无所适从，或虽使出浑身解数但仍无法令人满意。当角色预期不清楚、员工不知道该做些什么时，就会产生角色模糊感。角色模糊常使员工产生不安与困惑。表 15－1 列举了管理者经常遇到的角色压力。有许多原因会导致角色压力，如主管对员工的责任不明，主管对其上级的预期出错，或同时接受了两个相互矛盾的任务。

**表 15－1　管理者面临的几种典型的角色压力**

| | |
|---|---|
| 1. 角色模糊 | 工作责任不明确 |
| 2. 角色转换 | 在一个场景下是上级，在另一个场景下是下属 |
| 3. 预期出错 | 对上级的预期出错，不知道其期望是什么 |
| 4. 不现实的期望 | 被要求做不可能的事，如没有足够的资源、没有足够的时间等 |
| 5. 困难的抉择 | 被要求做出对下属不利的抉择，如解雇或降职等 |
| 6. 失败 | 没有达到预期效果 |
| 7. 下属的失败 | 下属令管理者失望 |
| 8. 超负荷的工作 | 在同一时间处理三个紧急事件 |

一般，由于角色冲突而产生的压力会直接导致工作压力上升。

**3. 工作特性**

在组织中，工作任务的性质差异也会因个体偏好的不同而导致工作压力。对于一些人来说，他们习惯于从事常规的工作，不喜欢或惧怕具有挑战性的工作；然而，对于另外一些人而言，他们愿意接受风险性或难度比较大的工作以体现自身价值，太平淡的工作会让他们感觉枯燥，从而失去对工作的热情。

根据心理学家的论断，一份好的工作应该既丰富多彩又具有适度的挑战性，以最大限度地激励员工努力工作。

## 四、个体压力源

每个人都有自己不同的个性、生活经历和沟通能力。而且，组织成员对待工作压力的态度及其处理工作压力的方式取决于多种因素，包括对环境的感知、过去的经历、压力与工作绩效的关系、个性差异等。

**1. 对环境的感知**

组织成员对环境的感知会影响其看待压力的方式。例如，两位经理正面临工作变动，这对很多人来说是很大的压力。其中一位经理把这次的工作变动当作一个学习新技术、新思想的好机会，一个接受新挑战的机会。另一位经理却认为这是个巨大的威胁，并且认定这次的工作变动是由于自己在工作上的表现不尽如人意。

**2. 过去的经历**

人们在过去的工作和生活中或多或少会遇到这样那样的压力，他们成功或失败的经历会影响到他们看待和处理目前遇到的压力的方式。换言之，过去相似情况下所取得的成功经验能够减少目前所面临的压力，而过去失败的经历则会增加目前所面临的压力。

**3. 压力与工作绩效的关系**

工作任务所导致的压力的大小与组织成员的工作绩效有着密切的联系。具有适度挑战性的工作会给个体带来适度的压力，而适度的压力能够激发工作热情，使工作绩效达到最佳水平；反之，太小或过大的压力都会导致工作绩效低下。

图 15－3 揭示了工作绩效与压力之间的一般关系，纵轴表示工作绩效的高低，横轴表示压力的大小。图 15－3 显示，当压力处于一个较低的水平时，工作绩效比较低下；当压力处于一个适当的水平时，工作绩效明显得以提升，甚至可达到最佳；然而，当压力超过适当水平时，工作绩效又会下降。

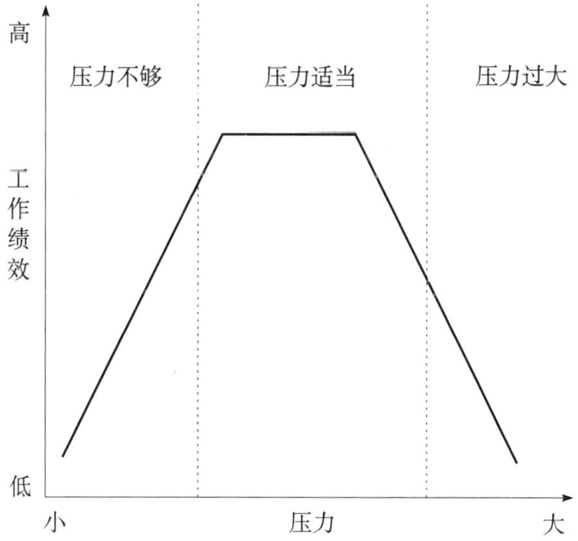


**图 15－3　工作绩效与压力之间的一般关系**

我们常看到这样的情形：球队因轻视对手，即压力太小，导致在球场上表现不佳，甚至大意失荆州；由于太紧张或太生气，即压力太大，队员表现得很拘束、太冲动，甚至失去理智，这也容易导致球队在球场上表现失常。

**4. 个性差异**

个性差异会导致员工以不同的态度来看待压力，并以不同的方式来对抗压力。

美国宾夕法尼亚州的一个研究机构对该类行为的研究显示，那些对外部具有强烈控制欲的企业管理者在危机中所承受的压力相对比较大，并且在事后的表现比较情绪化，或意志消沉，或表现出对立情绪。在同样的情况下，那些对内部有较强控制欲的企业管理者所承受的压力就相对比较小，他们往往更多地运用任务导向的方式处理问题，比如尽力解决问题，努力获取执行方案所需的主要资源。

科学家研究发现，A型和B型这两种不同的典型性格对于看待压力的态度和对抗压力的方式具有截然不同的影响。

（1）A型。具有A型性格的人总是忙忙碌碌，努力在最短的时间内获得最大的成就。A型性格的特点包括：

1）无论何时都有时间紧迫感。

2）求胜心切，大多数情况下会带有对立情绪。

3）对惰性很反感。

4）对克服工作中的困难缺乏耐心。

5）语速较快，性子急。

最早确认A型性格的是两位医学研究人员，他们在对早期心脏病患者的观察中发现了这种经常出现的性格模式。此外，极端A型性格者经常多虑、心事重重，对生活现状不满，并且喜欢对各种问题评头论足。

但是A型性格者也有其优点，他们常常将一些不好的消息看作机遇与挑战，因此更能承受工作的压力。

（2）B型。与具有A型性格的人相反，具有B型性格的人很少会渴望去实现越来越多的目标或参与越来越多的活动。他们很少会出现情绪过激的情况，而且在那些急于求胜的行为不合适或不重要的情形下，也很少会表现出急于打败对手的想法或带有攻击性的行为。同时，B型性格者对身份地位并不敏感，对成就的认同感也没有A型性格者那么强烈。

一些困扰A型性格者的问题往往在B型性格者看来并不重要。B型性格者在制定目标时会考虑得更多，且倾向于在抉择前尽量对更多的选择进行考察。他们总是认为有足够的时间把事情做好，但这并不意味着他们没有成功的欲望。

就像外向性格和内向性格一样，A型性格和B型性格虽然是完全对立的两种个性，但也可以同时存在，许多人同时拥有这两种特质。

有证据表明，A型性格者的行为特征与其心脏病的易发性有密切联系，他们患心脏病的可能性比B型性格者高近3倍。当然，A型性格者具有的特征也同时体现着成功所必需的行为方式：从不浪费时间、工作积极性高、目标清晰明确。这些都是合理、有效的，只是当这些行为走向极端的时候，才会产生或逐渐积累成对人们健康有害的压力。

此外，自我评价、对含糊问题的包容性、内向或外向及武断程度等许多个性方面的特点都会影响一个人所面临的压力。

# 第 2 节　压力的影响

压力又称作“隐性病”，这种疾病会在很多方面（如生理、心理、家庭、群体、组织及社会等）造成威胁。

**1. 对个体的影响**

一旦人体处于生理或心理的压力之下，某些激素（如肾上腺素）的分泌量就会增加，随之心律、血压、新陈代谢以及生理活动明显改变。虽然这种生理反应在短时期内能够提高工作效率，但从长远看，它对身体十分有害。

研究表明，长期的压力通常会导致许多疾病，包括高血压和心脏病。科学家普遍认为，长期的压力会提高心理或精神疾病的患病率；源于压力的行为变化，比如酗酒、吸毒，同样会给身心健康带来极大的危害。另外，人们一旦遇到压力，就无法慎重地做出决策。当产生自卑感时，情况尤为严重。那些迫于压力重负的人极有可能通过破坏行为来宣泄，给自身、组织及社会带来惨重的损失。

**2. 对群体的影响**

如前所述，压力是可以相互感染的，所以，压力会影响到整个工作群体及群体中的每一位成员。一旦某个工作群体的旷工率骤然提高，人员流动频繁，企业与顾客关系恶化，安全事故日益增多，质量管理混乱，这个群体便处于较大的压力之下，从而导致群体成员之间关系紧张、互相猜忌、互相推诿、不合作、缺乏信任。久而久之，就会导致群体的士气低下，失去昔日的凝聚力和战斗力。

**3. 对组织的影响**

组织中的工作压力会引发种种问题，使组织遭受各种损失。

（1）服务质量低。投诉增多，顾客减少，企业不得不耗费大量的时间去应对顾客的投诉，将更多的金钱花在更换产品和更新服务上。

（2）人员流动频繁。企业既要消耗时间重新培训员工，又要花费金钱重新招募员工或更换不合适的员工。

（3）信誉下降。企业不得不为重建产品、服务信誉而付出高昂的代价。

（4）形象变差。企业无法留住和吸引高素质人才或熟练员工，失去忠诚的顾客。

**4. 对社会的影响**

压力所导致的各种影响（如疾病、酗酒、吸毒、偏激行为）造成了许多社会问题，给公共服务部门增添了各种负担。

美国得克萨斯大学和密歇根大学进行的调查表明，外貌不仅影响人的工资待遇，而且影响人的健康状况。注重打扮自己的人比不关注自己外貌的人要健康长寿。

专家分析说，外貌影响健康是由一系列原因造成的。比如，外貌好的人遇到的挫折相对较少，心理状态和健康状况较好。人们注重自己外貌的习惯同时有助于人们关注自己的健康状况。经常对皮肤进行专业护理可以改善人的神经系统和胃肠系统功能，而这些系统功能的改善又首先体现在人的外表上，使人的外貌看起来更加健康美丽。使用化妆品可以帮助改变一个人的外貌，从而改善人的心情，提高自信心，这也有利于人的心理健康。对自己的外貌不满的人则容易产生心理压力，不利于健康。

资料来源：改善外貌提高自信有利于身心健康．（2007－08－26）．http：//www.100md.com/html/DirDu/2007/08/26/49/21/98.htm.

## 第 3 节　压力的识别

冰冻三尺，非一日之寒。压力作为一种心理、生理干扰因素，其形成是有一个过程的。如果我们能够在压力产生上述破坏性影响之前就予以识别，遏制其发展，就可以防患于未然，大大减少人力、物力、财力的损失，避免对个体、群体、组织及社会造成不可挽回的损失。

我们可以通过观察症状和测定压力程度的方法来识别压力。

**1. 观察症状**

仅凭一种症状并不能判断压力的存在——有压力者和无压力者同样可能患有心脏疾病，同样可能饮酒过量。压力承受者的一个共同特点是：多种症状并发。

（1）生理症状。在临床上由压力引起的最常见的疾病是高血压和心脏病，其次为失眠、长期疲劳、头痛、红疹、消化系统功能紊乱、溃疡、结肠炎、食欲不振或暴食，其中许多症状是在紧张事件过后出现的。压力引发的这些症状有时可能有致命的危险。另一些常见的症状具有一定的即时性，如恶心、窒息或口干舌燥。必须指出，所有这些症状也有可能是由压力之外的各种因素引发的，所以对自身承受压力的程度切勿草率做出判断。

（2）情绪症状。压力引发的情绪症状包括易怒、严重焦虑、意志消沉、情绪沮丧、性欲下降、丧失幽默感、精力不集中。当然，辨别压力程度的关键是了解反常的情绪波动和异常的行为举止。

最常见的由压力引起的情绪症状有：

1）遭遇冲突时容易激动或好斗。

2）对以往感兴趣的事情（如体育、娱乐、社交活动等）不再有兴致。

3）精力不易集中，记忆力下降，遇事犹豫不决。

4）忧虑、多疑、疲劳、冷漠，有莫名的失落感。

5）感到自卑，缺乏自信。

（3）行为症状。为了逃避压力，有些人沉溺于过量的饮食、吸烟、酗酒及挥霍。以往很少吸烟的人在压力下也许会变成烟鬼，以往很少喝酒的人也可能会变得嗜酒如命。这些人对反常行为通常会自我掩饰，回避家人、朋友和同事。

（4）工作表现。在工作中识别压力源并尽量降低其负面影响的技巧对我们来说是很有用的。有经验的管理者往往能够从员工身上发现压力过大的征兆，比如：工作时间比平时长了很多或短了很多；行动反应越来越迟缓；旷工的次数增加；做决策时总觉得很困难；因粗心造成的失误越来越多；完成工作的时间超过期限规定；忘记开会的时间；与别人相处越来越困难；一旦出现失误便忐忑不安，不断自责。

**2. 测定压力程度**

无论是来自心理的还是来自生理的压力，都可以通过确定压力因素的数量来测定大致的压力程度。一般来讲，压力测定的对象不同（如个人、团队或社会），压力因素也会不同。

（1）环境压力程度的测定。环境压力来自组织内部及外部，甚至整个社会大环境。要想了解环境压力程度，最可靠的信息来源是全国范围的统计数据，如每年的心脏病发病率以及自杀率，而各时期之间发生变化的统计数据更能说明问题，因为它们反映了不同时期社会环境的变化情况。心脏病发病率以及自杀率的提高通常反映出一个国家在某一时期出现了许多重大社会问题，从而导致民众承受的压力增大。可测定的因素包括：

1）经济衰退状况。

2）犯罪率的异常变化。

3）失业率的上升，尤其是市区失业率的大幅上升。

4）辍学人数的增加。

（2）群体压力程度的测定。群体压力是指组织中造成士气不振、引起财务和人事等问题的压力。公司以及其他群体所承受的压力程度可根据一些影响因素测定，如旷工率。在压力面前，许多公司的员工出工不出力，消极怠工，虽然表面上在上班，但是并不能为公司带来任何效益。因此，群体压力程度的表征应综合多方面的数据变化。可测定的因素包括：

1）旷工率的变化。

2）客户对产品质量投诉率的变化。

3）工伤事故的发生频率。

4）对工作引发疾病的投诉次数。

（3）个体压力程度的测定。个体压力可以通过心率和肾上腺素的分泌量来测定。但是，由于心率与血压因人而异，因此个体压力的确定尚无统一的标准。不同的人对于压力的反应也不一样。在遭遇压力时，有人表现出恐慌、头痛、胃病发作；有人表现出失眠，缺乏自信。不同的性别对于压力的反应也有不同。女性往往变得孤僻、沮丧、自闭、懊恼，男性则易怒好斗或沉溺于种种癖好。可测定的因素包括：

1）失眠多梦。

2）痉挛、头痛、胃痛，有时出现红疹或其他莫名的生理症状。

3）饮食习惯的变化。

4）吸烟、酗酒，甚至吸毒。

总之，过度的压力在许多方面都会造成不良的后果，应采取有效策略防止过大压力的产生。学会识别压力是实施有效策略的前提，但要真正地消除或控制压力的消极影响，还需要进行周密的设计。

## 第 4 节　缓解压力的沟通策略

报纸和杂志常常刊登一些介绍各种压力处理方式的文章，许多关于如何正确理解压力及合理、科学地减压的方法都是十分有益的。应该指出，在采取运动方式或药物治疗的减压方法的同时，更应该重视沟通在缓解压力上的重要作用。

我们从沟通的视角（个体沟通、群体沟通及组织沟通）来讨论如何减压。个体、群体和组织的压力沟通旨在通过有效沟通来成功消除或控制由环境、组织、工作以及个体带来的压力的消极影响，同时提升人们缓解和对抗压力的能力。

### 一、个体沟通

个体沟通是指通过了解或识别自己感知的和经历的压力，正确地认识并分析压力产生的原因，从而有的放矢地采取积极的措施消除或控制压力的消极影响，也就是进行积极的自我沟通（见第 10 章）。自我沟通的目的就是达到自己内心的一种平衡。人们常说，我们无法改变天气，但可以调节自己的心情。学会用一种平和的方式去应对工作变化是战胜压力的重要保证。消除或控制个体压力的方法有许多，主要包括以下几种。

**1. 积极思考**

以乐观向上的精神去积极思考，以积极思考的方式去营造安静、低压力的工作环境，培养乐观的情怀、积极的人生观，以微笑面对压力，这样的心态会对同事产生积极的影响，这种影响反过来又会减轻团队或公司的压力。虽然压力能够感染整个群体，但是如果整个群体自觉努力、积极思考，那么压力完全可以消除。

**2. 设置合适目标**

面对同样的挫折，两个人的感受也许是不一样的，压力大者一定是由于其内心有更高的期望值压迫着他。请记住，没有一个人是完美无缺的，不要对自己要求过高。如果对自身的期望很高，那么你总会对自己的错误自责。试着把错误当成终身学习的一部分——分析在什么地方出了错，如何纠正错误，并且避免重犯错误。可以给自己设置合适目标，既要让自己在适度的压力下前进，又不至于被过高的标准压得喘不过气。人的心理承受能力是有限的，而且每个人的心理承受能力不尽相同，要有一个相对平常的心态，不要盲目攀比，不要强迫自己做力所不及的事情。目标适当，心情舒畅，才能工作顺利，其乐融融。

**3. 保持平和心态**

建立内心平衡与控制怒气很有关系。生气、动怒是一种带有破坏性的情绪，导致的生理变化十分明显：心跳加速、血压升高。偶尔一次发怒对身体带来的不适也许不是很明显，但是经常发怒一定会在体内积聚不良的后果。尤其当你对他人无端发火时，应该追究其根源：我生气的原因是……要想长期有效地控制发怒，必须探究原因背后的真相。也许是因为工作中遇到的困难让你感到不适，一时又没能采取措施改变这种现状，从而导致心中的怨恨逐渐积累起来，反映在你的行为上就是容易动怒，难以宽容他人。换言之，你容易动怒的深层原因在于深深植根于潜意识之中的行为方式在压力倍增时毫无掩饰地显现出来。要学会分析偏激的情绪，努力找到并且消除问题的根源，借此建立内心平衡，保持平和心态，克服不当行为。

## 二、群体沟通

沟通不畅既会导致个体压力的产生，也会带来群体的工作压力，因此，有效沟通、改善人际关系是减轻工作压力的有效途径。要通过开放的、正式的和非正式的多种沟通渠道，让组织内所有层次的人员之间频繁接触，有机会交流思想、增进理解、消除误会，以坦诚友好的态度共同营造和谐融洽的集体气氛。

加强群体沟通应注重以下三个方面。

**1. 观察行为**

如前所述，压力是具有感染性的，所以必须在它影响周围人（包括你自己）之前觉察到它。压力的表现方式多种多样，我们应学会识别一些常见症状，以便及时发现，予以应对。

当同事或员工不幸受到压力的重负时，其行为表现会出现异常，尤其是消极行为会得到强化。例如，平时就缺乏耐心的人，当遭遇过度的压力而导致情绪失控时，很容易动怒。此时，我们应该善于发现这种异常现象。

观察员工、识别员工言行举止中的异常情况，有助于判断员工是否遭遇压力。当然，我们还应该善于分清状态不佳与压力症状的区别。如果反常行为持续出现，甚至有所加剧，这就是压力症状。例如，以往十分守时的人开始迟到；过去善于倾听的女士变得目光游移不定；平时说话温和的公关部主任最近嗓门变得特别大。表 15－2 可以帮助你了解同事行为方式的变化。

表 15－2　行为方式的变化

| 正常 | 有压力 |
| --- | --- |
| 对待同事 | 对待同事 |
| • 见面问好 | • 埋头工作，对人不理不睬 |
| • 与同事共进午餐 | • 独进午餐，寡言少语 |
| • 态度友好 | • 容易动怒 |
| • 向他人请教 | • 刚愎自用 |
| 对待公司 | 对待公司 |
| • 保持环境干净整洁 | • 工作混乱，条理不清 |
| • 文件归档有条不紊 | • 文件纸张随处乱放 |
| • 东西放置条理清楚 | • 所需物品丢三落四 |
| • 及时回复邮件 | • 邮箱中充斥着许多未来得及回复的信件 |
| 对待自身 | 对待自身 |
| • 着装得体 | • 着装与工作性质格格不入 |
| • 衣服整洁 | • 衣服邋遢 |
| • 注重修饰 | • 不修边幅 |
| • 讲究个人卫生 | • 不讲究个人卫生 |

**2. 探究原因**

如果发现在员工身上出现了压力症状，就应该开始考虑压力来自何处。根据可能的压力源多考虑几种假设，从家庭问题到工作关系问题仔细梳理一遍。例如，公司结构的扁平化调整可能给员工造成较大压力，因为更多的员工将会发现彼此工作资历相仿。员工彼此的角色经常交叉，相互间的竞争会更趋激烈。这时，同事之间的工作联系更为紧密，要建立融洽的人际关系与营造轻松愉快的团队气氛，关键在于良好的合作。假如互不合作，就会产生冲突。如果这些冲突得不到妥善解决，就会积聚更多的压力。

面对冲突，要探究其原因，以便适当应对。常见的工作关系问题有：对决策缺乏及时反馈、部门之间协调不够、角色不清、职责不明、工作期限不合理、个性冲突等。

**3. 面对面沟通**

当你意识到某人有压力，并且经过分析已经了解到个中原因时，就可以与他进行面对面沟通了。要把你观察到的问题告诉他，并且给他建议，鼓励他采取正确的行动。

有人曾说：把你的快乐与人分享，一份快乐变成两份快乐；把你的悲伤与人倾诉，一份悲伤变成半份悲伤。应对压力也是如此。群体中的冲突是不可避免的，一旦有了压力，要尽量与那些能够同情你并且愿意听你倾诉的同事、朋友保持沟通，即使他们不能提出建议，也能让你的情绪得以宣泄并且得到支持和鼓励。当然，当同事承受压力时，你也应当尽力支持他们，做一个好听众，鼓励他们坦然地把苦恼或烦闷说出来。

工作中多与同事沟通有利于减轻压力：

（1）有可能的话，尽量多与对方交谈并讨论问题，在平时就建立起良好的工作关系。

（2）经常向同事请教问题以获取信息。

（3）即使你不同意他人的观点，也要真诚地倾听他人说话。

（4）与他人意见不一致时，可以坦诚地提出自己的看法。

你可以采用开放的、灵活的沟通方法，努力减轻同事的压力。沟通越顺畅，压力就越有可能得以缓解。可以尝试以下方法：

（1）倾听。与遭遇压力的同事进行面谈，尽可能给予他们充分倾诉的机会；同时使用肢体语言，鼓励自由交谈。

（2）反馈。鼓励参与决策，每周抽出一些时间征求同事的看法和建议，并及时做出反馈。

（3）分享。谈话有时可以涉及一些你个人认为有压力的领域，然后与他们分享你找到的成功缓解压力的方法和经验。

（4）分析。与同事一起分析他所经历的问题，找出潜在原因，明确究竟是与工作有关，还是仅仅与个人有关。

（5）同理心。与同事一起分析所遭遇的压力类型，并探讨缓解压力的对策。例如是否需要提供培训机会、心理咨询服务或医疗帮助等。

## 三、组织沟通

除了个体和群体的努力，作为个体和群体工作环境的组织也担负着消除或控制压力的消极影响的重任。建立健全有效的组织沟通机制，改善组织环境，鼓励员工以积极的态度应对压力，能够消除紧张情绪，提升工作绩效。组织可以从以下几个方面着手。

### 1. 改善组织环境

研究表明，组织环境如官僚的组织政治、封闭的组织结构等是造成压力的重大诱因。让我们来看下面这个例子。

某大型电子公司因员工流动频繁而造成利润急剧下滑，公司董事会聘请了一组管理专家对这一问题进行诊断。经调查得知，公司的管理太僵化，而且员工与管理层普遍缺乏沟通。

接着，专家着手进行公司重组并且建议全体员工接受团队建设课程培训，其中包括参加一系列的户外活动。尽管在开始时遭到某些部门的抵制，首期培训还是如期开课了。团队成员在培训过程中发现，相互之间的信任和理解得到了加强。参加培训的许多部门经理也表示，与同事的工作关系由此得到了改善。

从这个例子中人们发现，公司结构不合理是造成公司利润急剧下滑的根源。虽然用以解决问题的重大新举措在最初遭遇了一些抵制，但是通过有效培训和沟通，不仅改善了组织环境，而且增进了员工与管理层之间的相互了解，使整个公司受益匪浅，既减轻了工作压力，又最终提高了公司的利润。因此，有效的沟通有助于营造良好的组织氛围，良好的组织氛围有助于提高员工的归属感与整体感。当员工遇到压力时，可以更多地寻求组织的鼓励与支持。

研究发现，虽然员工对压力的认知有差异，但管理者可以通过有效的沟通提高员工的个人认知度。员工对于各种任务要求、风险、机会等有各自的理解，并且这种理解可能存在差异，只有通过有效的管理沟通，才能减少或者消除这种差异。

此外，组织也可以采取一些压力预防措施，如提供健身设施、采用弹性工作制、购买健康保险、定期体检以及进行健康知识培训，使员工保持良好的生活方式。

例如，有些企业建立了各种支持性群体，鼓励员工相互帮助以共同保持良好的生活方式，同时由企业出资提供各种健身设施，让员工免费使用，有的企业甚至聘请专职的健康顾问全面负责公司员工的健康管理。各种保健项目的实施有助于事故及缺勤、迟到等现象的减少，有助于医疗费用的降低，更有助于员工满意度与组织绩效的提高。

**2. 设置可行目标**

研究表明，如果员工的工作目标既具体又富有挑战性，并能及时得到积极的反馈，他们的工作绩效就会得以提升。设置可行目标不仅可以增强员工的工作原动力，还有利于减轻工作压力，如果目标比较具体，而员工又认为目标可以达成，就有助于他们明确自己的绩效预期。及时的反馈有助于降低员工对实际工作绩效的不确定感，从而有效地减轻员工心理上的受挫感、角色模糊感和压力感。

**3. 进行工作再设计**

如前所述，工作本身也会导致压力，因此，有必要对工作进行再设计。工作再设计首先应该分析组织成员的特点及其对工作任务性质的偏好，然后根据这些特点，有针对性地使工作丰富化，即赋予工作更多的意义、责任和自主性，以有效克服或减轻由于工作单调所引起的压力。需要强调的是，工作丰富化设计一定要适度，否则就像图 15－3 所示的那样，也会导致工作压力。况且，人们对待工作丰富化的态度是有差异的。有些人更喜欢比较单一、按部就班的工作，丰富化的工作反而会使他们产生压力。一般来说，适当的工作丰富化设计是有益于处理工作压力的。

**4. 减少角色冲突**

明确的目标不仅能够使组织成员清晰了解组织目标和组织期望，而且能起到激励组织成员的作用。因此，对于组织而言，减少角色冲突和角色模糊以及减轻由此产生的工作压力的关键是设置明确的工作目标和符合对完成工作的预期，对工作完成情况进行必要的跟踪并及时反馈信息。另外，设置畅通的渠道，强化与组织成员的有效沟通，也有助于减轻角色模糊感和减少角色冲突，从而减少不确定性。

## 本章小结

压力是人们的生理或心理在所处环境中受到压迫时的感受。人们面对压力一般会有生理反应，发出准备抵御或行动的信号。许多因素决定了员工会如何应对压力，包括对环境的感知、过去的经历、压力与工作绩效的关系以及个性差异。

组织中的压力源有多种不同形式，本章主要讨论了环境压力源、组织压力源、工作压力源和个体压力源。

压力在生理、情感、行为及工作表现等方面都会给人们带来诸多影响。调查发现，很多健康问题与人们所承受的压力有关，特别是心脏病。工作绩效与压力之间的关系一般呈倒 U 形，每项任务都有一个最佳的压力水平，一旦低于或高于最佳水平，员工的工作绩效就会下降。

总之，在组织中，过度的压力是一个影响人们行为，影响士气、凝聚力以及阻碍组织目标成功实现的不容忽视的重要因素。幸运的是，我们可以通过有效的个体沟通、群体沟通和组织沟通策略，积极地消除或控制压力的消极影响。

## 讨论题

1. 为什么管理者和员工都会为工作压力而感到忧虑？
2. 解释在相同的情况下，不同的人感受到的压力为何会不同。
3. 描述你在实际工作中曾面对的压力。其中哪种是最难排解的？
4. 列举一些能帮助组织识别压力源的行为模式。
5. 组织可以采取哪些措施为员工减压？
6. 描述会导致工作疲劳的情况和环境。组织应如何处理这一压力带来的后果？
7. 在生活中你会运用什么技巧或方法来对抗压力？在工作中你又如何对抗压力？

## 压力自我评估

要想战胜压力，首先要敢于承认压力的存在，能够认识自己所承受的压力是减轻压力的前提。请针对表 15－3 中的陈述，选择一个与你的情况最相符的答案，进行自我评估测试，要尽可能客观公正。记下你的每一个选择所对应的分数，然后算出总分，参照后面的分析自我评估，借鉴测试答案以明确需要改进的地方。

**表 15－3　压力自我评估**

| 有关情形的陈述 | 从不 | 有时 | 经常 | 总是 |
|---|---|---|---|---|
| 1. 一旦工作出现差错就责备自己 | 1 | 2 | 3 | 4 |
| 2. 一直积压问题，然后总想发作 | 1 | 2 | 3 | 4 |
| 3. 全力工作以忘却私人问题 | 1 | 2 | 3 | 4 |
| 4. 向最亲近的人发泄怒气和沮丧 | 1 | 2 | 3 | 4 |
| 5. 感觉压抑时，注意到自身行为有不良变化 | 1 | 2 | 3 | 4 |
| 6. 只看到生活中的消极面，而忽视其积极面 | 1 | 2 | 3 | 4 |
| 7. 环境变化时感觉不适 | 1 | 2 | 3 | 4 |
| 8. 感觉不到自我在群体中的价值 | 1 | 2 | 3 | 4 |
| 9. 上班或出席重要会议时迟到 | 1 | 2 | 3 | 4 |
| 10. 对针对自己的批评反应消极 | 1 | 2 | 3 | 4 |

续表

| 有关情形的陈述 | 从不 | 有时 | 经常 | 总是 |
|---|---|---|---|---|
| 11. 一小时左右不工作就内疚、自责 | 1 | 2 | 3 | 4 |
| 12. 即使没有压力，也感到很忙碌 | 1 | 2 | 3 | 4 |
| 13. 没有足够的时间看新闻 | 1 | 2 | 3 | 4 |
| 14. 希望即刻得到他人的注意或服务 | 1 | 2 | 3 | 4 |
| 15. 工作和在家时都不爱流露自己的真实感情 | 1 | 2 | 3 | 4 |
| 16. 同时承揽过多的工作 | 1 | 2 | 3 | 4 |
| 17. 拒绝接受同事的劝告 | 1 | 2 | 3 | 4 |
| 18. 忽视自身专业或生活方面的局限性 | 1 | 2 | 3 | 4 |
| 19. 工作占据了全部时间，无暇享受兴趣爱好 | 1 | 2 | 3 | 4 |
| 20. 未加周全地思考就处理问题 | 1 | 2 | 3 | 4 |
| 21. 工作太忙，整整一周不能与朋友、同事共进午餐 | 1 | 2 | 3 | 4 |
| 22. 问题棘手时选择逃避、拖延 | 1 | 2 | 3 | 4 |
| 23. 感觉如果行动不果断就会受人利用 | 1 | 2 | 3 | 4 |
| 24. 感到工作过多时，羞于告诉他人 | 1 | 2 | 3 | 4 |
| 25. 避免托付工作给他人 | 1 | 2 | 3 | 4 |
| 26. 尚未分清主次就处理工作 | 1 | 2 | 3 | 4 |
| 27. 对他人的请求和需要总是不加拒绝 | 1 | 2 | 3 | 4 |
| 28. 认为每天必须完成所有的工作 | 1 | 2 | 3 | 4 |
| 29. 认为不能完成自己的工作量 | 1 | 2 | 3 | 4 |
| 30. 因害怕失败而不采取行动 | 1 | 2 | 3 | 4 |
| 31. 往往把工作看得比亲人和家庭生活更重要 | 1 | 2 | 3 | 4 |
| 32. 一旦措施没有即刻见效便失去耐心 | 1 | 2 | 3 | 4 |

**分析**

根据相应的分数段评估你所承受的压力，然后参考本章所论述的相关内容，你会找到实用有效的建议和忠告，用以减轻压力，并且把工作环境中的压力因素缩减到最少。

总分为 32～64 分：你能很好地驾驭压力，因为大多数积极性压力能够产生激励作用。所以，你应努力在积极性压力和消极性压力之间寻找最佳平衡点。

总分为 65～95 分：你承受的压力还是适度和安全的，但某些地方需要改进。

总分为 96～128 分：你承受的压力太大了，需要寻找策略以减轻压力。

## 案例分析

### 李经理遇到了怎样的压力

2019 年 4 月 24 日，是大山中国有限公司生产部经理李跃在圣保罗的最后一天，一年一度的美国大山公司全球生产及业务会议上午顺利结束，下午他就要乘飞机飞回中国。午餐后，像往常一样，李跃打开电脑，发现电子邮箱中有两封来自中国的电子邮件，其中一封是生产主任赵军勇发来的每日生产状况报告，另一封是工程师关力阳写来的。像是预感到有什么特别的事情要发生，李跃的眉头皱了起来：怎么又是状告王建军的呢？本月月底之前人事部经理将对提拔王建军为工程师一事做出最后的决定，在这紧要关头，却又发生了这种事情。这封邮件令他不禁想起自己上个月准备提拔王建军为工程师时遇到的来自各方面的阻力。

**大山公司及大山中国有限公司概况**

大山公司是一家总部设在美国的有着近百年历史的世界知名跨国公司，为全世界提供 6 万多种优质产品。从工业用品到民用普通消费品，其产品种类十分丰富，它的许多品牌几乎就是独一无二和高质量的代名词。其年营业额逾 150 亿美元，在《商业周刊》全球 1 000 强企业中位居世界工业 100 强之列。大山公司在世界各地的员工共有 6 万多人，在 60 多个国家和地区设有办事处或工厂，为近 200 个国家和地区提供产品，其总销售额的一半以上来自美国以外的国家和地区。表 15 - 4 为大山公司的财务状况。

**表 15 - 4　大山公司的财务状况**

| 年份 | 2014 | 2015 | 2016 | 2017 | 2018 |
|---|---|---|---|---|---|
| 销售额（百万美元） | 12 148.00 | 13 460.00 | 14 236.00 | 15 070.00 | 15 021.00 |
| 净利润（百万美元） | 1 207.00 | 1 358.00 | 1 516.00 | 1 626.00 | 1 526.00 |
| 每股净利润（美元） | 2.48 | 3.21 | 3.59 | 3.88 | 3.74 |

大山中国有限公司成立于 1995 年，是中国经济特区以外成立的第一家由外商投资的独资企业。它的总部位于上海，在上海已建有一座世界一流的工厂。在中国的一些主要城市，如北京、广州、武汉、成都、沈阳等均设有办事机构。大山中国有限公司成立以来，从最初的十几个人发展到 700 余人，销售额也以每年 20%以上的速度递增，即使在 2018 年受全球经济形势的影响，销售额增长率有所降低，到年底还是突破了 1 亿美元，从而深受大山公司总部的重视。大山公司董事长已决定再投巨资在上海建一座工厂，以满足日益增长的中国和周边其他国家的需求。

**大山公司的经营理念**

大山公司依托强大的技术力量，在许多领域均处于世界领先地位。为了达到持续健康增长的目标，大山公司有一项重要的财务指标，那就是至少 30%的销售额要来自在过去 4 年中开发出来的新产品。

回顾大山公司的成长历程，可以发现，成功基于以下 4 个基本信念：

（1）在不断研究、开发新产品中求发展。

（2）配合工业和消费者的要求，以多样化的产品进入市场。

（3）采取积极进取的营销策略。

（4）充分认识每个员工的能力。

人是通向成功的钥匙，但并非所有人都是。因此，大山公司寻求那些有能力、精力以及责任心的人，通过帮助公司实现目标从而实现个人目标的人，以及不断进取以求担负更大责任的有为之士。员工是大山公司最宝贵的资源，也是实现公司目标的基本保证。因此，公司管理层认为，应为员工提供一个良好的组织结构及工作环境，要做到：

（1）尊重员工的个人尊严和价值。鼓励员工在充满激励、公平竞争以及相互合作的工作环境中提升自己的工作绩效；员工的个人权益应受尊重；各主管和经理应适时并坦率地与下属员工进行双向交流，并对他们的工作表现和发展负责。

（2）鼓励员工的创造力和主动性。公司应为员工提供一个既有导向性又有创新自由的工作环境。创新精神是公司成长过程中不可或缺的条件，所以应在诚挚坦率和互相尊重的前提下加以鼓励和支持。

（3）激发员工的个人潜力。通过合适的工作安排和明确的个人职业发展导向，员工的潜能在配合其主管、经理及与公司整体的合作中得以充分发挥。

表现良好者应得到公司合理的回报，对员工的表现公司应以审慎的态度及既定的标准加以评定，并且给予适当的表扬、确认和奖励。从内部晋升是大山公司的基本原则，即在公司职位出现空缺时，首先考虑本公司员工，给他们提供晋升的机会，公司给员工提供发展机会的根据是他们的工作能力及积极主动的工作表现。

难能可贵的是，大山公司自成立以来，虽然管理层换了一批又一批，但对待员工的态度始终没有改变。在这种机制的激励下，大山公司的员工充分发挥了自己的潜能及智慧，创新的理念已深深扎根于每位员工的心中。

**发生在大山中国有限公司生产部的故事**

大山中国有限公司的组织结构如图 15－4 所示。

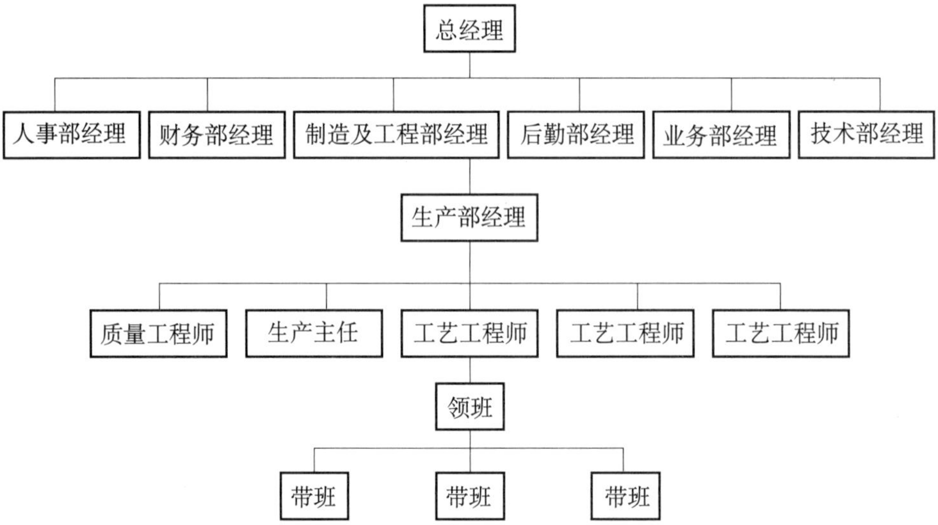


**图 15－4　大山中国有限公司的组织结构**

大山中国有限公司工厂于 2004 年正式投入生产，制造及工程部经理即为工厂厂长。建厂初期，由于生产人员较少，生产部经理由制造及工程部经理兼任。随着生产规模不断扩大，生产部的人员也越来越多，制造及工程部经理的工作日渐繁重，因此大山公司决定从美国总部派员来中国担任生产部经理。经过严格的推荐和考察，在美国某工厂担任生产主任的李跃被选中。经过短期的培训，李跃于 2016 年 11 月正式到中国任职。

大山公司总部让李跃到中国来应该是经过深思熟虑的。随着公司在全球各地的分支机构不断增加，大山公司总部不得不重新考虑其派驻各地的管理人员问题。从总部派出的员工虽然经过层层选拔，经验丰富，但实际效果与总部的期望相去甚远，其中一个最主要的原因就是外籍人士对派驻国的文化和传统了解甚少，语言的障碍也使沟通存在问题。李跃正值中年，在大山公司已工作 10 余年，从最初的工艺工程师做起，在生产、质量、工艺等各部门均任过职，具有比较丰富的生产管理和质量控制经验。最关键的一点，也是总部最看中的一点是，李跃出生于中国，高中毕业后到美国读大学，大学毕业后即进入大山公司，因此他对东西方文化均有较深的认识，与中国的同事在语言沟通上不会有任何问题，这与外籍经理相比具有明显的优势。

带着总部的重托，也带着信心，李跃踌躇满志地上任了。刚上任不久，李跃即得到上级指示，让其手下的生产主任去别的部门任职，因此生产主任一职出现空缺。依照大山公司内部晋升的原则，李跃将目光瞄向了与生产直接相关的人员：工艺工程师洪易初、关力阳、赵军勇，质量工程师郑重国及领班王建军。赵军勇是生产部的元老，在大山中国有限公司成立初期就成为雇员，其余几位工程师要么资历较浅，要么与生产部联系不太密切，因此在充分听取各方面的意见之后，赵军勇被提拔担任生产主任一职，其原来的空缺由外部招聘填补。

在随后的一年中，经过大家的共同努力，生产部的工作取得了很大成绩，不仅得到大山中国有限公司的表彰，而且获得了公司总部颁发的“制造优胜奖”（这一奖项每年只有一个获奖名额）。尤其让李跃高兴的是，他对下属的性格和工作能力有了更深的了解，尤其是领班王建军。

领班王建军是由李跃的前任招聘进大山中国有限公司的，他原先就职于大山公司的竞争对手——亚太有限公司，从事产品销售及技术服务工作，对产品的性能及中国市场情况有较多的了解，由于对公司的待遇不满意而辞职。李跃起初对王建军并没有太多的了解，但他们有共同的爱好——吸烟，其他工程师则无此嗜好，因此每天午饭后李跃就和王建军一起到工厂外吸烟，边走边聊，经常从他那里了解到一些从其他工程师那里无法了解的东西。

更让李跃感兴趣的是，与其他工程师相比，王建军更富有创新精神，而创新正是大山公司赖以生存和发展的精神支柱。作为已在大山公司工作了十几年的老员工，他清楚地知道创新的意义。虽然一年来的工作得到了各方面的肯定，但以后的工作如何展开他还在犯愁，不过有一点他很清楚：没有创新，就不可能实现进一步的发展。

为了获得更多的灵感，他经常把王建军叫到自己的办公室里谈话，从这些谈话中，李跃得到了许多有益的启示，王建军的几项建议也为本部门节约了许多费用。例如：他对成品包装的改进建议，使成品的单位成本降低了一分钱，而每天的产量是几万件；他对生产工艺的一项改进意见，既解决了困扰多时的质量问题，也赢得了出口机会，由此带来了产量增加，同时使生产的单位成本降低了两分钱。相比而言，其他工程师尽管工作兢兢业业，但创新意识比较欠缺。正因为如此，他对王建军可以说是青睐有加。

然而，在这一年的工作中，他也十分清楚地了解到王建军的弱点：工作系统性差；对知识的掌握往往是一知半解，但又爱吹嘘；不拘小节，与别人矛盾较多。作为领班，他应当负责生产过程中的物料流动及人员管理，每月的生产报表也应由他做出，然而有一个月做报表时，竟然有价值上万元的产品在账目中遗漏，至于平常的生产报表中的错误更是不足为奇。为此，李跃不得不从带班中选择一人替他准备每月的物流报表。在人员管理方面，因为王建军不拘小节，管理方式简单，在操作工心目中的形象也不佳，虽然有些人和他称兄道弟，但李跃明白那意味着什么。

最让李跃感到心烦的是王建军与其他工程师之间的关系似乎不太融洽，尤其是与工艺工程师关力阳和质量工程师郑重国。关力阳负责整个生产工艺过程中的一部分，由于其所学专业与所从事的工作不太对口，再加上进取心不太强，因此进公司一年多并未在工作中取得显著成绩，许多工作还停留在一年前的水平上。王建军对该工艺过程相对比较熟悉，再加上他知识面较广，经常在李跃面前提出对该工艺过程的改进意见。尽管其中大部分最后被证明是不合适的，但也不乏好主意。此举引起了关力阳的戒心，两人的关系出现了裂痕。

至于质量工程师郑重国，主要还是对王建军的不拘小节不满。尽管其他工程师与王建军的关系不太紧张，但李跃还是从他们的言谈中读出了一些不满，这些不满主要来自李跃对王建军超乎寻常的关心。李跃也曾尝试着缓和与这些下属之间的关系，他曾开玩笑说："我给你们一条绳子，你们去把王建军吊死算了。"在与其他工程师的私下谈话中，他也试着去说服他们，但收效甚微。

半年的时间就在这种磕磕碰碰中过去了，生产部员工间不融洽的关系对生产的负面影响已日渐显露，李跃的心中不免有些焦急。这时大山中国有限公司又有新项目要上马，去新项目意味着有机会出国、加薪，因此大家都想去。关力阳工程师也向李跃表达了去新项目工作的想法，李跃考虑后同意了他的要求，此时，关力阳原来的职位出现了空缺。王建军理所当然地成为这一职位的首选。然而，又一道难题摆在面前：王建军的学历只有大专，而按大山中国有限公司的规定，工程师必须由具有大学本科或本科以上学历的人担当。大山中国有限公司有好几位资深员工都由于此条规定而一直未能得到提拔，如果将王建军提拔为工程师，造成的影响将不仅仅局限在生产部，而且会波及整个大山中国有限公司。对王建军的欣赏终于促使李跃去尝试一次，然而事与愿违，他的提拔建议在他的上级经理——制造及工程部经理那里就遇到了阻力。因为制造及工程部经理深知此例一开，其他许多部门都将提出此类申请，这将给今后的工作带来诸多不利影响。因此他对李跃的建议采取了拖延的策略，希望以此迫使李跃撤回申请。然而李跃下定决心要提拔王建军，将此事向他在美国总部的上级做了汇报。在他的据理力争下，美国上级终于同意了他的请求，并对制造及工程部经理施加了一些影响，使李跃的申请在制造及工程部经理那里勉强通过。下一步就是要得到人事部的批准。在来南美开会之前，李跃已经将精心准备的资料交给了人事部，并与人事部经理进行了初步沟通，然而人事部经理的回答使他感到事情并不像想象中的那么简单。桌上闹钟的铃声打断了李跃的沉思，再过半小时，将有车送他去机场。看着房间里杂乱的还未收拾好的行李，李跃想，该快点整理一下了。

**[思考题]**

1. 李跃与王建军的非正式沟通方式对李跃了解王建军产生了怎样的影响？
2. 李跃对王建军的"偏爱"是否影响了他与公司中其他成员的沟通？
3. 王建军的个性缺陷对其与同事的沟通产生了怎样的障碍？
4. 李跃从初来时的踌躇满志到后来陷于压力重重的困境，其中的变化带给我们怎样的思考？

16

Chapter

# 第 16 章

# 跨文化沟通

西方科技如果缺少东方智慧，就会变成瞎子；东方智慧如果缺少西方科技，就会变成瘸子。

——爱因斯坦

**学习目标**

1. 明确跨文化沟通的含义
2. 了解跨文化沟通的过程
3. 识别跨文化沟通的障碍
4. 了解东西方文化的差异
5. 掌握跨文化沟通策略
6. 提升跨文化沟通技巧

## 引导案例

### “森林大王”卢伟光

2005 年 3 月上旬，正值植树节前夕，由联合国森林对话组织、世界自然基金会等主办的 2005 年“国际森林环境论坛”在中国举行，会议重点讨论并力求制定全球森林保护和开发标准。

温州商人、时任上海安信地板有限公司董事长卢伟光也因其 2004 年在巴西收购森林的大手笔而应邀与会并做演讲。

卢伟光做的是木地板生意，与巴西的原始森林早已结下了不解之缘。2004 年 11 月，中国国家主席胡锦涛访问巴西，随团访问的企业家包括时任宝钢集团董事长谢企华等，在巴西投资了森林的卢伟光也一同随行。他说："就此次出访而言，企业家队伍中直接获益最大的应该是我。"因为他借此机会又在巴西境内亚马孙河畔购置了 8.5 万公顷的原始森林。加上此前他在巴西购买的 1.5 万公顷原始森林，卢伟光在巴西已经拥有 10 万公顷原始森林。卢伟光也因此被人们称为"森林大王"。

参加完会议回到上海的卢伟光接受了《今日早报》记者的专访。

记者："据说您现在大量的木材是从巴西进口的，对吗？"

卢伟光："对。从 1994 年到 1998 年，巴西木材都是通过中间商的转口贸易卖给我们的。那个时候我们不懂国际贸易，也没去过几个国家，所以通过中间商进行国际贸易。在此过程中，我经常去车间看自己的产品，检验采购产品的质量。一个偶然的机会，我发现一包地板里有一条胶带，上面印着巴西供应商的电话号码和传真号码。通过这个线索，我尝试着跟他们联络。"

记者："您是后来跟巴西的供应商一下就联系上，开始跟他们合作了，还是也有一段磨合期？"

卢伟光："有一段磨合期。因为巴西人和我们中国人的文化传统相差很大，而且他们对中国的了解很少，也不知道中国人的经济条件怎么样，现在能不能吃饱饭。你说要买他们很多地板、很多木材，他们会觉得：这么贵的东西，你买得起吗？我多次和他们交流，向他们介绍中国的情况：中国的经济状况很好，老百姓的生活水平提高很快，而且生活水平提高最大的体现就是买房子，买了房子就要装修。听了我的介绍，他们还是半信半疑。"

记者："为了跟巴西人做成生意，您具体都做了哪些努力？"

卢伟光："2000 年在北京的新工厂开业时，我就邀请巴西的供应商来参加我们的开业典礼。把他们请到中国来以后，我还带他们到上海的浦东，北京的长城、故宫、天安门去参观，让他们对我们的国家、我们的企业有一个更加感性的了解。另外，我们还必须尽量融入他们的文化之中。比如，现在到巴西去，一到休闲时间或者节假日，我总会脱去西装，换上衬衫和供应商一起晒晒太阳，下场和巴西员工踢几场球。因为在巴西，你必须按照他们的思维方式思考，也必须按照他们的生活方式生活。"

记者："您一直从巴西进口木材，后来怎么想到在那边买森林了？"

卢伟光："我们在巴西的业务发展到一定阶段后，我就觉得应该有自己的原材料基地。森林资源虽然是可再生的，但巴西的森林绝对是稀缺资源。我们现在把森林买下来，对于今后的发展来说具有非常重要的战略意义。"

记者："现在我们都知道，您跟巴西人做生意已经很成功了。那您在这整个过程中有没有一些挫折或者失败的经历呢？"

卢伟光："当然有。可以说，我们在巴西有今天的地位，完全是因为 2001 年的一次赔本生意。那年春节前夕，因为市场被普遍看好，很多亚洲商人都增加了订货量。但按照传统习俗，绝大部分装修工程在那时都停工暂歇，没人买货，商家手头的现金一下子窘迫起来。谁知就在那时，印度尼西亚盾突然大幅贬值，对美元的汇率从 1∶8 500 一下子跌到了 1∶13 000，大部分供应商都转向印度尼西亚采购。当时我就在犹豫：如果按照原来合同中规定的汇率从巴西订货的话，自然能够赢得巴西人的尊敬和喜爱，今后就能够得到更优惠的价格，但贷款利率加上汇兑损失，折合起来要亏损 1 700 多万元，几乎是当时一整年的利润，可是如果毁约的话，自己这三年在巴西辛苦经营的渠道和信用都将毁于一旦。”

记者：“做出这样的决定一定非常困难吧。”

卢伟光：“是啊，当时我只知道未来两三年中国的房地产业必然还会发展，我有机会把这笔钱赚回来。至于这笔损失需要多久才能赚回来，能否全部赚回来，我却没有十足的把握。但最终我还是把钱打到了对方账户上。就像森林里的树木一样，一年长一个年轮，所有的事物也都有周期。这是该做的事，是不得不亏的钱。整个中国的房地产业正处于高速发展期，今后两三年只要保持增长，这个成本我承担得起。”

记者：“那现在您回想起当初的决定，有一种怎样的感触呢？”

卢伟光：“现在回想起来还算幸运，因为当年绝大部分经销商都宁愿选择毁约，以避免这笔损失。我不仅给供应商带去了资金，而且确立了自己在巴西良好的声誉，其他供应商也纷纷主动为我供货。”

资料来源：赔本生意成就“森林大王”．（2005－03－14）．https：//business. sohu. com/20050314/n224672353.shtml.

---

从卢伟光成就“森林大王”梦想的历程，不难看出经贸往来中多元文化的交融起着多么重要的作用。随着跨国公司与合资企业的繁荣，经济生活中的跨文化沟通已成为必要。我们知道，企业的有效管理离不开有效沟通。对于跨国公司而言，有效的跨文化沟通则是跨国公司管理的出发点，因为在跨国公司中，管理者和员工面对的是不同文化背景、语言、价值观、心态和行为的合作者，管理是在不同文化之间的沟通和交流的基础上进行的。与一般意义上的管理沟通相比，跨文化沟通难度更大，技巧性更强，因为它涉及语言、习俗、历史等文化差异和文化理解问题。沟通不当，轻则造成沟通无效、闹笑话，重则造成误解或关系恶化。因此，无论是管理者还是其他员工，都必须了解跨国公司中文化的多样性和冲突产生的背景，加强自身学习，掌握跨文化沟通技巧，有效处理由文化差异所导致的冲突，以达到跨文化沟通的有效性。

根据《商业周刊》的报道，全球已有 2/3 的行业处在全球化经营阶段或正向这一阶段迈进。利润的增长主要来自总部所在国家之外的地区，如麦当劳在美国之外的地区的收入超过总收入的 60%。身在跨国公司的管理者应具备跨文化沟通经验，这对于其职业生涯的发展是极为重要的。在特百惠（Tupperware），决策层的 9 名成员每位都会讲 2～4 种语言，同时都具备在海外工作的经验。美国艾默生电气公司一位管理者说，如果你想在 20 年后成为本公司的管理者，最好现在就获得一些在亚洲工作的经验。随着中国的崛起，越来越多的国家和地区及跨国公司都看好中国的市场，为了满足日后跨国公司在中国发展的需要，许多国家和地区特别是欧洲的政府、企业及高等院校设立奖学金或减免学费招收中国学生，以便为企业今后向海外拓展做好人才储备，为企业的多元文化管理奠定基础。现在，通晓两国语言和文化的留学归国人员在国内的企业、高校等都非常受青睐。显然，具有跨文化沟通技巧的人才正受到越来越多的关注。

生存了上百年的中华老字号“狗不理”有了一个全新的英文名字：Go Believe。

时任天津狗不理集团董事长张彦森表示，Go Believe 将是“狗不理”的英文名字。他说：“狗不理名扬海内外，到今年已经有 150 年的悠久历史。从现在开始，狗不理就可以用 Go Believe 这个贴切的洋店名来迎接北京奥运会，迎接来自五湖四海的朋友了。”

张彦森介绍，狗不理每年都要接待大量的海外游客，有时向外宾解释狗不理的名字很困难，一般服务员只能用英文来解释“狗不理”的来历。

资料来源：天津狗不理的英文名称：Go Believe. 加京华报，2008－02－01.

## 第 1 节　跨文化沟通的含义及模型

跨文化沟通是指跨文化组织中拥有不同文化背景的人们之间互相传递信息、交流知识和理解情感的过程。

跨文化沟通中的“文化”并不是有关人类社会宽泛意义上的文化概念，而是指由某一群体的人们发展、共享并代代相传的行为方式，即某一组织特有的行为特征。其文化要素涵盖了认识体系、规范体系、社会关系和社会组织、物质产品、语言和非语言符号。

由第 1 章的沟通过程模型可知，在跨文化沟通过程中，一种文化单元中经过编码的信息，包括语言、手势和表情等，在另一种特定文化单元中需要经过解码和破译，方可被对方接收、感知和理解。当信息发送者和信息接收者不属于同一文化单元时，就需要进行跨文化沟通。对跨国公司而言，文化单元的异质性会对沟通造成障碍。在跨文化沟通的解码过程中，原文化信息的含义会被异文化修改、曲解、删节或增加，导致编码者和解码者所指的含义和行为出现差异。跨文化沟通专家萨姆瓦（Samovar）曾提出一个跨文化沟通模型（见图 16－1）。他用 A、B、C 表示三种不同的文化，其中 A 和 B 是比较相近的文化，C 与 A 和 B 有较大的差距，图形之间距离的远近表示文化差异的大小。

在每一图形内部，各有一个与外部图形相似但稍有不同的小图形，萨姆瓦用它来表示受该文化影响的个体。图形的变异说明：文化只是影响个体成长的一部分因素，还有其他因素在起作用；文化对不同个体的影响具有差异性。

沟通的发生用箭头表示。从一种文化发出的信息带有编码者所要表达的意图。当信息被编码时，它带有原文化的特点；当编码的信息到达另一个文化单元时，它的解码受到该文化的影响。与原信息相比，重新编码的信息受到文化的影响和修改，在含义上已经发生了一定的变化。

不同文化差异的大小对编码的难易、信息改变的多少都有影响。信息在 A 文

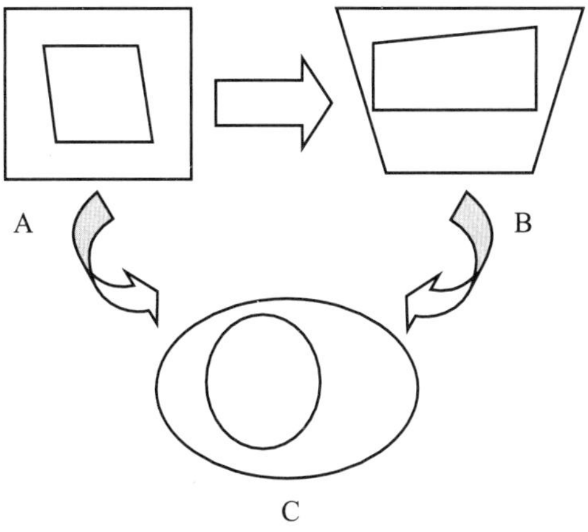


**图 16-1 跨文化沟通模型**

化与 B 文化之间发生的变化比在 C 文化与 A、B 文化之间发生的变化要小，这是因为 A 文化与 B 文化之间有较多的相似之处，而 C 文化与 A、B 文化之间则有较大的差异。

## 第 2 节 缺乏跨文化沟通能力的表现

跨文化沟通能力就是与来自不同文化背景的人进行有效交流的能力。具备这种能力的人在不同文化背景中工作就像在自己的国家工作一样，能够超越本民族的文化。沟通能力包括了解自己和理解对方的能力、激励他人的能力、说服能力、号召力和团队精神。在国际商务交流中，仅仅懂得外语是不够的，还要了解不同文化之间的差异，接受不同的价值观和行为规范。成功的国际化人才应该做到在任何文化环境中都能应对自如。缺乏跨文化沟通能力的具体表现如下。

**1. 过于保守**

由于消极地看待文化差异，惧怕文化冲突的影响，管理者往往排斥新思想、新创意，按照呆板的规章制度控制企业的运行。在这样的跨国公司中，无论是在管理理念上还是在管理风格和方法上，来自不同文化背景的管理者之间常常存在不可逾越的鸿沟，外方管理者与当地员工之间关系紧张、缺乏和谐，因而，员工对工作没有热情且缺乏积极性，直接影响到企业各项计划和措施的实施以及组织目标的实现。

**2. 信息闭塞**

由于上述不和谐的存在，组织成员之间的距离会越来越大，组织中的正式沟通中断，上情无法下达，下情无法上传，更不用说共同分享知识和信息了。结果管理者无法获得必要、有益的信息或了解事件真相，导致决策错误。

**3. 非理性反应**

管理者如果消极地看待文化冲突的影响，就会做出非理性的反应，如感情用事、固执己见、拒绝采纳合理化建议等。这些会引起员工的抵触情绪，甚至非理性行为，进而导致误会和矛盾加深，对立与冲突更加激烈。

**4. 怨恨心理**

一旦发生冲突，如果问题不能及时有效地得到解决，那么冲突导致的负面影响会给冲突双方今后的交往带来阴影，从而导致组织中人际关系的长期不和谐。如果有些组织成员对某件事、某个人耿耿于怀，那么他们对于群体乃至组织都会具有一定的威胁性或破坏性。

## 第 3 节　跨文化沟通的障碍

一方面，全球化趋势创造了新的沟通方式、手段和机会；另一方面，国家、民族、文化的差异又使组织在全球化进程中遇到了来自内部和外部的沟通障碍。

**1. 组织内部的沟通障碍**

在内部管理上，不同的价值观、生活目标和行为规范将导致管理成本增大，比如组织目标的整合与实施难度的提升导致组织管理环节增多，具体表现为员工结构改变及组织层级和部门增多，这就为有效沟通增添了障碍。

（1）员工结构改变增加了沟通的难度。劳动力结构在民族、国籍方面趋于多样化，有些跨国集团和合资公司中有来自多个国家的员工，他们在语言、行为方式、生活方式、价值观以及非语言表达方式等方面都存在差异。这些差异是多元文化冲突的主要根源，在员工之间、员工与管理者之间筑起了一道沟通的屏障。

（2）组织层级和部门增多导致信息丢失。一些大型跨国公司规模庞大，组织层级多，信息在传递过程中被过滤的可能性增大。由于每个层级都对信息进行过滤，因此所传递信息的失真度也随之增大。

**2. 组织外部的沟通障碍**

在外部经营上，由于语言、习惯、价值观等文化差异，经营环境更趋复杂，从而加大市场运作的难度。组织外部的沟通障碍主要包括以下几种：

（1）信息多元化。由于信息的来源是全球范围的，因此对信息正确解码的难度大大增加。有时同一信息在不同国家的含义可能不一致；有时信息的来源导致信息的准确性和真实性不够；等等。

（2）社会文化多元化。它主要指社会活动的各个方面都打上了跨文化的烙印，人们的需求、对产品和服务的偏好等都不同程度地受到全球化进程的影响。组织必须充分考虑国家经济发展水平、社会传统、信仰、价值观等特性，以确定自己的市场战略、管理风格等。

（3）组织外部沟通对象多元化。组织外部沟通的对象包括有关机构、部门、群体或个体。经济全球化的进程不断深入，相互依赖的程度也日趋提高，各组织之间存在千丝万缕的联系，因而使多元文化之间的碰撞、跨文化沟通障碍的形成有了更多的可能。应该指出，与其他组织进行良好的沟通是企业生存和发展的重要条件。

我与中国妻子芸在一起已经 8 年了。不久前，我们为一件小事陷入了冷战。

为了消除其中的误会，我们开始了一场重要的谈话。

就在这个节骨眼上，芸的手机响了。她毫不迟疑地拿起来接听，电话是她的一个女性朋友打来的，她说电话十分重要，她的朋友需要她的帮助。

在她打电话的这 5 分钟时间里，我对谈话的感觉逐渐消失了。我们正在进行一次重要的交谈，她为什么要放下这件事去接听电话呢？我于是一言不发地走开了，妻子的这种无礼行为令我难以忍受。

后来，我们重归于好，再也没有提起那件事。再后来，她有事去了美国。上周的一天，在我们的一次越洋通话中，她突然提到了那天晚上的电话并向我致歉。原来，我们在芝加哥的邻居在一次聚会上抱怨，中国人总是随时随地接听电话，即便在他们与最亲密的家人、朋友一起享受轻松一刻的时候也是如此，美国人则把这种做法看作无礼行为。

我的妻子告诉我，就在那一刻，她突然意识到，她当初在我们谈话的时候无意间冒犯了我，她不该随便接听电话。她解释说，从小到大，她从来没有被告知在吃饭或者聚会的时候，尽量不要让手机打扰到别人。

妻子真诚的道歉令我恍然大悟，她的无礼行为也许出于一种文化差异，或者是两国国情的不同，但有一点是肯定的，她这么做是无意的。我不禁为自己当初对她的责怪感到愧疚。

资料来源：管锥．接手机的中美差异．(2007-11-30). http://news.sina.com.cn/c/2007-11-30/175614424331.shtml.

## 第 4 节　影响跨文化沟通的因素

与一般意义上的沟通不同，跨文化沟通信息的传递是在具有不同文化背景的双方之间展开的，即信息发送者与信息接收者来自不同的文化。因此，双方在信息编码和解码的过程中会受到文化因素的干扰。要进行有效的跨文化沟通，就有必要明确在跨文化沟通过程中存在哪些主要的干扰因素。影响跨文化沟通的因素是多方面的，概括起来主要有以下几个方面。

**1. 感知**

感知与文化有着密切的联系。一方面，人们对外部刺激的反应，对外部环境的倾向性、宽容度和接受度，是由其所代表的文化决定的；另一方面，当感知的结果（知觉）形成后，它又会对人们所代表的文化的发展及其跨文化沟通实践产生影响。

**2. 偏见**

偏见是建立在有限的或不正确的信息来源基础之上的，在跨文化沟通中不容易避免。从客观上说，偏见具有简化认识过程的作用，但实际上这是一种懒惰的方法，它忽略大量活生生的语言和非语言信息，只抱着虚幻的、不一定是事实的想法，以逃避由于茫然失措带来的焦虑、不安和紧张。所以，偏见也会直接或间接地影响跨文化沟通。

**3. 种族中心主义**

种族中心主义是人们作为某一特定文化中的成员所表现出来的优越感，它以自身的文化价值观和标准作为至高无上的衡量尺度去解释和评判其他文化环境中的群体。

尼格尔·霍尔顿（Nigel Holden）在对松下的跨国经营进行分析时一针见血地指出，松下正是通过凌驾于公司之上的单个民族群体去处理全球化发展战略问题的，这就是种族中心主义的极端表现。事实上，这种意识和行为已给公司的发展带来了严重的阻滞效应。

**4. 语言**

语言是人们交流、传递信息和思想的产物，也是人们进行沟通的工具。语言具有丰富的文化内涵和特殊的文化背景。比如，英语中有这样一句话："When you are down，you are not necessarily out." 许多英语初学者不解其意，原因是不了解这句话的文化背景。这原来是一句拳击比赛用语。在拳击比赛中，拳击手若被对手击倒，裁判数到 10 还未能起身则被判输，但在许多情况下，往往还没等裁判数到 10，倒地的拳击手就起身继续比赛了。因此这句话的字面意思是："当你被人击倒时，并不意味着你就输掉了这场比赛。"它的寓意是：当你遭遇困难时，未必就丧失了成功的机会。

**5. 翻译**

对于翻译者来说，翻译任何体裁或题材的内容都是有一定难度的。因为翻译者不仅要熟谙与母语国家相关的政治、经济、历史和文化等知识，还要了解与外语国家相关的知识。另一种语言所包含的文化信息有时难以察觉；有时即便为翻译者所理解，也会苦于在本民族语言中找不到对应物而无法正确译出，因此会导致文化信息丢失。如果翻译者的能力和水平有限，误解和尴尬更是不可避免。

在中苏两国边界谈判中，苏方坚持双方谈判的基础是：中方承认以前俄国侵占中国的领土合法，中国与苏联两国不存在领土争端。中国的立场与此相反。当时，中国代表对苏联蚕食我国领土的行径表示愤慨，用一句中国成语形容苏方这是"得陇望蜀"。没想到，第二天苏方代表提出抗议，说中国代表污蔑他们对中国的甘肃、四川有领土要求。中方代表开始感到莫名其妙，后来才明白，翻译不懂"得陇望蜀"是个成语，就把它照字面上的意思来翻译了。

**6. 非语言因素**

非语言沟通是通过形体、表情、空间、时间等非语言方式进行的沟通。非语言沟通在生活和工作中随处可见，微笑、皱眉、开会时的座次、办公室的大小、让来访客人等候的时间长短等，所有这些都在传递高兴或愤怒、友善或距离感、权势或地位等信息。要诠释这些非语言信息的含义，人们几乎完全依靠下意识的体会和揣摩。

但是，非语言沟通和语言沟通符号（字词）一样很容易被误解。由于人们对于非语言暗示往往并不十分清楚，由非语言沟通引起的误会比语言沟通引起的误会更难消除。一位阿拉伯员工深信他的美国同事很讨厌他，因为对方在办公室里休息时，有时会把脚放在桌子上，鞋底正好朝着他这一边。在阿拉伯文化中，脚特别是鞋底被视为肮脏之物，将鞋底朝向他人是一种极为不敬的举动。

有关非语言沟通的详细论述，请参见第 12 章。

**7. 价值观**

在跨文化沟通中，由于拥有不同文化背景的沟通双方价值观迥然不同，因此相互之间的交流难度增大，有时往往会使看似简单的问题变得复杂。当沟通双方就某一问题的看法和想法涉及必须坚持或反对的价值观时，冲突就会凸显，沟通失败的可能性就增大；如果沟通双方所涉及的价值观的兼容性较大，那么双方实现有效沟通的可能性就增大。东西方文化在价值观上的差异突出表现为：

（1）在年龄观念上，东方尊重长者，而西方重视青年。

（2）在个人观念上，东方主张“无我”，从众心理严重；而西方强调“自我”，竞争欲望强烈。

（3）在成就观念上，东方侧重守业，表现出集体精神；而西方追求创业，个人利益为先。

**8. 思维方式**

思维方式是指一个人的思维习惯或思维程序。人们在自己的文化氛围中形成了具有各自特色的看待问题和认识问题的习惯方式。正如本书第 1 章所描述的，由信息发送者以一种思维方式编码出的一组信息发出后，信息接收者会以自己独特的思维方式对此信息加以破译，其结果往往会发生歧义或误解。比如，中国人通常在朋友见面时都会客气地问：“吃了吗?”其实这只是中国人打招呼的一句客套话，就如同“你好”一样，但是西方人听到了以为是要请他吃饭呢。

**9. 文化休克**

文化休克是指在跨文化沟通中，人们由于失去了自己熟悉的社会交流信号或符号，对于对方的符号不熟悉而产生的深度焦虑症。在美国，人们崇尚竞争，从教室到运动场，再到董事会会议室，处处讲竞争，其经济体制也建立在自由企业的基础之上。但世界上还有许多文化崇尚合作，人们不容易接受美国式的竞争。例如，在纽约，一个美国人可能会对一个外国人说：“你的妻子很漂亮，可惜你养不起她！既然如此，那你就把她让给我吧，因为我爱她，我可以给她更好的生活。”碰到这种事，那个外国人也许真的会休克过去。

## 第5节　东西方文化的差异

归根结底，上述诸多影响跨文化沟通的因素主要源于东西方文化的差异，因此有必要了解这两种文化的主要差异。

**1. 世界观的不同**

西方文化是建立在古希腊文明的传统之上的，欧美国家的传统文化深受古希腊宗教、基督教的影响。亚洲地区如印度、日本、中国、韩国以及东南亚国家的传统文化深受东方宗教和哲学思想的影响，如佛教、印度教、儒教、道教、禅学等。

对于这两种不同的文化意识，我们很难评判孰优孰劣，因为任何两个人或者两个组织在信仰、行为方面都不会完全一致。即便是同一个组织，随着时间的推移，它的文化也会不断变化、不断发展。

**2. 宇宙观的不同**

文化存在最基本的方式是，或以清晰明了的方式，或以隐喻暗指的方式，表达自然与宇宙的关系以及自然与人类的关系。东西方传统文化视角的分歧点正是源于这个基本的假设或前提。以中国为代表的东方文化的本质是天人合一，西方文化的主要特征是天人分离。

西方人认为上帝创造了世界，创造了人类，然后将世界交给人类来统治。基督教认为上帝高于一切，实际上是把上帝从现实中分离出来了。它还认为，宇宙的物质基础是一些基本的单位，它们是可以改变的，因此世界也是可以改变的。

东方人则认为宇宙是一个悠长的、运动的、和谐的精神和灵魂的统一体，世间万物的存在都是永恒的，可以轮回，持续存在。整个自然系统循环往复，并且自给自足，从而达到平衡。整个宇宙是广大的、多维的、统一的。

**3. 思维方式的不同**

西方文化建立在古希腊文明的传统之上，在思维方式上以亚里士多德的逻辑和分析思维为特征；以中国为代表的东方文化则建立在深受儒教和道教影响的东方传统之上，在思维方式上以辩证和整体思维为主要特征。西方文化重分析，东方文化重综合。

**4. 学习目的的不同**

东方文化根据直觉判断事物，强调感觉、感知潜藏于所有事物之下并互相联系。东方文化一直致力于对心理过程的追求，追求整体的、知觉的、美学的连续统一，认为学习的目的在于陶冶心灵，在精神上提升自身，从而与自然、世界相融合，而学习的最终目的是超越现实。西方文化则是根据宇宙的二元化理论来学习知识、认识世界的，强调理性地追求知识，认为世界以及世间万物都是由上帝创造的，而需要探究的基本问题就在于上帝是如何创造世界的。西方人学习的目的是要以理性的眼光看世界，从而改变世界。

**5. 时间观的不同**

传统的东方时间观认为，时间是一种自然节奏，这种自然节奏与人类行为相和谐。传统的西方时间观则认为，时间是一种钟或者机器的节奏，这是一种固定节奏的时间观念，人类的行为应当遵循这种固定节奏。

**6. 沟通方式的不同**

上述东西方文化在世界观、宇宙观、思维方式、学习目的以及时间观等方面的差异加上个体的独特因素，势必给东西方的跨文化沟通方式带来影响，主要表现在语言和非语言的运用及展示上。

东方人的人际交流方式是微妙的、含蓄的、非语言的、感性的，他们那些充满隐喻的含蓄的语言往往蕴含着深层次的含义，需要反复思考或推敲才能真正领悟。西方人在语言沟通中更倾向于采用直接明了、富有逻辑性的表述。例如，东方人总是避免直接否定他人，他们保持沉默代表的是不同意，而在西方人看来这是默许的意思；东方人总是很谦虚，不轻易接受表扬，而在西方人看来这有时是虚伪的表现。

## 第 6 节　跨文化沟通的策略

对东西方文化差异的比较使我们进一步认识到，要消除跨文化沟通的障碍，首先必须了解文化差异，正确认识文化差异，并在此基础上认同文化差异，从而达到融合文化差异的目的。

**1. 了解文化差异**

在跨文化沟通中，交流双方不仅需要明确各自文化的特点，更要通过各种途径了解对方国家政治、经济、文化、历史、社会性质、语言特点、生活方式、风俗习惯、地理位置等诸多方面的情况，然后加以比较，以明确在不同的文化中什么是可以做的、什么是禁忌的。只有这样，才能比较客观地、深层次地了解文化差异，从而避免不必要的误解和冲突。要做到这一点，沟通双方都必须练好内功，在了解自己文化的基础上，通过学习和训练提高自己对文化差异的敏感度和认知度。

**2. 认同文化差异**

跨文化沟通中产生失误和冲突的根源主要是交流双方没有取得文化认同。文化认同是人类对于文化的共识与认可，是人类对自然认知的升华，是支配人类行为的思想准则和价值取向。在跨文化组织中文化认同是相互的，人们需要这种相互的文化认同，以便跨越文化交流中的重重障碍，促进相互的信息、知识、技术共享与合作。文化认同的益处在于：它一方面可以促进以多元文化为特征的跨国公司中不同文化之间的顺利沟通，促进组织内部的和谐与团结，提升组织的凝聚力和竞争力；另一方面又可以确保多元文化的共存，从而提高员工的文化满足感。人们都会有这样的倾向，即觉得自己的文化是最好、最文明和最优秀的，其他文化都不如自己的文化好，这就是“文化优越感”。培养接受、尊重和认同文化差异的意识，正是拓宽跨文化沟通视野的良好开端。文化认同原则可以被认为是指导跨文化沟通的基本原则。

**3. 融合文化差异**

文化融合强调的是对多种文化的扬弃。其结果是形成一种综合了多种文化精华的新文化，这与文化认同中保留多种文化的共同存在是不同的。可以说，融合文化差异是了解文化差异和认同文化差异的最终目的所在。因此，从消除跨文化沟通障碍的效果看，文化融合是所有对策中最有效的一种。

由此可见，我们应该通过学习和掌握跨文化沟通的理论和知识，善于从文化差异中发现精华，将两种或多种不同文化有机融合在一起。这样在与来自不同文化背景的人交往的过程中，我们就会在意识上正视、珍视文化差异，在态度上尊重文化差异，在行为上正确表现自己，从而避免文化差异所造成的误会和不信任感，建立良好的跨文化工作关系，在新型的文化环境中游刃有余。

## 第 7 节　跨文化沟通的技巧

跨文化沟通中的文化感知、文化认同和文化融合是一个系统工程，在具体实施中需要各方面协调运作方可见到成效。了解文化差异、认同文化差异和融合文化差异是有效进行跨文化沟通的根本所在。然而，要真正达到跨文化沟通的有效性，则取决于跨文化沟通的技巧。如果说沟通是一门具有技巧性的学问，那么，跨文化沟通便是技巧性最强的学问之一。基于我们对一些跨国公司的跟踪研究，在此给出以下建议。

**1. 树立共同价值观，形成跨文化沟通的认同感**

跨文化沟通必须找到切入点和共同点，代表时代趋向的先进文化与本地文化的有机结合必然极具感召力，使企业员工乃至当地消费者形成认同感。这往往取决于跨国公司的经营发展战略、商业准则，也体现了企业文化的品位和境界。

企业确立了共同价值观，就能够顺利达成各部门间的目标整合，为实现企业经营战略的协调运用奠定基础。由于价值观反映了普遍的思想态度，因此拥有共同价值观有助于员工相互间的深层沟通，并促成在心理、思想和行为等方面的认同感。这种认同感不仅构成了员工归属意识的思想基础，而且将激发起员工的自豪感、上进心，挖掘出员工努力工作的动力源泉，并产生积极的自我开发、竭力发挥个人潜能的欲望。由于落实了企业内部教育的目标，在共同价值观的作用下，员工又会激发出自我教育的热情。于是，企业内部教育就进入了良性循环，即由外部的强制教育转变为员工自身自觉的行为。

**2. 推行竞争性的人力资源管理体制，形成跨文化沟通的压力感**

不同文化之间存在一定的差异，在企业内部这种文化差异必然表现为不同人力资源管理体制的冲突。要形成跨文化的沟通融合，必须依靠组织结构的变革、人力资源管理体制的调整、劳动力的优化组合以及绩效评价机制的变革。推行竞争性的人力资源管理体制，会使企业员工在新旧两种人力资源管理体制的冲突中感受到切身的危机和非常大的压力。相对先进有效的人力资源管理新体制、适时配套的体制变革程序、合理适度的冲突压力，将会迅速地促使员工认可新的企业文化，跳跃式地促进企业跨文化的沟通融合。

**3. 严格规章制度，形成跨文化沟通的强制力**

跨文化沟通不仅要注重宣传，而且要有必要的制度保障，以防止变成空洞的说教。建立和完善各种制度，尤其是建立严格的奖惩制度，对于塑造和实践企业文化具有强制的保障作用。这是企业管理的自身要求，更是跨文化沟通融合特定背景下的客观要求。

规章制度对规范人们的职业行为是不可或缺的，并且企业规章制度的执行是以道德作为前提的。只有具备了良好的职业道德意识，才能自觉主动地执行规章制度，维护正常的经营秩序。习惯会成为自然，也会演化为文化。通过严格执行企业规章制度，在强制性地整合文化差异的过程中，实现跨文化的沟通融合。

**4. 重视员工培训，形成跨文化沟通的引导力**

企业文化建设应以人为本，要培养员工自觉献身于企业的责任意识、价值观和道德规范，并使之为广大员工所认同和接受，形成一种内化的动力机制，从而使广大员工以主人翁的积极姿态出现在自己的企业中，使企业的目标变为全体员工的共同目标。只有这样，员工才会把企业的事当作自己的事，竭尽全力参与企业生产经营活动，无私地奉献自己的聪明才智。这种人格化的企业行为已不再是一种带有强制性的行动，而是员工自我价值不断追求和不断实现的过程，企业也会因此而获得强大的内聚力和创新能力。

一般而言，企业内如果员工综合素质普遍比较高，沟通的效果肯定比较好；如果员工综合素质普遍偏低，相互间的沟通也不会出现很大的问题。沟通最困难的是内部人员素质参差不齐的企业，因为在同样的沟通方式下人员综合素质的差异会导致迥然不同的沟通反应。很多时候良好的主观动机却由于沟通方式不当而导致事与愿违的结果。根本的解决之道就是持续开展内部再教育，加强对员工的培训，通过完善的管理机制及有效的激励措施，让企业员工产生不断学习、不断提升自己综合素质的主观意愿，使他们的思想紧跟企业的发展。

**5. 辅以娱乐交谊活动，形成跨文化沟通的亲和力**

东西方文化的差异是客观存在的，这种差异的淡化必须建立在互相理解、尊重传统的基础之上。如果没有经常性的文化交流和思想沟通，这种差异带来的文化冲突是难以消除的。企业内部的文化交流，如各种宣传活动、信息发布交流活动、文体活动、节日聚会等，都有助于加强企业员工之间的沟通，有利于疏导员工的内心冲突，所以，应尽可能鼓励所有员工积极参与这些活动。实践表明，这些活动可以有效地避免员工个人利益与公司利益的矛盾。应该指出，文体娱乐活动只能作为一种企业文化沟通的载体，它不具备系统有效的教育功能，因而不能替代大量的思想工作。因此，要使员工真正理解企业文化，还是要从培养员工自觉献身于企业的责任意识、价值标准、道德规范和行为准则着手，利用企业有计划的内训，使企业文化被广大员工接受和认同，从而形成一种自发的动力机制。

综上所述，跨国公司内由于多元文化及其差异的存在，必然会产生冲突。要缓和这种冲突，实施有效的跨文化沟通是重要的途径。在进行跨文化沟通时，最重要的是寻求本土员工的认同感，最大限度地实现多元文化的融合。在企业中，实现多元文化融合的努力就是新型的企业文化的建设过程，企业文化的建设并不排斥员工各自原有的不同文化，而是要求员工在保持自己原有文化的同时，积极融入具有共识的企业文化。

因此，我们认为，除了涉及管理沟通中的一般沟通技巧，跨文化沟通技巧还应特别强调积累经验的重要性。

## 第 8 节　一些国家和地区的文化特点

在本章的引导案例中，卢伟光董事长跨文化沟通的亲身经历告诉我们：管理者及组织成员提升跨文化沟通技巧的关键在于要有强烈的与不同文化背景的人进行沟通的愿望，只有这样才能不断地积累经验。下面介绍一些国家和地区的文化特点。

### 一、美国

一般而言，美国人在日常生活中不讲俗套，见到陌生人习惯于打招呼，但那不一定是想与之做朋友。美国人碰到认识的朋友时，会热情主动地问候对方；他人问候时，也会大方地回应对方，表示关心和礼貌。跟他人说话时语气诚恳、态度大方，当他人问候时，回答要尽量简洁。

在参加社交活动时应该注意：通常向地位较高者介绍地位较低者，向女士介绍男士，向年长者介绍年轻者。介绍后握手须简短有力，以表诚挚之意。应该指出，如果对方是女士，要等对方先伸手，以免失礼。

赴约要准时，但是需要注意，如果是一种社交场合，不是公事，早到是不礼貌的。因为女主人要做准备，你去早了，她还没有准备好，会使她难为情。最好晚到 10 分钟。如果你是去饭店赴宴，也以晚到几分钟为宜。如果你比主人先到，则会令人难堪。如果遇到特殊情况无法按时赴约，一定要打个电话告知和解释，千万不要让人傻等。

美国人比较好客，时常会对朋友说“随时来找我”，有些邀约是相当诚恳的，但是你可不要真的“随时”上门拜访，登门拜访前一定要事先电话预约。如果接到印有“R. S. V. P.”缩写的邀约函，无论去与否你都应该打个电话告诉对方。如果请柬上印有“Regrets only”，这是告诉你：只有在你不能应邀出席时才需回复。如果应邀参加家庭聚会，别忘了带上一瓶酒或一束鲜花，或一些具有中国风情的小礼物。当然，你在应邀出席聚会前，可以直接询问主人需要捎上什么礼物。应该指出，无论你有多忙，都应该在宴会结束后不久给主人寄上一张致谢卡或一封感谢信。如果当晚留宿在主人家，应该将致谢卡或感谢信寄给女主人。

在餐桌礼仪方面，中餐和西餐差异很大。比如，在用西餐时，餐巾是用来擦嘴的，不可以用来擦手或餐具。如果调料（盐、胡椒）瓶离你比较远，可以请隔座代劳递送，但不可伸手越过邻位去取。刀叉放置的方式很有讲究，如果你还想继续用餐，刀叉应暂时斜放在盘的边缘，这表示你尚在用餐之中；如果你将刀叉完全放在盘中，也许服务生会帮你将餐具收拾干净，因为那表示你已用餐完毕。

在重要场合应该注重着装礼仪，通常请柬上会有着装要求的提示。如果不清楚着装的要求，可以侧面问一下其他参加者。请柬上有些字如“casual”表示休闲，但是并不意味着你就可以穿着十分休闲；如果写有“semiformal”表示半正式场合，但是建议你最好还是打领带。另外，如果你是着西装，记住西装外套通常只扣上扣，或者都不扣，切忌全扣。如果着西装背心，背心最下面的一粒纽扣通常是不扣的。如果你着深色西装应配黑色皮鞋和深色袜子，千万不要穿黑鞋配白袜。女士出席正式场合以着裙装及高跟鞋为宜。

此外，美国人比较注重个人的隐私权，在工作时间内或在公司里不会和同事谈自己个人的事情，也不喜欢别人打听自己的私事。

## 二、英国

英国人善于体谅对方、理解别人，做事总是力求尽善尽美，不希望留下坏印象，因此绅士风度随处可见。

英国人初次见面时，以握手为礼，不像东欧人那样常常拥抱。随便拍打客人被视为非礼。英国人注重穿着，只要出家门，就会西装革履。因为他们常常以貌取人，所以特别要注意外表仪容。

英国人待人十分客气，讲话时“谢谢”“请”常常不离口，因此，跟英国人讲话也要客气礼貌，不论职位高低，都要以礼相待。请人办事要客气委婉，不要使用命令的口吻，否则你会遭到冷遇。

英国人尊重女性的社会风气十分浓厚，如走路相遇、乘电梯、乘公共汽车，男士都要谦让，让女士优先。在宴会上，首先应该给女宾或女主人斟酒。在街上同行，男士应走外侧，以保护女士免受伤害。如果丈夫偕妻子参加社交活动，应先将妻子介绍给贵宾。

在英国的商务礼仪中，衣着讲究，好讲派头，出席宴会或晚会时习惯穿黑色礼服，衣着要笔挺。英国人时间观念比较强，如果要拜会某人，首先要预约。赴约时应该准时，最好提前几分钟到达。

英国是个多民族国家，各民族都习惯于遵循自己的传统，所以不要只是用

“English”来表示“英国的”。如遇到两位英国人，他们分别来自苏格兰和威尔士，如果你称他们是“英国人”，那么他们会分别告诉你，他是苏格兰人或威尔士人。

英国人不习惯邀请对方在早餐时谈生意。通常，他们的午餐比较简单，对晚餐比较重视，视为正餐。一般重大宴请活动多在晚上进行。应该记住，在正式宴会上，通常严禁吸烟。进餐时吸烟被视为不礼貌。

到英国人家里做客，最好带点小礼品，如鲜花、巧克力、葡萄酒，或者具有中国民族特色的工艺品，他们会感到很高兴。他们不大欣赏带有客人公司标记的纪念品。赠送礼品切忌太贵重，以免有行贿之嫌。服饰、香皂之类的物品也不宜作为礼物送人，这样似乎太涉及个人的私生活。送花不要送菊花，因为在英国甚至在其他欧洲国家，菊花只用于万圣节或葬礼。也不宜送百合花，因为在英国，白色的百合花象征死亡。其他的花都可送人，如果怕出现尴尬的情况，在买花时可以先咨询一下花店服务员。

在接受礼品时，英国人习惯于当着客人的面打开礼品，无论礼品价值如何或者是否有用，都会给予热情的赞扬并表示谢意。

在公务活动中通常忌谈个人私事、家事、婚丧、年龄、职业、收入、宗教等话题。英国人认为“13”是个不吉祥的数字，在交往中应尽量避免“13”。特别是在用餐时，忌讳 13 人同桌。如果 13 日又恰逢星期五，则被认为双重不吉利。在英国，车辆靠左行驶，上街走路时要格外注意交通安全。

在英国的习俗中有许多节日，例如 6 月的第一个周末是银行春假（圣灵降临）节；8 月的最后一个周末是银行暑假节，因此商务活动宜安排在 2—6 月或 9 月中旬至 11 月。圣诞节（12 月 25 日）和复活节（从 3 月 21 日后第一个满月算起后面的第一个星期日）是节日气氛最浓的时候，在这两个节日的前后两周最好不要安排公务访问。

## 三、德国

德国人在社交场合举止庄重，讲究风度。你很少会见到他们表现出漫不经心的样子，因为在他们的意识中，这些漫不经心的动作被认为是对客人的不尊重，是缺乏教养的表现。

德国人注重礼节。在社交场合与客人见面时，一般行握手礼。与熟人、朋友和亲人相见时，会拥抱亲吻。与客人交往时，习惯于对方称呼他们的头衔，但他们注重实事求是，不喜欢听恭维话。

德国人态度严谨，注重细节，对工作严肃认真，一丝不苟。在工作场合不可以开玩笑，对上级的命令必须服从。德国人的时间观念也很强，一旦约定时间，迟到或过早抵达都被视为不礼貌。德国人具有很强烈的民族优越感，做事认真务实。在商务谈判中你有时可能会觉得对方很固执，然而，只要是双方认同的条款，他们会不折不扣地去执行。

德国人有严格遵守交通规则的习惯，不随便停车，更不会闯红灯。在列车上，甚至在车站，大多有禁烟或可吸烟的标志。

## 四、法国

与英国人和德国人相比，法国人在待人接物方面有自己的特点，即特别爱好社交。对于法国人来说，社交是生活的一个重要组成部分，没有社交活动的生活就像没有色彩的世界一样单调。

法国人诙谐幽默，天性浪漫，在人际交往中大多表现得爽朗热情，喜欢高谈阔论，善于开玩笑，不喜欢不苟言笑的人，看到愁眉苦脸的人会觉得胃疼。法国人善于冒险、追求浪漫的形象已是举世公认。

追求自由，纪律性较差，也是法国人的特点。“自由、平等、博爱”是写进法国宪法的国家箴言。他们追求自由的意识十分强烈，喜欢自由地独来独往。跟法国人约会需要事先约定，并且准时赴约。如果他们来迟了，不要感到特别惊讶。

法国人比较傲慢，自尊心很强。法国人有极强的民族自豪感，在法国人眼里，世界上的一切都是法国最棒。走在街上你想找一个会说英语的法国人似乎有点难，当你与法国人交谈时，如果能讲几句法语，对方一定会热情有加。

法国的时装、艺术以及美食是有口皆碑的。法国人非常讲究服饰礼仪。在正式场合，法国人通常要穿西装、套裙或连衣裙，颜色多为蓝色、灰色或黑色，质地则多为纯毛。

在餐饮礼仪方面，值得一提的是，法国人一般用餐时不将两肘支在桌子上，不将刀叉直接放在餐桌上，而是只放一半，另一半则放在碟子上。

如果想给法国人送花，注意不要送上菊花、牡丹花、玫瑰花、杜鹃花、水仙花和纸花等。跟英国人一样，法国人也忌讳“13”这个数字和星期五。

法国人对礼物比较挑剔，他们对具有艺术品位和纪念意义的物品情有独钟，对于那些带有明显的广告标志以及刀、剑、剪、餐具之类的物品却不屑一顾。男士不宜向关系一般的女士赠送香水。接受礼物时，礼貌的做法是当着送礼者的面打开包装。

## 五、意大利

一般而言，意大利人的时间观念不是很强，无论是赴约还是开会均可能会迟到，不要在意。倘若你被邀请到意大利人家里做客，不必早到，稍晚一点为宜。

如果想给意大利人送花的话，不要送黄雏菊，因为那表示哀悼。与意大利人握手时，避免交叉握手，因为那被视为不吉利。握手的时间不宜过长，摆动的幅度不宜过大。

意大利人喜欢当着送礼者的面打开礼物以示喜欢和谢意，如果在打开礼物的同时再加一句“这正是我想要的”，对方会非常高兴。

给意大利人送礼时，千万不要送手帕，因为那被视为不吉利。但是，丝巾很受欢迎。意大利人也把 13 日和星期五视为不吉利的日子，因此，应避免在那天邀请意大利人赴宴。意大利人不喜欢把雨伞撑开后放在房间或客厅。

## 六、澳大利亚

澳大利亚位于南半球，由于地理位置的影响，澳大利亚的冬夏与中国正好相反。如果在隆冬季节由中国北京去澳大利亚悉尼，那里正是阳光灼人的盛夏。所以，澳大利亚人的圣诞节是在炎热的酷暑中度过的。

在澳大利亚，人们初次见面时喜欢热情握手，访问结束时也是如此。澳大利亚人非常注重礼貌修养，谈话通常温文尔雅、轻声细语。如果出席正式场合的会见，宜着正装。澳大利亚人的时间观念特别强，有准时赴约的良好习惯。因此，会见前必须事先联系并准时赴约。

澳大利亚人崇尚平等，说话委婉，不喜欢以命令的口吻指使别人。他们在处理公务与私人关系过程中，公私有别，泾渭分明。例如，双方曾在一起共进晚餐，谈笑甚欢，但这并不一定意味着生意好做。

## 七、俄罗斯

在交往过程中，你会觉得俄罗斯人比较严肃，不爱微笑。因此，有人认为俄罗斯文化的特征就是忧郁、冷漠并缺少笑容。其实，俄罗斯人虽然不喜欢微笑，但十分善良好客。他们乐于用眼神、目光的交换来表达问候与致意。出于礼貌而始终挂在脸上的微笑，在俄罗斯人看来是职业式的微笑，而不是真实的感情。当然，如果两人很熟悉，那种发自内心的微笑就会自然流露出来。

俄罗斯人在与外国人打交道时，习惯称呼对方“先生”“夫人”“小姐”。但在正式公文中、在隆重的场合或进行严肃谈话时，就要用全称。平时对晚辈或同辈、朋友之间只称名字，表示亲近时用爱称。

俄罗斯人在迎接尊贵的客人或亲密的朋友时，通常会拿出面包和盐来招待。一般会在托盘上垫着洁净的面巾，上面放着大圆面包，并备着一小罐盐。客人可撕下一小块面包，蘸上盐品尝，并表示感谢。

俄罗斯人喜欢饮酒，尤其喜欢伏特加、白兰地以及中国的二锅头等烈性酒，这可能与那里漫长的寒冷冬季有关。他们在招待尊贵的客人吃饭时常常会敬酒，以示敬意。在敬酒的时候，俄罗斯人多显豪爽与开放，满满一杯酒常常无须劝饮即一饮而尽。

如到俄罗斯人家里做客，主人会等客人进门后才握手，隔着门槛不握手。在俄罗斯人的心目中，门槛是极为神圣的地方，只可跨越，不可踩踏。俄罗斯人忌讳数字“13”，认为它是不吉利的象征，“7”则意味着幸福和成功。俄罗斯人不喜欢黑猫，认为它不会带来好运。俄罗斯人认为镜子是神圣的物品，打碎镜子意味着灵魂的毁灭。但是如果打碎杯、碟、盘，则意味着富贵和幸福。

俄罗斯有“左主凶，右主吉”的传统说法，因此，切忌伸左手给对方，无论是握手还是递送物品。送礼时，有两样物品不能赠送：刀和手绢。俄罗斯人认为刀意味着交情断绝；手绢则象征着离别。赠送礼物不在贵重而在精致，太贵重的礼物会让人产生误解，以为有所企求。俄罗斯人乐意在饭桌上边吃边聊，但不介意排场如何，只要尽兴即可。他们十分注重建立长期友好关系。

## 八、日本

日本人在社交活动中十分注重礼节，鞠躬是日本人最通行的礼节，见面和分手时必行鞠躬之礼。日本人之间很少握手，但在国际交往中，日本人现在也习惯握手礼。

日本人在人际交往过程中，表现内敛，缺乏幽默感，习惯于揣度对方的想法，不轻易表达自己的想法。日本人若要表达“不同意”，常常不会直接表示拒绝，而是说“请让我们再考虑考虑，目前还没有这样的先例”。

日本人具有强烈的集体合作意识，偏好家族式管理，习惯于听从命令，尊崇传统的等级制度，下属绝对服从上级，每个人都尽力做好自己分内的工作，不轻易逾越自己的职责和权力范围，重视集体内部和谐。不喜欢当众受到上级的表扬，他们认为那样会脱离集体，但是乐意私下受到上级的肯定。

日本人在社交活动中，习惯于使用敬语，以表达礼貌与尊敬，尤以女性在语言表达上更显恭敬。日本人常把“请多多关照”挂在嘴边，甚至在贺年卡中也常常写道：非常感谢您在过去一年中所给予的帮助，明年还请多多关照！

通常，日本人在交往中不愿意给别人添麻烦。如果不经意间给别人添了麻烦，总会以某种方式表达歉意或谢意。

日本人遇事不喜欢诉诸法律，若遇到麻烦事他们更愿意私下协商解决，不到万不得已不打官司。日本人对于实力相当的对手很尊重，但对于实力明显不足的对手则表现出轻蔑。因此，在公务交往过程中要注意身份对等、实力相当。

日本人比较注重仪表，注重细节，管理人员着装要整洁，普通工人以及学生一般都着特征明显的统一制服。在正式场合，男士须着西装，女士须穿礼服。

总之，虽然人们具有不同的文化背景，但是无论是与哪里的人们交流，只要我们在跨文化沟通之前准备充分，不被自己的文化局限，努力培养跨文化沟通技巧与能力以适应这个多元文化不断发展的世界，就会有助于我们更好地迎接跨文化沟通的挑战。

2004 年东南亚和南亚部分地区发生地震和海啸之后，中国发起了大规模的海外救援行动，赢得了国际社会的好评。然而，因中国的食品包装标注日期没有采用国际上通行的做法，在一些国家引起了不必要的误解，结果被一些不怀好意的人用来作为诋毁中国的借口。

中国的食品包装习惯标注生产日期和保质期，即何时生产、可以存放多长时间。国际上通行的标注法却是有效期至何年何月何日。在印度尼西亚等国，中国援助的一些食品因为标注日期太近，引起少数灾区百姓的疑虑：在这么短的时间内，食品怎么能运到灾区呢？殊不知，为了把最新鲜的食品及时送到灾区，中国政府本着特事特办的原则安排生产，一些食品是当天生产，当天发送，通过包机迅速运往灾区，途中所需时间当然很短。另外，还有一些国家的组织和个人误把食品标注的生产日期当作有效期，草率地认定中国援助的是过期食品。

为消除误解，澄清事实，中国驻印度尼西亚等国使馆做了很多工作，但一些别有用心的人和新闻机构仍在炒作这一问题，挑拨有关国家与中国的关系，损害中国的形象。

接触过外国食品的人都知道，世界上多数国家的食品只注明“有效期至某年某月某日”。对消费者来说，拿起食品就知道有没有过期、能不能食用。但很多中国食品标注的是生产日期和保持期，只能使人知道某个食品是何时生产的，能保存多久，至于到什么时候还有效，还需推算一番。有的食品，比如 1 月 21 日生产，保质期 3 天，消费者马上知道过了 24 日就不能吃了；如果保质期是 15 天，就需要掐着指头算一算；要是保质期是 180 天，那可就麻烦了，因为 1 个月有 30 天的，也有 31 天的，2 月还有 28 天、29 天的。

也许，最初制定这个规定的人想让消费者心里明白，这个食品是何时生产的，吃了心里踏实。可对一般消费者来说，某个食品是何时生产的、能保存多久并不重要，重要的是到什么时候就不能吃了。在一些国家，人们习惯于使用计算器，计算能力很差，面对中国的标注法，他们靠心算或掐指头是算不出来的。

在全球化不断发展的今天，各行各业都喜欢说与国际接轨。许多行业标准接了轨，效果确实很好。但也有的打着与国际接轨的旗号，误导老百姓，比如标注时不用大的整数，而用 450 克、220 毫升之类让普通人无法与一般的计量单位相比较的标注。还有的食品从不出口，却千篇一律标注蹩脚的英文，让人哭笑不得。

但是，像食品这样与百姓生活息息相关的行业，无论是从与国际惯例相一致的角度，还是从方便顾客的角度，其有效期的标注都应当与国际接轨。即使不为了出口，那些生活在中国的外国人也很希望能有一种更容易让他们接受的标注法。

资料来源：国际接轨与食品日期．环球时报，2005－01－21 (15).

## 本章小结

随着经济全球化的不断发展，跨文化沟通越来越频繁，跨文化矛盾与冲突越来越突出。如果我们对这种状况熟视无睹、毫无准备，在挑战面前就会束手无策，为文化差异困惑付出的代价将是惨痛的。这些跨文化矛盾与冲突已经或正在成为诸多跨国公司发展的瓶颈，很大程度上制约了跨国公司的前进步伐。因此，为了更好地应对文化差异，跨国公司的管理者首先必须正确认识文化差异，采取积极有效的措施；其次，必须加强学习和训练，掌握跨文化沟通策略。在跨文化沟通中，跨国公司的管理者还必须逐步培养自己对文化差异的理解力和敏感度，因为是否拥有这种能力是关系到跨文化沟通能否顺利进行的前提之一。从某种程度上说，如果我们能够在尽量减少文化无知的同时增强文化差异意识，就能够更加有效地进行跨文化沟通，实现真正意义上的文化认同和文化融合。

## 讨论题

1. 跨文化沟通的意义是什么？
2. 缺乏跨文化沟通能力有哪些表现？

3. 跨文化沟通模型说明了什么？
4. 跨文化沟通障碍是如何表现在组织内部和外部的？
5. 跨文化沟通的障碍有哪些？
6. 有效跨文化沟通的策略是什么？
7. 如何提升自己的跨文化沟通技巧？
8. 试述不同地域或国家的文化习惯对跨文化沟通的影响。
9. 试述宗教文化对跨文化沟通的影响。
10. 从跨文化沟通的角度分析你如何体会“入乡随俗”的含义。

## 练　习

试比较你所熟悉的不同地域或不同国家的人们，他们有哪些独特的文化和习惯。

步骤一：根据个人情况，独立填写表16-1，不要急于与他人展开讨论。

**表16-1　不同地域或不同国家独特的文化和习惯**

| 不同地域或不同国家 | 独特的文化和习惯 |
|---|---|
| | |
| | |
| | |
| | |

步骤二：要求学生组成3～4人小组，将自己的观察和体验与小组成员分享，并就不同地域或不同国家人们之间的跨文化和习惯差异进行比较讨论和分析。

## 案例分析

### （中日）永成有限公司的矛盾与冲突

2020年4月的一天下午，（中日）永成有限公司中方副总经理吴一明坐在办公室里，思考着公司近几个月发生的事情。由于合资公司的内部矛盾问题，生产经营状况欠佳，高级管理人员心事重重，普通员工议论纷纷，特别是在合资公司的中方管理人员中已产生人心不稳的苗头。他是任由这些管理人员离去，眼看着公司业绩继续下滑，还是主动与董事会进行沟通呢？这件事已经惊动了H市商务局，他必须尽快做出选择。

**合资公司背景**

（中日）永成有限公司身处沪宁线上的H市。H市是一个中等城市，全市总人口约260万人。（中日）永成有限公司是一家中日合资公司，成立于2016年6月。中方的投资公司GT集团公司是中国的大型公司，主要生产UP、GF、FRP等产品。日方的投资公司D公司是日本有名的上市公司，在全球有78家分公司（工厂），2014年的销售收入在日本工业企业中位列前30名，当年公司全球的UP产量是3 660 000吨，名列第一，其产品品质也是一流的。在这样的背景下，GT集团公司和D公司合作兴办合资公司的步伐迈开了，双方的谈判进行得十分顺利。为增强合资公司的实力，经D公司举荐，日本最大的商事公司I公司也成为第三方出资人。三方最后商定：合资公司总投资2 900万美元，合作期限为35年，三方出资比例和出资方式以及合资公司的管理层的组成如表 16－2 所示。

**表 16－2　三方具体情况**

| 项目 | GT 集团公司 | D 公司 | I 公司 |
|---|---|---|---|
| 股份 | 40% | 40% | 20% |
| 出资 | 土地、厂房、市场、信誉、现金等 | 现金 | 现金 |
| 董事长 | 董事长 | 副董事长 | |
| 董事人数 | 4 | 4 | 2 |
| 高级管理人员 | 副总经理 1 名，正副部长 6 名 | 总经理 1 名，部长 1 名 | 供销部部长 1 名 |
| 高级管理人员工资 | 24 万美元/年 | 14 万美元/年 | 7 万美元/年 |
| 高级管理人员性质 | 委派 | 委派 | 委派 |

合资公司制定了详细的合资章程，规定如下：

合资公司的产品在中国境内外市场销售。产品出口和内销的销售目标为：出口部分占 20%，内销部分占 80%，I 公司应努力扩大外销渠道，争取为合资公司挣得更多外汇。特别强调的是，合资公司要求 I 公司利用其在全球的销售网络发挥作用，作为回报，合资公司的原材料进出口由 I 公司操作，合资公司的供销部部长由 I 公司委派。下列事项（摘要）必须由董事会的简单多数通过：

（1）经营策略、经营管理制度和长期业务计划。

（2）合资公司与合资公司董事、总经理、副总经理或其分支机构的重要交易合同。

（3）业务机构的调整。

（4）合资公司的董事长、副董事长、总经理、副总经理和正副部长等高级管理人员的任免、薪金、奖金、其他福利、惩处等事项。

（5）合资公司的职工工资福利的确定。

**合资公司的经营管理**

合资公司设经营管理机构，负责公司的日常经营管理工作。经营管理机构设总经理 1 名，副总经理 1 名，任期 5 年。首任总经理由 D 公司委派，续任的总经理和副总经理由董事会确定，董事长由 GT 集团公司委派。总经理的职责是执行董事会会议的决议，组织领导合资公司的日常经营管理工作等，具体权限由董事会确定；副总经理协助总经理工作；经营管理机构设若干部长，分别负责各部门的工作，处理总经理和副总经理交办的事项，并对总经理和副总经理负责。

**合资公司的冲突**

2019 年底，GT 集团公司总经理（合资公司董事长）更迭，新上任的合资公司董事长在（中日）永成有限公司烧了“三把火”。

第一，到（中日）永成有限公司现场办公，分别找合资公司副部长以上的高级管理人员单独谈话，重点了解合资公司近 4 年来的运作情况，并对中日双方委派到合资公司的高级管理人员的工作情况进行详细了解，要求每个人谈一下对他人的工作和对 GT 集团公司的态度和看法，特别要求每个人针对合资公司运作过程中存在的问题谈谈自己的意见。

第二，在谈话后的第三周召集 GT 集团公司所有高级管理人员开会，包括总经理、副总经理、党委书记、组织人事部部长、劳资处处长、财务处处长等。会上强调了上次的谈话内容，通报了 GT 集团公司 2019 年的经营情况审查结果，对合资公司近年来的运作情况做了总结，并就 GT 集团公司干部和职工对合资公司的生产经营的不满提出了看法。特别是对合资公司中方高级管理人员的工作提出了严厉的批评，提出要对他们的工资收入进行规范，并且在 2020 年 7 月任期届满时要对部分委派的高级管理人员进行谈话。

第三，以中方投资公司的名义发文至（中日）永成有限公司，文中提出：(1) 为规范 GT 集团公司委派到合资公司的高级管理人员的工资收入，根据有关文件精神，决定从 2020 年 2 月开始，合资公司的中方高级管理人员的工资由 GT 集团公司决定发放的标准。(2) 为加强合资公司的管理，委派一名人员到合资公司担任主管原材料供应的副部长。(3) 建议合资公司将一位比较年轻的中方生产部长调到供销部加强销售力量，担任供销部副部长。(4) 建议合资公司加强公司的内部管理，开拓市场，提高产品的市场占有率。

收到 GT 集团公司的文件后，(中日) 永成有限公司中方副总经理吴一明大吃一惊，因为有关内容他事先一点也不知道，有些敏感问题直接关系到中方高级管理人员的经济利益（当然也关系到他本人的利益)。此时，日方总经理大高正好离开公司去日本开会，这一份文件来得真不是时候。吴一明唯一能做的就是将文件传真到日本，同时也写了他的看法，一起传真给大高。两天后，大高发回了有他签名的传真，指出有关问题等他回来以后再做决定。

半个月后，大高回到中国。与此同时，一份 D 公司的传真也发到了 GT 集团公司，传真内容如下：

尊敬的（中日）永成有限公司董事长阁下：

鉴于 D 公司委派到（中日）永成有限公司担任总经理的大高先生不具备独立领导一个公司的能力，D 公司决定从 2020 年 3 月起委派河恶武先生替换大高先生。

与此同时，I 公司也发文到 GT 集团公司，内容如下：

尊敬的（中日）永成有限公司董事长阁下：

鉴于合资公司的领导状况，为加强对合资公司的领导，经 I 公司与 D 公司商量决定，提拔 I 公司委派到（中日）永成有限公司担任供销部部长的小野田先生为合资公司的副总经理，与 D 公司的河恶武先生、GT 集团公司的吴一明先生共同领导合资公司的运作。希望在 5 月召开的董事会上得到认可。

这一系列的变化大大出乎 GT 集团公司的预料，原来的一系列计划都被打乱了。

3 月 1 日，河恶武上任，接替大高出任合资公司总经理。上班的第一天他就对 GT 集团公司发给合资公司的文件做了答复：文件的前三条必须经过董事会的确认，现不宜做调整；根据 I 公司和 D 公司的计划，董事会于 2020 年 5 月 18 日在中国上海召开会议；合资公司是一个独立的公司，重大决策由董事会决定，日常管理由总经理负责。河恶武上任后即召开合资公司的部长会议，在会上宣布：

各部正副部长以上高级管理人员在工作中必须严格按总经理的指示办事，不允许相互推诿，影响工作。

所有有关 GT 集团公司与合资公司的往来必须报告总经理。

查询合资公司5年来两公司的来往账目。

董事会决定提取中方高级管理人员的名义工资和实际工资的明晰账目进行审查。

合资公司是独立法人，经营权独立。

董事长无权过问合资公司的日常内部管理。

一时间，合资公司内部的正常运作被打乱，中方和日方的矛盾加剧，工作中的对立情绪也越来越突出，4月的生产经营业绩下滑到合资公司成立以来的最低点，高级管理人员心事重重，普通员工议论纷纷。根据预测，5月的生产经营状况可能比4月还差。

GT集团公司也以合资公司董事长的名义发了一份传真给D公司：

合资公司自成立以来，生产经营状况远远未能达到合资公司各方的目标和要求，其原因是多方面的，但是有一点十分明显，D公司委派到合资公司的三任总经理都不了解中国国情，不懂中国企业的运作规则，不懂管理，在经营方面的成绩更令人失望。根据合资公司的章程，GT集团公司委派合资公司的副总经理，D公司委派合资公司的总经理，董事长由GT集团公司委派。I公司提出由小野田担任副总经理的事，GT集团公司没有意见，但是根据合资公司的章程，D公司和I公司中只能由一家担任总经理或副总经理。GT集团公司委派到合资公司的高级管理人员的收入必须由GT集团公司决定，在5年任期届满时必须对部分人员进行调整。如果以上意见D公司不采纳，5月18日董事会会议的召开也将失去意义，合资各方的合作诚意也将受到伤害，GT集团公司将对此表示非常遗憾。

吴一明知道GT集团公司这份传真的力量，从河恶武与小野田两人去找H市市政府主管外贸工作的副市长，到前几天H市商务局局长一行来公司了解情况可以看出，合资公司的矛盾已引起市政府的重视。更令吴一明担心的是，GT集团公司委派到合资公司的高级管理人员中已产生人心不稳的苗头，年龄大的流露出提前退休的想法，年龄小的流露出对合资公司失去了信心。特别伤脑筋的是，他们都未与合资公司签订劳动合同。大家都在等待，等待这位在合资公司中的中方最高代表拿出一个好办法。

**[思考题]**

1. 合资公司（中日）永成有限公司内部发生了什么冲突？
2. 请评价作为高层管理者的新上任的合资公司董事长的沟通技能水平。
3. 董事长在新上任时烧的“三把火”产生了怎样的效果？
4. （中日）永成有限公司合资各方围绕新董事长的“三把火”先后向对方发送的传真对于这次冲突起到了怎样的作用？
5. 试从多元文化差异的角度解读合资公司内部发生的冲突。

17
Chapter

# 第 17 章 未来组织的管理沟通

未来的竞争是管理的竞争，竞争的焦点在于每个社会组织内部成员之间及其与外部组织的有效沟通。

——未来学家奈斯比特

## 学习目标

1. 了解未来组织的管理沟通的含义
2. 明确学习型组织的沟通要求
3. 识别虚拟组织的沟通特征
4. 掌握网络沟通的正确方法

## 引导案例

### 英国石油公司的虚拟组织

英国石油公司的业务遍布全球多个国家和地区。时任英国石油公司首席执行官约翰·布朗很清楚，对于英国石油公司来说，要想成功，就必须把公司发展成为有学习能力，并且能让所有员工都参与问题解决的组织。他认为公司的利益相关者和顾客都应该能做出这样的决策。

为了贯彻这一战略，约翰·布朗创建了虚拟组织，以使被时间、距离、地域分隔开的人们能够分享他们的知识。如果沟通、交流及共享知识很容易实现，布朗相信人们就会这么做。为了方便起见，英国石油公司制作了一些能够通过网络观看的录像，也创建了能通过许多搜索途径来搜寻的电子黄页。公司还鼓励人们把愿意与人共享的兴趣、技能和经验列出来。英国石油公司的虚拟组织依赖于越来越多的复杂的个人电脑系统，用户可以通过这个系统来利用公司的数据库。所有的个人电脑都与公司的电脑相连，公司的局域网包括 40 000 多个主页，职能专家就通过这些主页向组织中的其他成员提供他们的经验。有些站点在多用户网络游戏系统上提供共享的技术数据作为演练材料，有些站点提供有关减少出油管道数量的共享信息。人们可以提出问题，相互交换信息。布朗的想法就是创建一个组织，使人们能够按照最佳方法解决问题。

英国石油公司利用虚拟组织设计将北海安德鲁油田要开始开发的消息传递给承包商以及供应商。利用虚拟组织，英国石油公司和它的供应商能找到削减项目成本和缩短时间的基本途径。在墨西哥湾遇到类似问题的员工能够迅速地与安德鲁油田的员工分享信息。英国石油公司也与承包商紧密合作，一起解决成本问题。通过充分利用自己员工的技能，以及与承包商的紧密合作，英国石油公司在安德鲁油田开发的第一年就节省了约 3 000 万美元。布朗手下的每位员工和业务部门的普通经理都至少是一个虚拟组织的成员。这些组织允许人们持续地分享信息。布朗最近参加了一次管理会议，该会议就把在约翰内斯堡的员工和在新加坡的员工联系了起来。

资料来源：赫尔雷格尔，等．组织行为学：第 9 版．上海：华东师范大学出版社，2001.

---

这是一个典型的有关虚拟组织的案例，讲述了英国石油公司是如何应用虚拟组织来创建问题解决型团队的。

信息技术的使用和普及为当代组织的信息传递提供了便捷的方式，同时也对管理沟通实践提出了新的挑战。随着学习型组织、网络沟通及虚拟组织越来越明显地成为未来组织的主要发展趋势，有必要对未来组织中的管理沟通进行考察以探寻在新形势、新环境下提高管理沟通有效性的途径。然而，如何界定未来组织的管理沟通？管理沟通将发生怎样的变化？未来组织的管理沟通会具有哪些特点？会出现怎样的沟通障碍？如何克服这些障碍？这些正是本章所要讨论的。

## 第 1 节　未来组织管理沟通的含义

> 未来组织的管理沟通是指在新的组织结构、新的观念、新的技术下，通过各种形式实现组织内部及组织外部信息传递和交换的过程。

未来组织的两大发展趋势是：第一，从传统的机械体系向更具活力的有机体系转变。这种转变基于这样一种认识，即组织的竞争优势取决于组织对知识资产或人力资本进行有效管理的能力。第二，随着跨国组织的不断膨胀，地域跨度越来越大，分支机构分布范围越来越广。为了适应这种发展趋势，组织需要创建一种学习型机制，充分有效地运用网络信息技术，开发和利用人力资源，增强组织竞争力。因此，学习型组织、网络沟通及虚拟组织的形成和发展不仅是这种趋势下的必然产物，而且将成为今后较长时间内未来组织发展的必由之路。那么，未来组织的管理沟通特征将是怎样的呢?

## 第 2 节　学习型组织的沟通特征

学习型组织的沟通是指在有机的、高度柔性的、扁平的、符合人性的、善于持续学习和发展的组织中，全体成员凭借其创造性思维能力进行相互沟通、相互交流和相互学习的过程。

学习型组织的概念是由彼得·圣吉提出的，近年来在全球范围的企业中得到了广泛的重视。彼得·圣吉在其经典著作《第五项修炼》中对学习型组织做了这样的描述：在学习型组织中，“人们不断地拓展自己的能力，去创造他们所真正期望的结果；人们可以释放出他们郁结已久的激情；人们可以不断学会如何在一起学习”。学习的过程本身就是沟通的过程。因此，沟通对于一个学习型组织而言是相当重要的，它渗透于学习型组织的各个环节。一个组织要保持持续学习的能力，就必须进行良好的沟通和信息的交流。

归纳起来，学习型组织的沟通特征主要表现在以下几个层面：组织结构、组织氛围、管理理念、管理者的素质、员工的素质以及沟通机制。

### 一、组织结构层面

学习型组织的结构是扁平化的，即从决策层到操作层，中间层次极少。组织的边界将被重新界定，组织由多个创造性个体组成，它尽最大可能将决策权向组织结构的下层移动，让最下层单位拥有充分的自主权，并对产生的结果负责。它打破了传统组织中那种比较适合在静态环境下施行管理的金字塔式结构，显得更具灵活性和战斗力，特别适合当今瞬息万变的动态环境。学习型组织竭力倡导从各级管理层到员工之间的积极互动和全通道式的沟通，这种沟通建立在团队的基础之上（见图 17－1)。

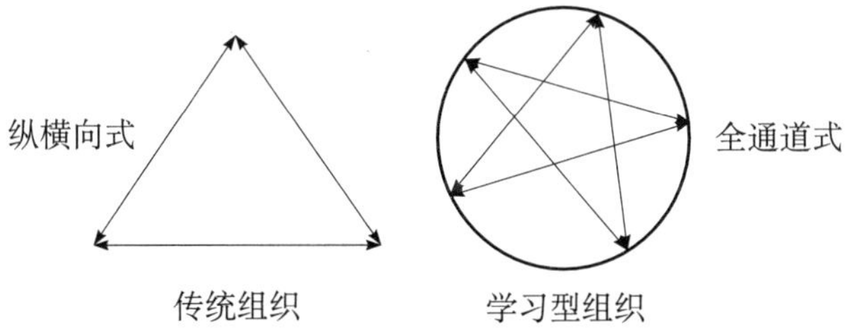


**图 17－1　传统组织与学习型组织的沟通模式比较**

## 二、组织氛围层面

学习型组织的氛围属于开放式、宽松式的。在传统组织中，尽管也承认非正式沟通网络不可避免，但认为非正式沟通网络的活动与组织无关，甚至不利于组织目标的实现，因此对其采取压制的态度。在学习型组织中，那些由研发人员和工程师因为相同兴趣爱好或类似追求而组成的非正式沟通网络则被认为有利于增进员工之间的相互信任、知识共享、专业讨论以及知识创造。因此，在学习型组织中，管理层对于非正式沟通网络是默许的、认可的，有时甚至是鼓励的。

## 三、管理理念层面

学习型组织的管理遵循的是一种富有弹性的管理理念，即柔性管理理念，以适应瞬息万变的市场及其生存环境。这种理念的内涵包括：第一，应变能力，即培养组织成员应对各种变化的能力，以调整思路，避免威胁。第二，承受能力，即培养组织成员在面临由变化带来的负面影响时能够表现得坚强、有韧性，以积极的态度战胜困难或危机。第三，自主管理能力，即培养组织成员具有诸多方面的能力——边工作边学习，掌握工作与学习紧密结合的方法，发现工作中的问题，自行构建团队，自己选择沟通时机和方式，自己决策、组织实施、检查效果以及自我评估等。

## 四、管理者的素质层面

在学习型组织中，管理者既是设计师又是公仆，既是学习者又是教练。作为设计师，管理者应该设计出管理沟通的新途径；作为公仆，管理者应该对实现组织愿景具有强烈的使命感，并通过有效沟通影响和感染其他组织成员为早日实现组织愿景而共同努力。作为学习者，管理者应该具备极强的学习能力，包括学习新事物、接受变革、向组织中其他成员以及其他组织学习；作为教练，管理者应该具有做出准确判断和进行出色沟通的能力，协助员工对真实情况进行正确、深刻的把握，同时允许员工充分表达自己的想法，保持对新想法的激励态度，以及对失败和错误的宽容态度，只有这样才能有效地促进创新。

## 五、员工的素质层面

在学习型组织中，员工大多是知识资产的拥有者，他们加入组织更主要的是为了寻求发展空间和实现自我价值的机会，因此他们不再是单纯意义上受雇于企业的劳动者，而是知识资本的投入者，是企业收益的分享者。从这个意义上说，学习型组织是员工发展的平台，而员工反过来又是组织发展的基础。组织成员之间的职位差异只是工作分工的不同，并不带有任何等级差异。在这样的组织中，一切管理沟通活动都建立在一种平等的基础之上。

### 六、沟通机制层面

从上述学习型组织五个方面的特征来看，真正优秀的学习型组织一定是建立在良好的沟通机制之上的。第一，组织内部的气氛是宽松的，相互之间对待过失的态度是宽容的；第二，组织中管理层和非管理层的等级差异不存在或不明显，更多的是一种平等的、相互扶持的关系；第三，组织中的每个成员都是积极的、开放的，他们都愿意与他人分享自己的知识成果，并乐意采纳他人的建设性意见，及时修正自己的错误；第四，部门间经常交流，合作频繁，不会为了各自的利益明争暗斗；第五，组织与外部社会经常保持联系和沟通。

## 第 3 节　虚拟组织的沟通特征

虚拟组织是这样一个组织，即通过计算机技术和信息技术将地域上分散的团队成员连接起来，以便便捷地共享知识，达到共同的目标。

虚拟组织的沟通具有以下特征。

**1. 开放性**

虚拟组织通过便捷的软件和共享的技术能够进入供应商、顾客、利益相关者甚至竞争对手的外部网络中，从而与供应商、顾客、利益相关者保持更紧密的联系和更开放的沟通。

**2. 共享性**

虚拟组织改变了计算机系统集中化、通道有限的机械体系，构建了一个主要的信息使用者都可以从计算机网络系统中获得信息的有机体系。在这一体系中，经过授权，无论是个体还是团队，都可以进行信息传递、交流、加工，运用知识和信息解决实际问题。

**3. 时效性**

虚拟组织通过利用最新的信息技术，及时捕捉在线信息，更新数据。这些信息和数据为组织的决策和良好运作提供了快捷、准确的参考数据，使组织能够把握市场变化，适时地做出必要的调整。

**4. 全球性**

虚拟组织凭借互联网强有力的通信和信息技术，可以跨越时空与全球任何地方进行全方位的沟通与合作。这是传统模式下的组织做不到的。

**5. 灵活性**

虚拟组织没有固定的结构，而是倾向于分散型和自主型，推行管理的柔性化和扁平化。虚拟组织具有相当大的灵活性，一旦发现或意识到组织的战略目标、产品方向与组织利益发生冲突，便可以解散现有的虚拟组织，重新设计一个虚拟组织。

**6. 实践性**

在虚拟组织中，管理者通过改变组织结构，调整内部运作方式、工作职责及命令链来适应瞬息万变的内部条件和外部环境。管理者需要向员工清晰描述组织目标和组织愿景，有效授权。员工需要时刻掌握新信息、新技术和新能力，对不断变化的顾客需求做出迅速的反应。

## 第 4 节　网络沟通的特征

网络沟通是指组织通过基于信息技术的计算机网络来实现组织内部和组织外部的沟通。网络沟通与传统沟通的主要区别在于：网络沟通凭借的媒介是计算机网络，即利用计算机网络进行企业的内部沟通和企业与外部环境的沟通，即在虚拟的世界，人与人之间通过计算机网络进行文字、图片、声音、视频的交流和沟通。网络沟通的主体包括个体、群体以及企业、政府和国家等组织。网络沟通的主要特征如下：

（1）网络化。网络化是网络沟通的显著特点，它使工作更加快捷，且不受地域限制，而网络资源的共享为工作提供更为丰富的资源。企业局域网的建立更加有助于工作的协调沟通。近年来发展迅速的网络会议就是例子。

（2）智能化。智能化是指区别于工作中传统的信息沟通，它要求人们必须熟悉掌握各种办公软件，在处理事务时做到应变自如。工作中比较常用的网络沟通工具有视频电话、电子邮件、电子传真和智能手机等。

（3）多样化。多样化是指运用于工作中的网络沟通媒介的形式多种多样，包括视频、音频、动画、幻灯、图片和文本等。网络时代让沟通更加快捷，随时随地都可以获取信息。

对组织而言，网络沟通通常分为三个层次：企业内部网、企业外部网以及互联网（见图 17－2）。

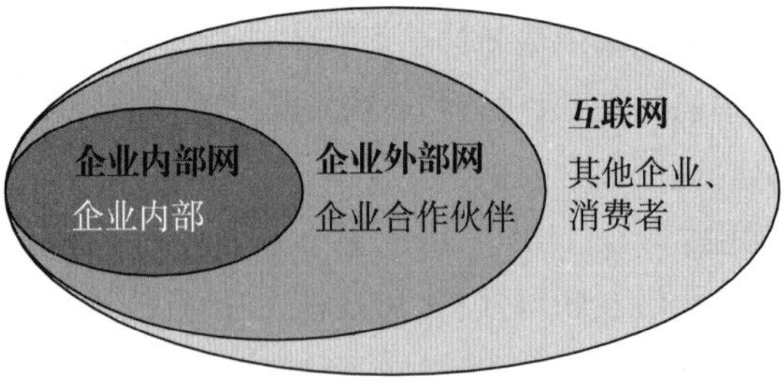


**图 17－2　三网关系**

**1. 互联网**

随着企业信息化建设的发展，组织内部出现了纵横交错的网络结构的信息交流渠道。以互联网为代表的网络技术的出现更为企业的信息化进程带来了机遇和挑战。通过企业内部网、企业与合作伙伴之间的企业外部网，以及企业外部的互联网，企业信息化步入网络化的时代。借助三网，企业内部的成员可以同时同地、同时异地、异时异地进行大量的信息分享和沟通活动。再辅以多媒体技术，平面二维的文字交流变得更加生动立体、绘声绘色。企业的文化和价值观也可以通过无处不在、无时不有的网络渗透到企业的每个角落，潜入员工的情感深处。

互联网的发展经历了三个阶段：第一阶段的互联网主要是提供广告和相对静态的信息，即用户只能查看网络服务供应商提供的信息，不能进行交互式对话。第二阶段的互联网主要是提供动态的信息服务，比如，提供浏览产品目录、浏览图书馆书名目录，以及检索飞机航班转港信息等服务。这时，网络可以根据用户的需求提供特定的信息。第三阶段的互联网可以提供交易服务。

互联网的发展和日臻成熟使其成为企业信息化结构当然的选择。企业信息系统体系结构的变迁也经历了三个阶段：由最初的主机/终端的结构转变为客户机/服务器，如今发展成为基于互联网网络技术的企业内部网。第一阶段的主机/终端的结构由主机集中处理，有“处理集中”和“系统封闭”的局限性。第二阶段的客户机/服务器，无论安装和升级均需在成百上千台个人电脑上全面实施，费用居高不下。第三阶段的基于互联网网络技术的企业内部网不仅提高了企业信息服务的自动化程度，而且减少了企业管理费用。

**2. 企业内部网**

访问该网的人员可能是公司在外地的销售代表或现场销售人员等。企业内部网的模式以浏览器/Web 服务器＋数据库服务器为核心，以信息资源组织管理平台、消息传递和工作流控制平台、事务处理平台、网络支撑平台为基本构件。信息资源组织管理平台的主要任务是根据一定的数据模型和超文本组织模式，组织和管理来自企业内部和外部的各种数据，明确它们的生成、组织、发布、搜索、处理、存储和更新方式，并通过其他平台的作用，形成面向不同用户的信息产品，供企业各级人员使用，也通过防火墙将可以公开的信息对外部广域网的用户发布。信息资源组织管理平台的功能是使信息有一个生成、组织、发布、搜索、利用、再创造的活性机制。

建立以 Web 为核心的与平台无关的统一而简单的信息交流方式，可以实现企业从上到下的各部门（包括行政、生产、营销、技术等部门）之间及部门内部信息的开放式交流，把过去的、现在的、未来的有关数据库、多媒体、安全等各种技术纳入以 Web 为核心的客户机/服务器模式中，使企业从各级领导者到基层工作人员都能以特定的级别通过 Web 浏览器这一简单的工具实现各类信息的查询及交流。

企业内部网是面向公司雇员的网络，其表现形式如下：

（1）发布内部文件。将企业内部的一些文件、报告等信息通过互联网发送到企业各个部门。比如，有关福利条款的修订、关于节假日的休息日程安排等信息，不论是常规的还是非常规的，都可以快捷地传递到每个员工。

（2）内部通信。企业内部网提供的电子邮件成为内部员工相互通信的快速通道。与互联网上提供的电子邮件相比，企业内部网提供的电子邮件服务更有针对性，不仅可以用于一对一交流，可以实现单对多的通信，而且可以采用标准的通信格式。

**3. 企业外部网**

互联网可以被描绘成面向产品和服务的最终消费者的网络，企业外部网则面向企业合作伙伴、相关企业和主要客户。企业外部网是一个使用互联网和企业内部网技术，使企业与其客户和其他企业相连来实现其共同目标的合作网络。企业外部网犹如架构在公用互联网和企业专用内部网之间的桥梁。企业外部网可以被看作一个能被企业成员访问的企业内部网的一部分。企业外部网通常是由企业与其合作伙伴共同开发完成的，也可以是由其中某一规模较大的企业投资建成的。与企业内部网一样，企业外部网通常位于防火墙之后，也不向大众提供公共服务信息。企业外部网的访问用户除了企业的成员，还包括关系紧密的企业，但也不是完全开放的。企业外部网可以安装访问控制，使外部关系不密切的用户不能接近其网内的资料。企业外部网的作用如下：

（1）商业信息传播。定期将最新的销售信息以各种形式分发给散布在世界各地的销售人员，从而取代原有昂贵的文本拷贝和传递分发。所有的销售商业信息都可以根据用户的权限和特权通过 Web 访问和下载。

（2）在线用户服务。灵活的在线帮助和在线用户支持机制，可以让用户方便地获得其所需的信息以及解答用户的提问，快捷、高效地处理一些销售事宜。比如，售前的价格和功能信息，售后的保养、维修和故障排除等信息。

（3）企业间电子商务服务。通过企业外部网进行的电子商务比传统的商务往来更便捷、更经济，对跨地区企业间的合作与贸易往来来说尤其如此。

## 第 5 节　网络沟通的主要形式

企业利用计算机网络可以极其容易、高效地建立网络沟通系统。前面提到的三种网络在满足企业的网络沟通的功能上有一些差别。对于实现企业内部网络沟通的目的，企业内部网显得更为可取。如前所述，企业内部网针对企业特定的经营环境和结构特点，可以根据企业的管理特点设计网络沟通体系，取舍网络沟通的形式，真正满足沟通的需要。在满足企业与外部环境沟通的需求方面，企业外部网具有更明显的优势。企业外部网使企业直接指向关系紧密的外部合作伙伴进行沟通，甚至进行交易。针对企业对整个外部环境粗线条的了解、接触和监测的需要，互联网自然技高一筹。

用于组织内外部沟通的网络沟通形式主要包括以下几种。

**1. 电子邮件**

电子邮件是企业计算机网络上的各个用户之间通过电子信件进行沟通、交流的通信方式。它既可以满足一对一的通信需要，也可以满足一对多、多对多的通信需要。因此，利用电子邮件这个渠道，企业管理者可以向某个个体传递信息，也可以向某个群体发送会议通知、备忘录等。电子邮件的其他功能包括转发邮件、建立新闻组、订阅电子刊物等。

**2. 网络电话**

随着网络技术的不断发展，利用网络进行实时通话的梦想变成了现实。网络电话的发展经历了三个阶段：电脑对电脑的通话、电脑对电话的通话和电话对电话的通话。目前，不仅电脑对电话的通话已经成为现实，更实现了电话对电话的实时通话。也就是说，世界上任何一部普通电话机都可以通过互联网呼叫本地或异地的普通电话机。与传统的长途或越洋电话相比，网络电话突出的优势是价廉，通信成本大大降低。

**3. 网络传真**

传真是企业进行外部沟通的主要形式之一。传统的传真必须通过当地、国内或国际长途线路，费用昂贵。同时，传统的传真需要信息发送者在事前确认信息接收者传真机的工作状态，在发完传真后再打电话确认。网络传真通过互联网使传真件发送到对方的普通传真机上或电子邮箱中，可以在任何时间、任何地点发送传真。而且，网络传真也有电脑和传真机间通信、传真机和传真机间通信两种形式可供选择。如果是电脑中的文档，不需要先打印出来就可直接发送。对方传真机的传真件也可以直接进入自己的电脑，根据文件的特征和重要性决定是否打印。总之，网络传真在功能上比传统传真更强，在价格上更便宜，在时间上更自由。

**4. 网络新闻发布**

网络提供的另一种沟通信息的形式是新闻发布。基于内部网的新闻发布可以满足内部员工对公司经营信息的需求，为此，企业可以借助内部网新闻发布系统出版电子刊物，替代传统的内部刊物。基于外部网的新闻发布可以满足企业合作伙伴以及主要顾客对企业经营信息的需求。基于互联网的新闻发布可以满足所有一般意义上的外部顾客对企业经营信息的需求。这好比企业的窗口，可以向公众传达企业的经营理念，树立企业形象。

**5. 微博**

微博是一种通过互联网进行简短实时信息分享和交流的社会媒体平台。微博具有快捷、实时、开放、交互等特点，现已成为广大网民乐于采用的信息交流渠道。企业通过微博可以发布信息，包括文字、图片以及视频等供他人浏览。由于信息传播速度非常快，如果你已经是一位拥有百万甚至千万受众的微博主，那么，你发布的信息在瞬间就传播给了诸多受众。显然，微博可以快捷地反映有关重大事件的最新动态。当然，你也可以作为一名普通受众，浏览你感兴趣的微博信息。正是由于微博的快捷实时性以及现场感，许多有影响的机构以及公众人物都有相应的微博。

**6. 微信平台**

微信是一种基于智能手机进行的网络沟通形式。企业通过微信平台可以即时、快速发送语音短信、视频、图片和文字，也可以借助微信“公众平台”“朋友圈”

等服务插件共享流媒体信息。企业可以通过注册微信公众号，建立微信公众平台，实时对外发布信息，即时交流互动。企业也可以基于微信公众平台建立互联网营销网络，或为客户提供网络即时咨询服务。由于安装便利、使用简单，特别是近年来智能手机的广泛普及，微信不仅作为个人通信、即时交流的一种便捷方式广受青睐，而且在企业管理沟通过程中得到日益广泛的应用。

需要指出的是，虽然微博和微信都是基于互联网的交流工具，但二者之间是有区别的。微博侧重于媒体工具，同时兼具社交功能；微信侧重于社交工具，同时兼具一些媒体的功能。

微博作为一种媒体工具，其信息受众主要基于兴趣，微博主与受众之间的关系较弱。信息传播以单向为主，信息传播快捷、面广。

微信作为一种社交工具，其信息交流与分享基于一定的社会关系，信息发送者与信息接收者之间的关系较密切。信息交流多以双向互动进行，私密交流最受关注。与微博相比，微信信息传播速度慢，且受众面有限。

**7. 智能手机**

随着信息科技的快速发展，具有独立操作系统的智能手机也迅速风行于世。智能手机与普通手机不同，它可以根据用户的需求自行安装相关软件及游戏等第三方服务商提供的应用程序，通过应用程序的安装来实现对手机功能的扩展，并且可以通过移动通信网络来实现与互联网的无缝衔接。

目前智能手机的收发邮件功能在企业中的应用非常广泛，尤其是在外地工作项目中的应用。我们知道，现代项目不仅建设规模大、参与单位人员多（有些大型项目甚至会涉及不同国家），而且文件多（如函、图纸、合同、进度报告、设计变更记录等）、信息量大，这些特点就决定了工作过程中的一些信息需要通过邮件进行及时的沟通处理。智能手机体积小，携带方便，可以非常轻松地对日常邮件进行处理。

此外，智能手机也被广泛应用于组织的办公自动化（OA）系统，也即智能手机使组织成员可方便地进行沟通、信息共享、协同办公。这为办公提供了更宽广的空间，使信息处理快速便捷且成本低廉，使办公自动化系统成为更加高效便捷的管理平台。

总之，智能手机不仅拥有普通手机的全部功能，而且兼具个人电脑的普通处理能力。它可以方便地连接互联网，具有通信联系、浏览网页、收发邮件、日志管理等诸多功能。

**8. 视频会议**

视频会议是通过网络通信技术召开的虚拟会议，使身处各地的组织成员可以共聚一处，通过图像、声音等多种方式交流信息，从而支持成员之间远距离实时交流与共享信息，开展协同工作。视频会议极大地方便了协作成员之间进行真实直观的沟通（有关视频会议的深入讨论详见第 6 章）。目前，特别是在新冠肺炎疫情仍未结束的情况下，视频会议工具的应用也越来越广泛，其中腾讯会议和 ZOOM 云会议两款视频会议系统颇受各类组织的青睐。这些视频会议工具的操作十分方便，且便于互动。

## 第 6 节　网络沟通存在的问题

网络沟通使企业内部沟通和外部沟通更为便捷。现在越来越多的企业开始建立和使用网络沟通。然而，网络沟通也带来了一些问题，企业在倚重网络沟通的同时，也要认识到如下几类问题。

**1. 沟通信息呈超负荷状态**

信息以前所未有的速度在组织与组织、组织与个人、个人与个人间传递。信息传递加快的必然结果之一就是，组织中的个体接收到的信息数量远远超过其所能吸收、处理的能力。

［美国《洛杉矶时报》网站 2009 年 4 月 1 日报道］题：加利福尼亚大学圣迭戈分校的录取失误令学生的希望破灭——而且是再次破灭

科尔·贝特尔斯的入学申请已经被许多学校拒绝了。3 月 30 日，他收到了加利福尼亚大学圣迭戈分校的一封电子邮件，祝贺他已被学校录取，并邀请他参观校园。贝特尔斯的母亲随即在圣迭戈订了酒店，这位 18 岁的高中毕业生同时安排亲友在学校 4 月 4 日的迎新活动期间去那里吃午饭。

当天晚上，贝特尔斯在上床睡觉前最后一次查看电子邮箱，发现又收到一封邮件，称加利福尼亚大学圣迭戈分校之前犯了个错误，他的入学申请其实被拒绝了。

事实上，在大学申请尤其艰难的一段时间里，有 2.8 万名原本被该校拒绝的学生收到了同样的错误邮件，刚刚燃起的希望又一次破灭了。这一尤显残酷的曲折事件反映了互联网时代的即时交流方式所带来的风险。这封邮件发送给了所有申请进入该校本科专业学习的 4.6 万名学生，而不是其中被录取的 1.8 万人。

加利福尼亚大学圣迭戈分校招生工作负责人梅·布朗表示，这一混乱状况属于“行政失误”，但她拒绝说明这一失误究竟是源于其工作人员还是提供网络服务的机构，也没有说明有关责任人是否会受到惩处。

资料来源：大学错发通知书 落榜学生空欢喜．参考消息，2009－04－03.

**2. 口头沟通受到极大的限制**

在传统的组织沟通中，口头沟通是沟通过程中的主要形式。在没有电话的时代，口头沟通是纯粹意义上的口头沟通，沟通的各方面对面，通过口头表达进行信息交流。随着电话的出现，口头沟通扩展至沟通各方通过电话线，进行口头上的信息交流，但各方不会谋面。这种意义上的口头沟通已经逊色于最初意义上的口头沟通，不能原汁原味地传递交流各方的情感和意见。进入网络时代，电话时代的口头沟通的使用也受到了极大的限制。人们越来越青睐电子邮件和电子公告板。这两种方式虽然具有快捷、廉价的优势，但是不够人性化。因为沟通不仅要告知事实，而且要传递情感和意见，因此，口头沟通作为能达到这两个沟通目的的最佳方式，在组织沟通中具有不可替代的地位。网络时代使工作与工作场所的分离成为可能，在崇尚工作自由派取得全面胜利的同时，组织沟通却遭受了最严重的打击。而且，遗憾的是，弥补因口头沟通不足带来的工作情绪不高的窘境的手段和途径还未得到充分的挖掘。

**3. 纵向沟通弱化，横向沟通扩张**

当我们将人们视为网络中的知识资源而不是一定范围的所有者时，向横向沟通的转变是一个显而易见的过程。当然，纵向沟通依然会存在。但当以任务为中心的核心团队在公司各处带动知识进步时，居于主导地位的将是横向沟通形式。

网络环境中的横向沟通由于减少了官僚体制的阻碍而显得更加自由、更加流畅。

## 第 7 节　网络沟通的策略

网络沟通虽然为我们提供了一个快捷便利的沟通平台，并对管理模式产生了深刻的影响，但是它同时也给我们带来一些负面影响，使人与人之间的关系变得疏远。如何在传统的沟通方式与现代的网络沟通方式之间找到一个平衡点，使我们既能利用快捷高效的网络沟通，又能保持传统沟通给人们带来的亲近感与和谐感？管理者在使用网络沟通方面应该实施以下五个策略。

**1. 交流面对面，管理最有效**

随着互联网、电子邮件、微信等的普及，管理者越来越依赖这些新技术传递信息，然而面对面的交流仍然是最重要的管理沟通方式。这是因为电子沟通并不能替代上级与下属的直接交流，在直接交流中上级还可以观察到下属的面部表情等肢体语言，并确保沟通的有效性与反馈的及时性。

**2. 信息传递前，要深思熟虑**

管理者与员工经常会收到各种并不适用的信息。在有效的管理沟通系统中，传递者应对其信息和信息接收者进行认真的考虑与筛选，进行情境管理与沟通，为每个信息接收者准备个性化的信息。

**3. 注重影响面，圈内与圈外**

管理沟通就像在一个相对静止的池塘中扔一块石头，会产生“一石激起千层浪”的连锁反应。对与你靠得最近的一圈，即你的直接上级和下属，必须准确识别、了解并理解其沟通与交流方式，以减少沟通障碍。同时，作为管理者，你还要考虑你的沟通与交流方式对圈外成员的影响。其中最关键的是，为了使管理沟通更畅通、更有效，管理者应该将沟通对象视为合作伙伴，彼此尊重，为沟通持续顺利进行打下良好的基础。

**4. 技术新趋势，冷静多思考**

人们面临电子通信与网络交流流行时代的到来，误以为无纸化办公将全面取代纸上交流。其实，新的通信工具并不会全面取代传统的交流工具，但它们会全面渗透、融入现有的通信设施。我们必须不断适应分布在全球的合作伙伴、顾客、投资者和支持者的不同沟通与交流方式。电子邮件与微信沟通中的要与不要分别如表 17－1 和表 17－2 所示。

**5. 控制通信费，可事半功倍**

在许多企业中，通信方式是多种多样的，并由不同的部门负责管理，如微信、电子邮件、声音邮件、电话和传真，因而公司对通信费没有一个准确的认识。要有效控制通信管理费用（其中蕴藏着巨大的管理机会），管理者必须具有高度的责任感，重新审视与设计企业的管理沟通系统和通信程序，这样既能控制成本，又能有效达成管理沟通的目标，真正做到事半功倍。

**表 17－1　电子邮件沟通中的要与不要**

| 要 | 不要 |
| --- | --- |
| 如果同事告诉你他的新联系方式，你要及时更新地址簿 | 不要把同事地址的更改不当一回事 |
| 要记住，你在电子邮件中说的话除了能让接收它的人看到，还会被其身边的人看到 | 不要发送任何可能有损人际关系的信息 |
| 要把私人的电子邮件账号与工作或学校里的电子邮件账号分开 | 不要把工作用的账号同时用于私人通信 |
| 要以简短的信息来宣布或核实那些没有争议的、已经达成的共识 | 不要发冗长的信息来讨论那些最好面对面解决的问题 |
| 要发送赞扬的话并给对方的上级也发一份副本 | 不要用电子邮件发送负面的反馈 |
| 有与上级相关的重要信息，要复制一份发给上级 | 不要忽略你的上级或你团队中的重要人物<br>不要越级，即使你知道上级的个人邮箱地址也不要这样做 |
| 要对重要的文件进行书面备份<br>在工作时间里只发送与工作相关的信息 | 不要在工作时间收发私人电子邮件 |
| 对重要的信息要口头核实 | 重要事宜不要总是靠电子邮件，因为收信人若出差在外，可能无法收发邮件 |
| 要成批处理信息 | 不要在一天里给一个人发很多关于同一件事的信息 |
| 要发人性化的电子邮件<br>尽量不要群发 | 如果要群发，不要把所有信息接收者的地址都列在信件开头，因为这样会泄露敏感信息。自己先发给自己一份，再把无抬头的副本发给其他人 |
| 要使用正确的语法和句法，字母大小写和标点符号也要符合规范 | 不要将全部字母都大写——这相当于大喊大叫 |

**表 17－2　微信沟通中的要与不要**

| 要 | 不要 |
|---|---|
| 注意礼貌，要客气。沟通时多用“您好”“您”“请”“谢谢”等词汇，不用或少用“你” | 称呼别人不要失礼。不要随意称对方“小李”“小王”。通常“小”是长辈用来称呼晚辈的 |
| 回复对方要及时。快捷满意的回复能让对方体会到企业高效、专业的服务 | 对于顾客发来的微信，特别是咨询类微信，不要让对方久等不见回复，否则会给企业形象带来负面影响 |
| 交流过程要耐心。要注意换位思考，设身处地为对方着想，尊重对方 | 回复时不要显得不耐烦。对于顾客的询问，哪怕是一些很简单的问题，也要耐心细致地作答 |
| 文字交流要简洁。要开门见山，直奔主题 | 不要做不着边际的寒暄。如果对方一时不在线，你也可以直接说事，对方见到微信即可作答 |
| 重要信息要醒目，方头括号【】很有效。尤其是当微信好友越来越多、聊天越来越频繁时，许多信息还没来得及看就被淹没了。可以采用醒目符号标示，以便翻阅 | 不要任由各种信息泛滥成堆。除了使用【】标注，也可以通过转发到微信“文件传输助手”中予以备份或转存到电脑文件夹中，以方便查阅 |
| 要少发语音多打字。有些人认为，采用微信语音发送信息比文字要方便。但是，如果对方正在开会，则不便于及时接收信息 | 微信语音虽然比手写方便，但如涉及一些重要信息的传送，还是以文字传送为宜。文字表达清晰、准确，且可在静音模式下查阅，也便于日后查询翻阅。当然，如果需要详细讨论，那就直接打电话吧 |
| 私信问候要真诚。如果恰逢节假日，以发私信问候为宜。写上一两句针对性的问候语并冠上对方的尊称，则效果更好 | 一般不要群发链接、祝福、广告等，那样会给人以敷衍的印象。一味转发表情包或转发无谓的问候是不容易打动人的 |
| 微信文件要常备份，收到重要的文件或照片要及时保存。传送图片时，微信会自动降低图片分辨率，如有必要，应及时请对方发送高像素的原图并予以保存。另外，收到的图片要及时保存，因为未打开的图片会在几天后自动删除 | 重要信息不要漏阅。现在许多文件或通知常常通过微信发送，当微信群里聊天记录越来越多时，有关文件或通知还未来得及阅读就被淹没了。因此，如果一时无暇阅读，可先将其转发到“文件传输助手”中备份，待空闲时查阅 |
| 在群里发信息要有针对性。如果是发给某人或某几个人，就应该@对方，以让对方注意接收你的信息，特别是在发送重要信息时 | 当有人@你时，不要忘记回复。如果对方的信息已被其他信息淹没，不用逐条翻看记录。在所在微信群聊天界面右上角菜单里点击“查找聊天内容”，便可通过“群成员”“日期”“图片及视频”等渠道查找所需要的聊天内容 |
| 微信联系要适时。微信联系无论因公还是因私，都要注意适时，太早或太晚都不合适 | 不要因为发送微信而打扰对方。尤其是公务沟通，以工作时段联系为宜。当然，如遇到紧急事务则另当别论 |

续表

| 要 | 不要 |
| --- | --- |
| 发送微信要细心。微信写好后要仔细检查内容是否有误，发送前再确认一下联系人是否正确 | 撰写和发送微信不要马虎。尤其是同时与不同的人聊天时，容易发错对象，引起尴尬。万一不慎发错信息，在信息发出 2 分钟内还可补救：轻轻摁住已发错的信息，在弹出的菜单上选择“撤回”即可 |
| 使用微信要注意安全。转发共享信息要谨慎，不转发错误的言论或信息，避免转发有损个人形象的信息 | 不要轻易在群里发布自己的身份信息，如身份证号、信用卡卡号等，以防被不法分子窃取利用 |

## 本章小结

全球经济的迅猛发展以及竞争的日益激烈对于未来组织的管理沟通实践提出了莫大的挑战。可以说，学习将成为新经济时代的制高点和主旋律。未来的社会将是一个学习型社会，对于处在这样一种环境下的组织而言，有效的管理沟通更加重要。同时，网络的普及和虚拟组织的出现使未来组织的管理沟通不再受时空限制，为更广泛、更频繁、更便捷的组织内和组织外的沟通、交流、相互学习创造了良好的条件。但不可否认，网络沟通不免会给当今组织带来信息超负荷、理解偏差、横向沟通扩张等诸多弊端，成为未来组织管理沟通中不可避免的障碍。因此，组织能否适应新环境、应对新变化，取决于组织能否创建学习型架构，并借助信息技术和计算机网络来增强组织成员的学习意识，提升组织成员的学习能力，强化组织成员的管理沟通技能。

## 讨论题

1. 未来组织的管理沟通的含义是什么？
2. 描述学习型组织的沟通特征。
3. 从管理沟通的角度阐述组织学习的重要性。
4. 信息技术对管理沟通环境的冲击表现在哪几个方面？
5. 网络沟通有哪些主要形式？
6. 网络沟通存在哪些问题？如何认识这些问题？
7. 结合实际谈谈虚拟组织对未来组织的管理沟通实践提出了怎样的挑战。

## 实战演练

全体学生可以以 10 人为一小组，对未来组织的管理沟通的发展方向进行讨论，讨论过程中参与者尽量放松，使整个沟通氛围始终保持融洽。一位成员讲述自己的观点时，其他成员只能倾听，不能反驳。注意这种讨论主要是为了尽量让一些新的、不成熟的观点涌现，小组成员可以相互学习、借鉴，从而获得更多创新的见解。

## 案例分析

### 蔚来在产业互联网时代的数字化战略与组织设计

在产业互联网时代，企业数字化转型将成为一种趋势。同时，在国家层面，数字化转型将上升到宏观经济层面，在改变企业运营方式的同时重塑经济面貌。数字化转型其实是将数字技术应用到企业内部的管理领域和外部变化的商业环境中，从而为整个业务价值链带来决定性的改变。

“在产业互联网时代，一支数字化业务团队会面对什么挑战，如何开展组织设计，如何攻守兼备?” 2019 年 12 月 11 日，时任蔚来数字化业务发展副总裁王胜军出席“开放・智创・共赢——汽车行业领袖思享会”，以“产业互联网时代的数字化战略与组织设计”为主题，和参会嘉宾一起探讨了数字化技术之外的问题，以及他在蔚来汽车数字化业务工作中面对这些问题的思考与实践。

**坚定战略意图，攻守兼备**

蔚来是一家头部互联网企业家联手创立的智能电动汽车公司，蔚来的数字化业务团队不仅要提供 IT 基础服务，更要支持公司的业务创新与产品创新战略。作为团队的领导，我面对的最大挑战始终是如何更好地开展数字化团队的组织设计，支持团队快速演进与成长。

4 年半前，我加入蔚来，是蔚来的第一位 IT 员工；2 年前，蔚来推出第一款高性能电动 SUV ES8，一起工作的 IT 同事已经多达几百人；而今天，蔚来已经累计销售 3 万多辆电动 SUV，公司里从事软件开发的同事已有上千人，蔚来俨然已是一家颇具规模的科技公司。在非常高的不确定性环境下，以这么快的节奏发展，问题就不是要不要做数字化转型、怎么实施数字化战略，而是我们的数字化团队如何始终保持攻守兼备。

在成立之初，蔚来有很明确的数字化战略意图，即用数字化科技创造新的用户价值，但并不期望做一个非常明确、有强约束力的数字化战略规划。例如，蔚来希望以纯粹的移动互联网体验直接为每一位用户提供全程、全方位的购车、用车和社群服务，而不是把用户交给 4S 店；甚至直接为用户提供能源服务，尽可能消灭里程焦虑；在没有先例的情况下，我们经历了大量试错和产品迭代，现在终于基本做到了。又如，我们把每一辆蔚来电动车都当作一台永远在线的智能终端，让用户就像使用浏览器和 Windows 操作系统一样使用这辆车，可以非常便捷地获得新功能、修复老问题。我们依赖空中下载技术（OTA）实现这个设想，也经历了非常痛苦的开始和反复迭代，现在已做得比较顺。像这样强烈依赖数字化的用户体验创新和业务创新，蔚来做了很多，就是所谓的“攻”，并不是依靠漂亮的规划和完美的项目管理，而是看准了方向迅速出发、快速迭代后实现的。

再看车辆研发和生产模式。蔚来坚持利用全球化资源进行自主设计和正向研发。我们还需要一个现代化的工厂来生产汽车，把全球范围内的合作伙伴的资源整合在一起，形成一个全球化研发体系和精益供应链，这是一家汽车公司的基本功，需要我们依赖 PLM、ERP 和 OTD 等经典的数字化解决方案来支撑，但相比传统企业用更少的资源和更短的时间并以更敏捷的方式来实现，这就是所谓的“守”。同时，那些创新的业务系统在完成从 0 到 1 的交付之后，都要尽快进入持续改进和精益运营状态；而那些经典的解决方案也要应用新技术和新方法，尽快完成重构和优化，形成系统化效率，在总体上动态实现攻守兼备。

**网络化组织，敏捷战队**

对于蔚来的数字化建设，没有陈旧的包袱和老系统是件好事，但所有系统都要从头建设也是个难题。蔚来在锁定战略意图之后，很快就集结了两拨软件和 IT 人才：一拨是互联网大厂的精英，包括架构师、软件工程师等；另一拨则是各大车厂的 IT 精英。这两拨人才加入蔚来后，很像来自两个世界的人，在工作方法、技术栈、沟通方式乃至理念上都很不同，这就给团队建设带来巨大挑战。

并不是说我们在技术上没有问题，技术上永远有很大问题。回顾这几年，大家纠结最多的却是组织和团队的问题。我们一开始就先抛弃了一些传统做法，比如传统的项目审核、瀑布式项目管理，而是拥抱了敏捷。但是，当沿着蔚来漫长的价值链全面展开数字化建设时，几百名工程师在一起工作，我们很快就发现，小团队的敏捷方法不足以支撑蔚来快速发展的数字化建设。我们面对的第一个难题是规模化敏捷问题，我们又逐步组建了几十支小而精的敏捷战队。这些战队有的是专业战队，有的是全栈战队，其中有的工程师使用微软.net，有的使用 Java，有的使用 SAP 软件技术，有的使用达索 3D 平台技术。如何让这几十支战队有序地协同工作又是一个难题，似乎也并不存在什么最佳解决方案。我们开出了一列列类似火车的“交付”列车，把高度相关但不同技术栈的战队绑定在一条轨道上，制定出固定的时间表。我们有些合作伙伴非常传统，或者有他们自己独特的交付节奏，但我们制定了非常严格的“两周一迭代，一月一交付”的时间表，要求内外合作伙伴按照我们确定的火车时刻表规划他们的技术工作。可以说，火车时刻表的设置的确在一定程度上快速带动了规模化的协同研发和交付。其实熟悉敏捷的同行可能会在我们的方法里发现 SAFe 和 DevOps 一些框架或模型的影子，我们还参考了很多优秀企业的方法，例如华为。但是我们发现没办法照搬任何一个框架，只能参考，然后结合蔚来的现实情况，慢慢摸索自己的规模化敏捷道路。目前，蔚来拥有上千名软件工程师、硬件工程师以及外包团队，分布在中国上海、北京及美国圣何塞等不同地点。要保证所有人维持高效的协同，始终是件很不容易的事。

另一个难题是组织快速发展过程中的个人职级问题。例如一个技术团队，前后来了多个技术“大牛”，谁来当领导？汇报线如何设计？等等。有些问题是无解的，从一个人快速发展到几百人，我们没有太多的时间做多个版本的组织设计，也无法承受频繁的大规模组织结构调整。我们尝试采用相对稳定的网络型组织模式，设立产品、技术、运营三个大的“堂口”：一是“清流会”，负责产品管理；二是“罗汉堂”，负责技术实现；三是“无忧阁”，负责基础设施和服务运营。堂口内的组织结构是扁平化和网络状的，例如有个堂口存在三个领导，他们在专业上各有所长，并不存在上下级汇报线，但可以依靠各自的专业领导力带领 200 多人一起开展工作。在前线，我们真正依靠的是几十支敏捷战队，他们由 PO＋TO＋SM＋开发＋测试工程师组成，辅以设计师、DevOps 等共享专业团队的支持，才得以稍微稳定地开展工作，一定程度上缓解了职级和汇报关系相关的矛盾，这也是我们在组织方面一些比较创新的实践。

还有一个难题是“我是谁?”。蔚来数字化团队招募了各路人才，例如一位 SAP 专家，他之前是项目经理，而一位做 App 的“大牛”，他之前是产品经理。我的选择是，在我领导的数字化团队内部只设产品经理，不设项目经理。并不是说项目管理不重要，蔚来还是有项目管理的，而是说我不鼓励以系统上线来衡量一个系统的成功。作为一个初创公司，花三个月上线一个系统其实并不能说明什么，因为新的需求接踵而来，根本没有时间去细细评述一个项目的成败。我们需要考虑的是如何更快地让我们的车上市，交付给用户，服务好他们，让他们越来越满意。我们还需要考虑数字化平台的生老病死，这些都需要一种长线思维。这个问题曾经在公司内部经历挺长时间的争论，有一种说法是，直接做 C 端产品的人才叫产品经理，而做 B 端系统的人就叫项目经理。而我坚信，无论做 C 端还是 B 端的数字化工作，都必须进入产品经理的角色，有平台化能力，有主人翁意识；都必须考虑如何利用有限的资源尽量多地交付业务价值。后来，产品经理角色和意识成为一种身份共识。

随着团队的发展，更深层次的矛盾开始显现，那就是高水平人员的“包袱”问题。有些人才来自互联网大厂，有些人才来自高端汽车品牌大厂，他们说话也经常背着包袱，例如：“我们当年……”“在我们以前公司……”我自己比较反感这种包袱，我希望大家重新组合在一起做一件开创性的事情，尽量轻装上阵，抛弃优越感，抛弃鄙视链。后来我发现，这就需要帮助大家建立成长型思维，好汉不提当年勇，大家一起面向未来，心平气和，超越自己。

**用户价值驱动，平台化演进**

蔚来希望做成全球第一家用户公司，在所有可能的触点直接面对用户，无论线上线下，以用户最愉悦的方式满足用户需求，创造更多用户价值。蔚来现在已经是一家不太小的公司，这是由其商业模式决定的，但它只有 5 岁，还无法和很多传统大厂去比流程和管理的成熟。我们必须建立统一的用户公司的意识和行为方式，才能让这么多同事都快速响应用户对产品的抱怨和夸奖，其实这也是以用户为中心的经营理念的一次新实践。蔚来在数字化业务领域也一样，我们还没有非常严谨成熟的管理流程和治理体系，但有了一个比较简单有效的数字化业务发展套路。在明确的战略意图指引下，以用户价值驱动，坚持平台化策略，蔚来的数字化前台、中台和后台已经发展成一套比较庞大而立体的数字化业务体系，可以为用户提供比较丰富和愉悦的服务，而且还在继续快速演进中。

资料来源：蔚来在产业互联网时代的数字化战略与组织设计．(2020-01-22). https://m.sohu.com/a/368434425_505889.

**[思考题]**

1. 在非常高的不确定性环境下，蔚来是如何做到快速发展的？

2. 在蔚来的数字化建设进程中，王胜军遇到了怎样的挑战？他又是如何应对的？

3. 本案例为我们揭示了未来组织的管理沟通具有哪些特点？

4. 蔚来在以用户为中心的经营理念的驱动下，其组织结构与管理模式正在发生巨大变革。随着蔚来庞大而立体的数字化业务体系的形成，其管理沟通模式将发生哪些变化？

# 参考文献


1. 奥罗克．管理沟通：以案例分析为视角：第5版．北京：中国人民大学出版社，2018.

2. 罗宾斯，等．管理学：第13版．北京：中国人民大学出版社，2017.

3. 蒙特．管理沟通指南：有效商务写作与演讲：第8版．北京：清华大学出版社，2010.

4. 霍尔顿．跨文化管理：基于知识管理的视角．北京：中国人民大学出版社，2011.

5. 洛克，等．商务与管理沟通：第12版．北京：机械工业出版社，2021.

6. 康青，等．管理沟通教程．5版．上海：立信会计出版社，2021.

7. 俞文钊．管理心理学（简编）．大连：东北财经大学出版社，2000.

8. 张德．组织行为学．6版．北京：高等教育出版社，2019.

9. 方振邦．绩效管理．2版．北京：中国人民大学出版社，2019.

10. 贝克．管理沟通：理论与实践的交融．北京：中国人民大学出版社，2003.

11. 赫尔雷格尔，等．组织行为学：第9版．上海：华东师范大学出版社，2001.

12. 钱焱，张卓．商务沟通．上海：立信会计出版社，2006.

13. 杰纳兹，等．组织中的人际沟通技巧：第3版．北京：中国人民大学出版社，2011.

14. 彭俊．管理学概论．北京：北京大学出版社，2014.

15. 王朝晖．跨文化管理原理与实务．北京：北京大学出版社，2014.

16. 许玉林．组织设计与管理．2版．上海：复旦大学出版社，2010.

17. Bell A H，Sigband N B. Communication for managers. 6th ed. Cincinnati，Ohio：South-Western Publishing Co.，1994.

18. Evans D W. People，communication and organisations. 2nd ed. London：Pitman Publishing，1990.

19. Beamer L. Intercultural communication in the global workplace. 2nd ed. New York：McGraw-Hill，2001.

20. Tubbs S L，Moss S. Human communication. 6th ed. New York：McGraw-Hill，1991.

21. Hynes G E. Managerial communication：strategies and applications. 6th ed. Thousand Oaks，CA：SAGE Publications，Inc.，2016.

中国人民大学出版社　管理分社

# 教师教学服务说明

中国人民大学出版社管理分社以出版工商管理和公共管理类精品图书为宗旨。为更好地服务一线教师，我们着力建设了一批数字化、立体化的网络教学资源。教师可以通过以下方式获得免费下载教学资源的权限：

★ 在中国人民大学出版社网站 www.crup.com.cn 进行注册，注册后进入“会员中心”，在左侧点击“我的教师认证”，填写相关信息，提交后等待审核。我们将在一个工作日内为您开通相关资源的下载权限。

★ 如您急需教学资源或需要其他帮助，请加入教师 QQ 群或在工作时间与我们联络。

中国人民大学出版社　管理分社

教师 QQ 群：648333426(工商管理)　114970332(财会)　648117133(公共管理)
教师群仅限教师加入，入群请备注（学校+姓名）

联系电话：010-62515735，62515987，62515782，82501048，62514760

电子邮箱：glcbfs@crup.com.cn

通讯地址：北京市海淀区中关村大街甲 59 号文化大厦 1501 室（100872）

管理书社　　人大社财会　　公共管理与政治学悦读坊